Sportverbandliches und staatliches Anti-Doping-Recht
Wechselwirkung und Konflikte

Augsburger Studien zum internationalen Recht

Herausgegeben von

Volker Behr
ehem. Lehrstuhl für Bürgerliches Recht, Zivilprozessrecht, Ausländisches und Internationales Privatrecht

Michael Kubiciel
Lehrstuhl für Deutsches, Europäisches und Internationales Straf- und Strafprozessrecht, Medizin- und Wirtschaftsstrafrecht

Christoph Vedder
ehem. Lehrstuhl für Öffentliches Recht, Völkerrecht und Europarecht sowie Sportrecht, Jean Monnet-Lehrstuhl für Europäisches Recht ad personam

Juristische Fakultät der Universität Augsburg

Band 24

PETER LANG

Alexander Uhl

Sportverbandliches und staatliches Anti-Doping-Recht Wechselwirkung und Konflikte

PETER LANG

Bibliografische Information der Deutschen Nationalbibliothek
Die Deutsche Nationalbibliothek verzeichnet diese Publikation in der Deutschen Nationalbibliografie; detaillierte bibliografische Daten sind im Internet über http://dnb.d-nb.de abrufbar.

Zugl.:Augsburg, Univ., Diss., 2022

Logo auf dem Umschlag:
Abdruck mit freundlicher Genehmigung der
Universität Augsburg

D 384
ISSN 1861-664X
ISBN 978-3-631-85047-3 (Print)
E-ISBN 978-3-631-88842-1 (E-PDF)
E-ISBN 978-3-631-88843-8 (EPUB)
DOI 10.3726/b20126

Peter Lang – Berlin · Bern · Bruxelles · New York ·
Oxford · Warszawa · Wien

Diese Publikation wurde begutachtet.

www.peterlang.com

Meiner Familie

Vorwort und Dank

Die vorliegende Arbeit wurde im Mai 2020 von der Juristischen Fakultät der Universität Augsburg als Dissertation mit dem Titel *„Das Anti-Doping-Recht der Sportverbände und das staatliche Anti-Doping-Recht - Nebeneinander, miteinander oder gegeneinander?“* angenommen. Literatur und Rechtsprechung konnten bis zum Mai 2020 berücksichtigt werden.

Nach Einreichung der Dissertation und der mündlichen Prüfung wurde der Welt Anti-Doping Code revidiert und trat am 01.01.2021 in Kraft (WADC 2021). Diese Dissertation behandelt den zum Zeitpunkt der Einreichung gültigen Welt Anti-Doping Code 2015 (WADC 2015). Im Grundsatz gelten die Regelungen des WADC 2015 – und somit die Ergebnisse dieser Arbeit – trotz der Revision fort (vgl. zu den Änderungen im Einzelnen *Mortsiefer,* Revision des Welt Anti-Doping Code (WADC2021) – Ein Überblick, SpuRt 2020, 10 – 14).

Mein Dank gebührt an erster Stelle meinem verehrten Doktorvater, Herrn Prof. Dr. Christoph Vedder. Er hat meine Arbeit in herausragender Weise gefördert und war stets Ansprechpartner mit wertvollen Hinweisen. Herrn Prof. Dr. Dr. h.c. Michael Kubiciel danke ich für die zügige Erstellung des Zweitgutachtens. Ich danke ebenfalls Herrn Prof. Dr. Volker Behr für die Aufnahme meiner Arbeit in die vorliegende Reihe.

Meinen Brüdern und ganz besonders meinen Eltern danke ich für die ständige Unterstützung in allen Lebenslagen. Von ganzem Herzen danke ich meiner geliebten Tochter Leni sowie meiner geliebten Frau Sabine, die mir bereits während des Studiums den Rücken gestärkt und mich stets motiviert hat.

Inhaltsübersicht

Inhaltsverzeichnis

Abkürzungsverzeichnis

a.A.	anderer Ansicht
ABl.	Amtsblatt der Europäischen Union
Abs.	Absatz
ADAMS	Anti-Doping Administration and Management System
ADK	Anti-Dopingkommission des Deutschen Sportbunds und Nationalen Olympischen Komitees
a.E.	am Ende
AEUV	Vertrag über die Arbeitsweise der Europäischen Union
a.F.	alte Fassung
AGB	Allgemeine Geschäftsbedingungen
Alt.	Alternative
AMG	Arzneimittelgesetz
Anl.	Anlage
ANOC	Vereinigung Nationaler Olympischer Komitees
AntiDopG	Anti-Doping Gesetz
AO	Abgabenordnung
Art.	Artikel
ATP	Allgemeiner Testpool
Az.	Aktenzeichen
BCO	Blood Control Officer
BDR	Bund Deutscher Radfahrer
BDSG	Bundesdatenschutzgesetz
BGB	Bürgerliches Gesetzbuch
BGBl.	Bundesgesetzblatt
BGG	Schweizerisches Bundesgerichtsgesetz
BGH	Bundesgerichtshof
BGHZ	Entscheidungssammlung des Bundesgerichtshofes
BImschV	Bundes-Immissionsschutzverordnung
BMG	Bundesministerium für Gesundheit
BMI	Bundesministerium des Inneren
BMJV	Bundesministerium für Justiz und für Verbraucherschutz
BRAO	Bundesrechtsanwaltsordnung
bspw.	beispielsweise
BtMG	Betäubungsmittelgesetz
BVerfG	Bundesverfassungsgericht

BVerfGE	Entscheidungssammlung des Bundesverfassungsgerichts
bzw.	beziehungsweise
CAS/TAS	Court of Arbitration for Sports/Tribunal Arbitral du Sport
CAS ADD Rules	CAS Arbitration Rules applicable to the CAS AntiDoping Division
CAS AHD	CAS Ad Hoc Division
DAS	Deutscher Ausschuss für Schiedsgerichtswesen
DCO	Doping Control Officer
DEB	Deutscher Eishockey Bund
DEL	Deutsche Eishockey Liga
ders.	derselbe
DESG	Deutsche Eisschnelllauf Gemeinschaft
DFB	Deutscher Fußball Bund
d.h.	das heißt
dies.	dieselbe/dieselben
DIS	Deutsche Institution für Schiedsgerischtbarkeit
DIS-SportSchO	DIS-Sportschiedsgerichtsordnung
DLV	Deutscher Leichtathletik Verband
DÖV	Die Öffentliche Verwaltung
DOSB	Deutscher Olympischer Sportbund
DRB	Deutscher Ringer Bund
DSGVO	Datenschutz-rundverordnung
ebd.	ebenda
EGMR	Europäischer Gerichtshof für Menschenrechte
Einf.	Einführung
Einl.	Einleitung
EMRK	Europäische Konvention zum Schutze der Menschenrechte und Grundfreiheiten
EOK	Europäische Olympische Komitees
EPO	Erythropoetin
EU	Europäische Union
EuGH	Europäischer Gerichtshof/Gerichtshof der Europäischen Union
EuZW	Europäische Zeitschrift für Wirtschaftsrecht
f/ff	folgende Seite(n)
FEI	International Equestrian Federation
FIFA	Fédération Internationale de Football Association
Fn	Fußnote
GG	Grundgesetz

GWB	Gesetz gegen Wettbewerbsbeschränkungen
Hrsg.	Herausgeber
HS	Halbsatz
IAAF	International Association of Athletics Federations
ICAS	International Council of Arbitration for Sport
IF	Internationale Sportverbände
IOC	International Olympic Committee
IPRG	Schweizerisches Bundesgesetz über das Internationale Privatrecht
IRTP	International Registered Testing Pool
i.S.d.	Im Sinne des
ISL	International Standard for Laboratories
ISTI	International Standards for Testing and Investigation
ISU	International Skating Union
i.V.m.	in Verbindung mit
JA	Juristische Arbeitsblätter
JURA	Juristische Ausbildung (Zeitschrift)
JuS	Juristische Schulung (Zeitschrift)
JZ	Juristenzeitung
Lfg.	Lieferung
LG	Landgericht
lit.	Buchstabe
LugÜ	Übereinkommen über die gerichtliche Zuständigkeit und die Anerkennung und Vollstreckung von Entscheidungen in Zivil- und Handelssachen vom 30. Oktober 2007; Lugano Übereinkommen
m.w.N.	mit weiteren Nachweisen
NADA	Nationale Anti Doping Agentur Deutschland
NADC	Nationaler Anti-Doping-Code Deutschland
NJW	Neue Juristische Wochenschrift
NOK	Nationales Olympisches Komitee
Nr.	Nummer
NStZ	Neue Zeitschrift für Strafrecht
NTP	Nationaler Testpool
o.g.	oben genannt/e
Rn	Randnummer
Rs.	Rechtssache
RTP	Registered Testing Pool
S.	Seite/Seiten
SfDE	Standard für Dopingkontrollen und Ermittlungen
SfM	Standard für Meldepflichten

Slg.	Sammlung der Rechtsprechung des Europäischen Gerichtshofes und des Gerichts erster Instanz
sog.	sogenannte/sogenannter
SpuRt	Zeitschrift für Sport und Recht
StGB	Strafgesetzbuch
stopp	Strafprozessordnung
TKG	Telekommunikationsgesetz
TTP	Team Testpool
TUE	Therapeutic Use Exception
u.	und
u.a.	und andere/unter anderem
UEFA	Union of European Football Associations
UN	Vereinte Nationen
UNESCO	United Nations Educational, Scientific and Cultural Organization
UNÜ	New Yorker Übereinkommen über die Anerkennung und Vollstreckung ausländischer Schiedssprüche vom 10. Juni 1958
VAÜ	Verfahrensordnung für die Administrative Überprüfung von Meldepflicht- und Kontrollversäumnissen
vgl.	vergleiche
VKH	Verfahrenskostenhilfe
Vorb.	Vorbemerkung
WADA	Welt-Anti-Doping-Agentur/World-Anti-Doping-Agency
WADC	Welt-Anti-Doping-Code/World-Anti-Doping-Code
ZBG	Schweizerisches Zivil Gesetz Buch
ZIS	Zeitschrift für internationale Strafrechtsdogmatik
ZPO	Zivilprozessordnung

Einleitung

„Der grosse Sport fängt da an, wo er längst aufgehört hat, gesund zu sein"

Bertolt Brecht[1]

Schon im Jahr 1928 aktuell, kann die These Bertolt Brechts in dieser Form unmittelbar in die Gegenwart projiziert werden. Zwar sinnierte Bertolt Brecht in die *Die Krise des Sports* über die Notwendigkeit der körperlichen Ertüchtigung sowie die Frage, ob Sport zum Kulturgut erhoben werden solle und gelangte unter anderem zu der oben zitierten Erkenntnis. Und doch spiegelt dieser plakative Satz ganz allgemein auch das Verhältnis der heutigen Gesellschaft zum *großen Sport* wieder.

Doch was genau bedeutet der *große Sport*? Wie definiert man ihn? Schnell ist in der Öffentlichkeit vom *großen Sport* die Rede, wenn die Leistung eines Sportlers oder einer Mannschaft besonders hervorgehoben werden soll. Eine genaue Definition fällt indes schwer, insbesondere da schon die Definition von „Sport" nicht unumstritten ist.[2] Man kann sich der Bedeutung des *großen Sports* lediglich annähern: er weckt - unabhängig von Geschlecht, Nationalität, Religion, Bildungsstand oder Einkommen - gleichermaßen Emotionen. Der *große Sport* ist ein durchinszeniertes und perfektioniertes Spektakel. Er begeistert Millionen auf der ganzen Welt: Zuschauer, Medien, Sponsoren und nicht zuletzt die Sportler selbst gieren nach immer neuen Rekorden und Bestmarken getreu dem Motto: *„Höher! Schneller! Weiter!"*. In der modernen Gesellschaft mit ihren unzähligen Vergnügungsmöglichkeiten finden eine Sportart oder ein Athlet nur dann eine entsprechende mediale Beachtung, wenn regelmäßig Superlative verkündet werden können. Und der *große Sport* ist vor allen Dingen eines: ein großes Geschäft mit schier unendlichen Vermarktungsmöglichkeiten.

Mittendrin in dieser Gemengelage findet sich der einzelne Sportler wieder, mit dem Ziel ein Teil des *großen Sports* zu sein. Die dahinterstehenden Motive sind vielfältig: Ruhm, Ehre und nicht zu vergessen: eine mitunter sehr lukrative Verdienstmöglichkeit.

---

1 Bertolt Brecht, *Die Krise des Sports,* in: Werke. Große kommentierte Berliner und Frankfurter Ausgabe, Band 21: Schriften 1, Suhrkamp Verlag, Berlin 1992.

2 Zur Definition von „Sport" s.u.S. 33ff.

Um in diesem Spektakel Schritt halten und sich ihre Einnahmequelle erhalten zu können, widmen die Sportler ihr Leben allein ihrer Profession und unterwerfen sich dem Streben nach der Steigerung ihrer Leistung, ohne Rücksicht auf (Spät-)Folgen für ihre Gesundheit. Dieser Umstand wurde bereits von Bertolt Brecht festgestellt und kann auch heute noch beobachtet werden.

Doch oftmals genügt konsequentes Training nicht für den Sprung nach ganz oben. Wenn der Sportler aber erkennt, dass sein natürliches Leistungsspektrum schlichtweg nicht genügt, um im *großen Sport* Schritt zu halten, dann gerät er in Versuchung, seine Leistungsfähigkeit durch die Zuhilfenahme von Dopingmitteln und –methoden zu steigern. Dieses Phänomen lässt sich auch abseits des *großen Sports* bis hin in den Bereich des Freizeitsports beobachten.

Ein nicht unwesentlicher Teil des *großen Sports* von damals und heute ist daher das Thema Leistungssteigerung und insbesondere Doping. Ohne Rücksicht auf die aktuelle oder zukünftige Gesundheit der Sportler werden Dopingmittel von Sportlern genommen, von Trainern oder Betreuern angewendet und von Ärzten verschrieben.

Angesichts der Omnipräsenz des Themas Doping wird die Welt des Leistungssports konsequenterweise - und wenig überraschend - in zuverlässiger Regelmäßigkeit von sog. „Dopingskandalen“ erschüttert. Egal ob Sommer- oder Wintersport, Individual- oder Mannschaftssportart: das Dopingproblem macht vor keiner Sportart Halt. Insbesondere vor sportlichen Großereignissen, wie den Olympischen Sommer- oder Winterspielen, Weltmeisterschaften oder der Tour de France ist Doping ein fester Bestandteil in der medialen Berichterstattung.

Gerade dann wird, meist aus den Reihen der Politik, der Ruf laut nach einem verstärkten staatlichen Einsatz im Kampf gegen Doping, weil die Sportverbände und -organisationen diesen Kampf alleine nicht gewinnen könnten. Der deutsche Gesetzgeber hat diese schon lange bestehende Forderung zum Anlass genommen, ein eigenständiges Anti-Doping-Gesetz zu schaffen, mit dem Ziel, die Sportverbände und -organisationen in ihrem Kampf gegen das Dopingproblem auf strafrechtlicher Ebene zu unterstützen.

Im Jahr 2015 hat der Gesetzgeber für das Gebiet der Bundesrepublik Deutschland erstmals ein eigenständiges Strafgesetz zur Bekämpfung von Doping im Sport erlassen. Neben den multiplen Maßnahmen, die von staatlicher Seite den Anti-Doping-Kampf flankieren, steht nun ein Werkzeug zur strafrechtlichen Ahndung von Dopingverstößen zur Verfügung.

Diese Arbeit soll nicht den gesundheitsrelevanten Aspekt des Dopings untersuchen, sondern dessen rechtliche Behandlung. Inhaltlich soll sich diese Arbeit mit den Maßnahmen auseinandersetzen, die von Seiten der Sportverbände als auch von staatlicher Seite im Kampf gegen Doping unternommen werden. Ziel ist es aufzuzeigen, dass von jeher eine enge Verknüpfung zwischen den sportverbandlichen und den staatlichen Akteuren gegeben ist. Auf Seiten des Staates äußert sich dies sowohl durch finanzielle Unterstützung der Sportverbände als auch durch originäre legislative Maßnahmen, wie jüngst durch die Schaffung eines Anti-Doping-Gesetzes. Daneben soll untersucht werden, wie die beiden parallelen Sanktionsregime von Sportverbänden und Staat ineinandergreifen und welche Probleme sich aus dieser Parallelität ergeben.

Im Folgenden werden daher im Teil I zur Annäherung an die Thematik zunächst die relevanten Begriffe Sport und Doping untersucht. Anschließend wird das Anti-Doping-Recht der Sportverbände unter besonderer Berücksichtigung der staatlichen Mitwirkung und Initiativen umfangreich dargestellt. Dies umfasst zunächst die Organisation der Sportverbände, die geltenden Regelungen – insbesondere der Nationale Anti-Doping-Code – sowie die Unterwerfung von Sportlern und Sportverbänden unter die Sportschiedsgerichtsbarkeit. In diesem Kontext wird näher auf die Frage der Freiwilligkeit des Ausschlusses des ordentlichen Rechtswegs am Beispiel der Eisschnellläuferin Claudia Pechstein eingegangen. Weiter wird der Gang des sportrechtlichen Dopingkontrollverfahrens aufgezeigt – von der Planung über die Probenahme bis hin zur Anfechtung der Entscheidung beim Court of Arbitration for Sports und dem Schweizer Bundesgericht sowie dem Europäischen Gerichtshof für Menschenrechte.

Teil II A widmet sich dann der Dopingbekämpfung nach deutschem nationalen Recht und gibt zunächst einen Überblick über die bisherigen gesetzlichen Maßnahmen und Möglichkeiten im Kampf gegen Doping. Aus dem Kernstrafrecht kommen hier eine Strafbarkeit wegen Körperverletzung und Betrug in Betracht. Aus dem Nebenstrafrecht sind Delikte aus dem Arzneimittel- und Betäubungsmittelgesetz denkbar. Ferner stellt Teil II B das neue deutsche Anti-Doping-Gesetz vor und dessen Verflechtung und Bezugnahme auf das Anti-Doping-Recht der Sportverbände. Sowohl die Entstehungsgeschichte als auch die inhaltliche Ausgestaltung des Gesetzes werden umfangreich beleuchtet.

In Teil III wird letztlich untersucht, wie sich das neue Regime der strafrechtlichen Verfolgung von Doping neben dem altbewährten System der sportrechtlichen Dopingbekämpfung verhält. Dies umfasst zunächst eine Nebeneinanderstellung der wesentlichen Grundpfeiler der Verfahren beider Systeme und die Herausarbeitung der zum Teil gravierenden Unterschiede. In einem nächsten Schritt werden die aus dem Nebeneinander der verschiedenen Sanktionsregime resultierenden Problemfelder analysiert.

Teil IV fasst die gefunden Ergebnisse komprimiert zusammen und gibt einen Ausblick auf die weitere Entwicklung des Anti-Doping-Kampfes.

Teil I: Das Anti-Doping-Recht der Sportverbände

Vor einer umfassenden Prüfung der staatlichen Regelungen im Anti-Doping-Kampf ist es notwendig, das Anti-Doping-Recht der Sportverbände zu untersuchen. Denn dabei handelt es sich um eine originäre Aufgabe der Sportverbände, auf welche die staatlichen Maßnahmen Bezug nehmen. Dazu gehört neben der Klärung der elementaren Begriffe „Sport“ und „Doping“ auch die Darstellung der Organisationsstruktur des Internationalen und Nationalen Sports sowie die Beleuchtung der verbandsrechtlichen Anti-Doping-Regelungen an sich.

Die Untersuchung des Anti-Doping-Rechts im Sport setzt zwingend eine einleitende Auseinandersetzung und Definition der Termini „Sport“ und „Doping“ voraus. Dies ist der Tatsache geschuldet, dass sich weder dem verbandsrechtlichen noch dem staatlichen Anti-Doping-Recht eine einheitliche Definition des Rechtsbegriffs „Sport“ entnehmen lässt, sondern dieser stets vorausgesetzt wird. Ebenso ist es für das Verständnis der heutigen Definition von „Doping“ elementar, die verschiedenen Entwicklungsstufen nachvollziehen zu können.

A. Sport

I. Bedeutung

Für das heutige Verständnis von „Sport“ ist es unabdingbar, die beiden grundsätzlichen Bedeutungen des Begriffs zu differenzieren. Zum einen beschreibt „Sport“ eine bestimmte Art und Weise menschlicher Tätigkeit.[3] D.h. die Ausübung einer körperlichen Betätigung, das Sporttreiben an sich.

Daneben dient „Sport“ als pauschalierende Umschreibung für die Gesamtheit von Sportorganisationen, Verbänden und Vereinen und bezieht sich auf die „organisatorische Formalstruktur des Sportsystems“.[4] In diesem Gebrauch kann der Wortlaut sowohl als Zusammenfassung der beteiligten Akteure (Funktionäre, Sportler, Trainer und Ehrenamtliche) als auch der Organisationen, Regeln und Strukturen verstanden werden.[5] Vornehmlich steht der „Sport“ im medialen

---

3 *Von Wittich*; Entwicklungsstufen von Governance als Reaktion auf Doping im deutschen Leistungssport nach der Wiedervereinigung, S. 71.

4 Ebd., S. 72.

5 Ebd.; S. 73.

und politischen Kontext für die Interessensvertretung von Sportlerinnen und Sportler bzw. der Vereine und Verbände gegenüber anderen Akteuren.[6]

Im Rahmen dieser Dissertation wird der Begriff „Sport" ausschließlich für die originären Aktivitäten verwendet, die sich unter die verschiedenen Definitionsansätze subsumieren lassen: die Sportausübung an sich. Anstelle von „Sport" als Begriff zur Umschreibung des Organisationssystems wird dieses System als „organisierter Sport" bezeichnet.

II. Etymologie

Der Sportbegriff ist geprägt von seiner fehlenden Eindeutigkeit, die durch seine Verwendung in der Sportwissenschaft, der Rechtswissenschaft sowie der Alltags- und Umgangssprache hervorgerufen wird.

Weitgehender Konsens besteht zumindest hinsichtlich der Ursprünge des Wortes, die im spätlateinischen „disportare" bzw. „deportare" („forttragen, wegtragen") gesehen werden.[7] Daraus entwickelte sich im Altfranzösischen „se deporter" im Sinne von „sich zerstreuen"[8] das im 11. Jahrhundert durch die Normannen vom Festland auf die britischen Inseln gelangt ist.[9] Dort taucht der Begriff „Sport" dann erstmals um 1400 auf und ist mit der zweckfreien körperlichen Betätigung der Menschheit belegt.[10] Dieser Grundgedanke geht dem Begriff auch durch die Übersetzung in die verschiedenen Sprachen des romanischen Sprachkreises nicht abhanden.[11]

III. Sport- und sozialwissenschaftliche Merkmale

Durch seine Verwendung im allgemeinen Sprachgebrauch wird zwar suggeriert, dass der Begriff klar definiert sei. Denn neben der Alltags- und Umgangssprache hat der Begriff Eingang in eine Reihe von Gesetzen gefunden, wie z.B. im BauGB,

---

6 Ebd.; S. 73.

7 *Hilpert*, Die Geschichte des Sportrechts, S. 32; ebenso *Eichel*, Der Sport im Recht der Europäischen Union, S. 22; *P. Röthig* in: Prohl/ders. (Hrsg.) Sportwissenschaftliches Lexikon, Stichwort ‚Sport', S. 421.

8 *Hilpert*, Die Geschichte des Sportrechts, S. 32.

9 *Eichel*, Der Sport im Recht der Europäischen Union, S. 22; vgl. *P. Röthig* in: Prohl/*ders.* (Hrsg.) Sportwissenschaftliches Lexikon, Stichwort ‚Sport', S. 493; vgl. *C. Diem*, Wesen und Lehre des Sports, S. 9.

10 *Hilpert*, Die Geschichte des Sportrechts, S. 32.

11 *Eichel*, Der Sport im Recht der Europäischen Union, S. 22; vgl. *P. Röthig* in: Prohl/*ders.* (Hrsg.) Sportwissenschaftliches Lexikon, Stichwort ‚Sport', S. 493.

in der BauNVO, in der AO, in der 18. BImSchV und in Art. 165 AEUV.[12] Jedoch setzen die Rechtswissenschaft und der Gesetzgeber den Begriff des Sports stets voraus, ohne ihn selbst abschließend zu definieren.[13] Bei näherer Betrachtung erweist sich der Begriff auf Grund seiner Heterogenität und vielfältigen Erscheinungsformen daher als wenig konturiert.

Die zahlreichen Versuche innerhalb und außerhalb der Rechtswissenschaft, eine allgemein anerkannte Definition zu entwickeln waren erfolglos[14] und differieren teilweise erheblich.[15] *Hilpert*[16] stellt hierzu fest:

> *„So vielfältig der Sport ist, so vielfältig sind auch die Versuche, ihn zutreffend zu definieren – was zusätzlich erschwert wird durch die Mannigfaltigkeit seiner Sparten."*.

Das Fehlen einer einheitlichen juristischen und sportwissenschaftlichen Definition ist also unter anderem den vielfältigen Erscheinungsformen der als Sport bezeichneten Phänomene geschuldet.[17] Denn was im Allgemeinen unter „Sport" verstanden wird, wird bestimmt durch den alltagstheoretischen Gebrauch sowie von den historisch gewachsenen und tradierten Einbindungen in *„soziale, ökonomische, politische und rechtliche Gegebenheiten."*[18] D.h. die Definition ist vom jeweiligen Standpunkt abhängig, was also die Allgemeinheit, die Sportwissenschaft, die Sportorganisation und das Recht jeweils unter „Sport" versteht.[19] Zwangsläufig unterliegt daher die Deutung des Begriffs durch das faktische Geschehen des Sporttreibens einer ständigen Veränderung, Erweiterung und Differenzierung, verbunden mit einer inhärenten Offenheit und Konturlosigkeit.[20]

In den sozialwissenschaftlichen und juristischen Definitionsversuchen haben sich gewisse, grundlegende Merkmale herausgebildet, die im Regelfall Abgrenzungen ermöglichen. Die Wesensmerkmale des Sports sind demnach a) die

---

12 Vgl. *Ketteler*, Sport als Rechtsbegriff in: SpuRt 1997, S. 73, 73.

13 *Ebd.*

14 *Pfister*, in: Praxishandbuch Sportrecht, S. 2.

15 Vgl. *Reinhart*, in: Praxishandbuch Sportrecht, S. 762, Rn. 7.

16 *Hilpert*, Die Geschichte des Sportrechts, S. 32.

17 *Eichel*, Der Sport im Recht der Europäischen Union, S. 30; *Ketteler*, Sport als Rechtsbegriff in: SpuRt 1997, S. 73, 73.

18 *P. Röthig* in: Prohl/*ders.* (Hrsg.) Sportwissenschaftliches Lexikon, Stichwort ‚Sport', S. 493.

19 *Pfister*, in: Praxishandbuch Sportrecht, S. 2.

20 *Scherrer/Muresan/Ludwig (Hrsg.)*, Sportrecht, S. 300.

körperliche Bewegung, b) der Wettkampfcharakter, c) das Vorhandensein von Regeln und Organisationsformen sowie d) die Betätigung als Selbstzweck.[21]

Zwar unterliegen diese Kriterien wiederum einer weiten Auslegbarkeit und differieren in ihrer Gewichtung für die verschiedenen Erscheinungsformen des Sports.[22] Sie sind jedoch die einzig greifbaren und praktikablen Parameter um sich einer Definition des Begriffs „Sport“ anzunähern.

1. Körperliche Betätigung

Dazu zählt im Wesentlichen eine eigenmotorische Aktivität unter Entfaltung von „Kraft, Schnelligkeit, Ausdauer, Geschick und die Koordination von Bewegungsabläufen.“[23] Unter diesen Ansatz können zwar die allermeisten Sportarten,

---

21 *Ketteler*, Sport als Rechtsbegriff in: SpuRt 1997, S. 73, 73f; *P. Röthig* in: Prohl/*ders.* (Hrsg.) Sportwissenschaftliches Lexikon, Stichwort ‚Sport‘, S. 493;
Der DOSB normiert in § 3 seiner Aufnahmeordnung vergleichbare Kriterien:
Spitzenverbände und Sportverbände ohne internationale Anbindung müssen Sport im Sinne der nachfolgenden Definition betreuen.
1.
Die Ausübung der Sportart muss eine eigene, sportartbestimmende motorische Aktivität eines jeden zum Ziel haben, der sie betreibt. Diese eigenmotorische Aktivität liegt insbesondere nicht vor bei Denkspielen, Bastel- und Modellbautätigkeit, Zucht von Tieren, Dressur von Tieren ohne Einbeziehung der Bewegung
des Menschen und Bewältigung technischen Gerätes ohne Einbeziehung der Bewegung des Menschen.
2.
Die Ausübung der eigenmotorischen Aktivitäten muss Selbstzweck der Betätigung sein. Dieser Selbstzweck liegt insbesondere nicht vor bei Arbeits- und Alltagsverrichtungen und rein physiologischen Zustandsveränderungen des Menschen.
3.
Die Sportart muss die Einhaltung ethischer Werte wie z.B. Fairplay, Chancengleichheit, Unverletzlichkeit der Person und Partnerschaft durch Regeln und/oder ein System von Wettkampf-und Klasseneinteilungen gewährleisten. Dies ist nicht gegeben insbesondere bei Konkurrenzhandlungen, die ausschließlich auf
materiellen Gewinn abzielen oder die eine tatsächliche oder simulierte Körperverletzung bei Einhaltung der gesetzten Regeln beinhalten.
Siehe https://www.dosb.de/fileadmin/sharepoint/DOSB-Dokumente%20%7B96E58B18-5B8A-4AA1-98BB-199E8E1DC07C%7D/Aufnahmeordnung.pdf, zuletzt abgerufen am 18.05.2019.

22 *Ketteler*, Sport als Rechtsbegriff in: SpuRt 1997, S. 73, 73.

23 *Ebd.*

wie z.B. Laufen, Schwimmen und Ballspiele subsumiert werden.[24] Problematisch erscheint jedoch die Einordnung rein geistiger Aktivitäten wie z.B. dem Schachspiel oder Bridge sowie solcher Aktivitäten, deren Charakter in der Bedienung von motorgetriebenen Maschinen liegt.[25] *Ketteler*[26] ist der Ansicht, dass rein geistigen Tätigkeiten wie das Schachspiel nicht als Sport anzusehen seien. Zwar normiere § 52 Abs. 2 Nr. 21 AO, dass Schach als Sport gelte. Dabei handele es sich aber lediglich um eine Fiktion, die auch nicht auf weitere Denksportarten anwendbar sei.[27] Aus diesem Grund und dem Mangel an körperlicher Betätigung werden Skat, Bridge[28] und Bastel- oder Modellbautätigkeiten nicht als „Sport“ kategorisiert.[29] Der DOSB hingegen anerkennt entgegen § 3 Nr.1 seiner Aufnahmeordnung Schach als Sport, obwohl die notwendige eigenmotorische Aktivität bei dem Denkspiel Schach nicht gegeben ist. Hier profitiert der Deutsche Schachbund von der Bestandschutzregelung des § 5 der Aufnahmeordnung, wonach die Voraussetzungen der §§ 3 und 4 nicht anwendbar sind auf Mitgliedsorganisationen, die schon vor Änderung der Aufnahmeordnung am 06. Dezember 2014 Mitglied des DOSB waren.

Trotz dieses Sonderfalls besteht weitgehender Konsens, dass die körperliche Betätigung elementares Kriterium für die Einordung in den Sportbegriff ist.[30]

2. *Wettkampfcharakter*

Der Wettkampfcharakter als Wesensmerkmal des Sports umfasst neben dem kompetitiven Element vor allem die Bereitschaft Kraftanstrengungen zu unternehmen, die über das alltägliche Maß hinausgehen um ein körperliches Leistungsziel zu erreichen.[31] Diese Differenzierung ist sinnvoll, weil durch den Wettkampfcharakter allein der Kampf- und Leistungssport geprägt ist, der

---

24 *Fechner/Arnhold/Brodführer (Hrsg.)*: Sportrecht, S. 3; *Ketteler*, Sport als Rechtsbegriff in: SpuRt 1997, S. 73, 74.

25 *Pfister* in: Praxishandbuch Sportrecht, S. 3 Rn. 2; *Ketteler*, Sport als Rechtsbegriff in: SpuRt 1997, S. 73, 74.

26 *Ketteler*, Sport als Rechtsbegriff in: SpuRt 1997, S. 73, 74; ebenso *Tiedemann*: http://www.sportwissenschaft.uni-hamburg.de/tiedemann/documents/sportdefinition.html, zuletzt abgerufen am 18.05.2019.

27 Klein/Gersch § 52 Rz. 40; *Ketteler*, Sport als Rechtsbegriff in: SpuRt 1997, S. 73, 74.

28 Klein/Gersch § 52 Rz. 40.

29 *Ketteler*, Sport als Rechtsbegriff in: SpuRt 1997, S. 73, 74

30 Vgl. *Pfister*, in: Praxishandbuch Sportrecht, S. 2 Rn. 2; *Ketteler*, Sport als Rechtsbegriff in: SpuRt 1997, S. 73, 73.

31 *Ketteler*, Sport als Rechtsbegriff in: SpuRt 1997, S. 73, 74.

individuelle Freizeitsport jedoch gänzlich vom Sportbegriff ausgenommen würde.[32] Dessen Motiv ist, abweichend vom kompetitiven Sport, regelmäßig die körperliche Betätigung an sich oder das reine Vergnügen an der Bewegung. Charakteristisch hierfür ist die Betätigung zum Erreichen persönlicher körperlicher Leistungsziele ohne Leistungsvergleich mit einem Dritten.[33] Die Abgrenzung von wettkampfmäßig betriebenem Sport zum individuellen Breitensport dient somit nur der Klarstellung. Denn das Streben nach Leistung und insbesondere nach Leistungssteigerung eint sowohl den Freizeit-, Breiten- und Leistungssport und ist ein ganz wesentliches Merkmal des Sports.[34]

3. Vorhandensein von Regeln und Organisationsformen

Für den individuellen Freizeitsport und besonders für die Sportarten, die vom Wettkampf geprägt sind, ist das Vorhandensein und die Beachtung von Regeln und Organisationsformen elementar. Wie *Ketteler*[35] treffend feststellt, macht *„[...] erst die Einhaltung bestimmter Regeln [...] aus einer Rauferei einen Box- oder Ringkampf, aus einer Schlittenfahrt das Rennrodeln und aus dem Wandern einen Geher-Wettbewerb [...]“*.

Die Spielregeln enthalten zumindest eine Übereinkunft der beteiligten Akteure, welcher Sport unter welchen Voraussetzungen ausgeübt werden soll. Dabei können die Beteiligten diese Regeln selbst festlegen, oder von anderer Seite festgelegte übernehmen, ohne dass es einer schriftlichen Niederlegung bedarf.[36] Sinn und Zweck der Regeln ist die Gewährleistung eines ordnungsgemäßen Leistungsvergleichs oder Wettkampfs unter Wahrung der Chancengleichheit.

Diese, für wettkampfmäßig betriebene Sportarten prägende, Rahmenbedingungen sind aber für den Sportbegriff nicht konstitutiv.[37] Denn gerade der individuelle Freizeitsport weist einen sehr geringen Grad der Normierung auf. Ansonsten könnten Sportarten, die keinen besonderen Regelungen unterliegen und nicht im Wettkampf ausgetragen werden, wie z.B. Joggen, Wandern und Bergsteigen, regelmäßig nicht unter den Sportbegriff subsumiert werden.[38]

---

32 *Fechner/Arnhold/Brodführer (Hrsg.)*: Sportrecht, S. 3, Rn. 4; zum Begriff des Freizeitsports und dessen Kategorien vgl. *P. Röthig* in: Prohl/*ders.* (Hrsg.) Sportwissenschaftliches Lexikon, Stichwort ‚Freizeitsport', S. 207.

33 *Ketteler*, Sport als Rechtsbegriff in: SpuRt 1997, S. 73, 74.

34 *Pfister* in: Praxishandbuch Sportrecht, S. 4, Rn. 2.

35 *Ketteler*, Sport als Rechtsbegriff in: SpuRt 1997, S. 73, 75.

36 *Pfister*, in: Praxishandbuch Sportrecht, S. 6, Rn. 2

37 *Ketteler*, Sport als Rechtsbegriff in: SpuRt 1997, S. 73, 75.

38 *Pfister*, in: Praxishandbuch Sportrecht, S. 5, Rn. 2.

4. *Betätigung als Selbstzweck*

Schon das historisch überlieferte Verständnis von Sport sieht darin, in Abgrenzung zur Arbeit, eine zweckfreie körperliche Betätigung. Denn die oben aufgezählten Merkmale des Sportbegriffs lassen sich ohne weiteres auch auf das Arbeits- und Berufsleben übertragen. Auch die Arbeit kennt körperliche Betätigungen, die, wie beim Sport, das Entfalten körperlicher Kraft, Geschick und Ausdauer verlangen.[39] Genauso ist Arbeit vom ständigen Wettbewerb und dem Erreichen von Leistungszielen geprägt, unter Einhaltung von Regelungen und Organisationsformen.

Aus diesem Grund bedarf es zur Abgrenzung von Sport und der Arbeitsverrichtung eines weiteren Merkmals, nämlich der Zweckfreiheit des Sports. Das bedeutet, dass die sportliche Betätigung an sich unproduktiv ist und nur um ihrer selbst willen ausgeübt wird.[40] Mit anderen Worten handelt es sich dann um Sport, wenn *„das reale Handeln hinsichtlich seines echten „Nutzens" auf eine unwirkliche, an sich überflüssige und nicht notwendige, gleichsam scheinhafte Ebene bezogen wird"*.[41]

Dieses Merkmal orientiert sich stark an dem von *Pierre de Coubertin* und den Olympischen Spielen der Neuzeit (bis in die 1980er Jahre) geprägten Amateurgedanken des Sports, wonach Amateursportler ist, wer seinen Sport ohne die Absicht einer materiellen Bereicherung betreibt.[42] *Pierre de Coubertins* Ansatz sah vor, Profisportler im Sinne der Chancengleichheit von den olympischen Wettkämpfen fern zu halten, da sie Trainingsvorteile gegenüber den Amateuren genössen.[43]

Wie schon die obigen Merkmale stellt aber auch die Zweckfreiheit lediglich ein Indiz zur Kategorisierung einer körperlichen Handlung als Sport dar.[44] Denn mit der Abkehr vom Amateurismus auf olympischer Ebene im Jahre 1988 und der Verabschiedung einer neuen Olympic Charter '91[45] nahm die

---

39 S.o.S. 36.

40 *Pfister*, in: Praxishandbuch Sportrecht, S. 3, Rn. 2; *Ketteler*, Sport als Rechtsbegriff in: SpuRt 1997, S. 73, 75.

41 *P. Röthig*, in: Prohl/*ders.* (Hrsg.) Sportwissenschaftliches Lexikon, Stichwort ‚Sport', S. 494.

42 Ebd., Stichwort ‚Amateurismus', S. 37.

43 *Ebd.*; *Fechner/Arnhold/Brodführer (Hrsg.)*, Sportrecht, S. 4 Rn. 5.

44 *Ketteler*, Sport als Rechtsbegriff in: SpuRt 1997, S. 73, 75.

45 *P. Röthig*, in: Prohl/*ders.* (Hrsg.) Sportwissenschaftliches Lexikon, Stichwort ‚Amateurismus', S. 38.

Professionalisierung und Kommerzialisierung des Sports enorm zu. Die, schon damals, in Teilbereichen fließenden Grenzen zwischen Sportausübung und Beruf wurden dadurch weiter aufgelöst.[46]

5. *Gesamtbetrachtung im Rahmen der Rechtsanwendung*

Für die Bejahung des Sportbegriffs ist keinesfalls das kumulative Vorliegen der oben dargestellten Merkmale notwendig. Vielmehr liefern die einzelnen Merkmale Indizien, ob die betreffende Handlung als „Sport" bezeichnet werden kann, ohne dass das Nichtvorliegen eines Merkmals den Sportcharakter für diese Handlung gänzlich ausschließt. Beispielhaft hierfür ist die Zweckfreiheit der körperlichen Betätigung bei einem Berufssportler. Diese aktive Betätigung dient vorwiegend dem Zweck der Sicherung der Existenzgrundlage des Ausübenden.[47] Trotzdem kann man Phänomenen auf nationaler Ebene, deren höchste Ligen ausschließlich aus Berufssportlern bestehen (z.B. Fußball, Eishockey, Basketball), den Sportcharakter nicht absprechen.

Ketteler[48] sieht zudem im Rahmen der Rechtsanwendung die Notwendigkeit, die von der Sportwissenschaft und Soziologie entwickelten Kriterien zu relativieren. Korrektiv sollen hierbei der jeweilige Gesetzeszweck, das Selbstverständnis des Sports und die allgemeine Verkehrsauffassung sein. Dies wird begründet mit der unterschiedlichen Zielsetzung, die der Begriff beispielsweise in der AO und der 18.BImSchV verfolgt und es daher einer Auslegung des Begriffs unter Heranziehung des jeweiligen Gesetzeszwecks bedarf.[49]

Prägend für das Selbstverständnis des organisierten Sports ist das Prinzip der Selbstverwaltung. Dieses Prinzip verschafft den jeweiligen Dachverbänden zum einen eine Definitionsmacht über die im Sport geltenden Regeln und zum anderen staatliche Anerkennung dieses Selbstverständnisses.[50] Ferner ist die in § 3 der Aufnahmeordnung des DOSB normierte Interpretationsherrschaft des DOSB über den Sportbegriff ein weiterer Ausfluss des Selbstverständnisses des organisierten Sports.[51] Schließlich muss auch in Betracht gezogen werden, was

---

46 *Ketteler*, Sport als Rechtsbegriff in: SpuRt 1997, S. 73, 75.

47 *P. Röthig*, in: Prohl/*ders.* (Hrsg.) Sportwissenschaftliches Lexikon, Stichwort ‚Berufssport', S. 75.

48 *Ketteler*, Sport als Rechtsbegriff in: SpuRt 1997, S. 73, 76.

49 Ebd., S. 75.

50 Zur Vereinsautonomie s.u.S. 88.

51 Auch wenn diese Interpretation des Sportbegriffs als Teil der staatlichen Rechtsordnung für die staatlichen Organe nicht bindend ist, haben diese die Auffassung des

die Gesellschaft unter „Sport" versteht, insbesondere bei der Beurteilung neuer Aktivitäten und deren etwaige Einordnung als „Fun- oder Trendsportart".[52]

IV. Definition

Der Versuch, eine eigene Definition des Sports im Rahmen dieser Dissertation zu formulieren ist angesichts der Vielzahl der bereits existierenden Definitionen müßig. Vielmehr vereint schon die in das Weißbuch der Kommission der Europäischen Gemeinschaften vom 11.07.2007 übernommene Definition des Europarats die o.g. Merkmale sehr treffend:[53]

> *„Sport ist jegliche Form der körperlichen Ertüchtigung, die innerhalb und außerhalb von Vereinen betrieben wird, um die körperliche und seelische Verfassung zu verbessern, zwischenmenschliche Beziehungen zu entwickeln oder ergebnisorientierte Wettkämpfe auf allen Ebenen zu bestreiten."*

Obwohl auch diese Definition viel Raum für Interpretation lässt - insbesondere der Begriff der „körperlichen Ertüchtigung" - wird sie doch der Vielzahl an Eigenschaften, die die verschiedenen Sportarten und Sportler in sich vereinen noch am ehesten gerecht.

Mit den oben genannten Merkmalen ist grundsätzlich eine Kategorisierung gewisser Phänomene unter den Begriff „Sport" möglich. Innerhalb des Sports muss aber noch weiter zwischen Wettkampf- und Freizeitsport[54] differenziert werden, die jeweils unterschiedlichen Regeln folgen.

Der Wettkampfsport unterliegt verbindlichen, von einem Verband festgelegten, Regeln mit dem Ziel, die Attraktivität der Sportausübung für die Beteiligten zu steigern indem u.a. das Ziel des Wettkampfes bestimmt wird.[55] Der Freizeitsport hingegen folgt Regeln, die unter dem Aspekt der Förderung von Gesundheit und körperlichem Wohlempfinden stehen und deren Missachtung

---

DOSB zumindest zu berücksichtigen. Vgl. *Ketteler*, Sport als Rechtsbegriff in: SpuRt 1997, S. 73, 76; BVerfG, NJW 1991, S. 2623ff.

52 *Ketteler*, Sport als Rechtsbegriff in: SpuRt 1997, S. 73, 76.

53 Weißbuch der Kommission der Europäischen Gemeinschaft vom 11.07.2007, S. 2, abrufbar unter: http://eur-lex.europa.eu/legal-content/DE/TXT/PDF/?uri=CELEX:52007DC0391&rid=3 (zuletzt abgerufen am 18.05.2019).

54 Vom Begriff des Freizeitsports umfasst sind u.a.: Alltagssport, Erholungssport, Rekreationssport, Gesundheitssport, Volkssport; vgl. *P. Röthig*, in: Prohl/*ders.* (Hrsg.) Sportwissenschaftliches Lexikon, Stichwort ‚Freizeitsport', S. 205.

55 *Pfister*, in: Praxishandbuch Sportrecht, S. 6, Rn. 3.

nicht von Dritten, sondern allein vom Körper des Sportlers sanktioniert wird.[56] Er wird daher auch als „*Sport für alle*"[57] bezeichnet, mit individuell zu befolgenden Regeln und Zielsetzungen zum Zwecke der Steigerung des körperlichen Wohlempfindens.

Im Rahmen dieser Dissertation ist im Hinblick auf die verbandsrechtliche Sanktionierung bei Verstößen gegen Dopingvorschriften allein der Wettkampfsport von Bedeutung. Dabei dient die von *Pfister* für den Zweck eines Handbuchs für Sportrecht geprägte Einführung als Orientierung:[58]

> *„Alle Sportarten, die sich verbandsmäßig organisieren, in Deutschland also unter dem Dach des DOSB, gehören zum Sport."*

Zwar nimmt diese einführende Definition nur mittelbar auf die oben genannten Merkmale Bezug, indem schlicht auf die Zugehörigkeit zum DOSB verwiesen wird. Zudem wird erkannt, dass sie schon selbst das zu Definierende enthält und sich als zu eng erweist.[59] Im Rahmen dieser Dissertation ist jedoch keine allgemeine Definition des Sportbegriffs vonnöten, sondern eine auf die konkrete Fragestellung angepasste. Untersuchungsgegenstand ist das verbandsrechtliche Anti-Doping-Recht, insofern ist auch ein enger Sportbegriff angebracht.

Darüber hinaus kennt der Wettkampfsport noch die weitere Unterscheidung zwischen amateurmäßig betriebenem Breitensport und professionellem Spitzensport. Ersteres ist das den Regularien des Wettkampfsports unterliegende Sporttreiben mit Amateurcharakter auf den unteren Ebenen.[60] Spitzensport hingegen vereint die Elite der jeweiligen Sportart und deren Streben nach Erfolg im Wettkampf auf nationaler und internationaler Ebene. Dafür ordnen sich die Sportler in ihrem Handeln dem Erfolg unter, indem spezielle Trainingsmethoden und Lebensweisen befolgt werden.[61]

---

56 *Ebd.*

57 *P. Röthig,* in: Prohl/*ders.* (Hrsg.) Sportwissenschaftliches Lexikon, Stichwort ‚Freizeitsport', S. 205.

58 *Pfister,* in: Praxishandbuch Sportrecht, S. 7, Rn. 5.

59 Vgl. *Holzke,* Der Begriff des Sport im deutschen und europäischen Recht, S. 129; zur Frage, ob E-Sport auch unter den Sportbegriff fällt siehe *Holzhäuser/Bagger/Schenk,* Ist E-Sport „echter" Sport, in: SpuRt 2016, S. 94-98.

60 *P. Röthig,* in: Prohl/*ders.* (Hrsg.) Sportwissenschaftliches Lexikon, Stichwort ‚Freizeitsport', S. 205.

61 *P. Röthig,* in: Prohl/*ders.* (Hrsg.) Sportwissenschaftliches Lexikon, Stichwort ‚Spitzensport', S. 491.

Für diese Dissertation wird daher unter dem Begriff „Sportler“ ein Spitzensport betreibender Hochleistungssportler verstanden, der seinen Sport mitunter zur Sicherung seiner Existenzgrundlage betreibt.[62] Ansonsten werden aus Klarstellungsgründen die Begriffe „Amateur- oder Breitensportler“ verwendet.

B. Doping

Die Untersuchung des Anti-Doping-Rechts im Sport setzt zwingend eine einleitende Auseinandersetzung und Definition des Terminus „Doping“ voraus. Für das Verständnis der heutigen Definition von „Doping“ ist es elementar, die verschiedenen Entwicklungsstufen nachzuvollziehen, die diesen Begriff geprägt haben.[63]

I. Bedeutung

Umgangssprachlich wird unter dem Begriff Doping regelmäßig die Steigerung der sportlichen Leistung durch den Konsum von Medikamenten und Präparaten verstanden.[64] Wie *Glocker*[65] richtigerweise erkennt, ist eine solche Definition für den juristischen Gebrauch nicht ausreichend. Gerade im Hinblick auf das Bedürfnis der Rechtssicherheit sowohl für Athleten und Verbände als auch von staatlicher Seite ist eine eindeutige Definition notwendig. Der einzelne Athlet muss erkennen können, welche seiner Handlungen bzw. der von ihm konsumierten Medikamente und Nahrungsmittel unter den Begriff des Dopings subsumiert werden. Also wann genau ein Dopingfall vorliegt und wann nicht.[66] Daneben bildet die Definition den Ausgangspunkt für die Verbände, eine verbindliche und gerichtsfeste Bestrafung gegen den die Regelungen verstoßenden Athleten auszusprechen.[67]

II. Geschichte des Dopings in Wettkampf und Sport

Vermutlich bis in die vorchristliche Zeit zurück gehen die ersten Versuche, die körperliche Leistungsfähigkeit mittels innerlicher und äußerlicher Anwendung

---

62 *Pfister*, in: Praxishandbuch Sportrecht, S. 6, Rn. 3.

63 Die nachfolgenden Ausführungen fokussieren sich allein auf das Doping im Sport. Zum Doping in sonstigen gesellschaftlichen Bereichen vgl. *Ott*, S. 29ff.

64 *Glocker*, S. 31.

65 *Glocker*, S. 7.

66 *Haug*, Doping, S. 36.

67 *Glocker*, S. 32.

zu steigern.[68] Das Streben und der Wunsch der Menschheit, sich durch Zufuhr spezieller Substanzen und Elixiere eine übermenschliche Stärke, Unverwundbarkeit oder Unsterblichkeit zu erlangen wird schon in Märchen und Sagen dokumentiert.[69]

Erstmals historisch belegt sind die Versuche olympischer Athleten der Antike, durch Einnahme bestimmter Kräuter oder riesiger Mengen Fleisch[70] vor den Wettkämpfen ihre eigene Leistungsfähigkeit zu steigern, in den Berichten von Philostratos und Galen.[71] Zwar handelte es sich hierbei lediglich um diätische Maßnahmen und nicht um Doping im herkömmlichen Sinne.[72] Jedoch weckte dies das Bewusstsein der Athleten und Trainer, dass die körperliche Leistungsfähigkeit neben stetem Training auch durch die gezielte Aufnahme stimulierender Stoffe positiv beeinflusst werden kann.[73]

In den folgenden Jahrhunderten machten sich unterschiedliche Volksgruppen die verschiedensten Pflanzen, Wirkstoffe und Methoden zu Eigen, um die körperlichen Grenzen zu verschieben. Dabei beschränkte man sich nicht mehr auf rein diätische Maßnahmen. Die Berserker waren germanische Elitekrieger, die sich für den Kampf durch den Verzehr halluzinogen wirkender Fliegenpilze (Amanita muscaria) wappneten.[74] Der dadurch entstandene Rauschzustand ließ die Krieger Schmerzen und Wunden nicht mehr wahrnehmen und soll deren Kampfkraft bis auf das Zwölffache gesteigert haben.[75] Die südamerikanischen Inkas griffen bei extremen körperlichen Anstrengungen oder religiösen Riten auf das Kauen von Blättern des Coca-Strauches zurück, die der Herstellung von Kokain dienen.[76] Durch den Konsum sollten Hunger- und Kältegefühle[77] sowie Erschöpfung und Müdigkeit verdrängt werden.[78] Daneben wurden noch Pflanzen konsumiert, deren Inhaltsstoffe noch heute in aufputschenden Lebensmitteln enthalten sind, wie z.B. Guarana, Covain oder Mate.[79]

---

68 *Haug*, Doping, S. 15.
69 Ebd.; *Glocker*, S. 7.
70 *Haug*, Doping, S. 15.
71 *Glocker*, S. 7.
72 *Glocker*, S. 7f.
73 *Ebd.*, S. 8.
74 *Ebd., S. 8.*
75 *Ebd.*, S. 8f.
76 *Haug*, Doping, S. 15.
77 *Glocker*, S. 9.
78 *Haug*, Doping, S. 15.
79 *Ebd.*

Zwar wurden die leistungssteigernden Substanzen und Methoden durch die Geschichte für kriegerische und kultische Zwecke verwendet, dennoch fanden sie erst in der modernen Neuzeit wieder Einzug und Erwähnung im Sport.[80] Ab Mitte des 19. Jahrhunderts wurden vermehrt Dopingfälle im Sport dokumentiert, insbesondere im Radsport bei den ab 1875[81] ausgetragenen Sechs-Tage-Rennen wurde auf Heroin, Kokain, alkohol- sowie koffeinhaltige Getränke zurückgegriffen.[82] Die Wiederbegründung der Olympischen Spiele im Jahr 1896 forcierte das Streben nach Höchstleistungen und die Bereitschaft, diese durch eine künstliche Leistungssteigerung zu erreichen.[83] Mit der Nutzung anaboler Steroide, begünstigt durch den medizinischen Fortschritt, die leichte Verfügbarkeit der Mittel und dem, auch im Sport ausgetragenen, *Kalten Krieg* erfuhr Doping ab Anfang der fünfziger Jahre eine völlig neue Qualität.[84] Diese Entwicklung steigerte sich noch einmal in den siebziger und achtziger Jahren des 20. Jahrhunderts und erlebte seinen traurigen Höhepunkt mit der Überführung des kanadischen Sprinters *Ben Johnson* bei den Olympischen Spielen 1988 in Seoul.[85] Doch sämtliche Affären taten dem Doping in den folgenden Jahrzehnten keinen Abbruch. So sorgte besonders der Radsport in den 90er und 2000er Jahren mit der sog. *Festina-Affäre*[86] 1998, den Enthüllungen um den siebenmaligen *Tour de France* – Sieger *Lance Armstrong*[87], die Affäre um *Jan Ullrich* und zahleiche weitere Fälle - auch mit deutscher Beteiligung - für negative Schlagzeilen. Zeitweise führte dies sogar zum Rückzug der öffentlich-rechtlichen Sendeanstalten aus der Live-Übertragung der *Tour de France.*

---

80 *Glocker,* S. 11.

81 *Glocker,* S. 13; *Haug,* Doping, S. 15, verortet die erstmalige Austragung auf das Jahr 1876.

82 *Haug,* Doping, S. 15.

83 *Hollmann,* in: Vieweg (Hrsg.), Doping – Realität und Recht, S. 39; *Haug,* Doping, S. 16.

84 *Haug,* Doping, S. 15; *Lüschen/Lüschen,* in: Vieweg (Hrsg.), Doping – Realität und Recht, S. 253.

85 *Lüschen/Lüschen,* in: Vieweg (Hrsg.), Doping – Realität und Recht, S. 253. *Ben Johnson* hatte den 100m-Lauf in neuer Weltrekordzeit gewonnen und wurde anschließend der Einnahme des anabolen Steroids Stanozolol überführt, was die Aberkennung der Goldmedaille und eine zweijährige Sperre zur Folge hatte. Nach Ablauf der Sperre wurde *Johnson* 1993 erneut positiv getestet und den Regularien des IAAF entsprechend lebenslang gesperrt, vgl. *Haug,* Doping, S. 15, *Glocker,* S. 18f.

86 *Glocker,* S. 20f.

87 *Ebd.*, S. 25.

III. Etymologie

Lange Zeit gab es keinen einheitlichen Begriff für die oben dargestellten frühzeitlichen Handlungen zur Steigerung der Leistungsfähigkeit.[88] Der Begriff „Doping" in seiner heute noch gängigen Schreibweise fand erstmals 1889 in einem englischen Wörterbuch Erwähnung.[89] Dies definierte eine Mischung aus Opium und Narkotika, die zur Leistungssteigerung bei Hunde- und Pferderennen eingesetzt wurde.[90] Nach einer anderen Ansicht soll Doping eine spezielle Zubereitungsart von Tabak bezeichnet haben, um diesen als bewusstseinsveränderndes Rauschmittel verwenden zu können.[91]

In den allgemeinen Sprachgebrauch schaffte es der Begriff endgültig etwa um 1933, als er infolge des zunehmenden Interesses der Humanmedizin an leistungssteigernden Mitteln in einschlägigen Lexika Erwähnung findet.[92]

Über den genauen Ursprung des Wortes herrscht dagegen Uneinigkeit. Eine Ansicht führt die Herkunft des Wortes Doping auf einen in Südafrika gesprochenen Dialekt zurück.[93] Dabei stand das Wort „dop" umgangssprachlich für einen als Stimulanz dienenden, bei Kulthandlungen und religiösen Feiern verwendeten, selbstgebrannten und hochprozentigen Schnaps.[94] Über die Buren, die teilweise Afrikaans sprechenden europäischen Einwohner Südafrikas, soll diese Bezeichnung dann Einzug in den europäischen Sprachraum gefunden haben.[95]

Eine andere Ansicht verortet die Herkunft im niederländischen Sprachgebrauch.[96] Dabei sollen holländische Kolonialisten eine dickflüssige Mixtur namens „doop" zur Steigerung ihrer Arbeitskräfte beim Bau von Niew Amsterdam, dem heutigen New York, konsumiert haben.[97]

---

88 *Von Wittich*; S. 109.
89 *Glocker*, S. 33; *Haug*, Doping, S. 27; *Ott*, S. 20.
90 *Haug*, Doping, S. 27; *Ott*, S. 20; *Hollmann* in: Vieweg (Hrsg.), Doping – Realität und Recht, S. 39.
91 *Glocker*, S. 33.
92 *Glocker*, S. 33; *Haug*, Doping, S. 27.
93 *Hollmann*, in: Vieweg (Hrsg.), Doping – Realität und Recht, S. 38; ebs. *Haug*, Doping, S. 27; *Glocker*, S. 32; *Von Wittich*; S. 109.
94 *Haug*, Doping, S. 27; *Glocker*, S. 32; *Hollmann* in: Vieweg (Hrsg.), Doping – Realität und Recht, S. 38.
95 *Glocker*, S. 32; *Haug*, Doping, S. 27.
96 *Glocker*, S. 32.
97 *Haug*, Doping, S. 27; *Glocker*, S. 33.

Glocker[98] identifiziert die Gemeinsamkeiten der beiden Ansätze und kommt zu dem Schluss, dass die holländische Kolonialpolitik beide Theorien miteinander verbinde und sie sich nicht gegenseitig ausschließen würden. Demnach sei das Wort „dop" aus dem südafrikanischen Dialekt Mitte des 17. Jahrhunderts über niederländische Siedler am heutigen Kap der Guten Hoffnung nach Holland gelangt. Von dort aus hätte es durch andere Kolonialisten seinen Weg nach Nordamerika gefunden.

IV. Frühere Definitionen[99]

Auf den ersten Versuch einer abstrakten Dopingdefinition im Jahr 1928 und deren Konkretisierung als IAAF Regel im Jahr 1932[100] folgte im Jahr 1952 eine Definition durch den deutschen Sportärztebund. Danach sei die Einnahme von Medikamenten mit der Absicht der Leistungssteigerung während des Wettkampfes als Doping zu bezeichnen, unabhängig von deren Wirksamkeit.[101] Diese und die nachfolgenden Definitionen eint ihr hoher Abstraktionsgrad durch die Verwendung unbestimmter Begriffe. So ist in einer Definition des Europarats von 1963[102] vom *„Gebrauch körperfremder Substanzen in jeder Form und physiologischer Substanzen in abnormaler Form"* die Rede, ohne eine Klarstellung was unter „physiologischen Substanzen" oder „abnormaler Form" zu verstehen ist.

Im Jahr 1967 folgte schließlich eine Abkehr von der abstrakten Definition des Dopings hin zu einer Summe von Wirkstoffen und Methoden.[103] Die Festlegung aller verbotenen Substanzen und Methoden in Listen sollte eine praktikablere Grundlage zur Bekämpfung von Doping darstellen.

Anhand dieses erstmals angewandten Listenprinzips definierte der „Medical Code" des IOC, der auf der Grundlage des Artikels 46 der Olympischen Charta entwickelt wurde, die Bestandteile von Doping vollkommen neu:[104]

> *„Doping besteht aus: 1. der Verwendung von Substanzen aus den verbotenen pharmakologischen Wirkstoffgruppen und/oder 2. der Anwendung verbotener Methoden."*.

---

98 *Glocker*, S. 32.

99 Im Folgenden werden die wesentlichen Schritte der Entwicklung der Dopingdefinitionen dargestellt. Für eine detaillierte Darstellung anhand ausgewählter Beispiele siehe *Haug*, Doping, S. 28ff; *Ott*, S. 36ff.

100 *Ott*, S. 36.

101 *Haug*, Doping, S. 28.

102 *Council of Europe*, Doping of athletes, a European survey.

103 *Haug*, Doping, S. 28.

104 *Ott*, S. 38; *Haug*, Doping, S. 28; *Haas/Prokop*, in: SpuRt 2000, S. 5, 5f.

Obwohl beim Listenprinzip die Gefahr besteht, dass die Verbotslisten dem pharmakologischen Fortschritt hinterherhinken, stellten in der Folge die einzelnen internationalen Sportverbände ebenfalls Verbotslisten auf.[105]

Neben der steten Aktualisierung der Listen wurde eine Vereinheitlichung der Doping-Definition angestrebt. Dabei lieferte das Europarat-Übereinkommen gegen Doping im Sport vom 16.11.1989[106] eine erste „*brauchbare*“[107] Definition. In dem zum 01.06.1994 in Kraft getretenen Übereinkommen bedeutet Doping im Sport gemäß Art. 2 Abs.1 a): „*die Verabreichung pharmakologischer Gruppen von Dopingwirkstoffen oder Dopingmethoden an Sportler und Sportlerinnen oder die Anwendung solcher Wirkstoffe oder Methoden durch diese Personen.*“.

Die verbotenen Dopingwirkstoffe und Dopingmethoden sind gemäß Art. 2 Abs.1 b) im Anhang des Übereinkommens in den entsprechenden Listen aufgeführt, die laufend aktualisiert werden.[108]

V. Definition nach dem WADC und dem NADC

Erst mit der Gründung der Welt-Anti-Doping-Agentur (WADA) am 10.11.1999 und dem im März 2003 vorgestellten Welt-Anti-Doping-Code (WADC) wurde der erste Schritt zur Harmonisierung der Anti-Doping-Regelwerke unternommen.[109] Der WADC wurde mittlerweile von annähernd allen Internationalen Sportfachverbänden und Nationalen Olympischen Komitees (NOKs) angenommen, die sich zugleich zu dessen Umsetzung verpflichteten.[110] Die Vielzahl der Anti-Doping-Regeln durch die einzelnen Verbände ist durch die einheitliche Anwendung des WADC passé. Geltung erlangt somit nur noch die Doping-Definition des WADC in seiner jeweils aktuellen Fassung. In Deutschland wurde der WADC seitens der Nationalen-Anti-Doping-Agentur (NADA) durch

---

105 *Haug*, Doping, S. 29.

106 Abgedruckt im BGBl. 1994 II S. 335; SpuRt 1994, S. 60; zum Übereinkommen siehe unten S. 58.

107 *Summerer*, in: Fritzweiler/Pfister/Summerer (Hrsg.), Praxishandbuch Sportrecht, S. 225 Rn. 281.

108 Anhang zuletzt geändert durch Verbotsliste mit Stand Januar 2020, BGBl. 2019 II, S. 1069ff.

109 *Summerer*, in: Fritzweiler/Pfister/Summerer (Hrsg.), Praxishandbuch Sportrecht, S. 226 Rn. 284; *Haug*, Doping, S. 32; zur WADA und dem WADC s.u.S. 62ff.

110 *Summerer, in:* Fritzweiler/Pfister/Summerer (Hrsg.), Praxishandbuch Sportrecht, S. 226 Rn. 284.

wortwörtliche Übernahme im NADA-Code (NADC) implementiert. Der aktuelle NADC basiert auf dem WADC 2015, der am 01.01.2015 in Kraft trat.

Gemäß Art. 1 NADC 2015 wird Doping definiert *„als das Vorliegen eines oder mehrerer der nachfolgend in Artikel 2.1 bis Artikel 2.10 festgelegten Verstöße gegen Anti-Doping-Bestimmungen"*.[111] Artikel 2 NADC normiert folgende Tatbestände:

> *„Artikel 2.1 Das Vorhandensein einer Verbotenen Substanz, ihrer Metaboliten oder Marker in der Probe eines Athleten. […]*[112]
> *Artikel 2.2 Der Gebrauch oder der Versuch des Gebrauchs einer Verbotenen Substanz oder einer Verbotenen Methode durch den Athleten. […]*
> *Artikel 2.3 Die Umgehung der Probenahme oder die Weigerung oder das Unterlassen ohne zwingenden Grund, sich nach entsprechender Benachrichtigung einer gemäß den anwendbaren Anti-Doping-Bestimmungen zulässigen Probenahme zu unterziehen.*
> *Artikel 2.4 Jede Kombination von drei versäumten Kontrollen und/oder Meldepflichtversäumnissen im Sinne des Internationalen Standards für Dopingkontrollen und Ermittlungen und/oder des Standards für Meldepflichten eines Athleten, der einem Registered Testing Pool oder dem Nationalen Testpool angehört, innerhalb eines Zeitraums von 12 Monaten.*
> *Artikel 2.5 Die Unzulässige Einflussnahme oder der Versuch der Unzulässigen Einflussnahme auf irgendeinen Teil des Dopingkontrollverfahrens. […]*
> *Artikel 2.6 Der Besitz einer Verbotenen Substanz oder einer Verbotenen Methode. […]*
> *Artikel 2.7 Das Inverkehrbringen oder der Versuch des Inverkehrbringens von einer Verbotenen Substanz oder einer Verbotenen Methode.*
> *Artikel 2.8 Die Verabreichung oder der Versuch der Verabreichung an Athleten von Verbotenen Substanzen oder Verbotenen Methoden Innerhalb des Wettkampfs oder Außerhalb des Wettkampfs die Verabreichung oder der Versuch der Verabreichung von Verbotenen Methoden oder Verbotenen Substanzen, die Außerhalb des Wettkampfs verboten sind.*
> *Artikel 2.9 Jegliche Form von Unterstützung, Aufforderung, Beihilfe, Anstiftung, Beteiligung, Verschleierung oder jede sonstige vorsätzliche Beteiligung im Zusammenhang mit einem Verstoß gegen Anti-Doping-Bestimmungen oder einem Versuch eines Verstoßes gegen Anti-Doping-Bestimmungen oder einem Verstoß gegen Artikel 10.12.1 durch eine andere Person.*
> *Artikel 2.10 Der Umgang eines Athleten oder einer anderen Person, die an die Anti-Doping-Regelwerke einer Anti-Doping-Organisation gebunden ist, in beruflicher oder sportlicher Funktion mit einem Athletenbetreuer,*
> *2.10.1 der an die Anti-Doping-Regelwerke einer Anti-Doping-Organisation gebunden ist und gesperrt ist; oder*

---

111 NADC abrufbar unter: http://www.nada.de/fileadmin/user_upload/nada/Downloads/Regelwerke/NADA-Code_2015.pdf (zuletzt abgerufen am 18.05.2019).

112 Die Rechtsbegriffe des NADC wie z.B. Verbotene Substanz, Metaboliten und Marker sind jeweils legal definiert im Anhang 1 des NADC.

2.10.2 der nicht an die Anti-Doping-Regelwerke einer Anti-Doping-Organisation gebunden ist und der nicht aufgrund eines Ergebnismanagement- und Disziplinarverfahrens gemäß NADC und/oder Code gesperrt wurde, jedoch dem in einem Straf-, Disziplinar- oder standesrechtlichen Verfahren ein Verhalten nachgewiesen oder der für ein solches Verhalten verurteilt wurde, das einen Verstoß gegen Anti-Doping-Bestimmungen dargestellt hätte, soweit diese oder andere im Einklang mit dem Code stehenden Anti-Doping-Regeln zur Anwendung gelangt wären. […]".

VI. Neuerungen im WADC und NADC 2015

Neu hinzugefügt wurden der Dopingdefinition des NADC 2015 die Artikel 2.9 und 2.10. Danach liegt Doping gemäß Artikel 2.9 NADC schon bei einer vorsätzlichen Beteiligung an einem Verstoß oder dem Versuch eines Verstoßes gegen Anti-Doping-Bestimmungen vor.

Artikel 2.10 NADC verbietet den an die Anti-Doping-Regelwerke einer Anti-Doping-Organisation gebundenen Personen jeglichen beruflichen und sportlichen Umgang mit Athletenbetreuern, die aufgrund eines Verstoßes gegen Anti-Doping-Bestimmungen gesperrt sind, denen anderweitig ein Verhalten nachgewiesen wurde, das einen Verstoß gegen Anti-Doping-Bestimmungen dargestellt hätte, oder die als Stroh- bzw. Mittelsmann für eine der beschriebenen Personen tätig geworden sind.

Ziel dieser beiden Neuerungen ist zum einen, die sog. Hintermänner beim Doping zu bestrafen. Also Trainer, Betreuer, Manager, Ärzte und sonstige Personen, die mit den Athleten in Kontakt stehen und diese beim Doping in jeglicher Form unterstützen. Zum anderen soll es im Sinne eines „sauberen Sports" vermieden werden, dass Athleten Umgang in beruflicher oder sportlicher Funktion mit solchen Personen haben, die bereits einschlägig wegen eines Dopingverstoßes in einem Verbands-, Straf-, Disziplinar- oder standesrechtlichen Verfahren bestraft wurden.

Schon allein im Hinblick auf die öffentliche Wahrnehmung ist dies sehr zu begrüßen. Denn nur durch eine konsequente Ausgrenzung solcher Personen verdeutlicht der organisierte Sport, dass er sich klar vom Doping und den daran Beteiligten distanziert und im Sinne der Fairness einen „sauberen Sport" anstrebt.

VII. Zusammenfassung

Entgegen den frühen Definitionen, die versuchten den Begriff des Dopings teleologisch zu definieren mit dem Ziel sanktionierbare Verhaltensmuster zu erfassen[113], ist der NADC heute eine abschließende Aufzählung verbotener Handlungsweisen und Methoden oder auch die *„Summe von verbotenen Substanzen und Handlungen“*.[114] Durch diese objektivierte Definition ist es möglich, Dopingverstöße zweifelsfrei festzustellen und diese dann auch entsprechend zu sanktionieren.[115] Mit der Umsetzung des WADC durch die Internationalen Fachsportverbände und den Nationalen Anti-Doping-Organisationen wurde eine weltweit einheitliche und gesetzlich verbindliche Grundlage für den Anti-Doping-Kampf geschaffen.[116]

Die gemäß Artikel 4.1 NADC mindestens jährliche Aktualisierung der Verbotsliste gewährleistet darüber hinaus, dass etwaige pharmakologische Entwicklungen zeitnah berücksichtigt und in die Liste aufgenommen werden können. Im Rahmen dieser Arbeit wird der Begriff des Dopings daher nur gemäß der Definition der Artikel 1 und 2 NADC verwendet.

C. Verbandsrechtliche Regelungen

Gemäß Art. 9 Abs.1 GG haben alle Deutsche das Recht, Vereine und Gesellschaften zu bilden. Das darin enthaltene Recht zur Selbstverwaltung begrenzt die Eingriffsbefugnisse des Staates und gibt den Sportverbänden das Recht, selbst die Maßstäbe für sportliches Verhalten festzulegen.[117] Darin erfährt der organisierte Sport regelmäßig Unterstützung von staatlicher Seite.

Aufgrund dieser eigenständigen *„Sportgesetzgebung“*[118] sind zunächst die verbandsrechtlichen Regelungen und anschließend die staatlichen Möglichkeiten der Doping-Bekämpfung zu untersuchen. Dies setzt eine vorherige Darstellung und Auseinandersetzung mit der Organisationsstruktur des Nationalen und Internationalen Sports voraus.

---

113 *Lehner*, in: Adolphsen/Nolte/Lehner/Gerlinger (Hrsg.), Sportrecht in der Praxis, S. 325 Rn. 1358.

114 Ebd., S. 326 Rn. 1360.

115 Ebd., S. 326 Rn. 1365.

116 Zur Struktur und Organisation der WADA und NADA sowie der Umsetzung des WADC vgl. unten S. 62.

117 *Fritzweiler*, in: Fritzweiler/Pfister/Summerer (Hrsg.), Praxishandbuch Sportrecht, S. 53 Rn.26.

118 Ebd.

I. Die Organisationsstruktur des Sports

Traditionell findet die Sportausübung in Deutschland, abgesehen von den jüngeren Entwicklungen im Freizeit- und Breitensport sowie dem Schul- und Hochschulsport, überwiegend im Verein statt.[119] Davon zeugen die über 27 Mio. (mittelbaren) Mitglieder des Deutschen Olympischen Sportbundes (DOSB), die in über 91.000 Turn- und Sportvereinen organisiert sind.[120] Die Vereine gewährleisten die Rahmenbedingungen für die Sportausübung, indem sie Kinder und Jugendliche in der Sportart ausbilden, den Trainingsbetrieb organisieren und Wettkampfteilnahmen ermöglichen.[121]

1. Hierarchische Gliederung

Das Sportverbandswesen in Deutschland, wie auch international, ist hierarchisch geprägt durch einen vertikalen, pyramidenförmigen Aufbau von Sportvereinen und –verbänden und einer Gliederung in fachlicher als auch räumlicher Hinsicht.[122] Die Sportvereine und –verbände sind dabei als Verein im Sinne der §§ 21ff. BGB organisiert.

Vereinfacht gesagt bedeutet dieser Aufbau, dass die Sportler in den Vereinen stets einem Vereinsverband auf regionaler, nationaler und internationaler Ebene untergeordnet sind.[123] Der Sportler als Vereinsmitglied bildet also die Basis der Organisationsstruktur. Der Verein als zweite Hierarchieebene ist selbst Mitglied in einem übergeordneten regionalen Sportverband. Diese sind in der Regel der örtliche Kreis-, Bezirks- oder Stadtsportbund sowie der Kreis-, Bezirks- oder Landesfachsportverband der jeweils betriebenen Sportart.[124] Im Folgenden werden die beiden unterschiedlichen Typen der Sportorganisation dargestellt: die Fachsportverbände und die Überfachlichen Verbände.[125]

---

119 *Summerer,* in: Fritzweiler/Pfister/Summerer (Hrsg.), Praxishandbuch Sportrecht, S. 127 Rn. 1; *Vieweg,* Faszination Sportrecht, Stand 01.09.2015, abrufbar unter: http://www.irut.jura.uni-erlangen.de/Forschung/Veroeffentlichungen/OnlineVersionFaszinationSportrecht/FaszinationSportrecht.pdf (zuletzt abgerufen am 18.05.2019), S. 9.

120 *Vieweg,* Faszination Sportrecht, Stand 01.09.2015, S. 9.

121 *Fechner/Arnhold/Brodführer (Hrsg.),* Sportrecht, S. 34.

122 *Prokop,* Die Grenzen der Dopingverbote, S. 42; *Vieweg,* Faszination Sportrecht, Stand 01.09.2015, S. 9.

123 *Summerer,* in: Fritzweiler/Pfister/Summerer (Hrsg.), Praxishandbuch Sportrecht, S. 137 Rn. 28.

124 Ebd., S. 137 Rn. 30; *Vieweg,* Faszination Sportrecht, Stand 01.09.2015, S. 9.

125 *Adolphsen/Hoefer/Nolte,* in: Adolphsen/Nolte/Lehner/Gerlinger (Hrsg.), Sportrecht in der Praxis, S. 53 Rn. 102.

a. Fachsportverbände am Beispiel Fußball

Die für die Organisation des Sportbetriebs im jeweiligen Bundesland zuständigen Landesfachsportverbände sind jeweils in Bundesfachsportverbänden (Spitzenverbände) zusammengeschlossen.[126] Der größte dieser Spitzenverbände ist der Deutsche Fußball Bund (DFB) mit über 25 000 Vereinen und ca. 6,89 Mio. mittelbaren Mitgliedern.[127] Unterhalb der Bundesebene untergliedert sich der DFB in fünf Regionalverbände, die ihrerseits 21 Landesverbände umfassen.[128]

Der pyramidenförmige Aufbau setzt sich auch auf internationaler Ebene fort. Dort sind die nationalen Spitzenverbände in kontinentalen und internationalen Verbänden verbunden.[129] Der DFB ist daher Mitglied der kontinentalen UEFA sowie der internationalen FIFA als Dachverband des internationalen Fußballs mit insgesamt 209 Nationalverbänden.[130]

b. Landessportbünde

Parallel zu den Fachsportverbänden und somit außerhalb dieser vertikalen Struktur hat sich der Sport auch fachübergreifend organisiert.[131] Die Sportvereine eines Bundeslandes schließen sich in der Regel fachübergreifend in einem Landessportbund zusammen.[132] Die einzelnen Landessportbünde sind ihrerseits Mitglied im Deutschen Olympischen Sportbund.

Landessportbünde verfolgen überfachliche Aufgaben und dienen der Interessensvertretung gegenüber Gemeinden, Staat und Öffentlichkeit.[133] Insbesondere die Förderung des Sportstättenbaus bildet einen Schwerpunkt ihrer Arbeit.[134]

---

126 *Summerer,* in: Fritzweiler/Pfister/Summerer (Hrsg.), Praxishandbuch Sportrecht, S. 138 Rn. 31; *Vieweg,* Faszination Sportrecht, Stand 01.09.2015, S. 9.

127 http://www.dfb.de/verbandsstruktur/mitglieder/ (zuletzt abgerufen am 18.05.2019).

128 *Adolphsen/Hoefer/Nolte,* in: Adolphsen/Nolte/Lehner/Gerlinger (Hrsg.), Sportrecht in der Praxis, S. 54 Rn. 106.

129 *Vieweg,* Faszination Sportrecht, Stand 01.09.2015, S. 10.

130 Ebd., S. 30.

131 *Adolphsen/Hoefer/Nolte,* in: Adolphsen/Nolte/Lehner/Gerlinger (Hrsg.), Sportrecht in der Praxis, S. 54 Rn. 107.

132 *Summerer,* in: Fritzweiler/Pfister/Summerer (Hrsg.), Praxishandbuch Sportrecht, S. 138 Rn. 32

133 *Haas/Martens,* Sportrecht – Eine Einführung in die Praxis, S. 38.

134 *Adolphsen/Hoefer/Nolte,* in: Adolphsen/Nolte/Lehner/Gerlinger (Hrsg.), Sportrecht in der Praxis, S. 54 Rn. 108.

c. Deutscher Olympischer Sportbund (DOSB)

Zur Stärkung des organisierten Sports in Deutschland wurde am 20.Mai 2006 der DOSB durch die Verschmelzung des Deutschen Sportbundes (DSB) und des Nationalen Olympischen Komitees ins Leben gerufen.[135]

Der DOSB ist gemäß § 1 Abs. 2 seiner Satzung ein eingetragener Verein im Sinne von § 21 BGB und ihm obliegt gemäß § 2 Abs. 1 der Satzung die Förderung, Koordinierung und Vertretung des deutschen Sports in überverbandlichen und überfachlichen Angelegenheiten. Daneben obliegen dem DOSB gemäß § 2 Abs. 2 seiner Satzung alle Zuständigkeiten, Rechte und Pflichten eines Nationalen Olympischen Komitees.

Der DOSB steht, wie die Landessportbünde, außerhalb der vertikalen Gliederung der Fachsportverbände. Aufgrund seiner Zielsetzung vereint er aber die Akteure des organisierten Sports unter seinem Dach. Mitglieder sind gemäß § 7 Abs. 1 der Satzung die nationalen Spitzenverbände (olympisch und nichtolympisch), die Landessportbünde, die Verbände mit besonderen Aufgaben sowie die Sportverbände ohne internationale Anbindung und als natürliche Personen die deutschen IOC-Mitglieder und die Persönlichen Mitglieder.

Der DOSB ist zur Koordinierung der gemeinsamen Interessen auf europäischer Ebene in der Dachvereinigung Europäischer Olympischer Komitees (EOK) und auf internationaler Ebene in der Vereinigung Nationaler Olympischer Komitees (ANOC) organisiert.[136]

d. Die Olympische Bewegung und das IOC[137]

Die Olympische Bewegung hat gemäß Regel 1 Nr.1 der Olympischen Charta das Ziel, zur Schaffung einer friedlichen und besseren Welt beizutragen, indem die Jugend durch Sport, der im Einklang mit dem Olympismus und dessen Werten ausgeübt wird, erzogen wird. Die drei Säulen dieser Bewegung sind gemäß Regel 1 Nr. 2 der Olympischen Charta das Internationale Olympische Komitee (IOC), die Internationalen Sportverbände (IFs) und die NOKs.[138] Insofern besteht auch

---

135 Vgl. Satzung des DOSB i.d.F.v. 06.12.2014, Präambel Rn.1.

136 *Haas/Martens*, Sportrecht – Eine Einführung in die Praxis, S. 46f.

137 Dazu ausführlich, *Vedder*, The International Olympic Committee: An Advanced Non-Governmental Organization and the International Law, in: Delbrück/Hofmann/Zimmermann (Hrsg.), German Yearbook of International Law, Vol. 27 (1984), S. 233, 235ff.

138 In Deutschland obliegen dem DOSB die Pflichten des NOK.

hier eine Querverbindung zwischen den Fachsportverbänden, den Sportbünden und dem IOC.

Das IOC, 1894 in Paris gegründet und heute ein Verein nach schweizerischem Recht mit Sitz in Lausanne, bildet die oberste Autorität der Olympischen Bewegung.[139] Hauptaufgabe des IOC ist es daher gemäß Regel 2 der Olympischen Charta den Olympismus auf internationaler Ebene zu fördern. Zu diesem Zwecke organisiert das IOC abwechselnd im Zwei-Jahres-Rhythmus die olympischen Sommer- und Winterspiele in Zusammenarbeit mit dem NOK des Gastgeberlandes und dem Organisationskomitee der ausrichtenden Stadt.[140] Konsequenterweise beansprucht das IOC das alleinige Recht an den Spielen, insbesondere die Rechte an den olympischen Zeichen sowie die Veranstaltungs-, Nutzungs- und Verbreitungsrechte.[141] Ferner obliegt es dem IOC, die internationalen Regelwerke im Sport fortzuentwickeln und zu deren Harmonisierung beizutragen.[142] Die bis zu 115 Mitglieder des IOC sind ausschließlich natürliche Personen, juristische Personen wie z.B. NOKs können nicht Mitglied werden.[143]

e. Das Verhältnis der Hierarchiestufen untereinander

Folge der Mitgliedschaft verschiedener Sportvereine und Verbände in einer hierarchisch übergeordneten Organisation ist keinesfalls der Verlust der rechtlichen Selbstständigkeit und Eigenständigkeit.[144] Der Status als Verein im Sinne von § 21 BGB bleibt erhalten, mit all seinen Rechten und Pflichten. Zwar sind die Entscheidungen des übergeordneten Verbandes für seine unmittelbaren Mitglieder bindend.[145] Dies gilt aber nicht für die Mitglieder der Mitgliedsvereine als lediglich mittelbare Mitglieder des übergeordneten Verbands. Zwischen dem einfachen Sportler, der Mitglied in einem Sportverein ist und dem Vereinsverband gibt es daher grundsätzlich keine unmittelbare rechtliche Beziehung.[146]

---

139 *Haas/Martens,* Sportrecht – Eine Einführung in die Praxis, S. 46.
140 *Summerer, in: Fritzweiler/Pfister/Summerer* (Hrsg.), Praxishandbuch Sportrecht, S. 139 Rn. 38.
141 *Haug,* Doping, S. 72.
142 *Haas/Martens,* Sportrecht – Eine Einführung in die Praxis, S. 46.
143 *Haug,* Doping, S. 72.
144 *Haas/Martens,* Sportrecht – Eine Einführung in die Praxis, S. 41.
145 *Ebd.*
146 *Haas/Martens,* Sportrecht – Eine Einführung in die Praxis, S. 41.

Die Rechte und Pflichten des mittelbaren Mitglieds ergeben sich erst aus der Zwischenschaltung[147] des unmittelbaren Mitglieds.[148]

2. Monopolstellung

Prägendes Merkmal des organisierten Sports sowohl auf nationaler als auch internationaler Ebene ist das sogenannte Ein-Verbands-Prinzip (Ein-Platz-Prinzip).[149] Demnach wird eine Sportart nur von einem einzigen Verband vertreten.[150] Dieses Prinzip zieht sich durch alle Ebenen der Verbandsstruktur, vom regionalen Verband bis zum Weltverband und wird vom IOC für olympische Sportarten ausdrücklich gefordert.[151] Das bedeutet, dass jeder Sportart nur ein Weltverband vorsteht, der selbst jeweils nur einen nationalen oder gegebenenfalls auch nur einen Kontinentalfachverband[152] als Mitglied aufnimmt.[153] Gleichzeitig wird das Ein-Platz-Prinzip durch die Mitgliedsverbände abgesichert, indem diese per Satzung festlegen, in der nachrangigen Region auch jeweils nur einen Verband als Repräsentant der Sportart anzuerkennen.[154] Dadurch ist jede Region nur einmal in der jeweils übergeordneten Hierarchieebene vertreten.[155] Den untergeordneten Verbänden und auch den Sportvereinen ist es verboten, gleichzeitig in einem konkurrierenden, höherrangigen Verband Mitglied zu sein.[156]

Konsequenz dieses Prinzips ist eine beabsichtigte Monopolstellung der jeweiligen Fachsportverbände, mit allen daraus resultierenden Vor- und Nachteilen.

---

147 *Adolphsen/Hoefer/Nolte,* in: Adolphsen/Nolte/Lehner/Gerlinger (Hrsg.), Sportrecht in der Praxis, S. 61 Rn. 130.

148 Zur Verbindlichkeit von Verbandsregelungen für den einzelnen Athleten und die Ausgestaltung der Satzungen der ihm jeweils übergeordneten Verbände bzw. des übergeordneten Vereins, siehe unten S. 87ff.

149 *Prokop,* Die Grenzen der Dopingverbote, S. 45.

150 *Scherrer/Muresan/Ludwig (Hrsg.),* Sportrecht, S. 117.

151 *Pfister,* in: Fritzweiler/Pfister/Summerer (Hrsg.), Praxishandbuch Sportrecht, S. 16 Rn. 14.

152 Z.B. ist die UEFA als Zusammenschluss der europäischen nationalen Fußballverbände Mitglied des Weltverbands FIFA.

153 *Pfister,* in: Fritzweiler/Pfister/Summerer (Hrsg.), Praxishandbuch Sportrecht, S. 16 Rn. 14.

154 *Prokop,* Die Grenzen der Dopingverbote, S. 45f.

155 *Haas/Martens,* Sportrecht – Eine Einführung in die Praxis, S. 39.

156 In der Regel gibt es aber keine konkurrierenden Spitzenverbände in ein und derselben Sportart. Vgl. *Haas/Martens,* Sportrecht – Eine Einführung in die Praxis, S. 39.

So vereinfacht ein räumlich-fachliches Monopol die wesentlichste Aufgabe der internationalen und nationalen Sportfachverbände, nämlich einheitliche Sportregeln für ihre Sportarten möglichst weltweit festzulegen.[157] Nur durch die Einheitlichkeit von Wettkampfregeln, Teilnahmebedingungen und Kontrollverfahren ist die Durchführung einheitlicher Meisterschaften und ein weltweiter Vergleich sportlicher Leistungen möglich.[158]

Andererseits sind die Sportler gezwungen, entweder die vorgegeben Strukturen des maßgeblichen Spitzenverbands zu akzeptieren, oder aber gänzlich auf die Teilnahme am organisierten Sport zu verzichten.[159] Der Verband hat dadurch gegenüber dem Sportler eine überragende Machtstellung inne.[160] Dies führt dazu, dass wettbewerbsrechtliche Vorschriften regelmäßig auf in dieser Art organisierte Sportverbände für anwendbar erklärt werden.[161] Im Sinne einer geordneten Ausübung der Sportarten sind die mit der Monopolstellung verbundenen Nachteile und Risiken aber zu akzeptieren, da sie schlicht alternativlos ist.

II. Internationale Grundlagen der Dopingbekämpfung

Für eine effektive Bekämpfung des Dopings ist eine intensive Zusammenarbeit staatlicher und sportlicher Institutionen auf internationaler Ebene unabdingbar.[162] Internationale Grundlagen dieses gemeinsamen Kampfs sind vor allem die Übereinkommen des Europarats und der United Nations Educational, Scientific and Cultural Education Organization (UNESCO) gegen Doping. Die Umsetzung der Übereinkommen durch die EU-Mitgliedstaaten wird begleitet und unterstützt durch Dopingbekämpfungsmaßnahmen der Europäischen Union.[163]

---

157 *Pfister,* in: Fritzweiler/Pfister/Summerer (Hrsg.), Praxishandbuch Sportrecht, S. 16 Rn. 14.

158 *Prokop,* Die Grenzen der Dopingverbote, S. 46.

159 *Haas/Martens,* Sportrecht – Eine Einführung in die Praxis, S. 40.

160 *Prokop,* Die Grenzen der Dopingverbote, S. 46; vgl. aber die Rechtsprechung des BGH zum Aufnahmezwang von Vereinen in Verbänden mit überragender Machtstellung: BGHZ 93, 151 (152); BGHZ 102, 165 (276); BGHZ 140, 74ff.

161 *Scherrer/Muresan/Ludwig (Hrsg.),* Sportrecht, S. 117; zum Fall Pechstein siehe unten S. 70ff.

162 *Schmidt,* Internationale Dopingbekämpfung, Grundlagen und nationalstaatliche Umsetzung, S. 17.

163 Ebd., S. 22.

1. Übereinkommen des Europarats gegen Doping[164]

a. Übereinkommen von 1989

Am 16. November 1989 wurde das Übereinkommen des Europarats gegen Doping beschlossen, welches am 01. März 1990 als erstes völkerrechtlich verbindliches Regelwerk zur Dopingbekämpfung in Kraft getreten ist.[165] In der Folge beschloss der Deutsche Bundestag am 02. März 1994 das Gesetz zu dem Übereinkommen vom 16. November 1989 gegen Doping, das am 12. März 1994 in Kraft getreten ist.[166] Nach Hinterlegung der Ratifikationsurkunde bei dem Generalsekretariat des Europarates am 28. April 1994 wurde das Übereinkommen schließlich zum 01. Juni 1994 für Deutschland ratifiziert.[167]

Das Übereinkommen ist das Ergebnis einer langjährigen Fortentwicklung der Bemühungen des Europarats gegen Doping und sollte die Zusammenarbeit auf diesem Gebiet forcieren. Angefangen mit der ersten Dopingdefinition 1963[168], verabschiedete der Europarat unter anderem[169] 1967 die Entschließung (67) 12 über Doping von Sportlern, die Empfehlung Nr. R (79) 8 über Doping im Sport, die Empfehlung Nr. R (84) 19 über die Europäische Charta gegen Doping im Sport und die Empfehlung Nr. R (88) 12 über die Einrichtung nicht angekündigter Dopingkontrollen außerhalb von Wettkämpfen.[170]

Inhaltlich etabliert das Übereinkommen einheitliche Standards für die Dopingbekämpfung und ermöglicht erstmals eine grenzüberschreitende Zusammenarbeit.[171] Ferner sollen gemäß Art. 7 Abs. 2 die nationalen Sportorganisationen zu einer Harmonisierung der Dopingvorschriften und –verfahren angeregt werden. Damit erfasst das Übereinkommen sowohl die von staatlicher Seite zu ergreifenden Maßnahmen als auch die Zuständigkeitsbereiche der autonomen Sportorganisationen.[172] Dieser ganzheitliche Ansatz wird erfüllt, indem

---

164 Abgedruckt im BGBl. 1994 II S. 335ff.

165 BGBl. 1994 II S. 343.

166 BGBl. 1994 II S. 334.

167 BGBl. 1994 II S. 1250.

168 S.o.S. 47; *Schmidt,* Internationale Dopingbekämpfung, Grundlagen und nationalstaatliche Umsetzung, S. 23.

169 Vertiefend dazu: *Schmidt,* Internationale Dopingbekämpfung, Grundlagen und nationalstaatliche Umsetzung, S. 24ff.

170 Vgl. Präambel des Übereinkommens, BGBl. 1994 II S. 336.

171 *Schmidt,* Internationale Dopingbekämpfung, Grundlagen und nationalstaatliche Umsetzung, S. 70.

172 Ebd.

den Staaten zum einen Zuständigkeiten im Sinne einer eigenen Erfüllungsverantwortung auferlegt werden und ihnen zum anderen eine indirekte Gewährleistungsverantwortung in Form einer (finanziellen) Unterstützung privat getragener Maßnahmen der Sportorganisationen obliegt.[173]

b. Zusatzprotokoll

Eine Befragung der Vertragsstaaten durch die Beobachtende Begleitgruppe[174], in der sich mehrheitlich für eine Stärkung des Übereinkommens in politischer und praktischer Hinsicht ausgesprochen wurde, gab den Anstoß zur Verabschiedung eines Zusatzprotokolls.[175] Zusätzlich betrat mit der Schaffung der Welt-Anti-Doping-Agentur (WADA)[176] ein neuer Akteur das Parkett im internationalen Kampf gegen Doping, der im Übereinkommen berücksichtigt werden sollte.[177] Daher legte der Europarat am 12. September 2002 das Zusatzprotokoll zur Unterzeichnung vor, welches schließlich am 01. April 2004 in Kraft getreten ist.

In Deutschland trat das Zustimmungsgesetz zum Zusatzprotokoll, welches am 16. Mai 2007 erlassen wurde, am 23. Mai 2007 in Kraft.[178] Nach Hinterlegung der Ratifikationsurkunde beim Generalsekretär des Europarats am 15. Januar 2008, wurde das Zusatzprotokoll am 01. Mai 2008 endgültig für die Bundesrepublik Deutschland ratifiziert.[179]

Inhaltlich stellt das Zusatzprotokoll zunächst eine Ausformung und punktuelle Erweiterung der grundsätzlichen Pflichten des Übereinkommens dar.[180] So erkennen die Vertragsparteien gemäß Art. 1 Abs. 1 Satz 1 des Zusatzprotokolls gegenseitig die Zuständigkeit von Sportorganisationen oder nationalen Anti-Doping-Stellen an, in ihrem Hoheitsgebiet in Übereinstimmung mit den innerstaatlichen Regelungen des Gastgeberlands Dopingkontrollen bei Sportlerinnen und Sportlern aus dem Hoheitsgebiet anderer Vertragsparteien des Übereinkommens durchzuführen.

---

173 Ebd.

174 Vgl. Art. 10f. des Übereinkommens.

175 *Schmidt,* Internationale Dopingbekämpfung, Grundlagen und nationalstaatliche Umsetzung, S. 63.

176 S.u.S. 62.

177 *Schmidt,* Internationale Dopingbekämpfung, Grundlagen und nationalstaatliche Umsetzung, S. 64.

178 BGBl. 2007 II S. 706.

179 BGBl. 2008 II S. 571.

180 *Schmidt,* Internationale Dopingbekämpfung, Grundlagen und nationalstaatliche Umsetzung, S. 65.

Daneben regelt das Zusatzprotokoll erstmalig das Verhältnis zur WADA. Nach Art. 1 Abs. 3 erkennen die Vertragsparteien die Zuständigkeit der WADA und anderer ihr unterstellter Dopingkontrollorganisationen für die Durchführung von Kontrollen außerhalb von Wettkämpfen bei ihren Sportlerinnen und Sportlern in ihrem Hoheitsgebiet oder andernorts an. Dadurch wird erstmals ein unmittelbarer Bezug der WADA als privatrechtliche Stiftung und deren privatrechtlichen Regelwerken[181] und dem Übereinkommen als völkerrechtlichen Vertrag hergestellt.[182] Im Gegensatz zum UNESCO Übereinkommen bezieht das Europarats-Übereinkommen den Welt Anti-Doping Code nicht unmittelbar in den Vertragstext ein. Trotzdem ist das Übereinkommen maßgeblich von der WADA und deren privatrechtlich gesetzten Recht beeinflusst worden und zeichnet sich durch eine Kopplung der völkervertraglichen Pflichten an privatrechtliche Regelwerke aus.[183]

2. *Internationales Übereinkommen gegen Doping im Sport*[184]

Am 19. Oktober 2005 hat die Generalkonferenz der UNESCO das Internationale Übereinkommen gegen Doping im Sport angenommen, welches schließlich am 01. Februar 2007 in Kraft getreten ist. In der Bundesrepublik Deutschland wurde das dazugehörige Zustimmungsgesetz am 26. März 2007 verkündet und trat am 30. März 2007 in Kraft.[185] Die Ratifikation des Übereinkommens in Deutschland erfolgte am 01. Juli 2007, nachdem die Ratifikationsurkunde am 31. Mai 2007 bei der UNESCO hinterlegt worden ist.[186]

Das Übereinkommen stellt nicht die erste Bemühung der UNESCO im Kampf gegen Doping dar.[187] Da Doping die ethischen Grundsätze und erzieherischen Werte der Internationalen Charta für Leibeserziehung und Sport der UNESCO gefährdet[188], wurden bereits auf der zweiten, dritten und vierten Tagung der,

---

181 S.u.S. 65.

182 *Schmidt,* Internationale Dopingbekämpfung, Grundlagen und nationalstaatliche Umsetzung, S. 66.

183 *Schmidt,* Internationale Dopingbekämpfung, Grundlagen und nationalstaatliche Umsetzung, S. 66.

184 BGBl. 2007 II S. 354ff., im Folgenden „UNESCO-Übereinkommen".

185 BGBl. 2007 II S. 354

186 BGBl. 2010 II S. 368

187 Vertiefend dazu: *Schmidt,* Internationale Dopingbekämpfung, Grundlagen und nationalstaatliche Umsetzung, S. 73ff.

188 Vgl. Präambel des Übereinkommens, BGBl. 2007 II S. 355

von der UNESCO ausgerichteten, Internationalen Konferenz der für Leibeserziehung und Sport zuständigen Minister und Hohen Beamten Empfehlungen zum Doping verabschiedet.[189] Ferner verabschiedete die Generalkonferenz der UNESCO auf ihrer 32. Tagung (2003) die Resolution 32 C/9 zum Doping.[190]

Inhaltlich stellt das Übereinkommen ein globales Instrument der Dopingbekämpfung dar, dessen Verpflichtungen zum Teil sehr flexibel ausgestaltet sind und sich an der Leistungsfähigkeit der einzelnen Vertragsparteien orientiert.[191] Resultat dieser Ausgestaltung ist, dass die Bekämpfung des Dopingproblems nicht allein den Industrienationen obliegt, sondern auch von Entwicklungs- und Schwellenländern mitgetragen werden kann.

Dabei knüpft die Konvention grundsätzlich an das Übereinkommen des Europarats an und passt dessen Regelungen an die veränderten globalen Realitäten an.[192] Die UNESCO Konvention reagiert, wie schon das Zusatzprotokoll zum Europarats Übereinkommen, auf die Gründung der WADA, erkennt diese an und verpflichtet darüber hinaus die Vertragsparteien gemäß Art. 14 zur Unterstützung der WADA. Zusätzlich inkorporiert das Übereinkommen die von der WADA privatrechtlich gesetzten Standards und Regelungen des WADC und übernimmt diese zum Teil wortlautgetreu.[193]

3. *Basis der internationalen Dopingbekämpfung*

Die beiden dargestellten Übereinkommen sind die Grundlage der internationalen Dopingbekämpfung, indem sie verbindliche und einheitliche Standards für ihre jeweiligen Vertragsparteien schaffen. Es wurde erkannt, dass dieser Kampf kein rein nationaler ist, sondern nur durch internationale Kooperation zu schlagen ist. Daneben erkennen die Übereinkommen jeweils die Notwendigkeit der gemeinsamen Dopingbekämpfung durch staatliche und nichtstaatliche Institutionen. Die innerstaatliche Koordinierung und Umsetzung dieser Bemühungen muss folglich nicht zwangsläufig durch staatliche Institutionen erfolgen, sondern kann auf eine Sportorganisation oder sonst nichtstaatliche Organisation übertragen werden. Konsequenterweise erkennen die Übereinkommen die

189 Die Tagungen fanden statt in Moskau (1988), Punta del Este (1999) und Athen (2004). Vgl. Präambel des Übereinkommens, BGBl. 2007 II S. 356.

190 Vgl. Präambel des Übereinkommens, BGBl. 2007 II S. 356.

191 *Schmidt,* Internationale Dopingbekämpfung, Grundlagen und nationalstaatliche Umsetzung, S. 22.

192 Ebd., S. 120.

193 S.u.S. 66.

Zuständigkeit der WADA für die Durchführung von Dopingkontrollen außerhalb von Wettkämpfen an.

Somit bleibt festzuhalten, dass zum einen aufgrund der Beeinflussung der Übereinkommen durch privat gesetztes Recht eine Tendenz zur Privatisierung[194] des Völkerrechts feststellbar ist. Und zum anderen ist durch das verstärkte Engagement der Staaten in der Dopingbekämpfung, die klassischerweise dem privaten Regelungsregime des Sports unterliegt, eine Verstaatlichung[195] des privaten Lebensbereichs des Sports zu beobachten.

III. Der Welt-Anti-Doping-Code (WADC)

Der WADC bildet weltweit die Basis des sportverbandlichen Anti-Doping-Kampfes und wurde nahezu wortlautgleich von der NADA zur Anwendung in Deutschland übernommen.[196] Im Folgenden soll die Notwendigkeit eines solchen einheitlichen Regelwerks und dessen Entwicklung kurz dargestellt werden.[197]

1. Gründung der Welt-Anti-Doping-Agentur

Im Anschluss an die Dopingvorfälle der Tour de France 1998[198] entschied das IOC eine Welt-Anti-Doping-Konferenz einzuberufen, die alle Akteure des globalen Anti-Doping-Kampfs versammeln sollte.[199] Im Rahmen dieser ersten Welt-Anti-Doping-Konferenz vom 02. bis 04. Februar 1999 wurde die Schaffung einer weltweit tätigen, unabhängigen Welt-Anti-Doping-Agentur beschlossen.[200] Die „Lausanner Erklärung zum Doping im Sport" manifestierte als Hauptaufgabe der WADA die Koordination der verschiedenen Programme, die notwendig sind um die von allen Parteien definierten Ziele zu erreichen.[201]

---

194 *Schmidt,* Internationale Dopingbekämpfung, Grundlagen und nationalstaatliche Umsetzung, S. 20.

195 Ebd.

196 S.u.S. 74ff.

197 Vertiefend dazu und zum NADC 2009 mit weiteren Nachweisen: *Berninger,* Der nationale Anti-Doping-Code.

198 Die sog. „Festina-Affäre" offenbarte ein systematisches, von den Offiziellen des Rennstalls angeordnetes Doping der Fahrer. Vgl. dazu: *Berninger,* Der nationale Anti-Doping-Code, S. 9f.

199 Zur Gründungsgeschichte der WADA: https://www.wada-ama.org/en/who-we-are (zuletzt abgerufen am 18.05.2019).

200 *Berninger,* Der nationale Anti-Doping-Code, S. 10.

201 Ebd., S. 11.

Am 10. November 1999 wurde schließlich die WADA als Stiftung nach schweizerischem Recht (Art. 80ff. ZGB) mit ursprünglichem Sitz in Lausanne gegründet[202] mit dem IOC als Stifter.[203] Seit 2002 befindet sich der Hauptsitz der WADA in Montreal, Kanada.[204]

Organe der WADA sind das *Foundation Board* mit bis zu 40 Mitgliedern und als geschäftsführendes Organ das *Executive Board* mit zwölf Mitgliedern.[205] Dabei besteht das *Foundation Board* aus jeweils bis zu 18 Mitgliedern der Olympischen Bewegung sowie zwischenstaatlicher[206] bzw. staatlicher Einrichtungen.[207]

2. *Stiftungszweck der Welt-Anti-Doping-Agentur*

Der Grundgedanke der „Lausanner Erklärung zum Doping im Sport", den Kampf gegen Doping auf internationalem Niveau zu fördern und zu koordinieren wurde in Art. 4 Nr.1 des Stiftungsstatus der WADA[208] als Stiftungszweck festgelegt.[209] Gemäß Art. 4 Nr.2 obliegt es der WADA, die ethischen Grundsätze eines dopingfreien Sports zu bekräftigen und aktiv den Schutz der Gesundheit der Athleten zu unterstützen. Insbesondere ist es Aufgabe der WADA eine verbindliche und regelmäßig aktualisierte Liste der im Sport verbotenen Substanzen und Methoden aufzustellen (Art. 4 Nr.3), in Zusammenarbeit mit den zuständigen Behörden und Sportverbänden die Vornahme unangekündigter Trainingskontrollen zu koordinieren und soweit erforderlich selbst durchzuführen (Art.

---

202 *Scherrer/Muresan/Ludwig (Hrsg.)*, Sportrecht, S. 378.

203 *Haas/Prokop*, Aktuelle Entwicklungen in der Dopingbekämpfung in: SpuRt 2000, S. 5, 6

204 *Lehner*, in: Adolphsen/Nolte/Lehner/Gerlinger (Hrsg.), Sportrecht in der Praxis, S. 322 Rn. 1349.

205 *Adolphsen* in Adolphsen/Nolte/Lehner/Gerlinger (Hrsg.), Sportrecht in der Praxis, S. 249 Rn. 979f.

206 Eingeladen wurden unter anderem: EU, Europarat, Weltgesundheitsorganisation (WHO), vgl. *Haas/Prokop*, Aktuelle Entwicklungen in der Dopingbekämpfung in: SpuRt 2000, S. 5, 7.

207 *Haas/Prokop*, Aktuelle Entwicklungen in der Dopingbekämpfung in: SpuRt 2000, S. 5, 7.

208 Die folgenden Artikel sind ebenso dem Stiftungsstatut der WADA entnommen; vgl. Constitutive Instrument of Foundation of the WADA, https://wada-main-prod. s3.amazonawS. com/resources/files/WADA-Revised-Statutes-4-July-2014-EN.pdf (zuletzt abgerufen am 18.05.2019).

209 *Haas/Prokop*, Aktuelle Entwicklungen in der Dopingbekämpfung in: SpuRt 2000, S. 5, 6.

4 Nr.4) und einheitliche technische Standards für die Dopinganalytik und die Akkreditierung von Kontrolllabors auszuarbeiten sowie ein Referenzlabor einzurichten (Art. 4 Nr.5). Ferner soll die WADA gemäß Art. 4 Nr.6 Disziplinarverfahren und Strafrahmen bei Dopingverstößen harmonisieren, Aufklärungs- und Informationsprogramme zum Anti-Doping-Kampf entwickeln (Art. 4 Nr.7) und die Forschung auf dem Gebiet der Dopingbekämpfung unterstützen und koordinieren (Art. 4 Nr.8).

3. Schaffung des Welt-Anti-Doping-Codes

Von den Stiftungszwecken der WADA kristallisierten sich die Festlegung sowie die Um- und Durchsetzung eines Anti-Doping-Kodex als elementare Punkte heraus.[210] Konsequenterweise wurde am 05. März 2003 auf der zweiten Welt-Anti-Doping-Konferenz in Kopenhagen der WADC durch die etwa 1200 Delegierten von nationalen und internationalen Organisationen sowie Regierungsvertretern verabschiedet und trat zum 01. Januar 2004 erstmalig in Kraft.[211]

Der Code wurde gemäß Art.23.1.1 WADC durch Unterzeichnung von der WADA, dem IOC, den Internationalen Sportfachverbänden, dem Internationalen Paralympischen Komitee, den NOKs, den Nationalen Paralympischen Komitees, den Veranstaltern großer Sportwettkämpfe sowie der Nationalen Anti-Doping-Organisationen angenommen.

Der WADC wurde in der Folgezeit zweimal revidiert, zunächst mit Wirkung zum 01. Januar 2009 durch Beschluss der dritten Welt-Anti-Doping-Konferenz in Madrid vom 17. November 2007[212] und zuletzt mit Wirkung zum 01.Januar 2015.[213]

---

210 *Berninger,* Der nationale Anti-Doping-Code, S. 12.

211 *Lehner,* in: Adolphsen/Nolte/Lehner/Gerlinger (Hrsg.), Sportrecht in der Praxis, S. 322 Rn. 1351.

212 Zu den seinerzeitigen Änderungen, *Jakob/Berninger,* Die wichtigsten Änderungen des WADA-Codes, in: SpuRt 2008, 61ff.; *Haas/Boccucci,* Das neue Regime der Dopingsanktionen nach dem Welt-Anti-Doping-Code 2009, in: Causa Sport 2011, 5ff.

213 Vgl. ausführlich zum Revisionsprozess und der Rolle der EU dabei: *Kornbeck,* Die EU und die Revision des World-Anti-Doping-Codes: Vom zweiten zum vierten EU-Beitrag, in: Vieweg (Hrsg.), Impulse des Sportrechts, S. 231ff.

4. *Natur des Welt-Anti-Doping-Codes*

a. *Privatrechtliche Verbindlichkeit*

Bis zum heutigen Tag haben über 660 *sport organisations* den WADC unterzeichnet und angenommen.[214] Unter den *Unterzeichnern*[215] befinden sich das IOC und das Paralympische Komitee sowie sämtliche internationale und nationale olympische und paralympische Sportverbände.[216]

Der WADC unterliegt dem Verantwortungsbereich der WADA, die gemäß Art. 20.7.2 WADC, neben ihren weiteren Aufgaben, die Einhaltung des Codes durch die Unterzeichner überwachen soll. Vor Schaffung der WADA war die Subkommission „Doping" der Medizinischen Kommission des IOC für eine derartige internationale Koordinierung der Anti-Doping-Regeln zuständig.[217]

Der Code befindet sich außerhalb der hierarchisch gegliederten Verbandspyramide[218] und ist seiner Natur nach rein privatrechtlich einzuordnen, auch wenn er unter Beteiligung staatlicher Organisationen zustande gekommen ist.[219] Denn entscheidend für die Zuordnung zum privaten Recht ist stets die Person des Rechtsetzers, hier die der WADA.[220]

Als private Stiftung hat die WADA keine Mitglieder, denen gegenüber sie rechtsetzungsbefugt ist.[221] Zudem fehlt es der WADA, ebenso wie den einzelnen Verbänden, an Legitimation um geltendes Recht für Außenstehende zu begründen.[222] Deswegen handelt es sich beim WADC grundsätzlich um eine

---

214 Informationen zum WADC, abrufbar unter: https://www.wada-ama.org/en/what-we-do/the-code (zuletzt abgerufen am 18.05.2019).

215 Definition von „Unterzeichner" im Anhang 1 zum WADC 2015: „Diejenigen Einrichtungen, die den Code unterzeichnen und sich zur Einhaltung des Code gemäß Artikel 23 verpflichten.".

216 *Lehner*, in: Adolphsen/Nolte/Lehner/Gerlinger (Hrsg.), Sportrecht in der Praxis, S. 322 Rn. 1353.

217 Abschlussbericht der DOSB-Beratungskommission „Doping in Deutschland" vom 04. Juni 2014, S. 26.

218 *Lehner*, in: Adolphsen/Nolte/Lehner/Gerlinger (Hrsg.), Sportrecht in der Praxis, S. 322 Rn. 1353; *Petri*, SpuRt 2003, 183.

219 *Berninger*, Der nationale Anti-Doping-Code, S. 16.

220 *Adolphsen*, in: Adolphsen/Nolte/Lehner/Gerlinger (Hrsg.), Sportrecht in der Praxis, S. 252 Rn. 997.

221 *Ott*, S. 56.

222 Ebd.

Richtlinie[223], die keine unmittelbare Rechts- und Bindungswirkung[224] für die internationalen Dach- und nationalen Sportfachverbände entfaltet.[225] Die fehlende rechtliche Verbindlichkeit erfordert daher gemäß Art. 23.2.1 WADC 2015 die Umsetzung des Codes durch die Unterzeichner in ihren jeweiligen Zuständigkeitsbereichen.

b. *Völkerrechtliche Verbindlichkeit*[226]

An der primär privatrechtlichen Einordung des WADC ändert auch die Annahme des UNESCO-Übereinkommen über Doping im Sport vom 19.10. 2005[227] grundsätzlich nichts.[228]

Ein Novum dieses Übereinkommens ist, dass es den WADC als privatrechtlich gesetztes Recht teilweise inkorporiert und diese Teile in den Rang völkerrechtlichen Vertragsrechts erhoben werden.[229] So sind dem Wortlaut nach schon die Begriffsbestimmungen in Artikel 2 des Übereinkommens im Zusammenhang mit dem WADC zu sehen. In der Folge wird der Wortlaut des WADC teilweise auch direkt übernommen, wie z.B. der Verstoß gegen Anti-Doping-Regeln in Artikel 2 Abs.3 des Übereinkommens.

Neben diesen Verschränkungen regelt auch Artikel 4 des Übereinkommens, keinesfalls abschließend, das Verhältnis zum WADC. Nach Art. 4 Abs. 1 S.1 des Übereinkommens verpflichten sich die Vertragsstaaten den Grundsätzen des WADC als Grundlage für Maßnahmen nach Art. 5 des Übereinkommens, um die Durchführung der Bekämpfung des Dopings im Sport auf nationaler und internationaler Ebene zu koordinieren.

---

223 *Lehner*, in: Adolphsen/Nolte/Lehner/Gerlinger (Hrsg.), Sportrecht in der Praxis, S. 322 Rn. 1353.

224 *Berninger* verweist hier auf einen Umkehrschluss aus Art.22, 32.2.1 WADC 2009. Vgl. *dieS.* , Der nationale Anti-Doping-Code, S. 16.

225 *Fiedler*, Das Doping minderjähriger Sportler, S. 197.

226 Vertiefend zu den völkerrechtlichen Instrumenten der Dopingbekämpfung vgl. *Schmidt*, Internationale Dopingbekämpfung, Grundlagen und nationalstaatliche Umsetzung

227 BGBl. 2007 II S. 354ff; s.o.S.29, abrufbar unter: http://unesco.de/infothek/dokumente/uebereinkommen/konvention-gegen-doping-im-sport.html (zuletzt abgerufen am 18.05.2019).

228 *Adolphsen*, in: ders./Nolte/Lehner/Gerlinger (Hrsg.), Sportrecht in der Praxis, S. 252 Rn. 999.

229 *Schmidt*, Internationale Grundlagen der Dopingbekämpfung und ihre Umsetzung ins deutsche Recht, in: Vieweg, Facetten des Sportrechts, 2009, S. 207, 208f.

Zugleich stellt aber Art. 4 Abs. 2 des Übereinkommens klar, dass der WADC und seine Anhänge 2 und 3 nicht Bestandteil des Übereinkommens sind, sondern nur zu Informationszwecken aufgeführt sind. Konsequenz dieser Verschränkungen ist eine „*Quasi-Bindung*"[230] der Vertragsstaaten an den Code. Die wortlautgleichen Übernahme von Passagen des Codes im Übereinkommen entfalten unmittelbare Bindungswirkung für die Vertragsparteien. Dies gilt jedoch nicht für die Teile des WADC, auf die sich Art. 4 des Übereinkommens bezieht. Bezüglich der Existenz und den Konsequenzen dieser Regelungen dürfen sich die Staaten aber nicht verschließen.[231] Vielmehr haben die Staaten ihre Maßnahmen zur Umsetzung des Übereinkommens stets im Hinblick auf eine effektive Dopingbekämpfung daran zu überprüfen, ob die Grundsätze des Codes gewahrt werden.

Die enge Verzahnung des WADC und des Übereinkommens ergibt sich des Weiteren aus dem WADC selbst. Denn dieser verweist gleichzeitig auf das Übereinkommen und verlangt dessen Einhaltung. So soll z.B. das IOC gemäß Art. 20.1.8 WADC Bewerbungen für die Austragung Olympischer Spiele nur von Ländern akzeptieren, deren Regierungen das Übereinkommen ratifiziert, verabschiedet und angenommen haben oder ihm beigetreten sind. Ebenso sollen Internationale Sportfachverbände gemäß Art. 20.3.11 WADC alles in ihrer Kraft stehende dafür tun, dass Weltmeisterschaften auch nur an solche Länder vergeben werden.

Trotz alledem verschmelzen der WADC und das UNESCO-Übereinkommen nicht zu einer Rechtsmaterie, sondern sie bleiben als jeweils selbstständige Rechtsordnung nebeneinander bestehen.[232] Es bleibt aber festzuhalten, dass der WADC durch die Bezugnahmen, als privatrechtliches und unter Mitwirkung von Regierungen gebildetes Regelwerk, in seiner Wirkung verstärkt wird.[233]

5. *WADC 2015*

Der WADC bildet seinem Wortlaut nach die Basis des weltweiten Anti-Doping-Programms[234], indem er umfassende Regelungen im Bereich der Dopingbekämpfung normiert und zugleich die einzelnen Dopingverstöße und deren

---

230 Ebd., S. 214.

231 Ebd., S. 214.

232 Ebd., S. 215.

233 *Adolphsen*, in: Adolphsen/Nolte/Lehner/Gerlinger (Hrsg.), Sportrecht in der Praxis, S. 252 Rn. 1000.

234 WADC 2015, Stichwort ‚Der Code', S. 1.

Sanktionsmöglichkeiten benennt.[235] Dabei ist der Code auf der einen Seite bestimmt genug, um eine Harmonisierung der Bereiche zu erzielen, die einheitlich geregelt werden müssen und auf der anderen Seite allgemeine genug, um in anderen Bereichen Flexibilität bei der Umsetzung vereinbarter Anti-Doping-Grundsätze zu ermöglichen.[236] Der WADC stellt also zugleich den Minimal- und Maximalstandard der Dopingbekämpfung dar.[237]

a. Regeln des Dopingverfahrens

aa. Doping-Definition und Dopingnachweis

Im ersten Teil des WADC werden die grundlegenden Anti-Doping-Bestimmungen dargelegt. Ausgangspunkt hierfür ist die Doping-Definition der Artikel 1 und 2 WADC.[238]

Ferner statuiert Artikel 3 WADC die Voraussetzungen des Dopingnachweises. Hier ist insbesondere hervorzuheben, dass die Anti-Doping-Behörde gemäß Art. 3.1 WADC grundsätzlich die Beweislast für Verstöße gegen Anti-Doping-Bestimmungen trägt und für sämtliche Vorwürfe daher tauglichen Beweis erbringen muss.[239] Daneben muss die Anti-Doping-Organisation zur Wahrung des Beweismaßes unter Berücksichtigung der Schwere des Verstoßes gegenüber dem Anhörungsorgan überzeugend darlegen, dass sie einen Verstoß gegen Anti-Doping-Bestimmungen festgestellt hat. Die Anforderungen an das Beweismaß sind gemäß Artikel 3.1 WADC in allen Fällen höher als die bloße Wahrscheinlichkeit jedoch geringer als ein jeden Zweifel ausschließender Beweis.[240] Artikel 3.2 WADC statuiert abschließend das Verfahren sowie die zulässigen Methoden zur Feststellung von Tatsachen und Vermutungen.

bb. Verbotsliste

Gemäß Artikel 4.1 WADC stellt die Verbotsliste den internationalen Standard dar und wird aus diesem Grund so oft wie nötig, zumindest aber einmal jährlich

---

235 *Lehner*, in: Adolphsen/Nolte/Lehner/Gerlinger (Hrsg.), Sportrecht in der Praxis, S. 322 Rn. 1354.

236 WADC 2015, Stichwort ‚Der Code', S. 1.

237 *Summerer*, in: Fritzweiler/Pfister/Summerer (Hrsg.), Praxishandbuch Sportrecht, S. 227 Rn. 287.

238 S.o.S. 48.

239 *Berninger*, Der nationale Anti-Doping-Code, S. 172.

240 Die Kommentierung zu Art.3.1 Abs. 1 NADC 2015 veranschaulicht diese abstrakte Formulierung: größer als 50 %, kleiner als 100 %.

von der WADA überarbeitet und veröffentlicht. Diese Liste tritt jeweils innerhalb von drei Monaten nach Veröffentlichung und ohne dass es weiterer Maßnahmen der Anti-Doping-Organisationen bedarf in Kraft.

Daneben definiert Art. 4.2 WADC die in der Verbotsliste aufgeführten verbotenen Stoffe und verbotenen Methoden sowie die spezifischen Stoffe. Dabei verzichtet die Verbotsliste auf eine abschließende Aufzählung einzelner Wirkstoffe, sondern beschränkt sich auf Substanzklassen und Methoden.[241] Damit soll den voranschreitenden chemischen und pharmazeutischen Entwicklungen begegnet werden. Denn durch diese Kategorisierung werden auch neu entwickelte Wirkstoffe von der Liste erfasst, wenn sie zu einer der verbotenen Substanzklassen gehören.[242] Zu diesem Zweck legt Art. 4.3 WADC fest, welche Kriterien ausschlaggebend sind für die Aufnahme von Stoffen und Methoden in die Verbotsliste. Ferner regelt Art. 4.4 WADC noch die Medizinischen Ausnahmegenehmigungen und Art. 4.5 WADC das Überwachungsprogramm für Stoffe, die nicht in der Liste aufgeführt sind.

cc. Dopingkontrollverfahren und Umgang mit Proben

Artikel 5 WADC normiert zum einen die Zuständigkeit zur Durchführung von Wettkampf- und Trainingskontrollen. Zum anderen behandelt Art. 5.6 WADC die, oftmals kritisierte, Bereitstellung der Informationen über den Aufenthaltsort und die Erreichbarkeit der Athleten mittels ADAMS.[243]

Daneben werden durch die Art. 6 und 7 WADC internationale Standards bei der Analyse von Proben und beim Ergebnismanagement geschaffen. So darf gemäß Art. 6.1 WADC die Feststellung, ob in der Probe eines Athleten verbotene Stoffe, ihre Metaboliten oder Marker im Sinne von Art. 2.1 WADC vorhanden sind, nur von akkreditierten oder anderweitig von der WADA anerkannten Labors durchgeführt werden.

Artikel 7 WADC legt die Verfahrensgrundsätze im Rahmen des Ergebnismanagements zur Behandlung potenzieller Verstöße gegen Anti-Doping-Bestimmungen vor der Anhörung fest. Da zahlreiche Unterzeichner des WADC eigene Ansätze für das Ergebnismanagement entwickelt haben, will der Code

---

241 *Glocker*, S. 45.

242 Ebd.

243 Das „Anti-Doping Administration and Management System" ist ein webbasiertes Datenbankmanagementsystem zur Unterstützung der Anti-Doping-Maßnahmen der WADA und der weiteren Beteiligten, vgl. WADC 2015, Anhang 1, Stichwort ‚ADAMS'.

diese nicht ersetzen.[244] Die Unterzeichner müssen aber im Sinne der Fairness des Ergebnismanagements die Einhaltung der in Art. 7 WADC statuierten Grundsätze wahren.[245] Korrespondierend dazu gewährleistet Art. 8 WADC der betroffenen Person ein faires Anhörungsverfahren vor einem unabhängigen Anhörungsorgan.

dd. Sanktionen und Rechtsbehelfe vgl. Anhang WADC „Konsequenzen"

Grundsätzlich kennt der WADC drei verschiedene Arten von Sanktionen gegenüber individuellen Sportlern.[246] Erste Konsequenz ist die automatische Annullierung von Einzelergebnissen nach Art. 9 WADC beziehungsweise die Annullierung sämtlicher Ergebnisse des Sportlers, die in den Wettkämpfen der Wettkampfveranstaltung erzielt wurden nach Art. 10.1 WADC. Zwar handelt es sich bei Art. 9 WADC schon vom Wortlaut her nicht um eine Sanktion im eigentlichen Sinne.[247] Trotzdem sind die Konsequenzen dieser Maßnahme einschneidend für den Athleten und haben pönalen Charakter.[248]

Die massivste Sanktion stellt die Dopingsperre dar, die dem Athleten für einen bestimmten zukünftigen Zeitraum die Ausübung des Leistungssports versagt.[249] Gemäß Art. 10.2.1 WADC beträgt die Sperre für einen Erstverstoß gegen die Bestimmungen der Art. 2.1, 2.2 oder 2.6 WADC vier Jahre bzw. zwei Jahre gemäß Art. 10.2.2 WADC, wenn Art. 10.2.1 WADC nicht einschlägig ist.

Die Erhöhung der Sperre von zwei auf vier Jahre ist die signifikanteste und auch umstrittenste Neuerung des WADC 2015 zum WADC 2009. Problematisch ist hierbei im Hinblick auf die deutsche Rechtsprechung, dass eine zweijährige Sperre als Höchstmaß der mit dem Grundgesetz zu vereinbarenden Maßnahmen angesehen wird.[250] Eine darüberhinausgehende Sperre würde, angesichts

---

244 Kommentar zu Art. 7 WADC.

245 Ebd.

246 *Haas/Boccucci*, Das neue Regime der Dopingsanktionen nach dem Welt-Anti-Doping-Code 2009, in: Causa Sport 2011, S. 5, 5.

247 Vgl. Art 9 WADC „Automatische Annullierung von Einzelergebnissen" mit Art. 10 WADC „Sanktionen gegen Einzelpersonen".

248 *Teitler*, Rechtsnatur und Anwendung des WADA-Code, in: Causa Sport 2007, S. 395, 399.

249 *Haas/Boccucci*, Das neue Regime der Dopingsanktionen nach dem Welt-Anti-Doping-Code 2009, in: Causa Sport 2011, S. 5, 6.

250 OLG München, SpuRt 1996, 138. *Prokop*, Die Grenzen der Dopingverbote, S. 69; *Summerer, in:* Fritzweiler/Pfister/Summerer (Hrsg.), Praxishandbuch Sportrecht, S. 238 Rn. 319.

des limitierten Zeitraumes, indem der Leistungssportler seiner Karriere nachgehen kann, gegen die Berufsfreiheit verstoßen.[251] Denn damit würde der Verhältnismäßigkeitsgrundsatz nicht mehr gewahrt und die Sperre käme faktisch einem Berufsverbot gleich.[252]

Ausnahmen der Grundsätze des Art. 10.2 WADC sind in den strafmildernden beziehungsweise strafschärfenden Vorschriften der Art. 10.4 bis 10.7 WADC zu finden, die das Verschulden des Sportlers und die Schwere des Dopingvergehens berücksichtigen.

Darüber hinaus sieht Art. 10.6.1 WADC eine sogenannte Kronzeugenregelung vor, nach welcher eine Sperre aufgehoben (in Ausnahmefällen), gemindert oder ausgesetzt werden kann, wenn der Sportler eine wesentliche Unterstützung bei der Entdeckung oder dem Nachweis eines Verstoßes gegen Anti-Doping-Bestimmungen geleistet hat. Der Umfang der Sperre kann in diesem Fall um bis zu drei Viertel der ursprünglichen Sperre reduziert werden[253], oder bei einem Geständnis des Sportlers halbiert werden[254].

Schließlich wird den Anti-Doping-Organisationen über Art. 10.10 WADC noch die Möglichkeit eröffnet, Verstöße gegen Anti-Doping-Bestimmungen mit finanziellen Konsequenzen zu ahnden.[255] Dies ist aber nur zusätzlich zur Höchstdauer der ansonsten geltenden Sperre möglich. Außerdem darf die finanzielle Sanktion nicht dazu genutzt werden, die Dauer einer Sperre oder eine sonstige Sanktion zu mindern.

Gegen Entscheidungen, die auf Grundlage des Codes ergangen kann grundsätzlich gemäß Art. 13 WADC vorgegangen werden. Voraussetzung des Rechtsbehelfsverfahrens vor dem *Internationalen Sportgerichtshof (Court of Arbitration for Sport – CAS, bzw. Tribunal Arbitral du Sport - TAS)* ist aber gemäß Art. 13.1 WADC, dass zuvor sämtliche nach den Regeln der zuständigen Anti-Doping-Organisation verfügbaren Instanzen ausgeschöpft wurden. Es sei denn, die WADA besitzt ein Recht zur Anfechtung einer endgültigen Entscheidung einer Anti-Doping-Organisation. Dann ist dies gemäß Art. 13.1.3 WADC direkt beim CAS möglich, ohne vorherige Ausschöpfung der Rechtsmittel im Verfahren

---

251 *Prokop,* Die Grenzen der Dopingverbote, S. 69; *Summerer,* in: Fritzweiler/Pfister/Summerer (Hrsg.), Praxishandbuch Sportrecht, S. 238 Rn. 319.

252 *Summerer,* in: Fritzweiler/Pfister/Summerer (Hrsg.), Praxishandbuch Sportrecht, S. 244 Rn. 347.

253 Art. 10.6.1 WADC.

254 Art. 10.6.2 WADC.

255 *Haas/Boccucci,* Das neue Regime der Dopingsanktionen nach dem Welt-Anti-Doping-Code 2009, in: Causa Sport 2011, S. 5, 6.

der Anti-Doping-Organisation. Der CAS ist im Sinne des Art. 13.2.1 WADC außerdem ausschließlich zuständig in Fällen, die im Zusammenhang mit internationalen Spitzenathleten oder der Teilnahme an einer internationalen Sportveranstaltung stehen.

ee. Verschiedenes

Abschließend regeln die Artikel 14 bis 17 WADC noch allgemeine Verfahrensgrundsätze, wie zum Beispiel die Vertraulichkeit, die Anwendung und Anerkennung von Entscheidungen und das Dopingkontrollverfahren bei Tieren in sportlichen Wettkämpfen. Gemäß Art. 17 WADC beträgt die Verjährung eines Dopingverstoßes zehn Jahre, beginnend mit dem Zeitpunkt des Verstoßes.

ff. Aufklärung und Forschung

Zur Wahrung des in der Einleitung des WADC beschriebenen Sportgeistes und zur Prävention gegen Doping sollen gemäß Art. 18 WADC Informations- und Aufklärungsprogramme von den Unterzeichnern des Code geplant, umgesetzt, ausgewertet und analysiert werden. Dabei fungiert die WADA als zentrale Clearingstelle für Informations- und Aufklärungsmittel und –programme gemäß Art. 18.4 WADC.

Ebenso koordinierend wirkt die WADA im Rahmen der Anti-Doping-Forschung gemäß Art. 19 WADC zur Förderung der formulierten Ziele des Codes.

gg. Aufgaben und Zuständigkeiten

Während die Zuständigkeiten der Unterzeichner und Athleten oder anderer Personen in den verschiedenen Artikeln des Code beschrieben werden, widmet sich Teil Drei den zusätzlichen Aufgaben sowie der Beteiligung der Regierungen.

Zusammengefasst bestimmt Art. 20 WADC die Annahme und Umsetzung sowie die Einhaltung und Überwachung des Codes durch die Unterzeichner und ergänzt dadurch die Zuständigkeiten und Aufgaben der vorangehenden Artikel. Dabei ist die Wirkung der Pflichten der Unterzeichner jeweils auf einen konkreten Adressaten gerichtet. Exemplarisch dafür soll das IOC gemäß Art. 20.1.6 WADC von allen Teilnehmern[256] der Olympischen Spiele verlangen, sich als Bedingung der Teilnahme den Anti-Doping-Bestimmungen in Übereinstimmung mit dem Code zu verpflichten. Gleiches sollen im Sinne von Art. 20.3.3

256 Damit sind alle Athleten und Athletenbetreuer gemeint, die als Trainer, sportliche Betreuer, Manager, Teammitglieder, Funktionäre, medizinisches Personal oder medizinisches Hilfspersonal teilnehmen.

WADC auch die Internationalen Sportfachverbände von den Teilnehmern eines, von ihnen oder einer der Mitgliedsorganisationen veranstalteten, Wettkampfes verlangen.

Art. 20.7 WADC hebt die besondere Stellung der WADA hervor, indem ihr die Überwachung der Einhaltung des Codes durch die Unterzeichner auferlegt wird und sie die internationalen Standards für die Umsetzung des Codes genehmigt. Zudem führt die WADA gemäß Art. 20.7.8 WADC eigene Dopingkontrollen durch, wenn die Anti-Doping-Organisation auf Probleme aufmerksam gemacht wurde und diese nicht zufriedenstellend geklärt wurden. Korrespondierend zu Art. 6.1 WADC ist die WADA gemäß Art. 20.7.4 WADC auch für die Akkreditierung von Laboren beziehungsweise Anerkennung anderer Labore für die Probenanalyse zuständig.

Artikel 21 WADC regelt abschließend die zusätzlichen Aufgaben und Zuständigkeiten von Athleten und anderen Personen. Danach soll der Athlet gemäß Art. 21.1.1 WADC jederzeit für Probenahmen zur Verfügung stehen und mit den Anti-Doping-Organisationen, die einen Dopingverstoß untersuchen, zusammenarbeiten.[257] Während eine Missachtung des Zur-Verfügung-Stehens für Probenahmen einen Dopingverstoß gemäß Art. 2.3 WADC darstellen kann, gilt dies nicht für eine verweigerte Zusammenarbeit mit den Anti-Doping-Organisationen. Ein solches Verhalten kann lediglich disziplinarische Maßnahmen nach den Bestimmungen der Anti-Doping-Organisation nach sich ziehen.[258]

Wegen der privatrechtlichen Natur des WADC[259] können die meisten Regierungen diesem nicht beitreten oder zur Einhaltung verpflichtet werden. Aus diesem Grund fordert Artikel 22 WADC das Bekenntnis einer Regierung zum Code durch die Unterzeichnung der Kopenhagener Erklärung über die Dopingbekämpfung im Sport vom 03. März 2003 sowie der Ratifizierung, Verabschiedung oder Annahme des UNESCO-Übereinkommens beziehungsweise der Beitritt zu diesem. Es handelt sich bei diesem Artikel lediglich um die Erwartungen der Unterzeichner, ohne eine damit verknüpfte Handlungspflicht der Regierungen.

Entsprechend formuliert sind auch die Konsequenzen des Art. 22.8 WADC für Regierungen, die das UNESCO-Übereinkommen nicht bis zum 01. Januar 2010 ratifiziert, verabschiedet beziehungsweise angenommen haben oder beigetreten sind oder sich danach nicht an das Übereinkommen halten. Diese Regierungen können sich dann *„unter Umständen“* nicht für Wettkampfveranstaltungen

---

257 Art. 21.1.6 WADC.

258 Kommentar zu Art. 21.1.6 WADC.

259 S.o.S. 65.

gemäß Art. 20.1.8, 20.3.11 und 20.6.6 bewerben und müssen *„gegebenenfalls"* mit weiteren Konsequenzen rechnen, die vom Ämterverlust bei der WADA bis hin zur Absage einer internationalen Wettkampfveranstaltung führen können. Insgesamt bleibt aber festzustellen, dass die Handlungs- und Sanktionsmöglichkeiten des WADC gegenüber Regierungen sehr limitiert sind.

hh. Annahme, Änderung und Auslegung

Zur Gewährleistung der weltweiten Einheitlichkeit der Anti-Doping-Bestimmungen verpflichten sich die Unterzeichner zur Umsetzung des Codes innerhalb ihrer jeweiligen Zuständigkeitsbereiche. Insbesondere Art. 23.2.2 WADC fordert die Umsetzung von insgesamt 13 Artikeln und des Anhang 1 des WADC ohne wesentliche Änderungen oder Hinzufügungen, die die Wirkung dieser Artikel beeinflussen. Darunter fällt auch die Auslegung des Codes nach Art. 24 WADC, wonach dieser als unabhängiger und eigenständiger Text auszulegen sei, ohne Verweis auf bestehendes Recht oder bestehende Satzungen der Unterzeichner oder Regierungen.

Die Überwachung der Einhaltung des Codes obliegt gemäß Art. 23.5 WADC ebenso der WADA wie die Änderung des Codes gemäß Art. 23.7 WADC.

IV. Umsetzung des WADC in Deutschland

Wie oben dargestellt[260] verpflichten sich die Unterzeichner des WADC zur Umsetzung des Codes entsprechend ihrer Zuständigkeiten und unter Einhaltung der internationalen Standards.[261]

Im Rahmen der Umsetzung ihrer völkerrechtlichen Verpflichtung, den Grundsätzen des WADC Geltung zu verschaffen, hat sich die Bundesrepublik Deutschland für eine Aufteilung der Verantwortlichkeitsbereiche entschieden und nimmt dabei eine Gewährleistungsverantwortung wahr.[262] Eine solche Verantwortung eröffnet die Möglichkeit der Zusammenarbeit mit nichtstaatlichen Akteuren, wobei die Gesellschaft ihre Angelegenheiten selbstverantwortlich in einem von staatlicher Seite geschaffenen Rahmen regelt.[263]

Hintergrund ist, dass die Übereinkommen der Bundesrepublik insoweit eine Einschätzungsprärogative überlassen, ob sie selbst im Rahmen einer

---

260 S.o.S. 65.

261 WADC 2015, Stichwort ‚Internationale Standards', S. 2.

262 *Schmidt,* Internationale Dopingbekämpfung, S. 152.

263 *Nolte,* Staatliche Verantwortung im Bereich Sport, S. 196; *Schmidt,* Internationale Dopingbekämpfung, S. 139.

Erfüllungsverantwortung handelt, oder sich auf die Unterstützung privater Akteure in Wahrnehmung einer Gewährleistungsverantwortung beschränkt.[264]

Da die vom organisierten Sport vorgenommenen Anti-Doping-Maßnahmen grundsätzlich als ausreichend und nachhaltig bewertet werden, konkretisiert sich die Verpflichtung in Bezug auf die Art. 7 und Art. 8 Abs. 2 des UNESCO Übereinkommens auf eine Gewährleistungsverantwortung.[265] So wurde die maßgebliche Zuständigkeit für die Koordinierung des Anti-Doping-Kampfs gemäß Art. 7 und Art. 8 Abs. 2 des UNESCO Übereinkommens auf die NADA, einen privatrechtlichen Akteur, übertragen und diese zur Ergreifung entsprechender Maßnahmen zur Einschränkung der Verfügbarkeit und Anwendung verbotener Wirkstoffe und Methoden im Sport ermutigt.[266]

Daneben kommt die Bundesrepublik ihrer Erfüllungsverpflichtung aus Art. 8 Abs. 1 des Übereinkommens nach, indem die Bemühungen der NADA von legislativen Maßnahmen im Sinne des Anti-Doping-Kampfes flankiert werden.[267]

Der Code ist sowohl bei der Umsetzung durch die NADA als auch durch eigene Anti-Doping-Bestimmungen der Sportfachverbände der zu wahrende Minimalstandard. Im Folgenden soll insbesondere die Umsetzung des WADC in Deutschland durch die NADA aufgezeigt werden.

1. Die Nationale Anti Doping Agentur Deutschland

a. Gründung und Rechtsnatur[268]

Nach dem Vorbild der WADA haben sich der organisierte Sport und die Politik zur Schaffung einer unabhängigen Nationalen Anti-Doping Agentur für Deutschland (NADA) entschlossen.[269] Am 15. Juli 2002 wurde daher die NADA als Stiftung bürgerlichen Rechts in Bonn gegründet und nahm zum 01. Januar 2003 ihre Arbeit auf.[270] Die „Anti-Dopingkommission des Deutschen

264 *Schmidt,* Internationale Dopingbekämpfung, S. 167.

265 *Ebd.*

266 *Berninger,* Der nationale Anti-Doping-Code, S. 22.

267 S.u.S. 220ff.

268 Dazu ausführlich: *Wewer,* Nachbetrachtung – Die NADA gestern, heute und morgen, in: Nationale Anti Doping Agentur Deutschland (Hrsg.), Gründung, Wirkung und Perspektiven der NADA, S.53ff.

269 *Augustin* in Nickl/Rous (Hrsg.), Das Anti-Doping-Handbuch, S. 80, 82.

270 *Berninger,* Der nationale Anti-Doping-Code, S. 19.

Sportbunds und Nationalen Olympischen Komitees" (ADK) wurde damit als Vorgängerinstitution abgelöst und deren bisherige Aktivitäten übernommen.[271]

Finanziert wird die NADA nach dem sogenannten *Stakeholder-Modell*[272] durch Zuwendungen des Bunds, Partnern aus der Wirtschaft und des organisierten Sports. Um die im Anti-Doping-Kampf betroffenen Bereiche Staat, Wirtschaft und Sport ausreichend zu repräsentieren und einen Interessenausgleich zu erreichen, sollten diese Akteure als Stifter der NADA fungieren, obwohl dies so nicht ausdrücklich in der Stiftungsverfassung festgelegt ist.[273] Korrespondierend dazu wird der laufende Betrieb der NADA finanziert[274], mit der Ausnahme, dass die Zuwendungen aus der Wirtschaft mittlerweile gänzlich eingestellt wurden.[275] Im Jahr 2018 finanzierte sich die NADA maßgeblich durch Zuwendungen des Bundes. Vom Gesamtbudget in Höhe von ca. 9,7 Mio. € stellte der Bund insgesamt ca. 64 % (ca. 6,2 Mio. €) zur Verfügung.[276] Die Zuwendungen des Bundes teilen sich auf in direkte Zuwendungen an die NADA (3.966.097 €) sowie Mittel zur Finanzierung von Forschungs- und Analysezwecken an die WADA-akkreditierten Labore in Köln und in Kreischa, die von der NADA unmittelbar weitergeleitet wurden. Durch die Zuwendungen wird die Bundesrepublik ihrer Aufgabe aus Art. 11 lit. a) UNESCO Übereinkommen gerecht, indem sie Mittel ihres Haushaltes für die direkte Subventionierung der NADA vorsieht und der NADA dadurch bei der Finanzierung von Dopingkontrollen behilflich ist. Stellvertretend für den organisierten Sport finanzierten der DOSB, die Landessportbünde, die Spitzenverbände sowie die Deutsche Sporthilfe die NADA mit 6,5 % (630.000 €).[277]

---

271 Präambel zum NADC 2004, abrufbar unter: http://www.nada.de/fileadmin/user_upload/nada/Downloads/Regelwerke/NADA-Code_-_3.11.04.pdf (zuletzt abgerufen am 18.05.2019); vgl. auch *Fechner/Arnhold/Brodführer (Hrsg.)*, Sportrecht, S. 4 Rn. 106.

272 *Berninger,* Der nationale Anti-Doping-Code, S. 22.

273 Ebd., S. 22f.

274 § 2 Abs. 3 Stiftungsverfassung der NADA, abrufbar unter: http://www.nada.de/fileadmin/user_upload/nada/Recht/110225_Verfassung_der_Stiftung_NADA.pdf (zuletzt abgerufen am 18.05.2019).

275 Die adidas AG stellte als letzter Vertreter der deutschen Wirtschaft die Zahlungen an die NADA mit Wirkung zum 31.12.2016 ihre Zahlungen ein.

276 NADA Jahresbericht 2018, S. 15, abrufbar unter: https://www.nada.de/fileadmin/user_upload/nada/Downloads/Jahresberichte/2018_NADA_Jahresbericht_DE_online.pdf (zuletzt abgerufen am 20.01.2020).

277 Ebd.

Aufgrund ihrer Rechtsform nimmt die NADA eine exponierte Stellung außerhalb des Verbandswesens ein, sie kann aber gemäß § 3 der Stiftungsverfassung anderen Organisationen beitreten, sofern der Stiftungszweck dadurch gefördert wird.

Stiftungszweck der NADA ist gemäß § 2 Abs. 2 der Stiftungsverfassung die Förderung des Fair Play im Sport durch geeignete pädagogische, soziale, medizinische, wissenschaftliche und sportliche Maßnahmen. Konkret bedeutet dies zum einen die Einrichtung eines Doping-Kontroll-Systems innerhalb und außerhalb von Wettkämpfen, die Doping-Prävention, Beratung für Verbände und Athleten sowie die Errichtung und Unterhaltung eines Sportschiedsgerichts.[278] Zum anderen die Erstellung und Durchsetzung der Kontrollmechanismen, Analyseverfahren, Dopingverbote, Sanktionskataloge und Disziplinarverfahren in einem Nationalen Anti-Doping-Code nach Maßgabe des WADC.[279]

b. Umsetzung des WADC in nationales Sportrecht

Als Unterzeichner des WADC hat die NADA gemäß Art. 20.5 WADC die Aufgabe, die geltenden Vorschriften des Codes durch Strategien, Satzungen, Regeln oder Vorschriften gemäß ihrer Befugnisse und innerhalb ihrer Zuständigkeit umzusetzen.[280] Entscheidendes Kriterium der Umsetzung des WADC durch die NADA ist eine adäquate Übersetzung und Anpassung des Codes an das deutsche Rechtssystem.

Diese Vorgaben verwirklicht die NADA mit dem erstmals 2004 verabschiedeten und umgesetzten 18 Artikeln und zwei Anhängen des NADC. Dabei übernimmt der NADC die zwingenden Vorschriften des Art. 23.2.2 WADC und den Teil Eins des WADC, ohne diese wesentlich zu ändern. Daher entspricht der NADC, mit Ausnahme redaktioneller Änderungen[281], auch inhaltlich dem WADC, obwohl Art. 18.4 NADC ausdrücklich die Eigenständigkeit und Unabhängigkeit des Textes hervorhebt.

---

278 § 2 Abs. 2 Nr. 2 Stiftungsverfassung.

279 Ebd.

280 Vgl. dazu auch Art. 23.2.1 WADC.

281 So widmet sich der NADC in Art. 8 explizit dem Recht auf Analyse der B-Probe.

c. Einrichtung eines Schiedsgerichts

aa. Satzungsgemäße Aufgabe der NADA

Entsprechend § 2 Abs. 2 Nr. 6 der Stiftungsverfassung ist es Aufgabe der NADA, zur Förderung des Fair Play im Sport ein unabhängiges Schiedsgericht für Dopingangelegenheiten zu errichten und zu unterhalten.

Hintergrund ist Art. 13.2.1 WADC in der Fassung von 2003[282], der für Fälle mit Beteiligung nationaler Spitzenathleten[283] einen unparteiischen und unabhängigen Spruchkörper in Form eines Schiedsgerichts vorsah.[284] Daran knüpft auch Art. 13.2.2 WADC 2015 an. In den Fällen, die nicht im Zusammenhang mit internationalen Spitzenathleten oder internationalen Wettkampfveranstaltungen im Sinne von Art. 13.2.1 WADC 2015 stehen, soll die Möglichkeit der Anfechtung von Entscheidungen vor einer unabhängigen und unparteiischen Instanz gegeben sein.

Entgegen dem ausdrücklichen Inhalt ihrer Stiftungsverfassung entschied sich die NADA jedoch dagegen, selbst ein Schiedsgericht zu errichten und zu unterhalten. Vielmehr wollte die NADA die nach § 1036f ZPO erforderliche Unabhängigkeit des Schiedsgerichts sicherstellen und dies auch nach außen hin dokumentieren.[285] Da die NADA entsprechend ihrer Stiftungsverfassung noch mit anderen Aufgaben der Dopingbekämpfung betraut ist[286], sah sie diese Unabhängigkeit gefährdet.

Berninger[287] vergleicht dies mit einem Verstoß gegen den Grundsatz der Gewaltenteilung im übertragenen Sinne durch den maßgeblichen Anteil, den die NADA in diesem Fall bei Legislative (NADC), Exekutive (Dopingkontrollen) und Judikative (Entscheidung von dopingrechtlichen Streitigkeiten) inne gehabt hätte. Um mögliche Vorwürfe der Parteilichkeit des Schiedsgerichts schon im Vorfeld zu entkräften, wandte sich die NADA deshalb an die Deutsche Institution für Schiedsgerichtsbarkeit (DIS).

---

282 Abrufbar unter: https://wada-main-prod.s3.amazonaws.com/resources/files/wada_code_2003_en.pdf (zuletzt abgerufen am 18.05.2019).

283 *National-Level Athletes.*

284 *Berninger,* Der nationale Anti-Doping-Code, S. 27; *Schmidt,* Internationale Dopingbekämpfung, S. 166.

285 Vorwort zur DIS-SportSchO 08, S. 1, abrufbar unter: http://www.dis-arb.de/de/16/regeln/dis-sportschiedsgerichtsordnungen-08-id25 (zuletzt abgerufen am 18.05.2019).

286 § 2 Abs. 2 der Stiftungsverfassung, s.o.S.43.

287 *Berninger,* Der nationale Anti-Doping-Code, S. 27.

bb. Deutsche Institution für Schiedsgerichtsbarkeit (DIS)

Die DIS ist ein eingetragener Verein mit über 1000 Mitgliedern und Sitz in Köln[288], der aus einem Zusammenschluss des Deutschen Ausschuss für Schiedsgerichtswesen (DAS) und dem Deutschen Institut für Schiedsgerichtswesen (DIS) mit Wirkung zum 01. Januar 1992 entstanden ist.[289] Vereinszweck ist die Förderung der deutschen und internationalen Schiedsgerichtsbarkeit, indem ein administriertes Schiedsgerichtsverfahren auf Grundlage der DIS Schiedsgerichtsordnung (DIS-SchO) und weitere Verfahren alternativer Streiterledigung angeboten werden.[290]

cc. Deutsches Sportschiedsgericht

Auf Initiative der NADA und der DIS wurde mit Wirkung zum 01. Januar 2008 das Deutsche Sportschiedsgericht mit Sitz in Köln geschaffen.[291] Das Deutsche Sportschiedsgericht ist eine von Sportverbänden und –organisationen unabhängige Institution und wird von der DIS unterhalten und betrieben.[292] Um die Unabhängigkeit des Gerichts zu demonstrieren, wurde das Deutsche Sportschiedsgericht in der Fassung der DIS-Sportschiedsgerichtsordnung 2016 erstmalig als „DIS-Sportschiedsgericht" bezeichnet.

Grundlage für die Beilegung von Streitigkeiten mit Bezug zum Sport ist die von der DIS geschaffene DIS-Sportschiedsgerichtsordnung (DIS-SportSchO), die besonders auf die Bedürfnisse des Sports zugeschnitten ist.[293] Die erste Fassung trat am 01. Januar 2008 in Kraft und wurde nach einer umfassenden Revision von der zweiten Fassung am 01. April 2016 abgelöst. Neu sind dabei unter anderem die Sonderbestimmungen für Anti-Doping-Streitigkeiten in Teil 3.[294]

---

288 DIS-SportSchO 08, Wichtige Begriffe der DIS-SportSchO, Stichwort ‚DIS', S. 4.

289 Vorwort zur DIS-SportSchO 08, S. 1.

290 Ebd.

291 Vorwort zur DIS-SportSchO 2016, S. 1, abrufbar unter: http://www.dis-arb.de/upload/SportSchO.pdf (zuletzt abgerufen am 18.05.2019).

292 Ebd.

293 Ebd.

294 Ausführlich zu den Neuerungen *Hofmann,* Mehr Transparenz und Effizienz in Sportschiedsverfahren – neue „Spielregeln" beim Deutschen Sportschiedsgericht [Teil 1], in: SpuRt 2016, S. 52ff.; *ders.,* Mehr Transparenz und Effizienz in Sportschiedsverfahren – neue „Spielregeln" beim Deutschen Sportschiedsgericht [Teil 2], in: SpuRt 2016, S. 103ff.; *ders.,* DIS-Sportschiedsgerichtsordnung ab 1.4.2016 mit Verfahrenskostenhilfe und weiteren Neuerungen für effektivere Sportschiedsverfahren, in: SchiedsVZ 2016, 90ff.; *Lehner/Cherkeh,* Neue DIS-SportSchO: Rechtsverteidigung bei Dopingstreitigkeiten bleibt erheblich defizitär – Höheres Haftungsrisiko für Sportverbände,

Die Anwendbarkeit der DIS-SportSchO ist nicht auf Dopingangelegenheiten beschränkt, sondern umfasst ebenso vertrags- bzw. handelsrechtliche Streitigkeiten (z.B. Transferstreitigkeiten und Streitigkeiten im Zusammenhang mit Sportveranstaltungen oder Sponsoring- und Lizenzverträgen).[295] In der Revision der DIS-SportSchO wurde sich auch bewusst gegen die Einbeziehung der sportbezogenen Wirtschaftstreitigkeiten in die allgemeine DIS-Schiedsgerichtsordnung entschieden, um die Bedeutung des Sports und seine Bedürfnisses hervorzuheben.[296]

Im Wesentlichen entspricht die DIS-SportSchO der bereits seit 1998 in Wirtschaftsstreitigkeiten erprobten und bewährten DIS-SchO.[297] Die DIS-SportSchO regelt den Ablauf des Schiedsverfahrens und findet durch vertragliche Vereinbarung der Parteien oder durch Bezugnahme in der Vereinssatzung Anwendung.

Gemäß § 24.1 DIS-SportSchO sind auf die Verfahren neben der DIS-SportSchO die zwingenden Vorschriften des 10. Buches der Zivilprozessordnung (§§ 1025ff ZPO) und die Parteivereinbarungen anzuwenden. Aus diesen Gründen ergeben sich viele Parallelen zu Verfahren nach der DIS-SchO, beziehungsweise zu Schiedsverfahren nach den Ordnungen der verschiedenen institutionellen Schiedsorganisationen.[298]

Dabei kann das Deutsche Sportschiedsgericht gemäß § 1.3 DIS-SportSchO als erste Instanz ohne vorausgegangene Verbandsentscheidung oder als Rechtsmittelinstanz nach vorausgegangener Verbandsentscheidung tätig werden. Die Zuständigkeit des Deutschen Sportschiedsgerichts oder eines anderen Schiedsgerichts im Sinne des 10. Buches der Zivilprozessordnung wurde konsequenterweise auch im NADC 2015 normiert. Gemäß Art. 13.2.2 NADC 2015 können Rechtsbehelfe gegen Entscheidungen beim Deutschen Sportschiedsgericht als Rechtsmittelinstanz oder einem anderen Schiedsgericht eingelegt werden.

Ist das Deutsche Sportschiedsgericht bereits als Disziplinarorgan[299] mit einer Sache betraut, die einen Verstoß gegen Anti-Doping-Bestimmungen zum

---

in: SpuRt 2016, 110f.; *Mortsiefer/Hofmann,* Verfahrenskostenhilfe in Anti-Doping-Streitigkeiten nach der neuen DIS-Sportschiedsgerichtsordnung, in: Causa Sport 2016, 125ff.

295 Vorwort zur DIS-SportSchO 2016, S. 1;

296 *Mazza,* Die 2016 DIS-Sportschiedsgerichtsordnung, in: SchiedsVZ 2016, S. 90.

297 *Martens,* Die Organisation von Schiedsverfahren im Bereich des Sports aus der Sicht der Schiedsrichter, in: SchiedsVZ 2009, S. 99, 99.

298 *Ders.* geht explizit auf die Unterschiede zwischen Schiedsverfahren im Sport und den „normalen" Schiedsverfahren ein; ebd.

299 Ein Disziplinarorgan ist ein gemäß dem NADC von den Anti-Doping-Organisationen festzulegendes Organ zur Durchführung von Disziplinarverfahren. Dies kann das

Gegenstand hat, kann ein Rechtsbehelf gem. Art. 13.2.2 NADC 2015 und § 38.2 DIS-SportSchO nur beim Internationalen Sportgerichtshof CAS[300] eingelegt werden.

Durch die Unterstützung der initiativgebenden NADA erfüllt die Bundesrepublik somit mittelbar ihre sich aus der Zusammenschau des WADC mit dem UNESCO Übereinkommen[301] und dem Europarat-Übereinkommen[302] ergebende Gewährleistungsverpflichtung zur finanziellen Unterstützung eines privaten Sportschiedsgerichts.[303]

d. Trainings- und Wettkampfkontrollen

Mit Beginn ihrer Tätigkeit übernahm die NADA das von der ADK aufgebaute Dopingkontrollsystem und entwickelte es ihrem Satzungszweck entsprechend weiter.[304] Schon im NADC 2004 lag die Zuständigkeit für die Organisation und Durchführung von Trainingskontrollen[305] auf dem Gebiet der Bundesrepublik grundsätzlich bei der NADA gemäß Art. 7.2. Das heißt, diese Kontrollen werden von eigenen Kontrolleuren der NADA oder von beauftragten Dritten durchgeführt.

Diese Zuständigkeit wird auch im aktuellen NADC 2015 in Art. 5.2 noch immer der NADA zugeschrieben und stellt einen Tätigkeitsschwerpunkt der Agentur dar. Im Jahr 2014 beispielsweise wurden insgesamt 8.652 Trainingskontrollen deutscher Athleten in 28 Ländern von der NADA organisiert.[306] Dabei lag ein Hauptaugenmerk auf der Kontrolle der Olympia- und Paralympics-Teilnehmer der Winterspiele von Sotschi und der Fußball-Nationalspieler im

---

Deutsche Sportschiedsgericht als Erstinstanz, ein anderes Schiedsgericht oder ein Verbandsorgan sein, vgl. NADC 2015, Anhang 1, Stichwort ‚Disziplinarorgan'.

300 Siehe dazu u.S. 174ff.

301 Art. 4, Art. 8 Abs. 2, Art. 9 des UNESCO-Übereinkommens.

302 Art. 7 Abs. 2 d) und e) des Europarats-Übereinkommens.

303 Vorwort zur DIS-SportSchO 08, S. 1; *Schmidt,* Internationale Dopingbekämpfung, S. 167.

304 *Berninger,* Der nationale Anti-Doping-Code, S. 24.

305 Eine Dopingkontrolle, die in einem Zeitraum durchgeführt wird, der nicht innerhalb eines Wettkampfs liegt, vgl. NADC 2015, Anhang 1, Stichwort ‚Trainingskontrolle'. Insoweit ist die internationale Bezeichnung als „Out-of-Competition-Controls" klarer, da der Begriff „Trainingskontrolle" suggerieren könnte, dass die Kontrollen nur während des Trainings stattfinden.

306 NADA Jahresbericht 2014, S.4f., abrufbar unter: https://www.nada.de/fileadmin/user_upload/NADA-Jahresbericht_2014.pdf (zuletzt abgerufen am 18.05.2019).

Hinblick auf die Weltmeisterschaft in Brasilien.[307] Im Jahr 2016, mit Fokus auf den Olympischen Sommerspielen in Rio de Janeiro und die Fussball- Europameisterschaft wurden in 7.495 Trainingskontrollen insgesamt 9.707 Proben genommen.[308] Die jüngsten Zahlen aus dem Jahr 2018 belaufen sich auf 7.012 Trainingskontrollen mit 9.673 Proben.[309]

Demgegenüber hat die NADA im Jahr 2014 lediglich 1375 von 5257 Wettkampfkontrollen[310] organisiert.[311] Hintergrund dieser niedrigen Zahl ist, dass bis zur neuen Fassung des NADC 2015 grundsätzlich die den Wettkampf veranstaltende Anti-Doping-Organisation[312] für die Organisation und Durchführung der Wettkampfkontrollen zuständig war, soweit die Zuständigkeit nicht ausdrücklich der NADA übertragen wurde.[313]

Diese grundsätzliche Aufgabenverteilung änderte sich mit der Implementierung des WADC 2015 beziehungsweise NADC 2015. Seit 01. Januar 2015 ist die NADA neben den Trainingskontrollen zusätzlich gemäß Art. 5.2.1 für die Organisation und Durchführung von Dopingkontrollen innerhalb des Wettkampfs zuständig. Dadurch wird dem schon in § 2 Abs. 2 Nr. 1 der NADA Stiftungsverfassung verankertem Ziel, ein einheitliches Doping-Kontroll-Systems innerhalb und außerhalb von Wettkämpfen einzurichten, Rechnung getragen. Mit der Einführung des NADC 2015 werden fortan sämtliche Wettkampfkontrollen von der NADA durchgeführt. Im Jahr 2018 belief sich diese Zahl auf 5.605 Wettkampfkontrollen mit 6.626 Proben.[314]

---

307 Ebd., S. 4.

308 NADA Jahresbericht 2016, S. 6, abrufbar unter: https://www.nada.de/fileadmin/user_upload/nada/Downloads/Jahresberichte/NADA_Jahresbericht_2016_DE.pdf (zuletzt abgerufen am 18.05.2019).

309 NADA Jahresbericht 2018, S. 7, abrufbar unter: https://www.nada.de/fileadmin/user_upload/nada/Downloads/Jahresberichte/2018_NADA_Jahresbericht_DE_online.pdf (zuletzt abgerufen am 20.01.2020).

310 Dopingkontrolle, die innerhalb eines Wettkampfs durchgeführt wird, vgl. NADC 2015, Anhang 1, Stichwort ‚Wettkampfkontrolle'.

311 NADA Jahresbericht 2014, S.5.

312 Organisation, die für die Annahme von Regeln zur Einleitung, Umsetzung oder Durchführung des Dopingkontrollverfahrens zuständig ist, vgl. NADC 2015, Anhang 1, Stichwort ‚Anti-Doping-Organisation'.

313 Art. 5.1.2 NADC 2009, abrufbar unter: http://www.nada.de/fileadmin/user_upload/nada/Recht/Regelwerke/100701_NADA-Code_komplett.pdf (zuletzt abgerufen am 31.07.2017).

314 NADA Jahresbericht 2018, S. 7.

2. Bindung der nationalen Sportverbände an den NADC

Bei der Frage der Bindungswirkung des NADC für nationale Sportverbände ist im Vorfeld zu klären, inwieweit eine Bindungswirkung an den WADC besteht sowie welche Rolle die Verbandsautonomie hierbei spielt.

a. Bindungswirkung des WADC am Beispiel Leichtathletik

Der WADC selbst entfaltet jeweils nur für die Unterzeichner eine Bindungswirkung in der Art, dass die Unterzeichner sich verpflichten, den Code gem. Art. 23.2 WADC umzusetzen.[315] Erst durch die Umsetzung der geltenden Regeln des Codes durch Strategien, Satzungen, Regeln oder Vorschriften erlangt der Code Geltung für untergeordnete Mitgliedsorganisationen.

aa. Bindung des IAAF

Der Internationale Leichtathletikverband (International Association of Athletics Federation – IAAF) hat in seiner Funktion als internationaler Dachverband den WADC unterzeichnet und sich zu dessen Umsetzung verpflichtet.

Dies geschieht durch die Inkorporation des Codes in den IAAF Competition Rules 2016 - 2017.[316] Die Competition Rules widmen sich in Kapitel 3 den Anti-Doping und Medical Rules. Dabei werden in den Rules 32 bis 49 die in Art. 23.2.2 WADC festgelegten Artikel des WADC vollständig und ohne wesentliche Änderung übernommen.

bb. Bindung des DLV

Allein die Unterzeichnung des WADC durch den IAAF wirkt sich nicht auf den Deutschen Leichtathletikverband (DLV) und die weiteren Mitgliedsverbände des IAAF aus. Neben der Umsetzung des WADC durch den IAAF müssen die Mitgliedsverbände auch unter den Anwendungsbereich der Anti-Doping-Regeln des IAAF fallen. Rule 30 Nr. 1 der Competition Rules normiert daher, dass die Anti-Doping-Regeln der IAAF auf die Mitglieder des IAAF kraft ihrer Mitgliedschaft Anwendung finden und von ihnen gemäß Rule 30 Nr. 2 auch erfüllt werden sollen. Demnach sollen die Anti-Doping-Regeln des IAAF eingehalten und entweder direkt oder durch einen Verweis in die Satzungen der

---

315 S.o.S. 74f.

316 Abrufbar unter: http://www.iaaf.org/about-iaaf/documents/rules-regulations (zuletzt abgerufen am 18.05.2019).

Mitgliedsverbände integriert werden. Der DLV inkorporiert die IAAF Competition Rules 30 bis 51[317] daher direkt als Bestandteil seiner Satzung in § 15.1.1.[318]

cc. *Fazit*

Die Unterzeichnung des WADC durch einen internationalen Sportverband (oder eine nationale Anti-Doping-Agentur) selbst hat keinen unmittelbaren Effekt auf die untergeordneten Verbandsmitglieder. Erst durch die Bezugnahme in den Satzungen der internationalen Sportfachverbände auf den WADC entsteht wiederum eine Bindung nur für unmittelbare Mitglieder dieser Verbände, nicht aber für lediglich mittelbare Mitglieder, wie z.B. einen regionalen Sportverband oder den einzelnen Athleten.[319]

b. *Bindungswirkung des NADC*

WADC und NADC unterscheiden sich wesentlich durch den Kreis der Unterzeichner und der anschließenden Umsetzung. Der WADC wurde von internationalen Sportverbänden, staatlichen Institutionen und nationalen Anti-Doping-Organisationen unterzeichnet und umgesetzt. So auch von der NADA, die für ihren Zuständigkeitsbereich den WADC in Form des NADC umsetzt.[320]

Wegen ihrer Rechtsnatur als privatrechtliche Stiftung[321] hat die NADA keine Mitglieder. Konsequenterweise kann die Unterzeichnung des WADC durch die NADA auch keine mittelbare Bindungswirkung entfalten, wie dies im Verhältnis von internationalen zu nationalen Sportverbänden der Fall ist.

Allein durch die Einführung des NADC in Deutschland durch die NADA ergibt sich also nicht automatisch eine Verbindlichkeit für die nationalen

---

317 Neben weiteren wie z.B. Rules 1 bis 9, 20 bis 22 und 60.

318 Satzung des DLV abrufbar unter: https://www.leichtathletik.de/fileadmin/user_upload/12_Service/Wettkampforganisation/01_Bestimmungen_Satzung_Vordrucke/DLV-Satzungen_Ordn/Satzung.pdf (zuletzt abgerufen am 18.05.2019). Zu Verweisungen in Vereinssatzungen siehe unten S. 66.

319 Dazu näher unten S. 54ff.; dieser Grundsatz wurde jüngst vom BGH mit Urteil vom 20.09.2016 – II ZR 25/15 (SV Wilhelmshaven) bestätigt, vgl. NJW 2017, 402ff mit Anmerkung *Wagner;* Besprechung zur Entscheidung des Hanseatischen Oberlandesgericht in Bremen, Urteil v. 30.12.2014, Az. 2 U 67/14 von *Orth/Stopper*, in: SpuRt 2015, S. 51ff sowie *Meier,* FIFA-Sanktion: Unterverband ist doch nicht nur Vollstreckungsorgan, in: Causa Sport 2015, S.49ff.

320 Art. 18.1 NADC.

321 S.o.S. 75f.

Sport(fach)verbände.[322] Vielmehr bedarf es wegen der Normsetzungsautonomie im deutschen Sportverbandswesen zum einen der konkreten Anerkennung und Umsetzung des NADC durch die Verbände und zum anderen der Festsetzung rechtsgeschäftlicher Grundlagen, um in einem nächsten Schritt den einzelnen Athleten daran binden zu können.[323]

aa. Vorgaben des WADC

In welcher Form eine Bindung der nationalen Sportfachverbände an die Anti-Doping-Bestimmungen des NADC zu Stande kommen soll, wird vom WADC offen gelassen.[324] Art. 23.2.1 WADC überlässt es den Unterzeichnern des Codes, ob sie die geltenden Vorschriften durch Strategien, Satzungen, Regeln oder Vorschriften gemäß ihrer Befugnisse und innerhalb ihres Zuständigkeitsbereiches umsetzen. Entscheidend ist, dass die Unterzeichner Vorschriften und Verfahren aufstellen, die sicherstellen, dass alle Athleten oder andere Personen im Zuständigkeitsbereich des Unterzeichners den Anti-Doping-Bestimmungen unterworfen sind und diese auch einhalten.[325]

bb. Dopingkontrollvereinbarung mit den Sportverbänden

Die NADA hat sich für eine vertragliche Regelung entschieden. Gemäß Art. 18.3 NADC nehmen die nationalen Sportfachverbände den NADC durch Zeichnung der *Vereinbarung über die Organisation und Durchführung von Dopingkontrollen* an. Dabei handelt es sich jeweils um individualvertragliche Vereinbarungen zwischen der NADA und den nationalen Sportfachverbänden, die den Verbänden die Pflicht zur Umsetzung des NADC in ihren Verbandsregelwerken auferlegen.[326]

Konkret bedeutet dies, dass die entsprechenden Regelwerke an den NADC (und dessen zukünftige Änderungen) angepasst werden sollen und die Sportfachverbände dafür Sorge zu tragen haben, dass die nachgeordneten Verbände, Vereine, Athleten und sonstige Beteiligte daran gebunden werden.[327] Gleichzeitig verpflichtet sich die NADA zur Organisation und Durchführung von

322 *Mortsiefer,* Datenschutz im Anti-Doping-Kampf, S. 24.
323 Ebd., S. 25.
324 Vgl. auch *Berninger,* Der nationale Anti-Doping-Code, S. 33.
325 WADC 2015, TEIL EINS, Einführung.
326 NADC 2015, Anhang 1, Stichwort ‚Vereinbarung über die Organisation und Durchführung von Dopingkontrollen'.
327 Art. 18.3 NADC 2015.

Trainingskontrollen und Dopingkontrollen innerhalb des Wettkampfes bei allen Athleten, die dem Anwendungsbereich des NADC unterliegen und noch aktiv sind.[328]

Der DLV hat, wie zuletzt auch der DFB[329], dementsprechend für seinen Zuständigkeitsbereich ein Regelwerk (Anti-Doping Code, ADC)[330] erlassen, dessen Grundlage der NADC ist. Zur Klarstellung normiert § 1 S. 3 ADC die Geltung der IAAF Competition Rules im Zuständigkeitsbereich der IAAF. Der NADC und die IAAF Competition Rules sind jeweils Bestandteil des ADC und für alle Personen, die unter den persönlichen Anwendungsbereich des ADC fallen verbindlich.[331] Entsprechend der Dopingkontrollvereinbarung wurde die grundsätzliche[332] Zuständigkeit zur Organisation und Durchführung von Dopingkontrollen der NADA übertragen. Zugleich hält der DLV in § 5.2 seiner Satzung die Landesverbände an, den ADC zum Inhalt ihres eigenen Satzungswerkes zu machen. Durch diese Verkettung soll eine Durchdringung bis hin zur Vereinsebene gewährleistet werden.

cc. Kollision mit den Regelwerken internationaler Sportfachverbände

Durch die unterschiedlichen Arten der Bindung an den WADC und den NADC sind mitunter Kollisionen denkbar. Nämlich dann, wenn ein nationaler Sportfachverband an das Regelwerk seines übergeordneten internationalen Sportfachverbandes gebunden ist, der nationale Sportfachverband sich zugleich zur Umsetzung des NADC durch eine Dopingkontrollvereinbarung verpflichtet hat und eine Bestimmung des NADC mit dem für den Sportfachverband verbindlichen Regelwerk unvereinbar ist. In diesem Fall würde der nationale Sportfachverband entweder bei Einhaltung der mitgliedschaftlichen Pflichten gegenüber dem internationalen Fachverband gegen die Bestimmung des Vertrages mit der

---

328 Art. 5.2.1 NADC 2015; siehe näher zur Zuständigkeit für Trainings- und Wettkampfkontrollen oben S. 47.

329 Vgl. Anti-Doping-Richtlinien 2015 des DFB, abrufbar unter: http://www.dfb.de/fileadmin/_dfbdam/71417-Anti-Doping-Richtlinie_2015.pdf (zuletzt abgerufen am 18.05.2019).

330 Abrufbar unter: http://www.leichtathletik.de/fileadmin/user_upload/12_Service/Wettkampforganisation/01_Bestimmungen_Satzung_Vordrucke/DLV-Satzungen_Ordn/ADC_2015_m._NADC__Webversion_Juli_2015.pdf (zuletzt abgerufen am 18.05.2019).

331 § 1 S. 4 ADC

332 Vgl. § 12.1 ADC *„soweit nicht die IAAF, EAA, WADA, das IOC oder andere nationale Anti-Doping-Organisationen gem. § 10 zuständig sind".*

NADA verstoßen, oder bei Konformität mit dem NADA Vertrag gegen seine mitgliedschaftlichen Pflichten handeln.[333]

Zur Behebung dieser Kollision Fall sieht Art. 18.5.2 NADC vor, dass die entsprechende Bestimmung des internationalen Sportfachverbandes vorrangig gelten solle, soweit diese auch mit dem WADC und den *International Standards* übereinstimmt und mit deutschem Recht vereinbar ist. Dieser Vorrang entspricht auch im Ergebnis dem im Code angelegten Ziel der Harmonisierung der Anti-Doping-Regelungen.

3. *Bindung der Athleten an den NADC*

Die Bindung des einzelnen Athleten an den NADC ist auf verschiedene Arten denkbar und entsteht, wie für die Verbände, nicht allein durch dessen Einführung und Implementierung.[334]

Neben der Verbindlichkeit der Anti-Doping-Regeln aufgrund der Mitgliedschaft im Verein, kann diese auch durch individualvertragliche Vereinbarungen zur Regelunterwerfung erzeugt werden. Ferner könnte über eine unmittelbare Mitgliedschaft der Athleten in einem Verband eine Bindung an dessen Regelwerk begründet werden.[335]

a. *Unmittelbare Mitgliedschaft im Verband*

Grundsätzlich besteht auch die Möglichkeit, dass Sportler unmittelbares Mitglied ihres jeweiligen Verbandes werden können. So wie das beispielsweise beim Bund Deutscher Radfahrer (BDR) gehandhabt wird, dessen Satzung neben der Mitgliedschaft der Landesverbände ausdrücklich eine Einzelmitgliedschaft vorsieht.[336] Dadurch wird der Sportler auch unmittelbar an die Doping-Bestimmungen des Verbandes gebunden[337] und unterliegt somit auch

---

333 *Adolphsen*, in: Adolphsen/Nolte/Lehner/Gerlinger (Hrsg.), Sportrecht in der Praxis, S. 257 Rn. 1026.

334 S.o.S. 83ff.

335 Vgl. zur Möglichkeit der Verbandsmitgliedschaft *Kotzenberg*, Die Bindung des Sportlers an private Dopingregeln und private Schiedsgerichte, S. 33ff.; *Mortsiefer*, Datenschutz im Anti-Doping-Kampf, S. 28f.

336 § 6 Nr. 1, abrufbar unter http://www.rad-net.de/html/bdr/satzung_ordnungen/2015-03-28_bdr-satzung-06-2015.pdf (zuletzt abgerufen am 18.05.2019).

337 *Vieweg*, Normsetzung- und Anwendung deutscher und internationaler Verbände, Eine rechtstatsächliche und rechtliche Untersuchung unter besonderer Berücksichtigung der Sportverbände, S. 336; ebenso *Kotzenberg*, Die Bindung des Sportlers an private Dopingregeln und private Schiedsgerichte, S. 34.

der Sanktionsgewalt des Verbandes[338]. Gleichzeitig stehen dem Einzelmitglied mitgliedschaftliche Mitverwaltungsrechte, wie die Teilnahme an Mitgliederversammlungen sowie ein Rede- und Stimmrecht zu.[339]

Jedoch würden aus diesem Umstand in der Praxis erhebliche Probleme resultieren. Angenommen, die ca. 6,89 Millionen Mitglieder der Fußballvereine in Deutschland[340] wären unmittelbare Mitglieder des DFB, dann wäre schon die Durchführung der Mitgliederversammlung (mit den stimmberechtigten Mitgliedern) logistisch kaum durchführbar. Ebenso bestünde dadurch die Gefahr, dass eine, sich an den ändernden Bedingungen anpassende, dynamische Fortschreibung der Regelungen lahm gelegt würde.[341]

Aus diesen Gründen, sowie der historischen Entwicklung der Sportverbände[342] stellt die Handhabung des BDR eine Ausnahme im deutschen Sportverbandswesen dar.

b. Mitgliedschaft im Verein

aa. Rechtssetzungsbefugnis der Vereine und Verbände

Die Vereinigungsfreiheit des Art. 9 Abs. 1 GG gewährt den Sportvereinen und Sportverbänden das Recht der Selbstbestimmung über die eigene Organisation, die interne Willensbildung und die Führung ihrer Geschäfte.[343] Ausfluss dieser Vereinsautonomie ist die Befugnis, für die Mitglieder verbindliches Recht zu setzen, primär durch die Vereinssatzung gemäß § 25 BGB sowie durch nachrangige Normen.[344]

Dabei hat der Rechtsausschuss des DLV im Fall *Krabbe* klargestellt, dass es nicht genüge, Dopingsanktionen lediglich in einer Nebenordnung zu regeln, sondern dass eine relativ konkrete Dopingregelung direkt in die Satzung aufzunehmen sei.[345] Begründet wird dies mit der Rechtsprechung des BGH[346],

---

338 *Mortsiefer,* Datenschutz im Anti-Doping-Kampf, S. 28.

339 *Schöpflin,* in: BeckOK BGB, § 38 Rn. 19.

340 http://www.dfb.de/verbandsstruktur/mitglieder/ (zuletzt abgerufen am 18.05.2019).

341 *Kotzenberg,* Die Bindung des Sportlers an private Dopingregeln und private Schiedsgerichte, S. 36.

342 *Reimann,* Lizenz- und Athletenvereinbarung, S. 86.

343 BVerfGE 50, S. 290, 354; BGHZ 142, S. 304, 311f.; *Adolphsen/Hoefer/Nolte,* in: Adolphsen/Nolte/Lehner/Gerlinger (Hrsg.), Sportrecht in der Praxis, S. 61 Rn. 133.

344 *Adolphsen/Hoefer/Nolte,* in: Adolphsen/Nolte/Lehner/Gerlinger (Hrsg.), Sportrecht in der Praxis, S. 61 Rn. 133f.

345 NJW 1992, S. 2588, 2590.

346 BGHZ 47, 172 = NJW 1967, S.1268.

wonach die für das Vereinsleben wesentlichen Grundentscheidungen zur Verfassung des Vereins gehören und deshalb der Regelung in der Vereinssatzung bedürfen. In diesen weiten Kreis der der Satzung zuzurechnenden Regelungstatbestände sind insbesondere solche verbandsrechtlichen Sanktionen aufzunehmen, die einschneidende Folgen sportlicher, persönlicher und wirtschaftlicher Art haben können.[347] Dies sei nach ständiger Rechtsprechung die Voraussetzung zur rechtswirksamen Verhängung solcher Vereinsstrafen.[348]

Im Fall *Krabbe* konnten die in der Wettkampfordnung normierten Dopingsanktionen nicht rechtswirksam verhängt werden, weil eine Auslegung der Satzung des DLV ergab, dass die Wettkampfordnung, obwohl sie durch die Überschrift von § 15 zum Satzungsbestandteil erklärt wird, lediglich satzungsergänzenden Charakter besitzt.[349] Als Konsequenz differenziert die aktuelle Satzung des DLV in § 15 zwischen Bestandteilen der Satzung und Ordnungen mit satzungsergänzenden Charakter. Gemäß § 15.1.1 und 15.1.4 sind sowohl die Competition Rules der IAAF[350] als auch der ADC nun Bestandteil der Satzung.

bb. Geltung gegenüber unmittelbaren Mitgliedern

Die Satzungen und ihre Bestandteile haben jeweils nur für unmittelbare Verbands- bzw. Vereinsmitglieder Geltung, da diese sich durch den Beitritt der vereinsautonomen Rechtssetzung unterworfen haben.[351]

Die Unterzeichnung der Dopingkontrollvereinbarung durch einen Sportfachverband und die Umsetzung des NADC[352] begründet daher nicht per se eine Anbindung des einzelnen Athleten an die Anti-Doping-Regelungen des Verbandes. Denn der Athlet ist regelmäßig kein direktes Mitglied in einem Sportfachverband, sondern lediglich Mitglied eines Sportvereins.[353]

---

347 NJW 1992, S. 2588, 2590.

348 BGHZ 21, 370 = NJW 1956, S. 1793; BGHZ 47, S. 172 = NJW 1967, S. 1268

349 NJW 1992, S. 2588, 2590.

350 S.o.S. 83f.

351 *Adolphsen/Hoefer/Nolte,* in: Adolphsen/Nolte/Lehner/Gerlinger (Hrsg.), Sportrecht in der Praxis, S. 65 Rn. 153.

352 S.o.S. 83, die Umsetzung des NADC durch den DLV mittels Implementierung des ADC.

353 Vgl. oben Organisationsstruktur des Sports S. 52ff.

cc. Geltung gegenüber mittelbaren Mitgliedern

Um die personelle Reichweite der Anti-Doping-Regelungen des Dachverbandes in der Verbandshierarchie zu erweitern und den Regelungen auch gegenüber dem einzelnen Athleten Geltung zu verschaffen, bedarf es der Verankerung der Satzungsbestimmungen des Dachverbandes in den Satzungen der jeweils nachfolgenden Verbände und Vereine. Nur bei Vorliegen eines solchen *„lückenlosen Systems korrespondierender Satzungsbestimmungen“*[354] sind die Bestimmungen des übergeordneten Verbands auch für die Sportler, Trainer und Funktionäre bindend.[355]

Dabei soll im Sinne einer Doppelverankerung[356] jeweils der übergeordnete Verband seine Mitgliedsverbände (bzw. Mitgliedsvereine) in der Satzung dazu verpflichten, Dopingbestimmungen in ihren jeweiligen Satzungen aufzunehmen. Zugleich muss der Mitgliedsverband/-verein dies als sein Recht akzeptieren und so übernehmen.[357] Konkret bedeutet dies, dass die Regelungen des übergeordneten Verbandes ausdrücklich in die Satzung übernommen werden und zugleich für Mitgliedsverbände (bzw. Mitgliedsvereine) der nächsten Stufe der Verbandshierarchie ebenso eine solche Verpflichtung bestimmt wird.[358]

Diese, für die Rechtswirksamkeit von Sanktionen unabdingbare, Voraussetzung knüpft an die zwingende Verankerung von Doping-Bestimmungen in den Satzungen der Dachverbände[359] an und ist Ausfluss der ständigen Rechtsprechung[360] und der herrschendem Meinung in der Literatur[361]. Uneinigkeit besteht dagegen in der Frage, ob dies mittels einer statischen oder einer dynamischen Verweisung geschehen sollte.

---

354 *Vieweg*, NJW 1991, 1511, 1514.

355 *Ebd.*; *Summerer*, in: Fritzweiler/Pfister/Summerer (Hrsg.), Praxishandbuch Sportrecht, S. 204 Rn. 211.

356 BayObLGZ 1986, 528.

357 *Adolphsen/Hoefer/Nolte*, in: Adolphsen/Nolte/Lehner/Gerlinger (Hrsg.), Sportrecht in der Praxis, S. 66 Rn. 156.

358 *Vieweg*, NJW 1991, 1511, 1514.

359 S.o.S.551 „Fall Krabbe“.

360 vgl. BGHZ 28, S. 131 = NJW 1958, S.1867; BayOLGZ 1986, 528, 534; OLG Frankfurt GRUR 1985, 992; Rechtsausschuss DLV NJW 1992, 2588, 2591.

361 Stellvertretend *Burmeister*, DÖV 1978, 9; *Vieweg*, NJW 1991, 1511, 1514; *Heermann*, NZG 1999, 325ff.

aaa. Statische Verweisung

Bei einer statischen Verweisung erklärt der untergeordnete Verband oder Verein in seiner Satzung die am Tag des Satzungsbeschlusses geltenden Regeln und Bestimmungen des übergeordneten Verbands als für seine Mitglieder unmittelbar verbindlich.[362] Die Zulässigkeit einer solchen Verweisung ist nach der Rechtsprechung nur dann gegeben, wenn diese „*widerspruchsfrei und verständlich gefasst ist*“[363] und sie sich dabei auf konkrete einzelne Vorschriften der übernommenen Satzung bezieht.[364]

Die Verwendung statischer Verweisungen im Bereich des Dopingrechts ist jedoch wenig praktikabel[365], da sie aufgrund des steten wissenschaftlichen Fortschritts und der mindestens jährlichen Aktualisierung der Verbotsliste[366] einen enormen Verwaltungsaufwand von den unter dem Spitzenverband stehenden Verbänden und Vereinen erfordern würde[367]. Denn im Falle der Änderung des WADC durch die WADA müssten diese Änderungen bis in die unterste Hierarchieebene mittels Anpassung der jeweiligen Verbands- bzw. Vereinssatzung übernommen werden.

Neben der Gefahr einer fehlerhaften Umsetzung, ist der zeitliche Aspekt zu berücksichtigen. Denn ohne eine gewisse zeitliche Zäsur ist eine Anpassung der jeweiligen Satzungen rein organisatorisch nicht durchführbar. Zumal der Satzungsänderung ein Beschluss vorauszugehen hat und die Änderung zu ihrer Wirksamkeit gemäß § 71 Abs. 1 Satz 1 BGB in das Vereinsregister eingetragen werden muss. In der Konsequenz wäre zu befürchten, dass für die Sportler durch diese Zäsur von den internationalen Spitzenverbänden abweichende Dopingregeln gelten könnten.[368]

bbb. Dynamische Verweisung

Um dem Umstand Rechnung zu tragen, dass Änderungen der Anti-Doping-Bestimmungen des Dachverbandes nicht automatisch für mittelbare Mitglieder Geltung erlangen, sondern erst nach Anpassung der jeweiligen Verbands- und

---

362 *Summerer*, in: Fritzweiler/Pfister/Summerer (Hrsg.), Praxishandbuch Sportrecht, S. 204 Rn. 212.
363 OLG Hamm OLGZ 1987, 397.
364 Ebd.
365 So auch *Kotzenberg*, S. 38.
366 S.o.S. 68f.
367 So auch *Mortsiefer*, Datenschutz im Anti-Doping-Kampf, S. 31.
368 *Kotzenberg*, S. 38.

Vereinssatzungen, bedienen sich Verbände und Vereine in der Praxis sogenannter dynamischer Verweisungsklauseln in ihren Satzungen.[369]

Eine solche liegt dann vor, wenn Satzungen und Ordnungen des übergeordneten Verbands vom untergeordneten Verein in seiner jeweils aktuellen Fassung für verbindlich erklärt werden.[370] Der Unterschied zur statischen Verweisung ist, dass Änderungen der inkorporierten Satzungen und Ordnungen keines weiteren Umsetzungsaktes durch den nachgeordneten Verein bedürfen, sondern aufgrund der „*Jeweiligkeitsklausel*"[371] automatisch übernommen werden.

Die rechtliche Zulässigkeit von dynamischen Verweisungen ist jedoch umstritten.[372] Dabei geht die Rechtsprechung und die herrschende Meinung von einer Unzulässigkeit dynamischer Verweisungen auf Satzungen aus[373], die zumindest wegen eines Verstoßes gegen die §§ 33 Abs. 1 und 71 BGB begründet sei.[374] Denn zur Wirksamkeit einer Änderung der Satzung bedarf es gemäß § 71 Abs. 1 S. 1 BGB der Eintragung in das Vereinsregister unter Einreichung[375] des durch die Mitgliederversammlung satzungsändernden Beschlusses[376].

Heermann[377] interpretiert die Entscheidung des BGH[378] zur grundsätzlichen Zulässigkeit statischer Verweisungen so, dass ein sich daraus der Gegenschluss der Unzulässigkeit dynamischer Verweisungen ableiten lasse. Diese generelle Unzulässigkeit wurde letztlich durch die Reitsportentscheidung[379] bestätigt.[380] Sowohl der notwendige satzungsändernde Beschluss der Mitgliederversammlung als auch die Eintragung in das Vereinsregister unterbleiben bei einer

---

369 *Heermann,* ZHR 174 (2010), 250, 253.

370 *Summerer,* in: Fritzweiler/Pfister/Summerer (Hrsg.), Praxishandbuch Sportrecht, S. 205 Rn. 214.

371 *Heermann,* ZHR 174 (2010), 250, 254.

372 Vgl. ausführlich zum Meinungsstand *Heermann,* ZHR 174 (2010), 250ff.

373 BGH NJW-RR 1989, 376, 378 = WM 1988, 1879, 1882; ausdrücklich BGH NJW 1995, 583, 585 = BGHZ 128, 93, 99 (Reitsportentscheidung); OLG Hamm NJW-RR 1988, 183, 184; OLG Frankfurt NJW 1983, 2576; *Prokop,* Grenzen der Dopingverbote, S. 225f.; *Summerer,* in: Fritzweiler/Pfister/Summerer (Hrsg.), Praxishandbuch Sportrecht, S. 205 Rn. 214; *Heermann* NZG 1999, 325, 326.

374 OLG Hamm NJW-RR 1988, 183, 184.

375 § 71 Abs. 1 S. 3 BGB.

376 § 33 Abs. 1 S. 1 BGB.

377 *Heermann,* ZHR 174 (2010), 250, 254.

378 BGH NJW-RR 1989, 376, 378 = WM 1988, 1879, 1882.

379 BGH NJW 1995, 583, 585 = BGHZ 128, 93, 99 (Reitsportentscheidung).

380 A.A. *Orth/Pommerening,* Zulässigkeit und Wirksamkeit dynamischer Verweisungen im Sportrecht (1. Teil), in: SpuRt 2010, 222, 222.

dynamischen Verweisung, was dementsprechend zu einer Verletzung geltenden Vereinsrechtes führt.

Neuere Ansichten im Schrifttum tendieren dagegen hin zu einer stärkeren Differenzierung und weg von einer pauschalen Unzulässigkeit von dynamischen Verweisungen.[381] Demnach seien zum Beispiel Verweisungen auf regelmäßig von dritter Seite zu aktualisierende Listen – wie die Verbotsliste durch die WADA - grundsätzlich zulässig.[382] Ob diese Verweisungen auch gegenüber den Vereinsmitgliedern wirksam sind, hänge von der Wahrung der Bestimmtheit und der Publizität ab.[383]

Nicht zulässig sind aber dynamische Verweisungen bei Grundentscheidungen des Vereinslebens, die Sanktionen für das einzelne Mitglied normieren[384]. In diesem Bereich ist eine eigenständige Entscheidung der Mitgliederversammlung unabdingbar und nicht durch einen Verweis auf die jeweilige Regelung des Dachverbandes zu ersetzen.[385]

Im Ergebnis sind nach Ansicht der Literatur dynamische Verweisungen grundsätzlich zulässig. Davon zu trennen ist die Frage der rechtlichen Wirksamkeit, die von den oben genannten Voraussetzungen abhängt.

Jedoch erkennt auch die Literatur, dass die Formerfordernisse des § 71 Abs. 1 S. 1 BGB zur Wirksamkeit der Verweisung zwingend zu beachten sind.[386] Somit bleibt festzuhalten, dass unabhängig von der Zulässigkeit dynamischer Verweisungen die vereinsrechtlichen Vorschriften des Bürgerlichen Gesetzbuches einzuhalten sind und auch dynamische Verweisungen den Vereinen einen administrativen Aufwand abverlangen.

c. Vertragliche Vereinbarungen/Athletenvereinbarungen

Die Bindung der Adressaten des NADC über eine Verankerung der Anti-Doping-Regeln in den jeweiligen Satzungen der Verbände und Vereine ist, wie oben festgestellt, mit rechtlichen Unsicherheiten verbunden.[387] Daneben haben die Sport(fach)verbände ein begründetes Interesse daran, auch solche

---

381 Stellvertretend *Heermann,* ZHR 174 (2010), 250, 259ff.

382 *Heermann,* ZHR 174 (2010), 250, 264; *Kotzenberg,* S. 47ff.

383 *Heermann,* ZHR 174 (2010), 250, 264ff.

384 S.o.S. 88.

385 *Heermann,* ZHR 174 (2010), 250, 262.

386 *Ebd., S.* 278.

387 S.o.S. 84

Sportler an ihre Anti-Dopingbestimmungen zu binden, die in keinem Sportverein Mitglied sind.

Die gängigste Form der Bindung der Athleten an das Regelwerk eines Verbandes und der Unterwerfung unter dessen Disziplinargewalt gelingt mittels einer vertraglichen Vereinbarung.[388] In diesen „*Regelanerkennungsverträgen*“[389] werden sowohl für den Sportler als auch für den Verband Rechte und Pflichten begründet. Als Ausprägung dieser Vereinbarungen kommen dabei, neben individuellen Verträgen zwischen Verband und einzelnen Athleten, die Meldung zur Teilnahme an einem Wettkampf sowie der Erwerb einer Sport- und Spielerlaubnis durch den Athleten in Betracht.[390]

aa. Individualvertrag

Grundsätzlich besteht für die Verbände die Möglichkeit, mit einzelnen Sporttreibenden Verträge über die Unterwerfung unter die Regeln und die Sanktionsgewalt des jeweiligen Verbandes zu schließen. Die Rechtsprechung erkannte aber schon früh, dass solche Verträge „*angesichts des Umfangs des modernen Sport- und Wettkampfbetriebes*“[391] impraktikabel und daher sehr selten sind.[392] Grund ist der damit verbundene Aufwand.[393] Daher seien diese Verträge nur mit Kaderathleten, Trainern oder bei der Verpflichtung internationaler Spitzensportler für besondere Ereignisse in Betracht zu ziehen.[394]

bb. Teilnahmevertrag, Nominierungsvertrag

Die häufigste Art der Bindung der Athleten ist die Teilnahme an einem konkreten Wettbewerb, der ausdrücklich nach der Wettkampf- und Disziplinarordnung des für die Sportart zuständigen Verbandes ausgeschrieben ist[395], für den

---

388 Zur Anwendbarkeit dynamischer Verweisungen in vertraglichen Vereinbarungen, *Heermann*, ZHR 174 (2010), 250, 278ff.; *Orth/Pommerening*, Zulässigkeit und Wirksamkeit dynamischer Verweisungen im Sportrecht (2. Teil), in: SpuRt 2011, 10ff.; zur Wirksamkeit unter den Regel der § 305 ff. BGB über die Allgemeinen Geschäftsbedingungen, *Kotzenberg*, S. 67ff.

389 *Pfister*, in: FS für Lorenz (1991), S. 171, 185; *ders.* JZ 1995, S. 464, 466.

390 BGH NJW 1995, 583, 585f.

391 Ebd., S. 586.

392 Ebd., S. 586; *Kotzenberg*, S. 63 Fn. 280.

393 *Summerer*, in: Fritzweiler/Pfister/Summerer (Hrsg.), Praxishandbuch Sportrecht, S. 206 Rn. 218.

394 BGH NJW 1995, 583, 586.

395 Ebd.

sich der Sportler selbst anmeldet oder für den sein Verein ihn in einen Sportkader nominiert.[396]

Meldet sich der Sportler selbst an, liegt darin ein Antrag auf Abschluss eines Vertrages mit dem Veranstalter, der entweder ausdrücklich durch eine Meldebestätigung oder konkludent durch Abbuchung des Startgeldes vom Verband angenommen wird.[397] Der Geltungsbereich des Anti-Doping-Codes des DLV beispielsweise umfasst daher alle Teilnehmer von Wettkampfveranstaltungen des DLV oder eines Mitgliedverbandes und wird durch ihre Teilnahme von den Athleten anerkannt.[398]

Im Falle einer Nominierung durch einen Verband für den konkreten Wettbewerb kommt der Vertrag regelmäßig dadurch zustande indem der Sportler der Berufung durch den Verband nachkommt.[399] Dabei erklärt der Sportler jeweils, dass er die geltenden Regeln und die möglichen Sanktionen seitens des Verbandes verbindlich anerkennt.[400]

Der Schwachpunkt solcher Vereinbarungen ist, dass die Bindung sich jedoch lediglich auf den konkreten Wettkampf erstreckt und insbesondere nicht der Zeitraum der Vorbereitung auf den Wettkampf erfasst wird. Gerade aber dieser Zeitraum bedarf im Sinne der Fairness und der Chancengleichheit der Überwachung und Kontrolle, da sich ansonsten Sportler durch die Anwendung von Doping während der Trainingsphase Vorteile verschaffen könnten, die bis in den Wettkampf wirken.[401] Infrage käme hier die Einnahme leistungssteigernder Präparate, die es dem Sportler aber erlauben, härter als seine Konkurrenten zu trainieren, aber bis zum Wettkampf wieder aus dem Körper ausgeschwemmt sind.[402]

---

396 *Adolphsen/Hoefer/Nolte,* in: Adolphsen/Nolte/Lehner/Gerlinger (Hrsg.), Sportrecht in der Praxis, S. 68 Rn. 162.

397 *Kotzenberg,* S. 64.

398 § 3.3 ADC.

399 *Heermann,* NZG 1999, 325, 327; vgl. dazu ausführlich *Lambertz,* Die Nominierung im Sport, S. 101ff., der ein Angebot zum Vertragsschluss nach § 145 BGB sowohl von Seiten des Verbands als auch durch den Sportler für möglich hält.

400 BGH NJW 1995, 583, 586.

401 OLG München SpuRt 1996, 133, 134; *Haas/Adolphsen* NJW 1995, 2146, 2147; *Kotzenberg,* S. 64.

402 *Kotzenberg,* S. 65.

cc. Sport- und Spielerlaubnis

Zur Vermeidung von Bindungslücken zwischen den Wettkämpfen kann auf eine generelle Sport- und Spielerlaubnis zurückgegriffen werden. Diese ist in der Praxis gebräuchlicher als der Individualvertrag und wird auf Antrag des Sportlers erworben.[403] Dabei können die Bezeichnungen einer solchen Vereinbarung variieren[404], inhaltlich besitzen sie aber einen ähnlichen Regelungsgehalt. Die Sport- und Spielerlaubnis manifestiert sich dann in einem Athletenausweis, einer persönlichen Lizenz oder einem Spielerpass.[405]

Zielgruppe der Vereinbarungen sind regelmäßig Spitzen- und Kadersportler, Mitglieder der Nationalmannschaften sowie Teilnehmer von Wettbewerben der nationalen Spitzenverbände.[406] Dabei ist die Athletenvereinbarung ein Instrument, um ein aus gegenseitigen Treue- und Fürsorgepflichten bestehendes mitgliedschaftsähnliches Rechtsverhältnis zwischen dem einzelnen Athleten und Verband zu begründen.[407] Lizenzen und Spielerpässe finden hauptsächlich in den höchsten Spielklassen vieler Spielsportarten Anwendung, teilweise aber auch in Individualsportarten[408].[409]

Abweichend von einem Teilnahmevertrag[410], kann durch eine solche Vertragsgestaltung eine über den konkreten Wettkampf hinausgehende Bindung des Athleten an Verbands- und Vereinsregeln erreicht werden. Denn es besteht – insbesondere bei der Leichtathletik – ein Bedürfnis, die Athleten im Sinne der Schaffung gleicher Start- und Wettkampfbedingungen auch in der Vorbereitungsphase an das Verbandsregelwerk zu binden.[411] Auf diese Weise kann den bestehenden Bindungslücken eines Teilnahmevertrags entgegengetreten werden.[412]

---

403 BGH NJW 1995, 583, 586.

404 *Kotzenberg,* S. 65.

405 OLG München SpuRt 2001, 64, 66; *Adolphsen/Hoefer/Nolte,* in: Adolphsen/Nolte/Lehner/Gerlinger (Hrsg.), Sportrecht in der Praxis, S. 68 Rn. 162.

406 *Reimann,* Lizenz- und Athletenvereinbarung, S. 27.

407 *Heermann,* NZG 1999, 325, 328.

408 So vergibt beispielsweise die Deutsche Triathlon Union (DTU) Tageslizenzen und Startpässe; vgl. http://www.dtu-info.de/home/amateursport/startpass/informationen.html (zuletzt abgerufen am 18.05.2019).

409 *Berninger,* Der nationale Anti-Doping-Code, S. 49.

410 S.o.S. 94f.

411 OLG München NJWE-VHR 1996, 96, 97f.

412 S.o.S. 94f.

Zum Abschluss dieses Vertrages erklärt der Sportler ausdrücklich oder konkludent[413], die vom Verband aufgestellten und geltenden Regeln zu beachten und sich im Falle eines Verstoßes dessen Sanktionen zu unterstellen.[414] Oftmals enthalten Athletenvereinbarungen Schiedsklauseln zum Ausschluss der deutschen staatlichen Gerichtsbarkeit und der exklusiven Anwendung von Sportschiedsgerichten in Dopingfällen.[415]

dd. Rechtssicherheit durch vertragliche Vereinbarungen

Die vertragliche Bindung der Athleten ist der trotz des damit verbundenen Verwaltungsaufwandes gängige Praxis. Zwar können im Einzelfall Rechtsprobleme entstehen, insbesondere wenn der sachliche und zeitliche Anwendungsbereich nicht klar und unmissverständlich festgelegt ist.[416] Unterm Strich tragen diese Vereinbarungen aber erheblich zur Rechtssicherheit für Athleten und Verbände bei.

4. Unterwerfung unter die Sportschiedsgerichtsbarkeit

Eine typische Ausprägung der Autonomie des Sports ist die Schaffung eines autonomen Regelwerks sowie die Durchsetzung dieses Rechts unter Ausschluss staatlichen Rechts. Dies manifestiert sich zum einen in der Schaffung von Sportgerichten zur Sanktionierung von Regelverstößen. Zum anderen durch die Begründung der Zuständigkeit von Schiedsgerichten für Streitigkeiten über verbandsinterne Entscheidungen. Die Globalisierung und eine zunehmende staatliche Verrechtlichung des Sports, mit der daraus resultierenden Entscheidungsdisharmonie der nationalen Gerichte, machten die Etablierung einer (inter)nationalen Sportschiedsgerichtsbarkeit notwendig.[417]

Sowohl der WADC[418] als auch der NADC[419] sehen daher zwingend die Anrufung von Schiedsgerichten im Rahmen des Dopingverfahrens beziehungsweise

413 OLG München NJWE-VHR 1996, 96, 98.

414 BGH NJW 1995, 583, 586.

415 Zur Zulässigkeit von Schiedsvereinbarungen und deren Freiwilligkeit siehe unten S. 99 und 105ff.

416 Vgl. dazu zum Fall des Eishockeyspielers *Busch* Schweizer Bundesgericht, Urt. v. 6.11.2009, 4A_358/2009; CAS 2008/A/1564, Entscheidung vom 23.06.2009 – *WADA v. IIHF & Busch;* CAS 2008/A/1738, Entscheidung vom 23.06.2009 – *WADA v. Deutscher Eishockey Bund e.V. & Busch;* sowie *Heermann* in FS Spellenberg, S. 11ff.

417 Ausführlich, *Adolphsen*, Grundfragen und Perspektiven der Sportschiedsgerichtsbarkeit, in: SchiedsVZ 2004, 169, 170f.

418 Art. 13.2.1, 13.2.2 WADC.

419 Art. 12.1.3, 13.2.1, 13.2.2 NADC.

als Rechtsmittelinstanz vor. Zuständige Schiedsgerichte sind demnach der Internationale Sportschiedsgerichtshof beziehungsweise das DIS-Sportschiedsgericht oder ein anderes nationales Schiedsgericht.

Im Folgenden sollen zunächst die Vorteile der Schiedsgerichtsbarkeit dargestellt werden, um in einem nächsten Schritt die Möglichkeiten der Unterwerfung der Athleten unter dieses System zu erläutern. Dabei soll insbesondere auf die Wirksamkeit der Unterwerfung unter besonderer Berücksichtigung der Urteile im Fall Pechstein eingegangen werden.

a. Vorteile der Schiedsgerichtsbarkeit

Eine Vielzahl von Gründen spricht dafür[420], der institutionellen Schiedsgerichtsbarkeit den Vorzug zu geben gegenüber einer rein verbandsinternen Gerichtsbarkeit mit anschließender Eröffnung des ordentlichen Gerichtswegs. Zu nennen sind unter anderem die besondere Rechts- und Sachkunde der Schiedsrichter und deren Nähe zum Sport, die Möglichkeit einer freieren Verfahrensgestaltung sowie die Herbeiführung einer schnellen und endgültigen Entscheidung[421] und die vereinfachte Anerkennung und Vollstreckung[422] dieser Schiedssprüche.[423] Außerdem dient dies der Einsparung von Kosten, der Verringerung des Haftungsrisikos der Verbände,[424] und der Verhinderung des sogenannten „*forum shoppings*“[425] – dem systematischen Ausnutzen nebeneinander bestehender Zuständigkeiten zur Erlangung eines eigenen Vorteils. Teilweise wird sogar angeführt, dass die Nichtöffentlichkeit der Verhandlungen für den organisierten Sport, mit Blick auf dessen Image, besonders bedeutsam sei.[426] Eine einheitliche

---

420 Zur Erforderlichkeit einer institutionellen Schiedsgerichtsbarkeit und deren (wenigen) Nachteile, *Tyrolt,* Sportschiedsgerichtsbarkeit und zwingendes staatliches Recht, S. 30ff.

421 Kritisch dazu *Scherrer/Muresan/Ludwig (Hrsg.),* Sportrecht, S. 281.

422 Vgl. Art. II Abs. 1 New Yorker Übereinkommens über die Anerkennung und Vollstreckung ausländischer Schiedssprüche vom 10. Juni 1958 (UNÜ), BGBl. 1961 II S. 121.

423 *Netzle,* Das internationale Sportschiedsgericht in Lausanne; S. 9, 10.

424 Zu diesen beiden Punkten, *Netzle,* Das internationale Sportschiedsgericht in Lausanne, S. 9. 10; *Prokop,* Vorschläge zur Reform der Doping-Regelungen der IAAF, in: SpuRt 2000, S. 235. 237.

425 Hess, Hochleistungssportler zwischen internationaler Verbandsmacht und nationaler Gerichtsbarkeit, in: ZZP-International 1996, S. 371, 372.

426 *Weistart/Lowell,* The Law of Sports, S. 410.

Durchsetzung der lex sportiva durch Schiedsgerichte fördert schließlich noch den Grundsatz der sporttypischen Chancengleichheit.[427]

b. Unterwerfung

Der wirksame Ausschluss staatlicher Gerichtsbarkeit und die Unterwerfung unter die Schiedsgerichtsbarkeit erfolgt durch eine Vereinbarung der Parteien. Dabei muss zwingend zwischen nach deutschem Recht zu beurteilenden und den nach ausländischem Recht zu beurteilenden Schiedsgerichten unterschieden werden. Dies richtet sich allein nach dem Ort des Verfahrens.[428]

Auf Schiedsgerichte, deren Ort des Verfahrens in Deutschland liegt - wie das DIS-Sportschiedsgericht in Köln - finden gemäß § 1025 Abs. 1 ZPO die Vorschriften des Zehnten Buchs der ZPO Anwendung. Haben sich die Parteien wirksam der Schiedsgerichtsbarkeit unterworfen, hat dies gemäß Art. II Abs. 3 des Übereinkommens über die Anerkennung und Vollstreckung ausländischer Schiedssprüche (UNÜ)[429] und § 1032 Abs. 1 ZPO zur Folge, dass eine weitere Klage in der gleichen Sache als unzulässig abgewiesen werden muss, sofern der Beklagte dies noch vor Beginn der mündlichen Verhandlung rügt.

Für den Internationalen Sportschiedsgerichtshof CAS mit Sitz in Lausanne gelten gemäß Art. 176 Abs. 1 IPRG dementsprechend die Regelungen der Art. 176ff IPRG, sofern beim Abschluss der Schiedsvereinbarung wenigstens eine Partei ihren gewöhnlichen Aufenthalt oder ihren Wohnsitz nicht in der Schweiz hatte. Die Bestimmungen des Kapitels gelten nicht, wenn sie abbedungen wurden und die Anwendung des dritten Teils der Schweizer Zivilprozessordnung vereinbart wurde.[430] Im Folgenden soll vom Regelfall und der Anwendbarkeit der Art. 176ff. IPRG ausgegangen werden.

aa. Schiedsvereinbarung

§ 1029 Abs. 1 ZPO sieht eine individualvertragliche Vereinbarung der Parteien vor, um alle oder einzelne Streitigkeiten, die zwischen ihnen in Bezug auf ein bestimmtes Rechtsverhältnis vertraglicher oder nichtvertraglicher Natur

---

427 *Adolphsen,* Grundfragen und Perspektiven der Sportschiedsgerichtsbarkeit, in: SchiedsVZ 2004, 169, 174.

428 *Wolf/Eslami* in: BeckOK ZPO, § 1025 Rn. 34.

429 New Yorker Übereinkommen über die Anerkennung und Vollstreckung ausländischer Schiedssprüche vom 10. Juni 1958 (UNÜ), BGBl. 1961 II S. 121.

430 Art. 176 Abs. 2 IPRG.

entstanden sind oder künftig entstehen, der Entscheidung durch ein Schiedsgericht zu unterwerfen.

Eine solche Schiedsvereinbarung kann gemäß § 1029 Abs. 2 Alt. 2 ZPO als sogenannte Schiedsklausel Teil eines Vertrages sein. Gängig ist es beispielsweise, in die vertragliche Vereinbarung zwischen Sportler und Verband[431] eine Schiedsklausel einzubinden.

Alternativ steht es den Parteien frei, eine selbstständige Vereinbarung (Schiedsabrede) gemäß § 1029 Abs. 2 Alt. 1 ZPO zu treffen. Eine solche Musterschiedsvereinbarung findet sich nach dem Vorwort in der DIS-SportSchO 2016. Inhalt dieser Vereinbarung ist die Übertragung der erstinstanzlichen Zuständigkeit auf das DIS-Sportschiedsgericht unter Ausschluss der ordentlichen Gerichtsbarkeit. Außerdem wird die Zuständigkeit des CAS zur endgültigen Entscheidung in zweiter Instanz festgelegt.

Da es sich sowohl bei der Schiedsklausel als auch der Schiedsabrede um Prozessvereinbarungen handelt, sind darauf auch die für prozessuale Verträge geltenden allgemeinen Grundsätze anzuwenden.[432]

Im schweizerischen Recht wird der Abschluss einer Schiedsvereinbarung vorausgesetzt, weshalb Art. 178 Abs. 1 IPRG lediglich zur einzuhaltenden Form Stellung nimmt. Ebenso wie in § 1031 Abs. 1 ZPO wird vorgeschrieben, dass die Vereinbarung in schriftlicher Form erfolgen soll, um den Nachweis der Vereinbarung sicherstellen zu können. Dies setzt zwingend, wie auch in Art. II Abs. 2 UNÜ vorgesehen, die Unterschrift der Parteien voraus.

§ 1031 Abs. 5 ZPO sieht des Weiteren vor, dass bei Beteiligung eines Verbrauchers im zivilrechtlichen Sinne die Schiedsvereinbarung in einer separaten Urkunde enthalten sein muss. Ob diese Regelung auch auf Sportler anzuwenden ist, ist zweifelhaft. Denn Verbraucher im Sinne von § 13 BGB ist jede natürlich Person, die ein Rechtsgeschäft zu Zwecken abschließt, die überwiegend nicht ihrer gewerblichen noch ihrer selbständigen Tätigkeit zugerechnet werden kann. Zumindest Berufssportler verfolgen aber mit der Teilnahme am Wettkampfbetrieb auch eigene wirtschaftliche Interessen und sind daher keine Verbraucher im Sinne der Norm. Um Streitigkeiten vorzubeugen erscheint es sinnvoll, eine gesonderte Schiedsabrede in einer selbständigen Anlage zur Athletenvereinbarung abzuschließen.[433]

---

431 Zu den unterschiedlichen Ausgestaltungen der Verträge s.o.S. 93ff.

432 BGHZ 99, 143, 147; *Monheim,* Sportlerrechte und Sportgerichte im Lichte des Rechtsstaatsprinzips – auf dem Weg zu einem Bundessportgericht, S. 144.

433 Steinle, Rechtliche Problemstellungen um die Athletenvereinbarung aus der Verbandspraxis, S. 13.

bb. Verankerung in der Verbandssatzung

Neben einer individualvertraglichen Vereinbarung besteht für nach deutschem Recht zu beurteilende Schiedsgerichte die Möglichkeit, eine entsprechende Klausel in einer Verbandssatzung zu integrieren. § 1066 ZPO sieht vor, dass auf Schiedsgerichte, die in gesetzlich statthafter Weise durch eine nicht auf Vereinbarung beruhende Verfügung angeordnet werden, ebenfalls die §§ 1025ff. ZPO entsprechend gelten. Eine Vielzahl der deutschen Sportverbände hat mit der Umsetzung des NADC eine solche Klausel in seiner Satzung oder einer Nebenordnung verankert.[434] Eine solche Zuweisung auf ein echtes Schiedsgericht gemäß §§ 1025ff. ZPO ist auch von der Rechtsprechung bestätigt worden, soweit zumindest die Zusammensetzung des Schiedsgerichts sowie die Auswahl und Bestellung der Schiedsrichter in der Satzung geregelt ist.[435]

Aufgrund der hierarchischen und monopolistischen Organisation des organisierten Sports ist der einzelne Sportler regelmäßig nicht Mitglied im Spitzenverband, weswegen diese Satzung grundsätzlich auf ihn keine Wirkung entfaltet.[436] Möglich wäre daher, sofern keine separate schriftliche Vereinbarung vorliegt, lediglich ein konkludenter Verzicht auf die staatliche Gerichtsbarkeit durch Teilnahme an einem Wettkampf des Verbandes.[437]

Eine solche konkludent geschlossene Vereinbarung ist aber hinsichtlich des Schriftformerfordernisses höchst problematisch. In der Literatur wird trotz des eindeutigen Wortlauts von § 1066 ZPO zum Teil vertreten, dass das Schriftformerfordernis des § 1031 ZPO in diesem Fall nicht gelten solle.[438] Auch der BGH[439] bejaht grundsätzlich die Anwendbarkeit der Formvorschrift des § 1027 ZPO a.F.[440], deutet aber bei der Prüfung der Austrittsmöglichkeit aus dem Verein an, dass die Schiedsvereinbarung auch konkludent getroffen werden kann.

---

434 Z.B. der DLV in § 11.3 der Satzung; zur Zulässigkeit von Nebenordnungen als Satzungsbestandteil, OLG München BB 1977, 865, sowie

435 BGH NJW 2004, 2226, 2227 mit weiteren Nachweisen; BGHZ 88, 314, 316,

436 s.o.S. 87f. und 90f.

437 *Monheim,* Die Vereinbarkeit von Schiedsabreden und Schiedsgerichten im Sport mit dem Rechtsstaatsprinzip, in: Vieweg (Hrsg.), Facetten des Sportrechts, S. 93, 100.

438 Ausführlich zum Meinugsstand, *Monheim,* Die Vereinbarkeit von Schiedsabreden und Schiedsgerichten im Sport mit dem Rechtsstaatsprinzip, in: Vieweg (Hrsg.), Facetten des Sportrechts, S. 93, 100ff.; *ders,* Sportlerrechte und Sportgerichte im Lichte des Rechtsstaatsprinzips – auf dem Weg zu einem Bundessportgericht, S. 146ff.

439 BGH NJW 2000, 1713 (Körbuch-Entscheidung) zur Maßgeblichkeit einer Schiedsgerichtsklausel nach Satzungsänderung.

440 Seit 01.01.1998 § 1031 ZPO.

Die Mindermeinung argumentiert dagegen, dass auch Satzungen und Vereinseintritte rechtsgeschäftlicher Natur seien und deswegen der Schutz durch § 1031 ZPO nicht verneint werden dürfe.[441] Im Sinne der Rechtssicherheit ist es, der Mindermeinung folgend, unabdingbar, den Ausschluss der ordentlichen Gerichtsbarkeit schriftlich zu treffen.[442]

Aus das oben Ausgeführte kommt es aber dann nicht an, wenn ein Formmangel gemäß § 1031 Abs. 6 ZPO durch rügelose Einlassung auf die schiedsgerichtliche Hauptsache geheilt wird.

c. Wirksamkeit der Unterwerfung

Eine den formellen Anforderungen genügende Unterwerfung unter die Schiedsgerichtsbarkeit schließt nicht per se den ordentlichen Gerichtsweg aus. Die Wirksamkeit der Vereinbarung setzt voraus, dass es sich um ein echtes Schiedsgericht handelt, welches rechtsstaatlichen Grundsätzen gerecht wird und eine gleichwertige Rechtschutzalternative zur staatlichen Gerichtsbarkeit bietet. Zudem muss die Vereinbarung auf einer autonomen Entscheidung der Parteien basieren, frei von Zwängen jeglicher Art.

aa. Abgrenzung zum Vereinsgericht – echtes Schiedsgericht

Die Abgrenzung zwischen Vereinsgericht und Schiedsgericht ist in der Praxis von entscheidender Bedeutung. Denn Entscheidungen von Vereinsgerichten unterliegen der vollen Nachprüfung durch ordentliche Gerichte, während schiedsgerichtliche Entscheidungen nur sehr eingeschränkt gemäß § 1059 Abs. 2 ZPO überprüft und aufgehoben werden können.[443]

Die Prüfung, ob ein Schiedsgericht oder ein Vereinsgericht vorliegt, erfolgt anhand der Satzung des Vereins oder des Inhalts der Schiedsvereinbarung. Daraus muss sich explizit die Absicht ergeben, unter Ausschluss der staatlichen Gerichte, ein Schiedsgericht im Sinne der §§ 1025ff. ZPO beziehungsweise Art. 176ff. IPRG zu installieren.[444]

Die Anerkennung als Schiedsgericht im Sinne der §§ 1025ff. ZPO ist nur dann anzunehmen, wenn Rechtsstreitigkeiten satzungsgemäß unter Ausschluss des ordentlichen Rechtswegs der Entscheidung durch eine unabhängige und

---

441 *Wolf/Eslami*, in: BeckOK ZPO § 1025 Rn. 7.

442 *Monheim*, Die Vereinbarkeit von Schiedsabreden und Schiedsgerichten im Sport mit dem Rechtsstaatsprinzip, in: Vieweg (Hrsg.), Facetten des Sportrechts, S. 93, 103.

443 Zur Nachprüfbarkeit von Entscheidungen des CAS s.u.S. 186ff.

444 *Pfister* in: Praxishandbuch Sportrecht, S. 257f., Rn. 375.

unparteiliche Instanz unterworfen werden.[445] Es handelt sich nur dann um echte Schiedsgerichte, wenn diese auch Gewähr für eine unparteiische Beurteilung bieten.[446]

Dieser Aspekt unterscheidet Schiedsgerichte von vereinsinternen Sportgerichten. Sportgerichte sind in der Regel Vereinsorgane mit Rechtsprechungskompetenz für Streitigkeiten des Vereins mit einem Vereinsmitglied.[447] Sie werden in der Regel ohne eine Mitwirkungsmöglichkeit der Sportler gebildet. Diesen Organen mit Doppelfunktion fehlt die nötige Unabhängigkeit und Unparteilichkeit.

Auch verfolgen Vereinsgerichte einen anderen Zweck als Schiedsgerichte. Schiedsgerichte zielen auf die Herbeiführung einer Entscheidung mit Wirkung eines rechtskräftigen gerichtlichen Urteils.[448] Vereinsgerichte dagegen haben zur Hauptaufgabe, die dem Verein kraft Vereinsautonomie zustehende Disziplinargewalt auszuüben, indem sie Vereinsstrafen oder -ausschlüsse aussprechen.[449]

bb. Unabhängigkeit und Besetzung des Schiedsgerichtes

Die Unabhängigkeit des Schiedsgerichts und der Schiedsrichter ist Ausdruck der objektiven Vergleichbarkeit schiedsgerichtlicher Entscheidungen mit den Entscheidungen staatlicher Gerichte. Deshalb muss ein Schiedsgericht eine unabhängige und unparteiliche Organisationsstruktur aufweisen, da es als „neutraler Dritter“ einen Streit entscheiden soll.[450]

Die Unabhängigkeit manifestiert sich besonders bei der Besetzung des Schiedsgerichts. Mögliche Defizite der Parteien bei der Mitbestimmung der Zusammensetzung des Schiedsrichtergremiums müssen durch umso strengere Anforderungen an die Unabhängigkeit der Schiedsrichter ausgeglichen werden.[451]

Dabei darf keine der Parteien einen größeren Einfluss auf die personelle Besetzung des Gerichts haben. Das heißt, die Parteien haben sich über die Anzahl und Auswahl der Schiedsrichter zu einigen.[452] Fehlt eine Vereinbarung über die

---

445 BGH NJW 2004, 2226, 2227; BGH NJW-RR 2013, 873 Tz. 17.

446 *Scherrer,* Sportrecht – Fälle aus der Praxis, S. 37.

447 *Scherrer/Muresan/Ludwig (Hrsg.),* Sportrecht, S. 280.

448 Vgl. § 1055 ZPO.

449 BGH NJW 2004, 2226, 2227; *Haas/Gedeon,* Die Abgrenzung von Vereinsgerichten zu echten Schiedsgerichten, in: SpuRt 2000, S. 228, 228, mit weiteren Nachweisen.

450 BGH NJW 2004, 2226, 2227.

451 *Summerer,* Internationales Sportrecht vor dem staatlichen Richter, S. 57.

452 Vgl. §§ 1034 Abs. 1, 1035 Abs. 1 ZPO.

Anzahl, besteht nach der deutschen Regelung ein Schiedsgericht aus drei Richtern.[453] Davon bestellt jede Partei gemäß § 1035 Abs. 3 S. 2 ZPO einen Schiedsrichter. Beim DIS-Sportschiedsgericht und dem CAS wählen die Parteien die Schiedsrichter jeweils von einer Liste aus. Der Vorsitzende Schiedsrichter wird im Anschluss von den beiden Schiedsrichtern bestellt.

Für die Schiedsrichter gelten grundsätzlich die gleichen Anforderungen wie für gesetzliche Richter, insbesondere die Fähigkeit, sich von einer früher vertretenen Rechtsauffassung lösen zu können.[454] Lassen Umstände berechtigte Zweifel an der Unparteilichkeit oder Unabhängigkeit eines Schiedsrichters aufkommen, kann dieser gemäß § 1036 Abs. 2 ZPO abgelehnt werden.

Das schweizerische IPRG ist weniger konkret ausgestaltet als die deutsche ZPO. Art. 182 Abs. 1 IPRG bietet aber den Parteien die Möglichkeit, das schiedsrichterliche Verfahren selber oder durch Verweis auf eine schiedsgerichtliche Verfahrensordnung zu regeln.

In Art. R27 Abs. 1 CAS-Code wird klargestellt, dass automatisch die Regelungen des CAS-Codes anwendbar sind, wenn die Parteien vereinbart haben, eine sportrechtliche Streitigkeit durch den CAS entscheiden zu lassen. Im CAS-Code werden dementsprechend die Anforderungen an die Unabhängigkeit und Besetzung des Gerichts konkretisiert.[455]

cc. Verfahren[456]

Den Parteien obliegt grundsätzlich eine große Flexibilität bei der Gestaltung des Verfahrens. Entweder wird gänzlich auf die Geltung einer Verfahrensordnung verwiesen, oder das Verfahren wird individuell gestaltet.

Im deutschen Recht sind insbesondere die Regelungen zur Durchführung des schiedsrichterlichen Verfahren der §§ 1042 bis 1050 ZPO dispositiver Natur. Allgemeine Grundsätze, wie die Gleichbehandlung der Parteien und die Gewährung rechtlichen Gehörs gemäß § 1042 Abs. 1 ZPO sind aber zwingend zu beachten. Ansonsten können die Parteien gemäß § 1042 Abs. 3 ZPO, vorbehaltlich der zwingenden Regelungen des Zehnten Buches der ZPO das Verfahren selbst oder durch Bezugnahme auf eine Schiedsverfahrensordnung regeln.

---

453 § 1034 Abs. 1 S. 2 ZPO.

454 *Steiner*, Das Verhältnis von Schiedsgerichtsbarkeit und staatlicher Gerichtsbarkeit, in: SpuRt 2014, S. 2, 3.

455 S.u.S. 175.

456 Zur Ausgestaltung des Verfahrens vor dem DIS-Sportschiedsgericht und dem CAS, s.u.S. 167ff.

dd. Freiwilligkeit im Lichte des „Fall Pechstein"

Sowohl das sich aus dem Rechtsstaatsprinzip ergebende Recht auf Zugang zu staatlichen Gerichten, als auch das Recht auf den gesetzlichen Richter gemäß Art. 101 Abs. 1 S. 2 GG haben Verfassungsrang. Diese Rechte sind aber disponibel und können grundsätzlich mittels einer Schiedsvereinbarung abbedungen werden. Die Disponibilität ist insoweit Ausfluss der Handlungsfreiheit und Privatautonomie aus Art. 2 Abs. 1 GG.

Allgemein durch die *Körbuch*-Entscheidung des BGH anerkannt ist aber, dass die Unterwerfung unter die Schiedsgerichtsklausel und der damit verbundene Verzicht auf die Entscheidung eines freien Rechtsprechungsorgans auf dem freien Willen des Betroffenen beruhen müssen.[457]

Ob die Unterwerfung tatsächlich freiwilliger Natur und somit wirksam war ist von entscheidender Bedeutung für den Rechtsschutz des betroffenen Athleten. Der Fall der Eisschnellläuferin Claudia Pechstein verdeutlicht die Komplexität dieser Thematik und die damit verbundenen Kontroversen.

aaa. Ausgangslage[458]

Die international erfolgreiche Eisschnellläuferin Claudia Pechstein bestreitet mit der Ausübung des Sports ihren Lebensunterhalt. Zu diesem Zweck schloss sie mit dem nationalen Fachverband, der Deutschen Eisschnelllauf Gemeinschaft (DESG) eine Schiedsvereinbarung, die den ordentlichen Rechtsweg ausschloss und eine Entscheidung nach der DIS-SportSchO vorsah. Im Rahmen der Teilnahme an einem internationalen Wettkampf unterzeichnete Pechstein die für die Teilnahme vorformulierte Wettkampfanmeldung der International Skating Union (ISU). Inhalt der Wettkampfanmeldung war unter anderem die Anerkennung der Zuständigkeit des Disziplinarorgans der ISU sowie des CAS als Schiedsgericht für den Erlass endgültiger und bindender Entscheidungen unter Ausschluss der ordentlichen Gerichtsbarkeit. Eine Teilnahme am Wettkampf wäre ohne Unterzeichnung dieser Wettkampfanmeldung nicht möglich gewesen.

Bei einer Dopingkontrolle anlässlich des Wettkampfs wurde ein erhöhter Wert von Retikulozyten im Blut festgestellt, was als Hinweis auf „Blutdoping" und somit als Verstoß gegen Art. 2.2 WADC qualifiziert wurde. Pechstein wurde daraufhin von der ISU für zwei Jahre gesperrt und wurde im Nachgang von der

---

457 BGH NJW 2000, 1713 (Körbuch-Entscheidung).

458 Ausführlich zur Vor- und Prozessgeschichte, Causa Sport 2009, 368; Causa Sport 2010, 3, Causa Sport 2010, 85; Causa Sport 2014, 154ff.

DESG von der Teilnahme an Wettkämpfen als auch von Trainingsmaßnahmen des Verbandes und eines Vereins ausgeschlossen.

Gegen diese Entscheidung legte Pechstein Berufung zum CAS ein und unterzeichnete die dortigen Verfahrensregeln, die insbesondere die Zuständigkeit des festlegen. Der CAS bestätigte daraufhin die Entscheidung der ISU.[459] Die anschließende Beschwerde beim schweizerischen Bundesgericht wurde mangels einschlägigen Beschwerdegrundes mit Urteil vom 10. Februar 2010 zurückgewiesen.[460] Ebenso wurde die auf ein neues medizinisches Gutachten[461] gestützte Revision durch das Schweizer Bundesgericht zurückgewiesen.

Pechstein erhob anschließend Klage gegen die DESG und die ISU vor dem Landgericht München I zur Feststellung der Rechtswidrigkeit und zur Verurteilung zur Zahlung von Schadensersatz in Höhe von ca. 3,5 Mio. Euro. Die Klage wurde auf die kartellrechtliche Anspruchsgrundlage des § 33 Abs. 1, 3 GWB (Gesetz gegen Wettbewerbsbeschränkungen) in Verbindung mit § 20 Abs. 1 und § 19 Abs. 1, 4 Nr. 1 GWB a.F. wegen unbilliger Behandlung beziehungsweise Missbrauchs einer marktbeherrschenden Stellung gestützt. Außerdem forderte die Athletin noch Schmerzensgeld in Höhe von 400.000 Euro. Das durchgeführte schiedsrichterliche Verfahren stehe nach Ansicht der Athletin der Zulässigkeit der Klage nicht entgegen, da die dem Verfahren zugrundeliegende Schiedsvereinbarung mangels freiwilliger Unterzeichnung unwirksam sei.

bbb. Urteil des LG München I vom 26.02.2014[462]

Das LG München I hat in seinem vielbeachteten Urteil die Klage für teilweise zulässig erklärt, aber als unbegründet abgewiesen.

---

459 Arbitration CAS 2009/A/1912 Pechstein v. International Skating Union (ISU) & CAS 2009/A/1913 Deutsche Eisschnelllauf Gemeinschaft e.V. (DESG) v. International Skating Union (ISU), abrufbar unter: http://jurisprudence.tas-cas.org/Shared%20Documents/1912,%201913.pdf (zuletzt abgerufen am 18.05.2019).

460 Urteil vom 10. Februar 2010 – 4A_612/2009.

461 Dieses Gutachten bescheinigte, dass die veränderten Blutwerte auf einer vererbten Blutanomalie basieren.

462 LG München I, Urt. v. 26.02.2014, 37 O 28331/12 (juris); SchiedsVZ 2014, S. 100ff. (Gründe); SpuRt 2014, S. 113ff. (red. Leitsatz und Gründe); CaS 2014, S. 154ff. (red. Leitsatz und Gründe).

(1) Zuständigkeit

Zunächst stellte das Gericht fest, dass sich die internationale Zuständigkeit für die Klage gegen die DESG aus § 17 Abs. 1 ZPO aufgrund ihres Sitzes in München ergibt. Für die Klage gegen die ISU ergibt sie sich aus Art. 6 Nr. 1 LugÜ[463], der eine Klage gegen einen Beklagten vor dem Gericht des Ortes ermöglicht, an dem einer von mehreren Beklagten seinen Wohnsitz hat, sofern zwischen den Klagen eine enge Beziehung gegeben ist, dass zur Vermeidung widersprechender Entscheidungen in getrennten Verfahren eine gemeinsame Verhandlung und Entscheidung geboten ist.

(2) Unwirksamkeit der Schiedsvereinbarung der DESG

Weitaus mehr Beachtung findet die Feststellung des Gerichts, dass die Zulässigkeit der Klage nicht an den erhobenen Einreden der Schiedsgerichtsbarkeit gemäß §§ 1032 Abs. 1, 1025 Abs. 2 ZPO scheitert, weil die Schiedsvereinbarungen unwirksam seien.[464] Dies ergebe sich aus einer separaten Betrachtung der jeweiligen Schiedsvereinbarung anhand des jeweils einschlägigen Rechts und wir mit der fehlenden Freiwilligkeit der Sportlerin bei der Unterzeichnung begründet.

Aufgrund des Ein-Platz-Prinzips[465] haben die nationalen und internationalen Verbände nach Ansicht des Gerichts eine Monopolstellung. Angesichts der Monopolstellung und der hierarchischen Struktur des Wettkampfsportes stehen sich die Vertragspartner des Schiedsvereinbarung nicht auf Augenhöhe gegenüber, sondern vielmehr erkennt das Gericht ein strukturelles Ungleichgeweicht zwischen der Sportlerin und den Verbänden. Weil Claudia Pechstein ihren Lebensunterhalt als professionelle Eisschnellläuferin bestreitet, hatte sie nach Ansicht des Gerichts nicht die Wahl, von der Unterzeichnung der Schiedsvereinbarungen Abstand zu nehmen.[466] Die (finanzielle) Förderung und Nominierung für internationale Wettkämpfe durch die DESG als auch die Teilnahme an internationalen Wettkämpfen der ISU setzen jeweils die Unterzeichnung mit den Verbänden voraus. Die Wettkampfteilnahme bei den beiden Verbänden sei für die Athletin angesichts der Monopolstellung die einzige Möglichkeit, ihren

---

463 Übereinkommen über die gerichtliche Zuständigkeit und die Anerkennung und Vollstreckung von Entscheidungen in Zivil- und Handelssachen vom 30. Oktober 2007 (Lugano-Übereinkommen, LugÜ).

464 LG München I, Urt. v. 26.02.2014, 37 O 28331/12, juris Rn. 90.

465 S.o.S. 56ff.

466 LG München I, Urt. v. 26.02.2014, 37 O 28331/12, juris Rn. 99.

Beruf professionell auszuüben und gegen andere professionelle Konkurrenten anzutreten.[467]

Für die Schiedsvereinbarung mit der DESG begründet das Gericht die Unwirksamkeit aus § 138 Abs. 1 BGB. Danach ist ein Rechtsgeschäft, das gegen die guten Sitten verstößt nichtig.

Das Gericht stellte zunächst im Rahmen einer Abschlusskontrolle fest, dass eine Schiedsvereinbarung mit einem strukturell unterlegenen Sportler nur dann wirksam sein könne, wenn dem Sportler ein „echtes Wahlrecht" dahingehend zustehe, ob über ihn betreffende Streitigkeiten ein ordentliches oder die Sportschiedsgerichtsbarkeit befinden solle. Dies sei eben nicht der Fall, weswegen der Verzicht auf Zugang zu staatlichen Gerichten keine Selbstbestimmung durch den Sportler darstelle. Auch die Vorzüge einer einheitlichen Sportschiedsgerichtsbarkeit könnten, mangels gesetzlicher Grundlage, die Verletzung des Justizgewährungsanspruchs des strukturell unterlegenen Sportlers nicht rechtfertigen.[468]

Daran ändere auch die Reform der Zivilprozessordung und der damit verbundenen Streichung des ursprünglich in § 1025 Abs. 2 ZPO a.F. vorgesehenen Erfordernisses der Freiwilligkeit nichts.[469] Denn die Freiwilligkeit sei *„Bedingung einer jeden Schiedsvereinbarung*[470] *und Kennzeichen der Schiedsgerichtsbarkeit*[471]*"* und verlange im Sinne der Körbuch-Entscheidung des BGH, dass die *„Unterwerfung unter die Schiedsgerichtsklausel und der damit verbundene Verzicht auf die Entscheidung eines staatlichen Rechtsprechungsorgans grundsätzlich auf dem freien Willen der Betroffenen beruhen"*[472] solle.

Das Gericht führte ferner aus, dass die Schiedsvereinbarung auch im Rahmen einer Inhaltskontrolle als unwirksam anzusehen sei. So würden, neben der strukturellen Unterlegenheit des Sportlers, auch die von den gesetzlichen Bestimmungen abweichenden Regelungen der DIS-SportSchO eine *„potentiell nachteilige Abweichung vom Justizgewährungsanspruch"* darstellen. Moniert wird die Nichtöffentlichkeit der Schiedsverhandlungen, die zwar unter Umständen von Vorteil für den Betroffenen sein könne, aber in gleichem Maße aufgrund der fehlenden demokratischen Kontrolle zum Nachteil gereichen kann. Ferner sei es

---

467 Ebd.

468 Für den gesamten Absatz, siehe LG München I, Urt. v. 26.02.2014, 37 O 28331/12, juris Rn. 104.

469 LG München I, Urt. v. 26.02.2014, 37 O 28331/12, juris Rn. 105.

470 BVerfG, Beschluss vom 11.05.1994, 1 BvR 744/94.

471 *Niedermeier,* Schieds- und Schiedsverfahrensvereinbarungen in strukturellen Ungleichgewichtslagen, S. 10f.

472 BGH NJW 2000, 1713 (Körbuch-Entscheidung).

für den Betroffenen nachteilig, dass die zu dem relevanten Zeitpunkt geltende DIS-SportSchO[473], im Gegensatz zum Verfahren vor ordentlichen Gerichten, keine Möglichkeit der Prozesskostenhilfe kenne.[474]

(3) Unwirksamkeit der Schiedsvereinbarung der ISU

Die Unwirksamkeit der Schiedsvereinbarung mit der ISU wird nach schweizerischem Recht beurteilt und ergibt sich nach Ansicht des Gerichts aus Art. 27 Abs. 2 des schweizerischen Zivilgesetzbuches (ZGB).[475] Die Vorschrift lautet: „*Niemand kann sich seiner Freiheit entäußern oder sich in ihrem Gebrauch in einem das Recht oder die Sittlichkeit verletzenden Grade beschränken*“ und beinhaltet den Schutz vor übermäßiger Bindung. Darunter fällt nach Rechtsprechung des Schweizer Bundesgerichts grundsätzlich der Rechtsschutz durch staatliche Gerichte.[476]

Zwar anerkennt das Schweizer Bundesgericht in seiner Grundsatzentscheidung, dass für den Sportler nicht nur ein ökonomischer Zwang zum Abschluss einer Schiedsvereinbarung bestehe, sondern es dem Sportler auch um die Ausübung seiner beruflichen Tätigkeit an sich und um die Teilnahme an Wettkämpfen und um den Wettkampf mit adäquater Konkurrenz gehe.[477] Trotzdem hat das Bundesgericht lediglich einen im Vorfeld erklärten Rechtsmittelverzicht in Bezug auf Schiedssprüche für unwirksam befunden, da der Verzicht angesichts des strukturellen Ungleichgewichts nicht freiwillig gewesen sei. Die Schiedsvereinbarungen werden grundsätzlich als wirksam erachtet, weil diese, angesichts der Vorteile der Schiedsgerichtsbarkeit, trotz der Unfreiwilligkeit der Vereinbarung, im mutmaßlichen Interesse des Sportlers lägen. Das „*Wohlwollen*“, mit dem man den freiwilligen Charakter der Schiedsklausel prüfe, fände seinen Ausgleich in der Beibehaltung der Rechtsmittel.[478] Das Schweizer Bundesgericht hat auf dieser Grundlage Schiedsvereinbarungen zugunsten des CAS geprüft und das Schiedsverfahren vor dem CAS als wirksam erachtet.[479]

---

473 Zur aktuellen DIS-SportSchO, die eine Verfahrenskostenhilfe vorsieht, s.u.S. 132.

474 Für den gesamten Absatz, siehe LG München I, Urt. v. 26.02.2014, 37 O 28331/12, juris Rn. 108.

475 LG München I, Urt. v. 26.02.2014, 37 O 28331/12, juris Rn. 108.

476 BGE 77 I 194, 201.

477 BGE 133 III 235, E. 4.3.3.3.

478 BGE 133 III 235, E. 4.3.2.3.

479 BGE 129 III 445, E. 3.2, 3.3.

Diesem Ansatz widerspricht das LG München I unter Berufung auf die Garantien der Art. 6 Abs. 1 und 13 EMRK.[480] Beide Normen würden in der Schweiz unmittelbar gelten und einen Justizgewährungsanspruch auf europäischer Ebene beinhalten.[481] Angesichts dessen sei es nicht zulässig, eine unfreiwillig abgeschlossene Schiedsvereinbarung als wirksam zu betrachten.[482] Das Gericht verweist in seiner Begründung auf die Entscheidung des Europäischen Gerichtshofs für Menschenrechte (EGMR) in der Sache Suda/Tschechische Republik[483] vom 28. Oktober 2010. Darin wird festgestellt, dass eine Schiedsvereinbarung freiwillig, erlaubt und eindeutig sein und die Schiedsgerichtsbarkeit nicht zwingend gesetzlich vorgeschrieben sein müsse.[484]

Aber auch im Sinne einer Inhaltskontrolle sei die geschlossene Schiedsvereinbarung unwirksam, weil der CAS den Anforderungen des Art. 6 Abs. 1 EMRK an die Ausgestaltung des Schiedsverfahrens nicht gerecht werde.[485] Eine unfreiwillig abgeschlossene Schiedsvereinbarung ist nach der Entscheidung des EGMR nur möglich, wenn das Schiedsverfahren entsprechend den Garantien von Art. 6 Abs. 1 EMRK ausgestaltet sei.[486] Dem entspreche das Verfahren des CAS nicht, weil die Athleten keinen verbindlichen Einfluss auf die Zusammensetzung der Schiedsrichterliste des CAS hätten und sich somit ein Übergewicht der Verbände institutionalisieren würde, das im Widerspruch zur Unabhängigkeit der Richter stünde.[487] Ferner hält das Gericht die Ernennung des Vorsitzenden durch den

480 LG München I, Urt. v. 26.02.2014, 37 O 28331/12, juris Rn. 111.

481 Ausführlich zur generellen Anwendbarkeit der Verfahrensgrundrechte des Art. 6 Abs. 1 EMRK, *Haas,* Internationale Sportschiedsgerichtsbarkeit und EMRK, in: SchiedsVZ 2009, 73ff.; im Kontext des Pechstein-Urteils, *Muresan/Korff,* Sportschiedsgerichtsbarkeit: Wie weiter nach dem „Pechstein-Urteil", in: Causa Sport 2014, 199, 205ff.

482 LG München I, Urt. v. 26.02.2014, 37 O 28331/12, juris Rn. 111; a.A. *Haas,* Internationale Sportschiedsgerichtsbarkeit und EMRK, in: SchiedsVZ 2009, 73, 80, für den der Verstoß einer Rechtsordnung, die einen Schiedszwang zulässt, gegen Art. 6 Abs. 1 EMRK allenfalls dann möglich erscheint, wenn hierfür keine Gründe im Sinne einer „good administration of justice" zu finden wären.

483 EGMR, Urteil vom 28.10.2010, 1643/06.

484 Ebd, Ziff. 48.

485 LG München I, Urt. v. 26.02.2014, 37 O 28331/12, juris Rn. 112ff.

486 EGMR, Urteil vom 28.10.2010, 1643/06, Ziff. 53; vgl. zu den einzelnen Garantien *Muresan/Korff,* Sportschiedsgerichtsbarkeit: Wie weiter nach dem „Pechstein-Urteil", in: Causa Sport 2014, 199, 205ff.

487 LG München I, Urt. v. 26.02.2014, 37 O 28331/12, juris Rn. 113.

Generalsekretär sowie die Pflicht zur Vorlage des Entwurfs der Schiedsentscheids beim Generalsekretär für bedenklich.[488]

(4) Widersprüchliches Verhalten

Der Sportlerin könne nach Ansicht des LG München I nicht zu Last gelegt werden, widersprüchlich gehandelt zu haben. Dass sie bereits den CAS aufgrund dieser Schiedsvereinbarung angerufen hatte, hindert die Sportlerin nicht nach dem Grundsatz von Treu und Glauben, sich auf die Unwirksamkeit der Schiedsvereinbarung zu berufen.[489] Da die Sportlerin aber weder vor dem CAS noch vor dem Bundesgericht die Unwirksamkeit der Schiedsvereinbarung geltend gemacht habe, habe sie auch keinen verletzbaren Vertrauenstatbestand geschaffen und insoweit nicht widersprüchlich gehandelt. Zumal die Zahlungsklagen vor dem CAS nicht verhandelt worden waren.

(5) Entgegenstehende Rechtskraft des CAS-Urteils

Der mit Ziffer 1 der Klage gestellte Feststellungsantrag, dass die ausgesprochene Sperre rechtswidrig sei, war aufgrund der entgegenstehenden Rechtskraft des CAS-Urteils unzulässig.[490] Gemäß §§ 1025 Abs. 4, 1061 Abs. 1 S. 1 ZPO richtet sich die Anerkennung ausländischer Schiedssprüche, mitsamt deren Rechtskraft als prozessuale Wirkung[491], nach den Vorschriften des UNÜ. Der Schiedsspruch des CAS vom 25. November 2009 sei als ausländischer Schiedsspruch einzuordnen, der die formellen Anerkennungsvoraussetzungen von § 1061 Abs. 1 S. 1 ZPO erfülle und dem auch keine Anerkennungshindernisse entgegenstünden.[492] Die maßgeblichen Regeln der Art. 176 ff. IPRG wurden ebenso wie die gemäß Art. 182 IPRG vereinbarten Regelungen des CAS beachtet, so dass der Schiedsspruch Verbindlichkeit erlangen konnte.[493]

Das Gericht vermochte kein Anerkennungshindernis aus § 1061 Abs. 1 S. 1 ZPO i.V.m. Art. V Abs. 1 lit. a UNÜ aufgrund einer dem Schiedsspruch zugrundeliegenden ungültigen Schiedsvereinbarung erkennen.[494] Denn obwohl das Gericht die Schiedsvereinbarung zwischen der Sportlerin und der ISU als

488 Ebd., Rn. 114f.
489 Ebd., Rn. 117ff.
490 Ebd., Rn. 120.
491 *Münch,* in: MüKo-ZPO, Bd. 3, § 1061 Rn. 3.
492 LG München I, Urt. v. 26.02.2014, 37 O 28331/12, juris Rn. 129.
493 Ebd., Rn. 125f.
494 Ebd., Rn. 131ff.

unwirksam ansieht, liege darin kein Anerkennungshindernis, da die Sportlerin die fehlende Freiwilligkeit bei der Unterzeichnung und damit die Unwirksamkeit der Schiedsvereinbarung zu keinem Zeitpunkt geltend gemacht habe.[495] Dadurch trete insoweit Präklusion ein. Diese sei nur durch Rüge der fehlenden Zuständigkeit des Schiedsgerichts auszuschließen. Das Landgericht München I fährt damit fort, dass sich die Sportlerin rügelos auf das Schiedsverfahren eingelassen habe und somit konkludent auf ihren Justizgewährungsanspruch verzichtet habe. Ferner habe die Sportlerin zum Zeitpunkt des schiedsgerichtlichen Verfahrens von der Unfreiwilligkeit der Unterzeichnung der Schiedsvereinbarung gewusst und hätte sich aufgrund ihrer anwaltlichen Vertretung auch nicht mehr auf eine strukturelle Unterlegenheit berufen können. Denn den Rechtsanwälten der Sportlerin seien die Umstände des Abschlusses der Schiedsvereinbarung sowie die das Schiedsverfahren vor dem CAS bewusst gewesen.

Auch seien die weiteren Anerkennungshindernisse von § 1061 Abs. 1 S. 1 ZPO i.V.m. Art. V Abs. 1 lit. c, d und Abs. 2 lit. a, b UNÜ nicht erfüllt.[496] Weder fehle die subjektive Schiedsfähigkeit, noch läge eine Verletzung des rechtlichen Gehörs der Sportlerin vor. Auch werde die Schiedsvereinbarung nicht überschritten, das Schiedsgericht wurde nicht fehlerhaft gebildet und ein Verstoß gegen den ordre public sei ebenfalls nicht ersichtlich.

(6) Unbegründetheit der Anträge auf Schadensersatz

Die Sportlerin hat keinen Anspruch auf die Zahlung von Schadensersatz und Schmerzensgeld.[497] Ein kartellrechtlicher Anspruch bestehe nicht, weil eine berechtigte Dopingsperre, trotz ihrer einschränkenden Wirkung, keine unbillige Behinderung oder einen Missbrauch einer marktbeherrschenden Stellung darstellt.[498]

Ebenso wenig stünden Claudia Pechstein deliktische oder vertragliche Ansprüche auf Schadensersatz zu.[499] Begründet wird dies mit der entgegenstehenden Rechtskraft des CAS-Schiedsspruches vom 25. November 2009.[500] Darin wurde festgestellt, dass die Athletin wegen eines Dopingvergehens für zwei Jahre von Wettkämpfen und Trainingsmaßnahmen ausgeschlossen ist. Das

495 Ebd., Rn. 133.
496 Ebd., Rn. 134ff.
497 Ebd., Rn. 161ff.
498 Ebd., Rn. 169.
499 Ebd., Rn. 165.
500 Ebd., Rn. 169.

Landgericht München I habe daher von einer berechtigten Dopingsperre auszugehen und sei gemäß § 1061 Abs. 1 S. 1 ZPO in Verbindung mit den Vorschriften des UNÜ an die Rechtskraft der Entscheidung gebunden.[501]

(7) Kritik im Schrifttum

Das Urteil des LG München I sorgte in der Literatur für gehöriges Aufsehen. Zwar wird darin allgemein nicht das Ende der Sportschiedsgerichtsbarkeit gesehen. Jedoch wird argumentiert, dass der CAS dies zum Anlass für eine Reform seines Verfahrens nehmen sollte, um eine Konformität mit Art. 6 EMRK zu erreichen.[502] Alternativ werden die Schaffung einer staatlichen Schiedsgerichtsbarkeit oder ein Wahlrecht[503] zwischen ordentlicher Gerichtsbarkeit und Schiedsgerichtsbarkeit bei Härtefällen wieder thematisiert.[504]

Überaschenderweise unterzieht das LG München I der Schiedsvereinbarung zwischen Pechstein und der DESG keiner AGB-Kontrolle gemäß §§ 305ff. BGB, obwohl der Athletin von der DESG eine vorformulierte Athletenvereinbarung zur Unterschrift vorgelegt wurde.[505] Vielmehr wird die Unwirksamkeit gemäß § 138 Abs. 1 BGB festgestellt und das Ergebnis in der Literatur begrüßt.[506] Die Unwirksamkeit sei zu Recht festgestellt worden. Insbesondere, weil die Möglichkeit des § 1034 Abs. 2 ZPO, bei Gericht die Bestellung eines oder mehrerer Schiedsrichter zu beantragen, wenn die Schiedsvereinbarung einer Partei bei der Zusammensetzung des Gerichts ein Übergewicht gebe, kein ausreichendes Korrektiv für die fehlende Freiwilligkeit darstelle.[507]

---

501 Ebd., Rn. 169, 171.

502 *Muresan/Korff*, Sportschiedsgerichtsbarkeit: Wie weiter nach dem „Pechstein-Urteil", in: Causa Sport 2014, S. 199, 209f.

503 *Steiner*, Das Verhältnis von Schiedsgerichtsbarkeit und staatlicher Gerichtsbarkeit, in: SchiedsVZ 2013, S. 15, 18.

504 *Duve/Rösch*, Der Fall Pechstein: Kein Startschuss für eine Neugestaltung der Schiedsgerichtsbarkeit, in: SchiedsVZ 2014, S. 216, 225ff., m.w.N.

505 So auch *Niedermeier*, Schiedsvereinbarungen im Bereich des organisierten Sports, in: SchiedsVZ 2014, S. 280, 281; ausführlich zur Frage, ob die §§ 305ff BGB für den Fall ausgeschlossen waren, weil es sich möglicherweise um Gesellschaftsrecht handelte, *von Westphalen*, Die Sportschiedsgerichtsbarkeit vor den Schranken der Klausel-Richtlinie 93/13/EWG – der Fall Pechstein, in: SpuRt 2015, S. 186ff.

506 Vgl. *Muresan/Korff*, a.a.O., S. 202; *Monheim*, Das Ende des Schiedszwangs im Sport – Der Fall Pechstein, in: SpuRt 2014, S. 90, 92.

507 *Monheim*, Das Ende des Schiedszwangs im Sport – Der Fall Pechstein, in: SpuRt 2014, S. 90, 92.

Eine andere Ansicht lehnt wiederum das Ergebnis der Abschlusskontrolle nach § 138 Abs. 1 BGB ab mit der Begründung, dass die Verbandsautonomie aus Art. 9 Abs. 1 GG eine geeignete Rechtsgrundlage für die Rechtfertigung der Verletzung des Justizgewährungsanspruchs sei.[508] Tatsächlich finden diese Erwägungen in der Begründung des Landgerichts München I keinerlei Berücksichtigung. Ferner sei eine Nichtigkeit nach der Rechtsprechung des BVerfG nur begründet, wenn der überlegene Vertragsteil die Schwäche des anderen ausnutzt *„um seine Interessen in auffälliger Weise einseitig durchzusetzen"*.[509] Zu Recht argumentieren *Duve/Rösch*, dass eine einseitige Durchsetzung von Interessen in auffälliger Weise im Falle von Schiedsvereinbarungen im Sport schon daran scheitere, weil die Vorteile der Schiedsgerichtsbarkeit sowohl im Verbands- als auch im Sportler- sowie Allgemeininteresse lägen.[510]

Niedermeier merkt weiter an, die Inhaltskontrolle überzeuge angesichts des pauschalen Verweises auf eine *„potentiell nachteilige Abweichung von dem staatlichen Justizgewährungsanspruch"* nicht.[511] Insbesondere wäre eine nähere Auseinandersetzung mit den allgemeinen Feststellungen zur DIS-SportSchO (Öffentlichkeit, Prozesskostenhilfe) im Hinblick auf die Prüfung der Wirksamkeit der Schiedsvereinbarung am Maßstab des § 138 BGB notwendig gewesen.

Kontrovers diskutiert wird die (konsequente) Feststellung des Gerichts, dass keine wirksame Schiedsvereinbarungen vorgelegen habe, aber dennoch von einem anerkennungswürdigen Schiedsspruch des CAS ausgegangen wird, der insoweit eine Präklusion bewirkt. Ein Vergleich mit den Präklusionsvorschriften der §§ 296, 296a und 322 ZPO ergebe, dass stets die Gefahr der materiell-rechtlich falschen Entscheidung aufgrund formeller Vorschriften innewohne.[512] Deswegen sei die Entscheidung des Gerichts korrekt.[513]

---

508 *Duve/Rösch,* Der Fall Pechstein: Kein Startschuss für eine Neugestaltung der Schiedsgerichtsbarkeit, in: SchiedsVZ 2014, S. 216, 225.

509 BVerfG Beschluss vom 19.10.1993 – 1 BvR 567/89, in: NJW 1994, S. 36, 39.

510 *Duve/Rösch,* Der Fall Pechstein: Kein Startschuss für eine Neugestaltung der Schiedsgerichtsbarkeit, in: SchiedsVZ 2014, S. 216, 225.

511 *Niedermeier,* Schiedsvereinbarungen im Bereich des organisierten Sports, in: SchiedsVZ 2014, S. 280, 282.

512 *Muresan/Korff,* a.a.O., S. 208.

513 Ebenso im Sinne des LG München I, *Handschin/Schütz,* Bemerkungen zum Fall „Pechstein", in: SpuRt 2014, S. 179, 179.

Gegen den Entfall des ausgeübten Zwangs durch anwaltliche Vertretung spricht sich ausdrücklich *Monheim* aus.[514] Der Makel der fehlenden Freiwilligkeit bestehe fort und werde auch nicht durch die rügelose Verhandlung behoben. Zudem behandelten die beiden Verfahren unterschiedliche Streitgegenstände: vor dem CAS ging es um die Überprüfung der Sperre zur Erlangung einer Starterlaubnis für Olympische Spiele, während vor dem LG München I ein Schadensersatzanspruch nach dem GWB geltend gemacht wurde.

Ferner moniert *Niedermeier*, dass das LG München I die Grenzen zulässiger Rechtsfortbildung überschritten habe, indem es, entgegen der Rechtsprechung des Schweizer Bundesgerichts, die Schiedsvereinbarung zwischen Sportverband und Sportler in strukturellen Ungleichgewichtslagen für unwirksam erklärte.[515] Nach ständiger Rechtsprechung ist ausländisches Recht, unter dem Vorbehalt des ordre public nach Art. 6 EGBGB, so anzuwenden, wie es im betreffenden Staat tatsächlich gilt.[516] Das LG München I liegt aber im Ergebnis richtig, da sich aus der in Frage stehenden Entscheidung des Schweizer Bundesgerichts[517] kein Abrücken vom Erfordernis der Freiwilligkeit von Schiedsvereinbarungen ableiten lässt, da Art. 6 Abs. 1 EMRK auch in der Schweiz gilt.[518]

Die Entscheidung des Landgerichts München I überzeugt trotz der berechtigten Kritik. Für die Praxis stellte sich aber im Anschluss die Frage, wie Athleten künftig gegen Verbandsentscheidungen vorgehen können, ohne in einem späteren Verfahren vor einem ordentlichen Gericht präkludiert zu sein. Denkbar wäre demnach eine Verhandlung vor dem CAS, wobei ausdrücklich die Unwirksamkeit der Schiedsvereinbarung gerügt wird[519] und der CAS deswegen unzuständig sei.[520] Dadurch könnte, mit der Begründung des Gerichts, der ordentliche Gerichtsweg mangels Vorliegen der Anerkennungsvoraussetzungen offen gehalten werden.[521]

---

514 *Monheim,* Das Ende des Schiedszwangs im Sport – Der Fall Pechstein, in: SpuRt 2014, S. 90, 93.

515 *Niedermeier,* Schiedsvereinbarungen im Bereich des organisierten Sports, in: SchiedsVZ 2014, S. 280, 284.

516 BGH, NJW 2013, 2356, 2358; *Niedermeier,* a.a.O., S. 285.

517 BG, Urteil vom 22.03.2007, 4.P. 172/2006, BGE 133 III 235.

518 *Heermann,* Freiwilligkeit von Schiedsvereinbarungen in der Sportgerichtsbarkeit, in: SchiedsVZ 2014, S. 66, 76.

519 Zur Frage des Zeitpunktes der Rüge vgl. *Pfeiffer,* Rechtsgeschäftliche Entscheidungsfreiheit beim Abschluss von Schiedsvereinbarungen, in: SchiedsVZ 2014, S. 161, 162ff.

520 *Monheim,* Das Ende des Schiedszwangs im Sport – Der Fall Pechstein, in: SpuRt 2014, S. 90, 94.

521 Ebd.

ccc. Urteil des OLG München vom 15.01.2015

Claudia Pechstein nahm die Abweisung der Klage gegen die DESG hin und legte insoweit gegen das Urteil des LG München I Berufung ein, als die Klage gegen die ISU abgewiesen worden ist. Die Berufung hatte teilweise Erfolg.

(1) Unzulässigkeit des Feststellungsantrages

Der Antrag auf Feststellung der Rechtswidrigkeit der Dopingsperre ist unzulässig.[522] Zulässiger Gegenstand sei die Feststellung des Bestehen oder Nichtbestehen eines Rechtsverhältnisses, worunter auch einzelne Rechte und Pflichten fallen, nicht aber reine Tatsachen oder die Wirksamkeit von Willenserklärung oder die Rechtswidrigkeit eines Verhaltens. Das Feststellungsziel des Klageantrags richte sich auf den Ausspruch der Rechtswidrigkeit der Dopingsperre und deren Feststellung, mithin aber nicht auf ein Rechtsverhältnis.[523]

(2) Kartellrechtliche Unwirksamkeit der Schiedsvereinbarung

Die Schiedsvereinbarung zwischen der ISU und Claudia Pechstein ist unwirksam und steht dem Rechtsweg zu ordentlichen Gerichten nicht entgegen.[524] Da es sich um einen Altfall handle, seien die Vorschriften der Art. 27ff EGBGB anzuwenden[525]. Gemäß Art. 34 EGBGB sind unabhängig vom anwendbaren Recht jedenfalls die Bestimmungen des deutschen Rechts, die den Sachverhalt regeln, zwingend zu berücksichtigen. Darunter fallen die Regelungen des deutschen Kartellrechts.

Die Nichtigkeit der Schiedsvereinbarung folgt aus § 19 Abs. 1, Abs. 2 Nr. 4 GWB a.F.[526] i.V.m. § 134 BGB. Danach liegt ein Missbrauch einer marktbeherrschenden Stellung insbesondere dann vor, wenn ein marktbeherrschendes Unternehmen als Anbieter oder Nachfrager einer bestimmten Art von Waren oder gewerblichen Leistungen Entgelte oder sonstige Geschäftsbedingungen fordert, die von denjenigen abweichen, die sich bei wirksamem Wettbewerb mit hoher Wahrscheinlichkeit ergeben würden.

Bei der ISU handele es sich aus Sicht des Gerichts um ein marktbeherrschendes Unternehmen in diesem Sinne, weil sie auf dem relevanten Markt der Zulassung zu Eisschnelllauf-Weltmeisterschaften aufgrund des Ein-Platz-Prinzips

---

522 OLG München, Urteil vom 15. Januar 2015 – U 1110/14 Kart –, juris Rn. 120ff.

523 Ebd., Rn. 123.

524 Ebd., Rn. 64ff.

525 Vgl. BGH NJW-RR 2011, 1350 Tz. 38 m.w.N.

526 In der auf den Streitfall anzuwendenden bis zum 29. Juni 2013 geltenden Fassung.

Monopolistin sei.[527] Die Teilnahme an einer Weltmeisterschaft sei von überragendem weltweitem Interesse und könne auch nicht durch die Teilnahme an nationalen Wettkämpfen kompensiert werden.[528]

Der Begriff der Geschäftsbedingungen sei weit zu verstehen, so dass darunter auch die Vereinbarung der Zuständigkeit eines Schiedsgerichtes falle.[529] Bemerkenswert in diesem Kontext ist das Vorbringen der ISU, wonach eine solche Vereinbarung aufgrund des von der Schweiz ratifizierten Internationalen Übereinkommens gegen Doping im Sport[530] gesetzlich zwingend vorgegeben gewesen sei und deswegen die Anwendbarkeit der kartellrechtlichen Regelungen entfallen würde.[531] Dies verneint das OLG und verweist auf Art. 4 Abs. 1 des Übereinkommens, der lediglich auf die Grundzüge des WADC Bezug nehme.[532] Nicht Teil dieser Grundsätze seien Detailregelungen wie Art. 13.2.1 WADC, der die ausschließliche Zuständigkeit des CAS in Fällen internationaler Sportveranstaltungen oder internationaler Athleten bestimmt. Zudem bedürften die Verpflichtungen der Umsetzung durch die Signatarstaaten. Die Schweiz habe zumindest keine gesetzliche Verpflichtung geschaffen, welche die ISU verpflichte, Schiedsvereinbarungen zugunsten des CAS zu treffen.

(3) Nicht schlechthin Missbrauch von Marktmacht

Das OLG führt aus, dass das Verlangen einer Schiedsvereinbarung durch den Ausrichter nicht schlechthin einen Missbrauch von Marktmacht darstelle.[533] Für eine einheitliche Zuweisung zu einem einheitlichen Schiedsgericht bestünden sachgerechte Gründe, wie zum Beispiel die Vermeidung divergierender Entscheidungen.

Entgegen der Vorinstanz verneint das OLG München eine generelle Unwirksamkeit der Schiedsvereinbarung, wenn es dabei an einer freien Willensbildung der Athleten bei der Unterzeichnung fehle.[534] Zum einen sei die Körbuch-Entscheidung des BGH[535] auf den konkreten Fall nicht anwendbar, weil die Entscheidung für einen tatsächlich erklärten Verzicht auf die ordentliche

527 OLG München, Urteil vom 15. Januar 2015 – U 1110/14 Kart –, juris Rn. 73, 77.
528 Ebd., Rn. 75.
529 Ebd., Rn. 80.
530 Europarats-Übereinkommen, s.o.S.27.
531 OLG München, Urteil vom 15. Januar 2015 – U 1110/14 Kart –, juris Rn. 81.
532 Ebd., Rn. 82.
533 Ebd., Rn. 85ff.
534 Ebd., Rn. 87.
535 BGH NJW 2000, 1713.

Gerichtsbarkeit keinen Anhaltspunkt biete.[536] Zum anderen stelle die bloße Verknüpfung der Bereitschaft, ein Wirtschaftsgut anzubieten, mit dem Verlangen einer Schiedsvereinbarung, keinen Zwang dar, der den Willen desjenigen, der das Wirtschaftsgut beziehen möchte, ausschließen würde.

Auch die Garantien von Art. 6 Abs. 1 EMRK würden nicht verletzt.[537] Art. 6 Abs. 1 EMRK stehe zwar grundsätzlich der Anwendung einer Schiedsvereinbarung auf eine Streitigkeit entgegen, wenn eine der Streitparteien nicht zugestimmt hat.[538] Bei einer tatsächlichen Zustimmung aber, führe allein der Umstand, dass diese wirtschaftlich notwendig war, um die Profession als Eisschnellläuferin ausüben zu können, nicht zur Verletzung der Garantien des Art. 6 Abs. 1 EMRK.[539]

(4) Missbrauch von Marktmacht im konkreten Fall – Verbandsübergewicht beim CAS

Im konkreten Fall sei nach Ansicht des Gerichts ein Missbrauch von Marktmacht gegeben, weil die ISU die Zustimmung zur der Schiedsvereinbarung zugunsten des CAS verlangt habe.[540] Begründet wird dies mit dem strukturellen Ungleichgewicht sowohl bei der Besetzung des International Council of Arbitration for Sport (ICAS) als auch bei der Aufstellung der Schiedsrichterliste des CAS zugunsten der Verbände.

Die Mitglieder des ICAS werden gemäß Art. S4 CAS-Code 2004 mehrheitlich von den Verbänden ernannt.[541] Aufgabe des ICAS ist die Erstellung einer Liste von mindestens 150 Schiedsrichtern[542], aus der die beteiligten Parteien jeweils einen Schiedsrichter für das Schiedsverfahren benennen.[543] Bei der Wahl der Schiedsrichter hatte das ICAS in der bis 2012 geltenden Fassung des CAS-Codes[544] einen bestimmten Verteilungsschlüssel gemäß Art. S14 CAS-Code zu berücksichtigen:

536 OLG München, Urteil vom 15. Januar 2015 – U 1110/14 Kart –, juris Rn. 88.
537 Ebd., Rn. 89.
538 Vgl. EGMR, Urteil vom 28.10.2010, 1643/06, Suda./.Tschechische Republik, Tz. 52ff.
539 OLG München, Urteil vom 15. Januar 2015 – U 1110/14 Kart –, juris Rn. 89, m.w.N.
540 Ebd., Rn. 90ff.
541 Ausführlich dazu siehe unten S. 137.
542 Art. S13 Abs. 2 CAS-Code.
543 S.u.S. 184.
544 CAS-Code 2004, abrufbar unter: http://www.tascas.org/fileadmin/user_upload/CAS_Code_2004_internet_.pdf (zuletzt abgerufen am 18.05.2019).

- *ein Fünftel der Schiedsrichter sollte aus den vom Internationalen Olympischen Komitee vorgeschlagenen Personen gewählt werden;*
- *ein Fünftel der Schiedsrichter sollte aus den von den Internationalen Sportverbänden vorgeschlagenen Personen gewählt werden;*
- *ein Fünftel der Schiedsrichter sollte aus den von den Nationalen Olympischen Komitees vorgeschlagenen Personen gewählt werden;*
- *ein Fünftel der Schiedsrichter sollte mit Blick auf die Wahrung der Interessen der Athleten gewählt werden;*
- *ein Fünftel der Schiedsrichter sollte aus Personen gewählt werden, die unabhängig von den Organisationen waren, welche für die Vorschläge für die anderen Schiedsrichter verantwortlich waren.*

Drei Fünftel der Schiedsrichter werden also unmittelbar von den Verbänden oder zumindest unter Beteiligung der Verbände ernannt, ohne dass auf die Interessen der Sportler Rücksicht genommen werden muss.

Durch die Vorgaben zur Besetzung des ICAS und den kumulativen Vorgaben für die Wahl der in Betracht kommenden Schiedsrichter, ergebe sich daher in Streitigkeiten mit einem Athleten ein strukturelles Übergewicht der Verbände, das die Neutralität des CAS grundlegend in Frage stelle.[545] Das Einflussübergewicht der Verbände begründe die Gefahr, dass die in der Liste aufgeführten Schiedsrichter mehrheitlich oder sogar vollständig den Verbänden näher stünden als den Athleten.[546] Auch sei bei persönlicher Integrität der Schiedsrichter die Gefahr begründet, dass diese der Sichtweise der Verbände näher stünden als derjenigen der Athleten. Ein paritätischer Einfluss der Streitbeteiligten auf die Besetzung des Schiedsgerichts zur Sicherung dessen Überparteilichkeit sei damit nicht gegeben.[547]

Ferner spreche für das strukturelle Ungleichgewicht, dass der Vorsitzende des für die konkrete Streitigkeit zuständigen Panels gemäß Art. R50 Abs. 1 CAS-Code vom Präsidenten der Berufungsabteilung des CAS bestimmt wird, sofern sich die Parteien nicht einigen können.[548] Da aber dieser Präsident wiederum vom ICAS, der selbst bereits ein strukturelles Ungleichgewicht aufweise, gemäß Art. S6 Nr. 2, 3 CAS-Code durch einfache Mehrheit ernannt wird, könnten die Verbände mittelbar Einfluss auf das dritte Mitglied des zuständigen Panels haben.

---

545 OLG München, Urteil vom 15. Januar 2015 – U 1110/14 Kart –, juris Rn. 101.

546 Ebd., Rn. 102.

547 Ebd.

548 Ebd., Rn. 105; s.u.S. 184.

Das Verbandsübergewicht ist auch nicht sachlich gerechtfertigt. Grundsätzlich sei nach einer Gesamtbetrachtung von einer einheitlichen Interessenlage der nationalen und internationalen Verbände auszugehen.[549] Daran ändere sich auch nichts, wenn, wie im konkreten Fall, der nationale Verband sich im Verfahren vor dem CAS auf die Seite des Athleten stelle.

Die Frage, ob es sich beim CAS um ein echtes Schiedsgericht handelt, lässt das Gericht offen, weil die Schiedsvereinbarung an sich auch in diesem Fall unwirksam wäre.[550]

(5) Keine vorgreifliche Rechtskraftwirkung des CAS-Schiedsspruchs

Die Anträge auf Zahlung von Schadensersatz sind, soweit zulässig, noch nicht zur Endentscheidung reif. Sie können aber, entgegen der Ansicht des LG München I, nach Auffassung des OLG München I nicht wegen der Rechtskraftwirkung der Entscheidung des CAS als unbegründet angesehen werden.[551]

Eine Anerkennung des CAS-Schiedsspruchs sei gemäß § 1061 Abs. 1 S. 1 ZPO i.V.m. Art. V Abs. 2 lit. b) UNÜ nicht möglich, weil dies der öffentlichen Ordnung widerspräche.[552] Gemäß Art. V Abs. 2 lit. b) UNÜ ist eine Anerkennung nicht möglich, wenn dies gegen die öffentliche Ordnung verstoßen würde („*contrary to the public policy of that country*"). Ein Verstoß gegen den ordre public liege vor, wenn dies zu einem Ergebnis führe, das mit den Grundsätzen des deutschen Rechts offensichtlich unvereinbar sei und gegen elementare Grundlagen der Rechtsordnung verstoße.[553]

Darunter falle auch die Einhaltung der grundlegenden Bestimmungen des Kartellrechts.[554] Da schon das Verlangen zum Abschluss einer Schiedsvereinbarung kartellrechtlich verboten gewesen sei, würde die „*inzidente Anerkennung*" des CAS-Schiedsspruches zu einer Perpetuierung des Missbrauchs der Monopolstellung der ISU führen.[555]

---

549 Ebd., Rn. 108.
550 Ebd., Rn. 65.
551 Ebd., Rn. 126.
552 Ebd., Rn. 127.
553 Ebd., Rn. 129.
554 Ebd., Rn. 130 m.w.N.
555 Ebd., Rn. 132.

(6) Kritik

Die Entscheidung des OLG stellt keine Grundsatzentscheidung dar, denn die Anwendbarkeit des Kartellrechts auf Sportverbände und die Geltung des ordre public für Schiedsvereinbarungen entsprechen gängiger Rechtspraxis.[556] Vielmehr bezieht sich die Entscheidung auf einen konkreten Einzelfall des Missbrauchs einer marktbeherrschenden Stellung[557] in der erstmals die rechtliche Vereinbarkeit von Schiedsvereinbarungen anhand kartellrechtlicher Normen beurteilt wird.

Schlosser jedoch kritisiert allgemein die Anwendung wettbewerbsrechtlicher Vorschriften auf die „*Hauptaktivitäten von Sportverbänden*", ohne diese „*Hauptaktivitäten*" näher zu spezifizieren.[558] Begründet wird die Kritik damit, weil die Sportverbände nicht die Stellung eines antagonistischen Geschäftspartners von Unternehmungen mit marktbeherrschender Stellung einnehmen würden. Zum Schutz vor Missbrauch genügten statt kartellrechtlicher Prozeduren und Sanktionen allgemeine bürgerlich-rechtliche Vorschriften, ein Rückgriff auf das Kartellrecht sei „*klar exzessiv*".[559]

Das Urteil des OLG München stellt nicht die Sportschiedsgerichtsbarkeit an sich infrage. Aber auch diese Entscheidung zeigt, wie schon die Entscheidung des LG München I, dass die Organisation und das Verfahren des CAS punktuell reformbedürftig sind.[560] Denn ohne eine Reform des CAS besteht nach dem Urteil des OLG die Gefahr, dass Schiedssprüchen des CAS wegen eines Verstoßes gegen die öffentliche Ordnung (ordre public) dauerhaft die Anerkennung in Deutschland versagt bleibt.

Entgegen der Vorinstanz, die unter Berufung auf das Urteil des EGMR im Fall *Suda*[561] erkannt hat, dass auch ein Schiedszwang im Sport grundsätzlich unter Art. 6 Abs. 1 EMRK zulässig ist, hat das OLG diesen Ansatz verworfen.

---

556 Vgl. *Stancke,* Pechstein und der aktuelle Stand des Sportkartellrechts, in: SpuRt 2015, S. 46f.

557 Ebd., S. 46, 49.

558 *Schlosser,* Kompetenzfragen der Schiedsgerichtsbarkeit, in: SchiedsVZ 2015, 257, 259.

559 Ebd.

560 *Scherrer/Muresan/Ludwig,* „Pechstein" ist kein „Bosman der Sportschiedsgerichtsbarkeit", in: SchiedsVZ 2015, S. 161ff.; *Scherrer,* Fristen für die Anfechtung von Verbandsentscheidungen: Der CAS macht es sich (zu) einfach, in: Causa Sport 2013, S. 17; *ders.,* Amateure und Profis im Sport(recht), in: Causa Sport 2009, S. 95, 99; *Muresan/Korff,* Sportschiedsgerichtsbarkeit: Wie weiter nach dem „Pechstein-Urteil", in: Causa Sport 2014, 199, 206f.

561 S.o.S. 110f.

Stattdessen verweist das OLG auf eine Entscheidung der Europäischen Kommission für Menschenrecht (EKMR)[562]. Der Betroffene hatte in diesem Fall, wie im Fall Pechstein, einer vorgegebenen Schiedsgerichtsbarkeit des privaten Monopolverbands zugestimmt, weil er sonst keine andere Möglichkeit zur Ausübung seiner Erwerbstätigkeit gehabt hätte.

Richtigerweise stellen *Scherrer/Muresan/Ludwig*[563] sowie *Heermann*[564] fest, dass bei genauerer Betrachtung die Entscheidung der EMKR keine Stellung nimmt zur Zulässigkeit eines solchen Schiedszwangs[565] und deshalb die Begründung des OLG München in diesem Punkt *„zumindest als etwas oberflächlich und mithin diskutabel"*[566] sei. Denn das OLG begründet die Vereinbarkeit mit Art. 6 Abs. 1 EMRK allein aus dem Umstand, dass die Zustimmung zur Schiedsvereinbarung wirtschaftlich notwendig war. Darauf geht die EMKR aber gerade nicht ein.

Im Ergebnis bleibt die grundsätzliche Zulässigkeit eines Schiedszwangs im Sport festzuhalten, ungeachtet, ob der Ansicht des LG München I oder des OLG gefolgt wird.[567]

Anlass zu Kritik bieten die Ausführungen des OLG zum Einfluss der Parteien auf die Besetzung des Schiedsgerichts. Zwar bemängelt das OLG, dass im Einzelfall den Parteien die Möglichkeit genommen werde, paritätisch auf die Besetzung des Schiedsgerichts Einfluss zu nehmen. Aber eine Untersuchung im konkreten Fall bezüglich Claudia Pechstein wurde nicht vorgenommen.[568]

---

562 EKMR, Entscheidung vom 13. Juli 1990 - 11960/86 - *Axelsson u.a.. /. Schweden.*

563 *Scherrer/Muresan/Ludwig,* „Pechstein" ist kein „Bosman der Sportschiedsgerichtsbarkeit", in: SchiedsVZ 2015, S. 161, 164.

564 *Heermann,* Zukunft der Sportschiedsgerichtsbarkeit sowie entsprechender Schiedsvereinbarungen im Lichte des Pechstein-Verfahrens sowie des § 11 RegE-AntiDopG, in: SchiedsVZ 2015, 78, 80.

565 A.A. *Haas,* Zwangsschiedsgerichtsbarkeit im Sport und EMRK, in: ASA Bulletin 2014, S. 707, 720f.

566 *Scherrer/Muresan/Ludwig,* „Pechstein" ist kein „Bosman der Sportschiedsgerichtsbarkeit", in: SchiedsVZ 2015, S. 161, 164.

567 So auch *Scherrer/Muresan/Ludwig,* „Pechstein" ist kein „Bosman der Sportschiedsgerichtsbarkeit", in: SchiedsVZ 2015, S. 161, 164; im Ergebnis auch, mit abweichender Begründung *Haas,* Zwangsschiedsgerichtsbarkeit im Sport und EMRK, in: ASA Bulletin 2014, S. 707, 716ff.

568 *Scherrer/Muresan/Ludwig,* „Pechstein" ist kein „Bosman der Sportschiedsgerichtsbarkeit", in: SchiedsVZ 2015, S. 161, 164.

Außerdem wird die alleinige Anwendung deutschen Wettbewerbsrechts kritisiert, ohne Rekrutierung des europäischen Kartellrechts, trotz der internationalen Dimension der Angelegenheit.[569]

Ferner hält *Schlosser* die Argumentation des OLG zur nicht gewährleisteten Gleichheit der Parteien in der Phase der Konstituierung des Schiedsgerichts für nicht überzeugend.[570] In der Argumentation des OLG komme - erstmalig und ohne Grundlage in der jahrzehntelangen Diskussion - die Idee auf, dass das für die Aufstellung der Schiedsrichterliste zuständige Gremium ebenfalls nach „*Integritätskriterien oder gar Proporzgesichtspunkten bezüglich der möglichen Nutzer*" zusammengesetzt sein solle. Dies überzeuge nicht, da sich weder solche Proportionalitätserfordernisse in Gerichtsentscheidungen finden ließen und es darüber hinaus keine hinreichend organisierte Interessenvertretung der Berufssportler gäbe.[571]

Die Konsequenz aus dem Urteil des OLG wäre die Möglichkeit der Sportler, gegen Verbandsentscheidungen wahlweise vor ordentlichen Gerichten vorzugehen (sofern ein deutsches Gericht zuständig ist), oder den CAS anzurufen. Selbst bei einem ungünstigen Verfahrensausgang vor dem CAS steht im Anschluss noch der Weg zu deutschen Gerichten offen. Diese Situation würde zugleich den Sportlern ein Mehr an Rechtsschutz generieren und bei den internationalen Sportverbänden für Rechtsunsicherheit sorgen.[572] Zumal nicht ausgeschlossen ist, dass weitere Gerichte anderer Staaten dieser Rechtsauffassung anschließen.

---

569 *Heermann,* Zukunft der Sportschiedsgerichtsbarkeit sowie entsprechender Schiedsvereinbarungen im Lichte des Pechstein-Verfahrens sowie des § 11 RegE-AntiDopG, in: SchiedsVZ 2015, 78, 81; *Schlosser,* Kompetenzfragen der Schiedsgerichtsbarkeit, in: SchiedsVZ 2015, 257, 257, der nach dem Urteil des OLG eine Vorlage zur Vorabentscheidung des EuGH zu der Frage fordert, inwieweit Sportverbände bei der Aufstellung von Sportregeln und hierauf bezogene Schiedsklauseln als Unternehmer i.S.v. Art. 102 AEUV tätig sind. Ferner solle der EuGH entscheiden, ob Monopolverbände ihre Marktmacht missbrauchen, wenn sie auf den Abschluss einer Schiedsvereinbarungen bestehen mit einer geschlossenen Schiedsrichterliste, die von einem Gremium ohne formelle Beteiligung der Berufssportler aufgestellt wurde, vgl. S. 262 zum genauen Wortlaut der hypothetischen Vorlagefrage.

570 *Schlosser,* Kompetenzfragen der Schiedsgerichtsbarkeit, in: SchiedsVZ 2015, 257, 260ff.

571 Ebd.

572 So auch *Schütt,* jurisPR-IWR 1/2015 Anm. 7.

ddd. Urteil des BGH vom 07.06.2016[573]

Gegen das Urteil des OLG München wendete sich die ISU mit einer Revision vor dem BGH, der Claudia Pechstein entgegentrat. Der BGH hat der Revision stattgegeben und das klageabweisende Urteil des Landgerichts München I wiederhergestellt. Claudia Pechstein hat wegen Unzulässigkeit keinen Anspruch auf Zugang zu den deutschen Gerichten, um ihre Schadensersatzforderungen geltend zu machen.

(1) CAS unabhängig und neutral

Die Klage der Athletin ist unzulässig, weil ihr die von der ISU erhobene Einrede der Schiedsvereinbarung gemäß § 1032 Abs. 1 i.V.m. § 1025 Abs. 2 ZPO entgegenstehe.[574] Der CAS stelle eine neutrale und unabhängige Instanz dar und sei deswegen ein „echtes" Schiedsgericht im Sinne der Zivilprozessordnung und nicht lediglich ein Verbandsgericht.[575]

Entgegen der Ansicht des OLG München könne aus dem Verfahren der Erstellung der Schiedsrichterliste kein strukturelles Ungleichgewicht hergeleitet werden, das die Unabhängigkeit und Neutralität des CAS in einem Maße beeinträchtigt, dass seine Stellung als „echtes" Schiedsgericht in Frage stünde.[576]

Dies sei nur dann der Fall, wenn die Mitglieder des Panels allein oder überwiegend von einer Streitpartei bestimmt würden oder wenn die Streitbeteiligten keinen paritätischen Einfluss auf die Besetzung des Panels hätten.[577] Entgegen der Auffassung der Berufungsinstanz hält der BGH den Einfluss der Streitparteien auf die Besetzung des zuständigen Panels für paritätisch, weil beide Parteien aus der geschlossenen Schiedsrichterliste einen Schiedsrichter auswählen könnten.[578]

Zwar werde zugestanden, dass internationale Sportverbände mittelbaren Einfluss auf die Zusammensetzung der Schiedsrichterliste hätten.[579] Dies manifestiere aber „*keine Institutionalisierung*" des an dem Verfahren beteiligten

---

573 BGH, Urteil vom 07. Juni 2016, KZR 6/15, DE:BGH:2016:070616UKZR6.15.0 = BGH NJW 2016, 2266ff.

574 BGH, Urteil vom 07. Juni 2016, KZR 6/15, DE:BGH:2016:070616UKZR6.15.0, Rn. 22 = BGH NJW 2016, 2266, 2268.

575 Ebd., Rn. 23, 25.

576 Ebd., Rn. 26.

577 Ebd., Rn. 30.

578 Ebd.

579 Ebd., Rn. 31.

Verbandes, zumal es sich nicht um einen „*bestimmenden Einfluss*" auf die Zusammensetzung der Schiedsrichterliste handle. Ferner sei nicht festgestellt oder vorgetragen worden, dass die über 200 Personen umfassende Schiedsrichterliste nicht eine ausreichende Zahl neutraler, von der ISU unabhängige Personen enthalte.[580]

Trotz des maßgeblichen Einflusses der Sportverbände und des Olympischen Komitees auf die Zusammensetzung der Schiedsrichterliste, könne daraus kein „*bestimmender Einfluss*" des konkret am Verfahren beteiligten Verbands abgeleitet werden, weil Athleten und Verbände grundsätzlich dem gleichen Lager angehörten.[581] Anders als z.B. bei Arbeitnehmern und Arbeitgebern, stünden sich hier keine von gegensätzlichen Interessen geleiteten Lager gegenüber. Denn Athleten und Verbände verfolgten, trotz im Einzelfall „*höchst unterschiedlicher Einzelinteressen*", gemeinsam das Hauptziel eines dopingfreien Sports.[582]

Darüber hinaus sei durch die Statuten und die Verfahrensordnung des CAS eine hinreichende individuelle Unabhängigkeit und Neutralität der Schiedsrichter gewährleistet.[583] Die Schiedsrichter müssen personenverschieden zu den Mitgliedern des ICAS sein und können von den Parteien abgelehnt werden, wenn Annahme zur Besorgnis der Befangenheit besteht.

Ferner ergebe sich aus § 1034 Abs. 2 ZPO, dass nicht jedwede Beeinträchtigung der Unabhängigkeit und Neutralität des Schiedsgerichts zu einer Nichtanwendbarkeit der §§ 1025ff ZPO führe.[584] Diese Nichtanwendbarkeit sei aber nur dann anzunehmen, wenn das Schiedsgericht „*satzungsmäßig nicht als unabhängige und unparteiische Stelle organisiert*" sei.[585] Ein solcher Fall liege beim CAS aber gerade nicht vor.

(2) Kein missbräuchliches Verhalten der ISU

Die Schiedsvereinbarung zwischen der Athletin und der ISU ist wirksam und verstößt nicht gegen das kartellrechtliche Missbrauchsverbot aus § 19 GWB a.F.

Im Rahmen einer umfassenden Abwägung der beiderseitigen Interessen unter Berücksichtigung der auf die Freiheit des Wettbewerbs gerichteten Zielsetzung des Gesetzes gegen Wettbewerbsbeschränkungen stelle das Verhalten

580 Ebd.
581 Ebd., Rn. 32.
582 Ebd., Rn. 33.
583 Ebd., Rn. 34.
584 Ebd., Rn. 35.
585 Ebd.

der ISU keinen Missbrauch ihrer marktbeherrschenden Stellung dar.[586] Betroffene Interessen seien auf Seite der Athletin, eine Entscheidung durch ein unabhängiges Schiedsgericht in einem fairen Verfahren zu erlangen und auf Seiten der ISU das Interesse der Sportverbände an einer funktionierenden weltweiten Sportschiedsgerichtsbarkeit.[587]

Das Verlangen einer Schiedsvereinbarung sei durch sachliche Gründe gerechtfertigt, widerspreche nicht den „*allgemeinen gesetzlichen Wertentscheidungen*" und stehe insbesondere nicht dem Justizgewährungsanspruch, der Berufsfreiheit und den Rechten der Athletin aus Art. 6 EMRK entgegen.[588] Der Senat begründet die Konformität mit Art. 6 EMRK mit einem Verweis auf die Rechtsprechung des EGMR[589], wonach allein die Tatsache, dass die Athletin zur Ausübung ihres Berufes darauf angewiesen war, die vorgegebene Wettkampfmeldung der ISU zu unterzeichnen, nicht zu einer unfreiwilligen und damit konventionswidrigen Schiedsvereinbarung führe.[590]

(3) Freiwillige Unterzeichnung der Schiedsvereinbarung

Es liege insbesondere deswegen kein Missbrauch einer marktbeherrschenden Stellung vor, weil die Athletin die Schiedsvereinbarung freiwillig, ohne Veranlassung durch psychische oder physische Gewalt oder durch Täuschung, unterzeichnet habe.[591]

Zwar sei die Entscheidung von Claudia Pechstein im konkreten Fall fremdbestimmt gewesen, weil sie ansonsten nicht zum Wettkampf zugelassen worden wäre.[592] Dies führe aber nicht zu einer Unwirksamkeit der Vereinbarung. Vielmehr ergebe sich durch Heranziehung der zivilrechtlichen Generalklauseln der §§ 138, 242, 307 und 315 BGB, zu denen auch § 19 GWB a.F. gerechnet werde, und der Konkretisierung der Generalklauseln durch die Grundrechte, dass kein Missbrauch der Marktmacht durch die ISU vorliege.[593]

---

586 Ebd., Rn. 47.

587 Ebd., Rn. 49.

588 Ebd., Rn. 48.

589 Vgl. EKMR, Urteil vom 5. März 1962 – 1197/61, X. /. Bundesrepublik Deutschland.

590 BGH, Urteil vom 07. Juni 2016, KZR 6/15, DE:BGH:2016:070616UKZR6.15.0 = BGH NJW 2016, 2266ff., Rn. 65.

591 Ebd., Rn. 53ff.

592 Ebd., Rn. 56.

593 Ebd., Rn. 57ff.

Auch sei zu berücksichtigen, dass auch die Sportverbände einem Zwang zum Abschluss von Schiedsvereinbarungen zugunsten des CAS unterliegen.[594] Dieser Zwang ergebe sich aus Art. 13.2.1 in Verbindung mit Art. 23.2.2 WADC.

Der Senat führt weiter aus, dass in einer Interessenabwägung der Justizgewährungsanspruch und die Berufsfreiheit der Athletin nicht gegenüber der Verbandsautonomie der ISU überwiegen.[595] Denn durch die Verbandsautonomie würden die Grundlagen des organisierten Sports geschaffen, die letztlich für die einheitliche Durchsetzung eines einheitlichen Regelwerks maßgeblich seien. Dies sei notwendig für die Durchführung eines fairen internationalen sportlichen Wettbewerbs und somit auch im Interesse der Sportler. Denn die einheitliche Anwendung der Anti-Doping-Regeln sei derzeit nur durch den CAS gewährleistet.[596] Insbesondere sei *„eine Regelung, die bei Aufrechterhaltung der internationalen Sportschiedsgerichtsbarkeit die Schwächen bei der Bestellung unabhängiger Schiedsrichter und dem sonstigen Verfahren, die sich aus dem maßgeblichen Einfluss der internationalen Sportverbände und der Olympischen Komitees ergeben, völlig vermeiden könnte,* […] *nicht ersichtlich"*.[597] Der CAS müsse aber, wie oben dargestellt, den Anforderungen an Unabhängigkeit und Neutralität gerecht werden, um die Grundrechte auf Justizgewährung und Berufsfreiheit wirksam werden zu lassen.[598]

(4) Kritik im Schrifttum

Sehr kritisch betrachtet wird die Lagertheorie des BGH.[599] Angesichts der Entwicklungen der russischen Leichtathletik scheinen nicht alle Sportverbände und Athleten die gleichen Interessen bei der Umsetzung des WADC zu verfolgen.[600] Dies würde auch die Existenz weiterer latenter Konfliktfelder zwischen Athleten und Sportverbänden belegen, wie Nominierungsstreitigkeiten, die angemessene Aufteilung von Vermarktungsmöglichkeiten und -erlöse, sowie der Schutz der Athletendaten.[601] Außerdem läge in einem konkreten Schiedsverfahren ganz

---

594 Ebd., Rn. 60.

595 Ebd., Rn. 59.

596 Ebd., Rn. 62.

597 Ebd., Rn. 50.

598 Ebd., Rn. 62.

599 *Heermann,* Die Sportschiedsgerichtsbarkeit nach dem Pechstein-Urteil des BGH, NJW 2016, 2224, 2224; *Prütting,* Das Pechstein-Urteil des BGH und die Krise der Sport-Schiedsgerichtsbarkeit, in: SpuRt 2016, S. 143, 146.

600 *Heermann,* Die Sportschiedsgerichtsbarkeit nach dem Pechstein-Urteil des BGH, NJW 2016, 2224, 2224.

601 Ebd., S. 2225.

eindeutig ein Interessenskonflikt zwischen dem Lager der Verbände und dem Lager des Athleten vor.[602] Wenngleich die Argumentation des BGH in diesem Punkt nicht überzeugen kann, wird dadurch nicht das gesamte Urteil infrage gestellt, weil es sich hierbei um eine zusätzliche Argumentation handelt.[603]

Begrüßt wird hingegen das Bekenntnis des BGH, dass Athleten beim Abschluss von Schiedsvereinbarungen grundsätzlich einem faktischen Zwang ausgesetzt sind.[604] Gleichwohl kritisiert *Heermann* die zweifelhafte Schlussfolgerung des BGH, wonach der jeweilige Zwang auf Seiten der Athleten und der Sportverbände zum Abschluss von Schiedsvereinbarungen in der Zusammenschau eine freiwillige Schiedsvereinbarung zwischen Athlet und Sportverband darstelle.[605]

Gänzlich abgelehnt wird die Freiwilligkeit der Unterzeichnung der Schiedsvereinbarung von *Adolphsen/Orth*, weil die einzige Alternative zur Schiedsklausel die Nichtteilnahme am Wettkampf sei.[606] Außerdem seien die „*mantraartig vorgetragenen*" Vorzüge der Schiedsgerichtsbarkeit nicht überzeugend.

Heermann wirft dem BGH ferner vor, die Interessensabwägung im Rahmen der sachlichen Rechtfertigung einer Schiedsvereinbarung zugunsten des CAS nicht nach den üblichen Bewertungsstandards durchgeführt zu haben.[607] Auch *Prütting* hält die vorgenommene Abwägung bei der Grundrechtsprüfung für „*erstaunlich vage und blass*".[608] So sei der BGH einer fehlerhaften Erfassung des Sachverhaltes unterlegen, da sich der Vorwurf von Claudia Pechstein nicht gegen die Zusammenstellung des konkreten Schiedsgerichtes in ihrem Fall gerichtet habe, sondern generell gegen das strukturelle Ungleichgewicht bei der Erstellung

---

602 *Prütting*, Das Pechstein-Urteil des BGH und die Krise der Sport-Schiedsgerichtsbarkeit, in: SpuRt 2016, S. 143, 146.

603 So auch *Prütting*, Das Pechstein-Urteil des BGH und die Krise der Sport-Schiedsgerichtsbarkeit, in: SpuRt 2016, S. 143, 146.

604 *Heermann*, Die Sportschiedsgerichtsbarkeit nach dem Pechstein-Urteil des BGH, NJW 2016, 2224, 2225.

605 Ebd.

606 *Adolphsen/Orth*, Müssen Sportler stets vor ein Schiedsgericht?, in: DRiZ 2016, S. 254, 255.

607 *Heermann*, Die Sportschiedsgerichtsbarkeit nach dem Pechstein-Urteil des BGH, NJW 2016, 2224, 2225f.

608 *Prütting*, Das Pechstein-Urteil des BGH und die Krise der Sport-Schiedsgerichtsbarkeit, in: SpuRt 2016, S. 143, 147.

der Schiedsrichterliste des CAS.[609] Dieser Punkt werde vom Senat auch erkannt, aber nur *„vorsichtig gerügt"*.

Unter Verweis auf das DIS-Sportschiedsgericht lehnt *Heermann* die vom BGH postulierte - trotz erkannter Defizite - Alternativlosigkeit des CAS ab.[610] Das DIS-Sportschiedsgericht belege, wie die Aufrechterhaltung einer nationalen Schiedsgerichtsbarkeit verwirklicht werden könne, ohne ein Übergewicht der Verbände und einer (seit 01.04.2016) offenen Schiedsrichterliste. Diese Regelungen seien ohne weiteres auch auf den CAS anwendbar.[611] An dieser Stelle hätte sich auch *Prütting* eine kritische Auseinandersetzung zu den Statuten des CAS gewünscht.[612]

Ebenso erneuert *Heermann* seine Kritik an den Ausführungen zu faktisch aufgezwungenen Schiedsvereinbarungen im Lichte von Art. 6 EMRK.[613] Der Sachverhalt der genannten Entscheidung sei mangels Monopolstellung des Arbeitgebers nicht mit dem eines Athleten und eines Sportverbandes vergleichbar und führte auch keinen vergleichbaren faktischen Zwang herbei.

Unterm Strich bedient sich der BGH in seiner Entscheidung einer vertretbaren[614], aber nicht sonderlich zwingenden Argumentation. Es kann somit festgehalten werden, dass auf nationaler Ebene – trotz der marktbeherrschenden Stellung der Sportverbände und begründeten Zweifeln an der Freiwilligkeit – die Unterwerfung unter die Schiedsgerichtsbarkeit wirksam und anerkannt ist.

V. Das sportrechtliche Dopingkontrollverfahren

Um in Teil III eine Gegenüberstellung des sportrechtlichen und des strafrechtlichen Verfahrens vornehmen zu können bedarf es vorab einer Analyse des sportrechtlichen Verfahrens. Dieses Dopingkontrollverfahren umfasst alle praxisrelevanten Schritte, vom Dopingkontrollplan über die Dopinganalyse,

---

609 *Heermann,* Die Sportschiedsgerichtsbarkeit nach dem Pechstein-Urteil des BGH, NJW 2016, 2224, 2226.

610 Ebd.

611 Ebd.

612 *Prütting,* Das Pechstein-Urteil des BGH und die Krise der Sport-Schiedsgerichtsbarkeit, in: SpuRt 2016, S. 143, 147.

613 *Heermann,* Die Sportschiedsgerichtsbarkeit nach dem Pechstein-Urteil des BGH, NJW 2016, 2224, 2227; *ders.,* Die Zukunft der Sportschiedsgerichtsbarkeit sowie entsprechender Schiedsvereinbarungen im Lichte des Pechstein-Verfahrens sowie des § 11 RegE-AntiDopG, in: SchiedsVZ 2015, 78, 80f.

614 Dem BGH zustimmend, *Lambertz,* Pech für Pechstein, jM (juris, die Monatszeitschrift) 2016, 316ff.

das Dopingsanktionsverfahren bis hin zur endgültigen Entscheidung in einem Rechtsbehelfsverfahren.[615] Dabei ist das Verfahren nach den international gültigen Vorschriften des WADC maßgeblich, das national durch den NADC umgesetzt wurde und im Folgenden Anwendung findet.

Der Überbegriff „*Dopingkontrolle*" vereint die Phasen des Dopingkontrollverfahrens, welche die Dopingkontrollplanung, Probenahme und deren weitere Bearbeitung sowie den Transport zum Labor umfassen.[616] Maßgeblich sind hierbei die Bestimmungen der *International Standards for Testing and Investigation (ISTI)*, die neben dem Code und den Musterformulierungen und Leitlinien Teil des Welt-Anti-Doping-Programms sind. Dabei handelt es sich um einen von der WADA verabschiedeten und den Code ergänzenden Standard zur Durchführung eines ordnungsgemäßen Verfahrens.[617] Auf nationaler Ebene wurde der ISTI gemäß Art. 18.2 NADC als Bestandteil des NADC zwingend durch die NADA in einem *Standard für Dopingkontrollen und Ermittlungen (SfDE)* sowie im *Standard für Meldepflichten (SfM)* umgesetzt.

1. *Dopingkontrollplanung*

a. *Testpool*

Hintergrund der Einteilung in verschiedene Testpools ist, dass der NADC in Art. 2.4 das Bestehen von Testpools voraussetzt. Demnach können Verstöße gegen die Meldepflichten der ISTI[618] durch einen Athleten, der einem *Registered Testing Pool (RTP)* oder dem *Nationalen Testpool (NTP)* angehört, einen Verstoß gegen Anti-Doping-Bestimmungen darstellen. Des Weiteren ermöglicht die Testpooleinteilung eine effektive und gezielte Kontrolle der mittlerweile rund 9000 registrierten Athleten in Deutschland.[619]

Grundlage der Einteilung in verschiedene Testpools ist gemäß Art. 4.3 ISTI und Art. 2.3 SfDE der Kaderstatus des jeweiligen Athleten und das Dopingrisiko der ausgeübten Sportart. Die Mitglieder eines der vier Testpools der NADA können dementsprechend zu Trainings- und Wettkampfkontrollen durch die

---

615 WADC 2015, Anhang 1, Stichwort ‚Dopingkontrollverfahren'.

616 WADC 2015, Anhang 1, Stichwort ‚Dopingkontrolle'.

617 WADC 2015, Anhang 1, Stichwort ‚Internationaler Standard'.

618 Dazu s.u.S. 132 und 134ff.

619 Information der NADA zum Dopingkontrollsystem, abrufbar unter http://www.nada.de/de/doping-kontroll-system/beteiligte-am-kontrollprozess/athleten/#.Vx8onnqvz-U (zuletzt abgerufen am 18.05.2019).

NADA herangezogen werden.[620] International startende deutsche Athleten werden darüber hinaus von ihrem internationalen Verband außerhalb von Wettkämpfen kontrolliert.

Die Zugehörigkeit zu einem Testpool besteht jeweils für zwölf Monate, wenn nicht der Athlet zurücktritt, von der NADA bei einem sonstigen vorzeitigen Ausscheiden schriftlich informiert wird, oder während einer Sperre gemäß Art. 2.3.6 SfDE aus dem Testpool herausgenommen wird.[621]

Der am intensivsten kontrollierte Kreis von Athleten ist dem Pool RTP zugeordnet. Dabei handelt es sich um eine Gruppe von kaderangehörigen Spitzenathleten, die entweder auf internationaler Ebene durch ihren jeweiligen internationalen Sportfachverband dem International Registered Testing Pool (IRTP) zugeteilt werden, oder auf nationaler Ebene um A-Kader-Athleten und A-Nationalmannschaften der Sportarten der höchsten Gefährdungsstufe.[622] Dem deutschen RTP, inklusive den deutschen Athleten des IRTP, gehören zurzeit circa 600 A-Kader-Athleten der Risikogruppe A an.[623] Dabei handelt es sich insbesondere um Kraft- und Ausdauersportarten, wie Gewichtheben und Radfahren.[624]

Meldepflichtig für den NTP sind hingegen A-Kader-Athleten einer Sportart der Risikogruppen B und C (Ball- und Mannschaftssportarten), beziehungsweise B-Kader-Athleten einer Sportart der Risikogruppe A, sowie alle Athleten des erweiterten Kreises einer Mannschaft für die Olympischen Spiele.[625]

Bundeskaderathleten, die nicht bereits in den RTP oder NTP, sind meldepflichtig für den Allgemeinen Testpool (ATP).

Der Team-Testpool (TTP) vereint alle Athleten einer Mannschaftssportart, die auf Grund einer Lizenz eines nationalen Ligaspielbetriebs spielberechtigt sind und nicht bereits Mitglieder des RTP, NTP oder ATP sind.[626] Dabei handelt es sich insbesondere um Spieler der 1. und 2. Fußball Bundesliga, sowie die

620 Art. 5.3 NADC.

621 Art. 2.3 SfM.

622 Art. 2.3.1 SfDE.

623 Information der NADA zum Dopingkontrollsystem, abrufbar unter http://www.nada.de/de/doping-kontroll-system/beteiligte-am-kontrollprozess/athleten/#.Vx8onnqvzU (zuletzt abgerufen am 18.05.2019).

624 Ball- und Mannschaftssportarten hingegen werden der mittleren Gefährdungsstufe zugeordnet. Vgl. *Musiol,* Verschärfung der Meldepflichten im Dopingkontrollverfahren, in: SpuRt 2009, 90, 91.

625 Art. 2.3.3 SfDE.

626 Art. 2.3.4 SfDE

Spieler der Deutschen Eishockey Liga (DEL), die nicht Mitglieder eines übergeordneten Testpools sind.[627]

Athleten ohne Kaderstatus, deren Verbände eine Trainingskontrollvereinbarung mit der NADA abgeschlossen haben, sind gemäß Art. 2.3.5 SfDE ebenso meldepflichtig für einen der o.g. Testpools. Darunter fallen z.B. die Lizenzfahrer des Bund Deutscher Radfahrer (BDR) sowie die Damen und Herren Nationalmannschaft des DFB.

b. *Meldepflichten*[628]

Entsprechend der Risikobewertung und der Einteilung in die verschiedenen Testpools unterliegen die Athleten gewissen Meldepflichten, um im Sinne eines effektiven Dopingkontrollverfahrens unangekündigte Kontrollen durchführen zu können. Diese Meldepflichten umfassen die, nach Einschätzung der Anti-Doping-Organisation[629], erforderlichen Angaben zu Aufenthaltsort und Erreichbarkeit des Athleten[630] zur Durchführung von Dopingkontrollen.[631]

Für Sportler des ATP genügt es, zu Beginn des Testpooljahres ein Athleten-Meldeformular an die NADA zu übermitteln und etwaige Änderungen unverzüglich anzuzeigen.[632] Zu den verbindlichen Angaben zählen hierbei die Adressen, Telefonnummern und E-Mail-Adressen, sowie der Wochenplan mitsamt des Rahmentrainingsplans und den sonstigen regelmäßigen Tätigkeiten des Sportlers und dessen Saisonhöhepunkte.[633]

Für die Athleten des TTP ist wöchentlich gemäß einer Vorlage[634] eine sog. *Teamabmeldung* per E-Mail bei der NADA einzureichen. Darin enthalten sind, neben der Adresse der Trainingsstätte und den Ansprechpartnern, der Wochenplan der Mannschaft inklusive Trainings- und Wettkampfplan, der Wochenplan

---

627 Vgl. Informationen der NADA zu den Testpools, abrufbar unter: http://www.nada.de/de/doping-kontroll-system/trainingskontrollen/testpools/#.VzBOUXqvz-U (zuletzt abgerufen am 18.05.2019).

628 Kritisch zur Verschärfung dieser Pflichten, *Musiol,* Verschärfung der Meldepflichten im Dopingkontrollverfahren, in: SpuRt 2009, 90ff; ebenso im Hinblick auf die EMRK, *Korff,* Meldepflichten des WADA-Codes und Persönlichkeitsrechte, in: SpuRt 2009, 94ff.

629 Art. 4.8.1 ISTI.

630 Sog. „Whereabouts".

631 Art. 1.1 SfM.

632 Art. 1.10 SfM.

633 Art. 3.3.1 SfM.

634 Vgl. Anhang 4 des SfM.

weiterer Mannschaften in denen einzelne Spieler mittrainieren, sowie der Hinweis auf abwesende Sportler mitsamt einer Begründung der Abwesenheit.[635]

Den Athleten des RTP und NTP werden indes strengere Meldepflichten auferlegt. Neben den persönlichen Daten (Postanschrift, E-Mail-Adresse, (Mobil-) Telefonnummer) müssen die Athleten für jeden Tag des folgenden Quartals jeweils die vollständige Adresse des Ortes, an dem sie übernachten werden, sowie jeden Ort und den üblichen Zeitraum an dem sie einer regelmäßigen Tätigkeit (z.B. Training, Arbeit, Schule) nachgehen, online über ADAMS[636] angeben.[637]

Darüber hinaus sind die Sportler des RTP verpflichtet, für jeden Tag des folgenden Quartals ein Zeitfenster von 60 Minuten zwischen 6 und 23 Uhr anzugeben, zu dem sie sich an einem bestimmten Ort für Dopingkontrollen bereithalten, um die Voraussetzungen des Art. 5.2. NADC zu erfüllen.[638]

c. ADAMS[639]

Als Instrument zur Erhebung und Verwaltung der Daten sowie allgemein zur Koordinierung von Dopingkontrollen wurde das *Anti-Doping Administration and Management System (ADAMS)* eingerichtet. Dabei handelt es sich um ein webbasiertes Datenbankmanagementsystem, welches von den Athleten des RTP und NTP zwingend zur Abgabe und Aktualisierung ihrer Daten zu verwenden ist.[640] Den Athleten stehen hierfür ein klassischer Online-Zugang sowie eine App zur Verfügung. Nur in Ausnahmefällen ist es den Sportlern erlaubt, Aktualisierungen telefonisch, per E-Mail oder per SMS mitzuteilen.[641]

Neben den Daten zur Testpooleinteilung, den Angaben zur Identität, zum Aufenthaltsort und der Erreichbarkeit der Athleten, werden auch *Medizinische Ausnahmegenehmigungen (Therapeutic Use Exceptions, TUE)* im Sinne von Art. 4.4 NADC und deren Beantragung erfasst.[642] Die erfassten Daten werden zentral von der WADA auf einem Server im kanadischen Montreal verwaltet.

---

635 Art. 3.4.1 SfM.

636 Anti-Doping Administration and Management System, siehe dazu unten S. 96.

637 Art. 3.1.1 SfM.

638 Art. 1.4, 3.1.2, 4.1 SfM.

639 Ausführlich dazu und zum Thema Datenschutz: *Neuendorf*, Datenschutzrechtliche Konflikte im Anti-Doping-System.

640 Art. 3.9 SfM.

641 Art. 3.9 SfM.

642 Information der WADA zu ADAMS, abrufbar unter: https://www.wada-ama.org/en/adams (zuletzt abgerufen am 18.05.2019).

Der Sportler willigt gemäß Art. 3.1.1 (e) SfM bei der erstmaligen ADAMS-Anmeldung ein, dass seine Daten an andere Anti-Doping-Organisationen, die befugt sind, ihn einer Probenahme zu unterziehen, weitergegeben werden.[643] Das Recht zum Zugang zum Athletenprofil wird dabei von der NADA beziehungsweise dem internationalen Verband an die Dritten weitergegeben. So hat die NADA die Durchführung nationaler und internationaler Kontrollen auf die Firma PWC übertragen und kann dieser Firma über sogenannte „*3rd Party Module*" Zugang zu den einzelne Athletenprofilen verschaffen.[644]

2. Meldepflicht- und Kontrollversäumnisse (Whereabout Failure)

Gemäß Art. 2.4 NADC gilt jede Kombination von drei Meldepflicht- und Kontrollversäumnissen („*Whereabout Failure*") im Sinne der Internationalen Standards binnen zwölf Monaten[645] als Verstoß gegen Anti-Doping-Bestimmungen. Adressaten dieser Versäumnisse sind nur die Athleten des RTP und NTP. Eine Ausweitung der Sanktionierung auf den ATP und TTP wäre angesichts der vorherrschenden geringen Kontrolldichte unverhältnismäßig[646] und wegen der fehlenden Nutzung von ADAMS nicht durchführbar.

a. Versäumte Kontrollen

Der Code differenziert in Art. 2.4 bewusst zwischen Versäumten Kontrollen („*Missed Tests*") und Meldepflichtversäumnissen („*Filing Failure*"). Ersteres Versäumnis kann nur von RTP-Athleten begangen werden, die es versäumen, an dem Ort und während des 60-minütigen Zeitfensters, das sie für diesen Tag angegeben haben, für eine Dopingkontrolle zur Verfügung zu stehen.[647] Dafür muss der *Doping Control Officer* (DCO)[648] und/oder der *Blood Control Officer*

643 Die Vereinbarkeit mit dem Bundesdatenschutzgesetz wegen der fehlenden Freiwilligkeit bei der Einwilligung nach § 4 Abs.1 BDSG verneinend: *Musiol,* Verschärfung der Meldepflichten im Dopingkontrollverfahren, in: SpuRt 2009, 90, 93.

644 *Neuendorf,* S. 165f.

645 Art. 2.4 NADC 2009 hingegen nahm einen Verstoß erst bei drei Versäumnissen innerhalb von 18 Monaten an.

646 *Berninger,* Der nationale Anti-Doping-Code, S. 134.

647 NADC 2015, Anhang 1, Stichwort ‚Versäumte Kontrollen'.

648 Eine von der für die Probenahme zuständigen Organisation geschulte und beauftragte Person, der die Zuständigkeiten eines DCO entsprechend des SfDE übertragen wurde, vgl. SfDE, Anhang 2, Stichwort ‚DCO'.

(BCO)[649] gemäß Art. 4.3 SfM, trotz aller nötigen Anstrengungen, erfolglos einen Versuch der Probenahme beim Athleten unternommen haben. In diesem Fall ist ein detaillierter Bericht über einen nicht erfolgreichen Kontrollversuch (*neKv-Bericht*) anzufertigen. Darin enthalten sind alle Einzelheiten des Versuchs der Probenahme, insbesondere genaue Ort- und Zeitangaben, die unternommenen Schritte (auch unter Hinzuziehung Dritter) zur Auffindung des Athleten sowie weitere relevante Einzelheiten des Versuchs.[650]

b. Meldepflichtversäumnis

Ein Meldepflichtversäumnis hingegen begeht ein RTP- oder NTP-Athlet, wenn er seinen Pflichten zur Abgabe von Erreichbarkeits- und Aufenthaltsinformationen[651] nicht nachgekommen ist.[652] So stellt es ein Versäumnis dar, wenn die Informationen gar nicht oder falsch angegeben werden, beziehungsweise nicht aktualisiert worden sind. Daneben können aber auch ungenaue Angaben zu Aufenthaltsort und Erreichbarkeit sowie die Angabe eines Ortes, zu dem der DCO/BCO keinen Zugang hat, zu einem Meldepflicht- und Kontrollversäumnis führen.[653]

c. Ergebnismanagement nach Feststellung eines Versäumnisses

Ein Whereabout Failure kommt aber nur dann in Betracht, wenn die NADA im Rahmen des Ergebnismanagements[654] feststellen kann, dass der Athlet gemäß Art. 3.1.7 (a) bzw. 3.2.6 (a) oder 4.3 SfM ordnungsgemäß über seine Testpoolzugehörigkeit, die sich daraus ergebenden Meldepflichten und die Konsequenzen von Meldepflicht- und Kontrollversäumnissen informiert wurde.

Hält die NADA die Voraussetzungen eines Meldepflicht- oder Kontrollversäumnisses für gegeben, teilt sie dies dem Athleten innerhalb von 14 Tagen nach Kenntnis des Versäumnisses, samt der Aufforderung schriftlich zu dem Vorwurf Stellung zu nehmen, mit.[655] In der Mitteilung weist die NADA den Athleten

---

649 Eine entsprechend ausgebildete und befugte Person, die von der für die Probenahme zuständige Organisation mit der Abnahme von Blutproben bei Athleten betraut wird, vgl. SfDE, Anhang 2, Stichwort ‚BCO'.

650 Art. 6.2 (a) SfM.

651 Dazu siehe oben S. 132.

652 NADC 2015, Anhang 1, Stichwort ‚Meldepflichtversäumnis'.

653 Vgl. Kommentar zu Art. 3.1.3 und Art. 3.2.2 SfM.

654 Dazu siehe unten S. 155.

655 Art. 6.1 (a), 6.2 (b) SfM.

darauf hin, dass ein Meldepflicht- und Kontrollversäumnis festgestellt wird, sofern er die NADA nicht vom Gegenteil überzeugen kann.[656]

Weist der Athlet daraufhin die Vorwürfe zurück, prüft die NADA erneut, ob die Voraussetzungen des Art. 3.1.7 bzw. Art. 3.2.6 oder Art. 4.3 SfM vorliegen und teilt dem Athleten mit, ob sie ihre Ansicht aufrechterhält und stellt ggfs. ein Meldepflicht- und Kontrollversäumnis fest.[657]

Dem Athleten steht nun die Möglichkeit offen, auf eigene Kosten[658] und innerhalb einer 14-tägigen Frist, eine sog. *Administrative Überprüfung* einzuleiten. Deren Verfahren wird in der *Verfahrensordnung für die Administrative Überprüfung von Meldepflicht- und Kontrollversäumnissen (VAÜ)*[659] geregelt und wird von einer bei der Feststellung des Meldepflicht- oder Kontrollversäumnisses unbeteiligten Stelle durchgeführt.[660] Als unabhängige Stelle ist seit dem 01. Januar 2009 der DOSB für die Durchführung des Verfahrens zuständig.[661] Anhand der Aktenlage prüft die zuständige Stelle im Falle eines Meldepflichtversäumnisses, ob die Voraussetzungen des Art. 3.1.7 bzw. Art. 3.2.6 SfM oder, im Falle eines Kontrollversäumnisses, ob alle Voraussetzungen des Art. 4.3 SfM erfüllt sind.[662] Nach dem schriftlichen Vortrag des Athleten hat die NADA das Recht, die Entscheidung über das in Frage stehende Versäumnis erneut ausführlich zu begründen.[663]

Kommt die Stelle zur Administrativen Überprüfung zu dem Ergebnis, dass diese Voraussetzungen nicht gegeben waren, wird das Versäumnis nicht als Meldepflicht- oder Kontrollversäumnis im Sinne des Art. 2.4 NADC gewertet.[664]

Daneben besteht unbeschadet die Möglichkeit, denselben Vorfall als Verstoß gegen Art. 2.3 NADC und/oder Art. 2.5 NADC zu werten, insbesondere, wenn der Athlet bewusst falsche Angaben zu Aufenthaltsort und Erreichbarkeit macht.[665]

---

656 Art. 6.1 (a), 6.2 (b) SfM.
657 Art. 6.1 (b), 6.2 (c) SfM.
658 Die Kosten für die Durchführung betragen pauschal 50,00 €. Wird die Überprüfung zu Gunsten des Antragsstellers beendet, entfallen für ihn die Kosten, vgl. § 6 VAÜ.
659 Abrufbar unter: http://www.nada.de/fileadmin/user_upload/nada/Downloads/Regelwerke/150130_VAUE_2015.pdf (zuletzt abgerufen am 18.05.2019).
660 § 2 Abs. 1 VAÜ.
661 § 2 Abs. 3 VAÜ.
662 § 5 Abs. 1 VAÜ.
663 Art. 6.1 (e), 6.2 (f) SfM.
664 § 5 Abs. 6 VAÜ.
665 Art. 3.1.5, 3.2.4 SfM.

d. *Fahrlässigkeit*

Ein Athlet kann wegen einer Versäumten Kontrolle oder einem Meldepflichtverstoß nur belangt werden, wenn er zumindest fahrlässig gehandelt hat.[666] Die Fahrlässigkeit bei einem Meldepflichtverstoß wird vermutet, wenn feststeht, dass der Athlet ausreichend über seine Meldepflichten informiert wurde, sie aber nicht erfüllt hat.[667] Bei einer Versäumten Kontrolle genügt die Feststellung, dass der Athlet über seine Aufnahme in den RTP und die Folgen einer Versäumten Kontrolle aufgeklärt wurde und die Voraussetzungen eines erfolglosen Versuchs der Probenahme[668] vorgelegen haben.[669]

Der betroffene Athlet kann die Vermutung nur widerlegen, wenn er nachweisen kann, dass kein fahrlässiges Verhalten seinerseits das Meldepflichtversäumnis verursachte oder dazu beitrug[670] bzw. dass kein fahrlässiges Verhalten dazu führte oder dazu beitrug, dass er während des Zeitfensters nicht am Ort der Dopingkontrolle zur Verfügung stand und er seine Angaben zu Aufenthaltsort und Erreichbarkeit nicht aktualisiert hat, um einen anderen Ort anzugeben, an dem er sich in dem 60-minütigen Zeitfenster bereit hält[671].

e. *Konsequenzen*

Wird ein Verstoß gegen Art. 2.4 NADC festgestellt, sieht Art. 10.3.2 NADC eine Sperre von zwei Jahren vor, die aber abhängig vom tatsächlichen Grad des Verschuldens herabgesetzt werden kann. Das Mindestmaß der Sperre beträgt jedoch mindestens ein Jahr. Die Möglichkeit der Herabsetzung gilt aber nicht für Athleten, die planvoll und nach einem bestimmten Muster die Angaben zu Aufenthaltsort und Erreichbarkeit kurzfristig ändern, oder sonst den Verdacht erwecken, Dopingkontrollen umgehen zu wollen.[672]

Zugleich sollte die zuständige Anti-Doping-Organisation nach Treu und Glauben prüfen, ob der Ausspruch einer *Vorläufigen Suspendierung* gemäß Art. 7.8.2 NADC in Betracht kommt. Dabei hat sie die Auswirkungen einer im Nachhinein unbegründeten Vorläufigen Suspendierung für den Athleten mit dem Interesse

---

666 Art. 3.1.7 (d), 3.2.6 (d), 4.3 (e) SfM.

667 Art. 3.1.7 (d), 3.2.6 (d) SfM.

668 S.o.S. 134f.

669 Art. 4.3 (e) SfM.

670 Art. 3.1.7 (d), 3.2.6 (d) SfM.

671 Art. 4.3 (e) SfM.

672 Art. 10.3.2 NADC.

aller an Chancengleichheit und Fairplay abzuwägen und insbesondere den Grad des Verschuldens und den zu erwartenden Schaden zu berücksichtigen.[673]

Daneben erfolgt gegebenenfalls gemäß Art. 10.8 NADC eine Annullierung aller Wettkampfergebnisse des Athleten, die in dem Zeitraum der Begehung des Verstoßes bis zum Beginn einer vorläufigen Suspendierung oder Sperre erzielt wurden, mit allen daraus entstehenden Konsequenzen.

f. Reaktionsmöglichkeiten des Athleten

Der Athlet hat nach der ersten Mitteilung durch die Anti-Doping-Organisation, dass ihm ein Meldepflicht- und Kontrollversäumnis vorgeworfen wird, die Möglichkeit, sich dazu schriftlich zu äußern und gegebenenfalls eine Administrative Überprüfung einzuleiten.[674]

Handelt es sich bei dem festgestellten Versäumnis bereits um den dritten Verstoß binnen zwölf Monaten und wird dem Athlet deswegen ein Verstoß gegen Art. 2.4 NADC vorgeworfen, hat dieser die Möglichkeit, den Vorwurf in einem Disziplinarverfahren überprüfen zu lassen.[675] In diesem Verfahren wird der Vorwurf der vollen Beweiswürdigung gemäß den Verfahrensgrundsätzen des Art. 12 NADC unterzogen.[676] Dabei ist das Disziplinarorgan nicht an Feststellungen aus dem Verfahren zur Feststellung eines Meldepflicht- oder Kontrollversäumnis gebunden.[677] Das bedeutet eine erneute vollständige Überprüfung der drei Meldepflicht- und Kontrollversäumnisse, die einen Verstoß nach Art. 2.4 NADC begründen sollen, wobei hierfür die Beweislast bei der Anti-Doping-Organisation liegt. Diese hat alle erforderlichen Bestandteile der vorgeworfenen Versäumnisse zu begründen und für das Disziplinarorgan überzeugend darzulegen.[678]

Kommt das Disziplinarorgan in der Folge zu dem Ergebnis, dass keine drei Meldepflicht- und Kontrollversäumnisse vorliegen, scheidet dementsprechend ein Verstoß gegen Art. 2.4 NADC aus.

---

673 Art. 7.8.2 NADC.
674 S.o.S. 138.
675 Art. 6.5 SfM.
676 Zum Verfahren nach Art. 12 NADC siehe unten S. 162ff.
677 Art. 6.5 SfM.
678 Art. 6.5 SfM.

3. *Dopingkontrolle*[679]

a. *Auswahl der Athleten*

Zur Umsetzung der Dopingkontrollplanung wählt die NADA Athleten zur Probenahme mittels Zielkontrollen (*Target Testing)* und zufälliger Auswahl (*Random Selection*) aus.[680]

aa. *Zielkontrollen*

Charakteristisch für eine Zielkontrolle ist die planvolle Auswahl ganz bestimmter Athleten auf Grundlage der in Art. 2.5.1 SfDE festgelegten Kriterien. Berücksichtigt werden hierbei unter anderem vorherige Verstöße gegen Anti-Doping-Bestimmungen, die sportliche Vorgeschichte des Athleten sowie Faktoren, die ein gewisses Verdachtsmoment begründen, z.B. ein wiederholtes Versäumnis, Angaben zu Aufenthaltsort und Erreichbarkeit zu machen, oder ein Training an einem weit entfernten Ort.[681] Die NADA wählt hierbei nach eigenem Ermessen aus und schuldet für die getroffene Auswahl keine Begründung.[682]

bb. *Zufällige Auswahl*

Der Zielkontrolle gegenüber steht die zufällige Auswahl eines Athleten, also per Definition die Auswahl der Athleten für Dopingkontrollen, bei denen es sich nicht um Zielkontrollen handelt.[683] In der Regel wird der betroffene Athlet per Los bestimmt und das angewendete System anhand eindeutiger Kriterien durchgeführt und dokumentiert.[684] Gebieten es die Umstände des Einzelfalls, können gegebenenfalls auch die für eine Zielkontrolle maßgeblichen Faktoren nach Art. 2.5.1 SfDE berücksichtigt werden.[685]

cc. *Erscheinungsformen*

Typischerweise treten die beiden Auswahlmechanismen kombiniert auf. Für die Dopingkontrolle bei Wettkämpfen in Einzelsportarten sieht der Code vor,

---

679 Vgl. zum Ablauf der Kontrolle auch *Nationale Anti-Doping-Agentur, Deutschland,* Ich werde kontrolliert: Der Ablauf einer Dopingkontrolle, in: Nickel/Rous (Hrsg.), Das Anti-Doping-Handbuch, Band 1.

680 Art. 2.5.2 SfDE.

681 Art. 2.5.1 SfDE.

682 Art. 5.6.1 NADC.

683 SfDE, Anhang 2, Stichwort ‚Zufällige Auswahl'.

684 Art. 2.5.3 SfDE.

685 Art. 2.5.3 SfDE.

dass in der Regel die drei Erstplatzierten kontrolliert werden sollen und zusätzlich mindestens ein zufällig ermittelter Athlet aus dem restlichen Starterfeld.[686] Anders bei Wettkämpfen in Mannschaftssportarten: dort werden in der Regel von jeder Mannschaft jeweils drei Spieler zufällig ausgewählt.[687] Bei Wettkampfveranstaltungen[688] in Mannschaftssportarten werden jeweils drei Athleten der drei Erstplatzierten zufällig ausgewählt, sowie drei zufällig ausgewählte Athleten mindestens einer weiteren, zufällig ermittelten Mannschaft.[689]

Um eine größtmögliche Effektivität zu erreichen, stimmt sich die NADA mit anderen Anti-Doping-Organisationen ab und trifft dementsprechend klare Absprachen bezüglich der jeweiligen Zuständigkeit und des zügigen Austauschs von Informationen.[690] Diese Absprachen können auch so weit gehen, dass die grundsätzlich zuständige NADA[691] eine andere Anti-Doping-Organisation oder Dritte beauftragt, in ihrem Namen als für die Probenahme zuständige Organisation aufzutreten.[692]

b. Art der Kontrollen und der Probe

Generell wird zwischen *In-Competition und Out-Of-Competition Testing* unterschieden, also der Kontrolle innerhalb oder außerhalb eines Wettkampfs. Wird in einer Sportart oder Disziplin ein hohes Dopingrisiko in Trainingszeiten festgestellt, legt die NADA dementsprechend den Schwerpunkt ihrer Kontrollen auf Trainingskontrollen und führt zudem noch eine ausreichende Zahl an Wettkampfkontrollen durch.[693] Umgekehrt ist es bei Sportarten und Disziplinen, die in Trainingszeiten ein geringes Dopingrisiko aufweisen: dort liegt der Schwerpunkt auf Wettkampfkontrollen, jedoch auch mit einer ausreichenden Zahl von Trainingskontrollen.[694]

Bei dem zum Zweck des Dopingkontrollverfahrens entnommenen biologischen Material[695] handelt es sich Urinproben, Blutproben sowie Proben zur

---

686 Art. 5.6.3 (a) NADC.
687 Art. 5.6.3 (b) NADC.
688 Eine Reihe einzelner Wettkämpfe, die gemeinsam von einem Veranstalter durchgeführt werden, vgl. NADC 2015, Anhang 1, Stichwort ‚Wettkampfveranstaltung'.
689 Art. 5.6.3 (c) NADC.
690 Art. 2.8.1 SfDE.
691 Art. 5.2.1 NADC.
692 Art. 2.8.2 SfDE.
693 Art. 2.6.1 SfDE.
694 Art. 2.6.1 SfDE.
695 SfDE, Anhang 2, Stichwort ‚Probe'.

Erstellung von Langzeit-Profilen der Athleten, wie zum Beispiel des Biologischen Athletenpasses.[696]

c. *Benachrichtigung der Athleten*[697]

Grundsätzlich finden alle Dopingkontrollen und die Benachrichtigung des Athleten, für die Probenahme ausgewählt worden zu sein, ohne Vorankündigung statt.[698] Bevor der ausgewählte Athlet benachrichtigt wird, bestimmt und beauftragt die für die Probenahme zuständige Organisation das Personal zur Probenahme.[699] Konkret werden dafür DCOs, *Chaperons*[700] und weiteres Personal zur Probenahme, wie zum Beispiel BCOs, ernannt und mit einer von der NADA ausgestellten Bevollmächtigung ausgestattet.[701]

Nachdem der betroffene Athlet aufgefunden und seine Identität festgestellt wurde, wird er über die Dopingkontrolle benachrichtigt. Dies bestätigt und akzeptiert der Athlet durch Unterzeichnung eines vom DCO und/oder Chaperon vorgelegten Formulars.[702] Weigert sich der Athlet, die Benachrichtigung anzuerkennen, wird er über die möglichen Konsequenzen aufgeklärt und die NADA unterrichtet, die dann gegebenenfalls weitere Ermittlungen wegen eines Fehlverhaltens nach Art. 2.3 und/oder Art. 2.5 NADC einleitet.

Die Benachrichtigung enthält neben den Rahmenbedingungen der Probenahme (zuständige Organisation, Art der Probenahme, Standort der Dopingkontrollstation, weitere Einnahme von Nahrungsmitteln und Flüssigkeiten auf eigenes Risiko) auch einen Hinweis auf die bestehenden Rechte und Pflichten.[703] So darf der Athlet zusätzliche Informationen über den Vorgang der Probenahme erfragen und sich von einer Person seines Vertrauens begleiten lassen[704].[705] Liegen berechtigte Gründe vor, darf der Athlet ausnahmsweise entgegen Art. 3.3.1

696 Art. 2.6.2 SfDE

697 Für Athleten mit Beeinträchtigungen und für Minderjährige wird das Verfahren gemäß den Anhängen B und C des SfDE modifiziert.

698 Art. 2.6.3, 3.2.1, 3.2.7 SfDE.

699 Art. 3.2.3 SfDE.

700 Eine Person, die entsprechend geschult ist und daher zuständig für die Benachrichtigung des Athleten, die Begleitung und Beobachtung des Athleten bis zum Ende der Probenahme in der Dopingkontrollstation und/oder Bezeugen und Überprüfen der Probenahme ist, vgl. SfDE, Anhang 2, Stichwort ‚Chaperon'.

701 Art. 3.2.3 SfDE.

702 Art. 3.3.3 SfDE.

703 Art. 3.3.1 SfDE.

704 Außer bei Abgabe einer Urinprobe durch den Athleten, Art. 4.2.3 (a) SfDE.

705 Art. 3.3.1 (d) SfDE.

(d) (iv) SfDE später in der Dopingkontrollstation erscheinen. Je nachdem, ob es sich um eine Wettkampf- oder Trainingskontrolle handelt, können solche Gründe die Teilnahme an einer Siegerehrung, die Erfüllung von Verpflichtungen gegenüber den Medien, das Abwärmen, oder die Teilnahme an weiteren Wettkämpfen beziehungsweise der Abschluss einer Trainingseinheit sein.[706] Ebenso rechtfertigen eine notwendige medizinische Behandlung, das Auffinden einer Begleitperson oder das Beschaffen eines Lichtbildausweises ein späteres Erscheinen im Rahmen einer Wettkampf- oder Trainingskontrolle.[707]

Der Athlet ist verpflichtet, am Verfahren der Probenahme mitzuwirken, sich zu diesem Zweck auszuweisen und darf sich ab dem Erstkontakt durch den DCO und/oder Chaperon bis zum Ende des Verfahrens nur unter direkter Beobachtung des DCO und/oder Chaperons bewegen.[708]

d. *Vorbereitung und Durchführung der Probenahme*

Die Vorbereitung der Probenahme gemäß Art. 4.1 SfDE umfasst die Einrichtung eines Systems zur Beschaffung der für einen erfolgreichen Ablauf des Vorgangs notwendigen Informationen und die Bestätigung, dass die Ausrüstung der Probenahme die festgelegten Kriterien erfüllt.

Hauptaugenmerk bei der Vorbereitung der Probenahme ist neben der Erlangung von verwertbaren, manipulationssicheren Proben der Schutz der Privatsphäre des Athleten sowie die Wahrung seiner Anonymität. Dies erfordert zum einen die Verwendung von Ausrüstung, die über ein eindeutiges Nummerierungssystem verfügt und die sicherstellt, dass die Identität des Athleten nicht anhand der Ausrüstung festgestellt werden kann.[709] Darüber hinaus muss sichergestellt werden, dass die Ausrüstung vor Verwendung durch den Athleten sauber ist und im Nachgang ordnungsgemäß versiegelt wird.[710] Zum anderen ist die Einrichtung einer Dopingkontrollstation erforderlich, die möglichst nur zu diesem Zwecke genutzt werden soll, um die Privatsphäre der Athleten zu wahren.[711]

Die Probenahme an sich beginnt mit der Bestimmung der dafür verantwortlichen Person und endet mit Versiegelung der entnommenen Probe und dem Abschluss der entsprechenden Dokumentation.[712] Die Dokumentation enthält

706 Art. 3.3.4 SfDE.
707 Art. 3.3.4 SfDE.
708 Art. 3.3.1 (e), 5.2.4 SfDE.
709 Art. 4.2.4 (a), (c) SfDE.
710 Art. 4.2.4 (b), (d) SfDE.
711 Art. 4.2.2 SfDE.
712 Art. 5.1 SfDE.

umfangreiche Informationen zum Athleten und der Probenahme an sich. Insbesondere werden die Code-Nummer der Probe vermerkt und etwaige Unregelmäßigkeiten in den Verfahren festgehalten.[713] Zur Bestätigung, dass der Ablauf der Probenahme korrekt wiedergegeben wird, unterzeichnen der Athlet[714] und der DCO gemäß Art. 5.3.6. SfDE das Dopingkontrollformular, wovon Exemplar dem Athleten überlassen wird.

Der für den DCO einzuhaltende Ablauf der Probenahme richtet sich bei der Entnahme von Urinproben nach den Anhängen D, F und G des SfDE und bei der Entnahme von Blutproben nach dem Anhang E des SfDE.[715] Dabei entspricht es den Anforderungen beider Arten der Probenahme, durch den DCO zu gewährleisten, dass die Gesundheit und Sicherheit des Athleten und des Personals der Probenahme nicht beeinträchtigt werden, die Probe eindeutig identifizierbar und versiegelt ist und keinerlei Manipulation der Probe vorgenommen wurde.[716]

Der Athlet wird jeweils aktiv eingebunden, indem er zunächst die Ausrüstung zur Probenahme prüft und auswählt, oder gegebenenfalls seine Unzufriedenheit darüber äußert.[717] Hält der DCO die zur Verfügung stehende Ausrüstung ebenfalls für unzulänglich, wird die Probenahme beendet. Andernfalls weist der DCO den Athleten an, mit der Probenahme fortzufahren.[718] Nach Entnahme der Probe versiegelt der Athlet persönlich nach Anweisung des DCO die jeweilige Probe.[719]

aa. Entnahme von Urinproben

Während der Abgabe der Urinprobe muss der Athlet von einem DCO gleichen Geschlechts beobachtet werden und der ungehinderte Blick auf die Abgabe der Probe sichergestellt werden.[720] Dies ist der sensibelste und anfälligste Zeitpunkt für Manipulationen, deswegen erfährt er besondere Beachtung.[721] Bis zur Versiegelung der Probe behält der Athlet die Kontrolle über den Sammelbecher und die abgegebene Probe.[722] Wurde festgestellt, dass das geeignete Urinvolumen für

713 Vgl. Art. 5.3.5 SfDE zum Mindestinhalt der Dokumentation.

714 Bei Minderjährigen Athleten unterzeichnen sowohl der Athlet als auch die Begleitperson oder falls vorhanden sein gesetzlicher Vertreter, vgl. Art. 5.3.6 SfDE.

715 Art. 5.3.1 SfDE.

716 Vgl. Anhang D.3, Anhang E.3 SfDE.

717 Anhang D.3.4, Anhang E.3.6 SfDE.

718 Anhang D.3.4, Anhang E.3.6 SfDE.

719 Anhang D.3.15, Anhang E.3.14 SfDE.

720 Anhang D.2.2, 3.6, 3.9 SfDE.

721 *Haug,* Doping, S. 96.

722 Anhang D.3.5 SfDE.

die Analyse vorhanden ist, füllt der Athlet selbst die jeweils erforderlichen Mindestmengen in die Flasche B (mindestens 30ml) und den übrigen Urin in die Flasche A (mindestens 60ml) und versiegelt diese im Anschluss.[723] Genügt das abgegebene Volumen nicht, ist diese Teilprobe ebenfalls zu versiegeln und nach Abgabe der nächsten Probe[724] mit dieser zusammenzuführen.[725] Bevor der Resturin im Sammelbecher entsorgt wird, untersucht der DCO diesen, um festzustellen, ob die Probe eine geeignete spezifische Dichte für die Analyse aufweist.[726]

bb. Entnahme von Blutproben

Besondere Beachtung bei der Entnahme von Blutproben findet vor allem die Einhaltung der jeweiligen regionalen gesetzlichen Anforderungen für Sicherheitsvorkehrungen in medizinischen Einrichtungen sowie den medizinischen Standards entsprechende Durchführung durch den BCO.[727] Die Probe wird dem Athleten entnommen, nachdem dieser sich mindestens zehn Minuten in einer normalen Sitzposition befunden hat.[728] Sollte die Menge[729] des beim ersten Versuch entnommenen Blutes nicht ausreichen, wird die Prozedur noch maximal zwei Mal durch den BCO wiederholt, ansonsten wird die Probenahme beendet.[730] Ist eine Weiterverarbeitung der Probe, etwa durch Zentrifugation, notwendig, bleibt die Probe so lange unter Beobachtung des Athleten, bis sie in einem manipulationssicheren Behältnis versiegelt ist.[731]

Wird die Blutprobe im Zusammenhang mit dem Biologischen Athletenpass genommen, muss in dem Dopingkontrollformular zusätzlich festgehalten werden, ob in letzter Zeit Maßnahmen durch den Athleten unternommen wurden, die Einfluss auf die Blutprobe haben könnten. Dazu zählen ein Aufenthalt, Training oder Wettkampf an einem Ort auf einer Höhe über 1500 Meter in den letzten zwei Wochen, die Verwendung eine Art von Höhensimulation in den letzten zwei Wochen und deren Details, sowie der Erhalt und Verlust von Blut aufgrund Bluttransfusionen beziehungsweise eines Unfalls, einer Krankheit oder

---

723 Anhang D.3.10, 3.14, 3.15 SfDE.

724 Entsprechend der Vorgaben des Anhang D des SfDE.

725 Anhang F.3 SfDE.

726 Anhang D.3.16 SfDE.

727 Anhang E.3.1, 3.8 SfDE.

728 Anhang E.3.5 SfDE.

729 Die Menge des zu entnehmenden Blutes bestimmt sich nach den WADA *Blood Sample Collection Guidelines.*

730 Anhang E.3.10 SfDE.

731 Anhang E.3.13 SfDE.

einer Blutspende in den vergangenen drei Monaten.[732] Dazu kommt, dass eine Blutprobe zu diesem Zweck erst nach Ablauf von zwei Stunden seit dem letzten Training oder Wettkampf genommen werden darf.[733] Ist diese Zwei-Stunden-Frist bei Benachrichtigung des Athleten noch nicht abgelaufen, steht der Athlet bis dahin unter der ständigen Beobachtung des DCO, BCO oder Chaperon.[734] Außerdem sind die Proben für den Biologischen Athletenpass für die Dauer der Lagerung und des Transports gekühlt aufzubewahren, ohne dass sie gefrieren.[735]

e. *Nachbereitung und Transport der Probe*

Nach Abschluss der Dopingkontrolle erhalten die Anti-Doping-Organisation und der Sportler jeweils eine Kopie des Dopingkontrollformulars. In dem Zeitraum, nachdem der Athlet nach Abgabe der Probe die Dopingkontrollstation verlassen hat und bevor die Probe mitsamt dazugehörigen Unterlagen die Dopingkontrollstation verlässt, muss die für die Probenahme zuständige Organisation gewährleisten, dass die Probe so verwahrt wird, dass ihre Integrität, Identität und Sicherheit gewahrt bleibt.[736]

Möglichst bald nach Abschluss der Probenahme soll die Probe mitsamt den dazugehörigen Unterlagen die Dopingkotrollstation verlassen und mit dem Transport zu dem zuständigen Labor[737] begonnen werden.[738] Für den Transport beauftragt die NADA einen externen Dienstleister. Beeinträchtigungen der Proben durch Faktoren wie zeitliche Verzögerungen oder extreme Temperaturschwankungen sollen möglichst gering gehalten werden, wenn nötig unter konkreter Abstimmung der Transportanforderungen zwischen NADA und dem zuständigen Labor.[739]

Entscheidend ist in dieser Phase die Einhaltung und Dokumentation einer lückenlosen Überwachungskette (sog. *External Chain of Custody*). Von der Entnahme der Probe bis zur Auslieferung an das zuständige Labor muss die Aufeinanderfolge der Einzelpersonen und Organisationen, die für die Aufbewahrung der Probe zuständig sind, fehlerlos gewährleistet sein.[740] Sollte der Empfang der

---

732 Anhang E.3.3 SfDE.
733 Anhang E.3.5 SfDE.
734 Anhang E.3.5 SfDE.
735 Anhang E.3.15 SfDE.
736 Art. 6.2.1 SfDE.
737 Dazu siehe unten S. 146.
738 Art. 7.1, 7.2.2 SfDE.
739 Art. 7.2.2 SfDE.
740 SfDE, Anhang 2, Stichwort ‚Überwachungskette'.

Proben oder der dazugehörigen Unterlagen an den jeweiligen Bestimmungsorten nicht bestätigt werden, oder die Integrität oder Identität der Probe während des Transports beeinträchtigt werden, ist die für die Probenahme zuständige Organisation zur Prüfung der Überwachungskette verpflichtet.[741] Dies ist außerdem unverzüglich der NADA mitzuteilen, die ihrerseits prüft, ob die Probe noch verwertet werden soll.[742]

4. *Dopingnachweis*

Im Folgenden werden die Schritte der Dopinganalyse dargestellt, die neben der Frage des zuständigen Labors die verschiedenen Methoden zum Nachweis eines Dopingverstoßes und die Beweislast umfasst. Ferner wird das Verfahren ab Eröffnung der A-Probe bis zur Eröffnung der B-Probe mitsamt dem dazugehörigen Ergebnismanagement erläutert.

a. Zuständiges Labor

Voraussetzung zur Feststellung, ob ein Verstoß gegen Anti-Doping-Bestimmungen im Sinne von Art. 2.1 NADC vorliegt, ist die Analyse der Probe durch ein von der WADA akkreditiertes oder anerkanntes Labor.[743] Weltweit hat die WADA 34 Labore akkreditiert, davon zwei in Deutschland.[744] Die deutschen WADA-akkreditierten Labore sind an der Deutschen Sporthochschule in Köln und dem Institut für Dopinganalytik und Sportbiochemie Dresden angesiedelt. Die Wahl des konkret mit der Analyse der Probe beauftragten Labors trifft dann die Organisation, die die Probenahme veranlasst hat.[745] So kann beispielsweise die Probe eines von der NADA im Ausland kontrollierten Athleten auch von einem ausländischen Labor analysiert werden.

Bei der Analyse sind die Labore an die Vorgaben des *International Standard for Laboratories (ISL)*[746] gebunden. Hauptzweck dieses verbindlichen Standards ist die Produktion verwertbarer Testergebnisse sowie einheitliche und

---

741 Art. 7.2.5 SfDE.

742 Art. 7.2.5 SfDE.

743 Art. 6.1 NADC.

744 Vgl. List of WADA Accredited Laboratories (Stand Juni 2016), abrufbar unter: https://wada-main-prod.s3.amazonaws.com/resources/files/wada_accredited_laboratories_en.pdf (zuletzt abgerufen am 18.05.2019).

745 Art. 6.1 NADC.

746 Abrufbar unter: https://wada-main-prod.s3.amazonaws.com/resources/files/isl_june_2016.pdf (zuletzt abgerufen am 18.05.2019).

harmonisierte Ergebnisse und Berichterstattungen aller Labors sicherzustellen.[747] Darüber hinaus legt der ISL die von den Labors zu erfüllenden Voraussetzungen zum Erhalt einer WADA-Akkreditierung fest.[748]

Ausweislich seines Wortlautes gilt Art. 6.1 NADC nur für die Feststellung eines Verstoßes gegen Art. 2.1 NADC, nicht aber für Art. 2.2 NADC. So dürfen für den Nachweis der Anwendung oder versuchten Anwendung eines verbotenen Stoffs oder einer verbotenen Methode durch Athleten grundsätzlich Ergebnisse anderer Labors herangezogen und verwertet werden.

b. Beweislast und Beweismaß

Grundsätzlich folgt die Beweislastverteilung in Dopingverfahren zivilrechtlichen Grundsätzen:[749] jede Prozesspartei betrifft das allgemeine Risiko des Prozessverlustes wegen Nichterweislichkeit der ihren Sachantrag tragenden Tatsachenbehauptung.[750] Demnach hat der Anspruchsteller die Beweislast für die rechtsbegründenden, der Anspruchsgegner für die rechtsvernichtenden, rechtshindernden und rechtshemmenden Tatbestandsmerkmale zu tragen.[751]

Art. 3. 1 NADC legt eine generelle Beweislastverteilung für das Vorliegen eines Verstoßes gegen die Anti-Doping-Bestimmungen fest. Die Beweislast liegt bei der Anti-Doping-Organisation, die im Rahmen des Beweismaßes gegenüber dem Disziplinarorgan überzeugend darlegen muss, dass ein Verstoß gegen Anti-Doping-Bestimmungen vorliegt, wobei die Schwere des Vorwurfs zu berücksichtigen ist.[752] Dabei erfordert das Beweismaß zur Überzeugung des Disziplinarorgans mindestens eine mehr als 50-prozentige Wahrscheinlichkeit, ohne dass ein Beweis vorgelegt werden muss, der jeden vernünftigen Zweifel ausschließt.[753]

Dies gelingt, wenn nachgewiesen werden kann, dass im Körper des Sportlers eine verbotene Substanz vorhanden ist. Dabei muss zwischen den Verstößen des Art. 2.1 NADC und Art. 2.2 NADC differenziert werden.

---

747 Ziffer 1.0 ISL.

748 Ziffer 1.0 ISL.

749 *Lehner,* in: Adolphsen/Nolte/Lehner/Gerlinger (Hrsg.), Sportrecht in der Praxis, S. 329 Rn. 1377.

750 *Krähe,* in: Fritzweiler (Hrsg.), Doping – Sanktionen, Beweise, Ansprüche, S. 39, 41.

751 Z.B. BGHZ 113, 222, 224f. mit weiteren Nachweisen; *Krähe,* in: Fritzweiler (Hrsg.), Doping – Sanktionen, Beweise, Ansprüche, S. 39, 41.

752 Art. 3.1 S. 2 NADC.

753 Art. 3.1 S. 3 NADC.

aa. Direkter Nachweis - Grundsatz der „strict liability"

Gemäß Art. 2.1 NADC gilt das bloße Vorhandensein jeglicher Menge[754] einer Verbotenen Substanz, ihrer Metaboliten oder Marker in der Probe des Athleten als Verstoß gegen die Anti-Doping-Bestimmungen. Entsprechend dem Wortlaut bedarf es keines Nachweises von Vorsatz, Verschulden, Fahrlässigkeit oder bewusstem Gebrauch des Sportlers.[755] Jeder Sportler hat die Pflicht dafür zu sorgen, dass keine Verbotenen Substanzen in seinen Körper gelangen und ist persönlich verantwortlich, wenn Verbotene Substanzen, ihre Metaboliten oder Marker in seiner Probe gefunden werden.[756]

Deshalb liegt nach Art. 2.1.2 NADC bereits ein ausreichender Nachweis für einen Verstoß gegen Art. 2.1 NADC vor, wenn in der A-Probe des Athleten eine verbotene Substanz, ihre Metaboliten oder Marker vorhanden sind und der Athlet auf die Analyse der B-Probe verzichtet und die B-Probe nicht analysiert wird. Ferner, wenn die B-Probe das Ergebnis der A-Probe bestätigt, oder, wenn die B-Probe auf zwei Flaschen aufgeteilt wird und das Analyseergebnis der zweiten Flasche das Vorhandensein einer verbotenen Substanz, ihrer Metaboliten oder Marker in der ersten Flasche bestätigt. Ob eine Analyse der B-Probe erfolgt, liegt im Ermessen der für das Ergebnismanagement zuständigen Anti-Doping-Organisation.[757]

Diese verschuldensunabhängige Haftung wird vom CAS seit dem Fall *G./FEI*[758] aus dem Jahr 1992 als *„strict liability"* bezeichnet und wird auf die Notwendigkeit einer effektiven Bekämpfung von Doping gestützt.[759]

---

754 Ausgenommen sind solche Substanzen, für die in der Verbotsliste quantitative Grenzwerte festgelegt sind, Art. 2.1.3 NADC.

755 Der NADC differenziert diese Begrifflichkeiten zwar formal, trifft aber de facto keine Unterscheidung zwischen Schuld und Verschulden beziehungsweise Vorsatz und Fahrlässigkeit. Kritisch dazu auch *Lehner,* in: Adolphsen/Nolte/Lehner/Gerlinger (Hrsg.), Sportrecht in der Praxis, S. 332 Rn. 1386ff.

756 Art. 2.1.1 NADC.

757 Kommentar zu Art. 2.1.2 NADC.

758 *Court of Arbitration for Sports (CAS),* Digest of CAS Awards 1986-1998, Edited by M. Reeb, Staempfli Verlag Bern 1998, S. 67ff.

759 *Krähe,* In: Fritzweiler (Hrsg.), Doping – Sanktionen, Beweise, Ansprüche, S. 39, 44; zum Prinzip der strict liability in der Rechtsprechung des CAS vgl. ausführlich *Willkmann,* Die Überführung des Sportlers im Dopingverfahren, S. 101ff.

In der deutschen Rechtsprechung wird die Figur der *„strict liability“* als solche nicht anerkannt.[760] In Deutschland wäre der strict liability rule jedwede Anerkennung zu versagen, weil nach deutschem Rechtsverständnis keiner mit auch nur einem zeitweiligen Berufsverbot belegt werden dürfe, wenn ihm nicht auch ein persönlicher Schuldvorwurf gemacht werden könne, wofür auch die Unschuldsvermutung des Art. 6 Abs. 2 EMRK spreche.[761] Vielmehr begründe ein positiver Befund der A-Probe einen Anscheinsbeweis für einen schuldhaften Dopingverstoß.[762]

Der Tatbestand des Regelverstoßes ist somit auch ohne Verschulden des Sportlers erfüllt. Das Verschulden des Sportlers bleibt aber nicht gänzlich unberücksichtigt, sondern schlägt sich auf der Rechtsfolgenseite nieder.

bb. Indirekter Nachweis

Ebenso genügt für die Annahme eines Doping-Verstoßes nach Art. 2.2 NADC der bloße Gebrauch[763] oder der Versuch des Gebrauchs einer Verbotenen Substanz oder einer Verbotenen Methode. Der Nachweis eines solchen Verstoßes kann, im Gegensatz zum erforderlichen Nachweis bei Art. 2.1 NADC, auch durch andere verlässliche Mittel geführt werden. Darunter fallen zum Beispiel ein Geständnis des Athleten, Zeugenaussagen, Belege und sonstige Dokumente. Ferner können Schlussfolgerungen aus Longitudinalstudien gezogen werden, die aus einer Reihe von Blut- und Urinproben des Athleten resultieren, einschließlich der Daten, die für den Biologischen Athletenpass erhoben wurden.[764]

Der Nachweis des Gebrauchs kann auch allein auf verlässliche Daten der Analyse der A-Probe gestützt werden (ohne die Bestätigung anhand der B-Probe), oder der Analyse der B-Probe, soweit eine zufriedenstellende Erklärung für die

---

760 OLG Frankfurt a.M., Urteil vom 18. 5. 2000 - 13 W 29/00 = NJW-RR 2000, 1117, 1120; OLG Frankfurt a. M., Urteil vom 18.04.2001 – 13 U 66/01, Entscheidungsgründe Ziff. 2 („Strict liability rule“) = BeckRS 2001, 30175377.

761 OLG Frankfurt a.M., Urteil vom 18. 5. 2000 - 13 W 29/00 = NJW-RR 2000, 1117, 1120; OLG Frankfurt a. M., Urteil vom 18.04.2001 – 13 U 66/01, Entscheidungsgründe Ziff. 2 („Strict liability rule“).

762 Ebd.

763 Die Verwendung, Verabreichung, Injektion oder Einnahme auf jedwede Art und Weise einer Verbotenen Substanz oder einer Verbotenen Methode, vgl. NADC 2015, Anhang 1, Stichwort ‚Gebrauch‘.

764 Kommentar zu Art. 2.2, 3.2 NADC; anders als im Falle des Art. 2.1 NADC erfordert die Darlegung des versuchten Gebrauchs einer verbotenen Substanz oder einer verbotenen Methode den Nachweis des Vorsatzes des Athleten.

fehlende Bestätigung durch die jeweils andere Probe geliefert werden kann.[765] Der wohl bekannteste Fall eines indirekten Dopingnachweises ist der Fall Pechstein, der zugleich auch die mit dem Nachweis verbundenen Kontroversen eindrucksvoll darstellt.[766]

Der indirekte Nachweis ermöglicht es der Anti-Doping-Organisation, etwaige Lücken des Dopingkontrollsystems zu schließen. Denn der direkte Nachweis erfordert denklogisch das Vorhandensein und die Auffindbarkeit einer verbotenen Substanz im Körper des Athleten zum Zeitpunkt des Gebrauchs.[767] Kann dies durch die zulässigen Analysemethoden nicht nachgewiesen werden, bedeutet dies nicht zwangsläufig, dass der Athlet nicht gedopt ist. Möglicherweise wurden verschiedene verbotene Substanzen kombiniert in kleinsten Mikro-Dosierungen verabreicht, die durch die konventionellen Analysemethoden nicht nachweisbar sind.[768] Ebenso können verbotene Substanzen durch die Zuführung weiterer, nicht auf der WADA-Liste enthaltenen, Substanzen verschleiert werden. Dies führt dazu, dass die zu Verschleierungszwecken zugeführten Substanzen, sofern diese durch akkreditierte Methoden nachweisbar sind, identifiziert werden, die verbotene Substanz aber unentdeckt bleibt.[769]

c. *Möglichkeit des Gegenbeweises*

Der Sportler hat diverse Möglichkeiten den Anscheinsbeweis des verschuldeten Verstoßes zu erschüttern. Um erfolgreich einen Gegenbeweis antreten zu können, muss der Sportler die als Beweisregeln geltenden Vermutungen zur Feststellung von Tatsachen nach Art. 3.2 NADC widerlegen oder sonstige Tatsachen und Umstände nachweisen.[770] Hierbei findet eine Umkehr der Beweislast statt. Dabei sind die Anforderungen an das Beweismaß, im Vergleich zum Beweismaß der Anti-Doping-Organisation, weniger streng. Für einen den Sportler entlastenden Gegenbeweis genügt die gleich hohe Wahrscheinlichkeit für das Auftreten eines bestimmten Ereignisses.[771]

---

765 Kommentar zu Art. 2.2 NADC.

766 Kritisch *Lehner*, in: Adolphsen/Nolte/Lehner/Gerlinger (Hrsg.), Sportrecht in der Praxis, S. 366 Rn. 1516ff.

767 *Wilkmann*, Die Überführung des Sportlers im Dopingverfahren, S. 189f.

768 *Berninger*, Die WADA-Blutpass-Guidelines und deren nationale Umsetzung für den indirekten Dopingnachweis, in: SpuRt 2010, 228.

769 *Wilkmann*, Die Überführung des Sportlers im Dopingverfahren, S. 192f.

770 S.u.S. 151f.

771 Art. 3.1 Abs. 2 NADC.

Grundsätzlich kommen für den Sportler nur zwei Verteidigungen in Betracht: nämlich die Sabotage oder die fehlerhafte Dopinganalyse.[772] Die Wahrscheinlichkeit, dass dem Sportler ein solcher Beweis gelingt ist jedoch äußerst gering.

Ein erfolgreich geführter Gegenbeweis wirkt sich indes auch nur auf der Rechtsfolgenseite aus. Der objektiv festgestellte Dopingverstoß bleibt bestehen, wodurch dem Athleten der Makel eines Dopingverstoßes anhaftet, selbst, wenn die Strafe auf null reduziert wurde.

d. Sanktionen und Entlastungsmöglichkeiten

Größer als die Wahrscheinlichkeit einen Gegenbeweis zu erbringen ist die Chance, dass die vom Verband ausgesprochene Sanktion unter Berücksichtigung des Verschuldens des Sportlers, gegebenenfalls durch den CAS, gemildert wird.[773] Dem Sportler wird Gelegenheit gegeben, die Rechtsfolgen des Doping-Verstoßes zu reduzieren. Danach besteht die Möglichkeit, auf die Annullierung der Ergebnisse bei einer Wettkampfveranstaltung zu verzichten, eine Sperre zu reduzieren oder ganz von einer Sperre abzusehen, wenn der Sportler sich erfolgreich entlasten kann.

Grundsätzlich sieht Art. 10.2.1.1 NADC für einen Erstverstoß gegen Art. 2.1 oder Art. 2.2 NADC eine Sperre von vier Jahren vor, wenn der Verstoß keine *Spezifische Substanz*[774] betrifft, es sei denn der Athlet oder eine andere Person weist nach, dass der Verstoß nicht absichtlich begangen wurde. Dann beträgt die Sperre gemäß Art. 10.2.2 NADC zwei Jahre. Absicht bedeutet in diesem Kontext das Wissen des Athleten, dass er einen Verstoß gegen Anti-Doping-Bestimmungen begeht und dies auch wollte.[775] Diese Absicht wird durch das Vorliegen des Verstoßes widerlegbar vermutet.

Gemäß Art. 10.1.1 NADC werden Einzelergebnisse nicht annulliert und gemäß Art. 10.4 NADC wird von der zu verhängenden Sperre abgesehen, wenn

---

772 *Netzle,* in: Vieweg (Hrsg.), Doping – Realität und Recht, S. 197, 218.

773 Ebd.

774 Spezifische Substanzen sind gem. Art. 4.2.2 NADC alle verbotenen Substanzen mit Ausnahme der Substanzen der Substanzklassen „Anabole Substanzen" und „Hormone" sowie den Stimulanzien, Hormonantagonisten und Modulatoren, die als solche in der Verbotsliste aufgeführt sind. Dies sind solche Substanzen, bei denen die Wahrscheinlichkeit höher liegt, dass ein Athlet sie für andere Zwecke als zur Leistungssteigerung konsumiert hat, beispielsweise als Medikament, vgl. Kommentar zu Art. 4.2.2 NADC.

775 Art. 10.2.3 NADC.

der Athlet jeweils nachweisen kann, dass ihn kein Verschulden für den Verstoß gegen Anti-Doping-Bestimmungen trifft. Dafür muss der Sportler überzeugend darlegen, dass er weder wusste noch vermutete noch unter Anwendung der äußersten Sorgfalt hätte wissen oder vermuten müssen, dass er eine verbotene Substanz eingenommen oder eine verbotene Methode angewendet hat oder dass ihm eine verbotene Substanz verabreicht oder bei ihm eine verbotene Methode angewendet wurde.[776] Wird dem Sportler ein Verstoß gegen Art. 2.1 NADC vorgeworfen, muss er zusätzlich nachweisen, wie die verbotene Substanz in seinen Organismus gelangt ist.[777] Dies stellt regelmäßig eine große Hürde für die Sportler dar. Allein der Vortrag des Sportlers, dass er nicht zu Dopingzwecken gehandelt habe reicht für eine Begründung von Art. 10.4 NADC nicht aus.[778]

Dabei ist stets die eigene Verantwortlichkeit des Sportlers zu berücksichtigen. Der Sportler kann sich z.B. nicht darauf berufen, dass kein Verschulden vorliegt, wenn er ein falsch etikettiertes Nahrungsergänzungsmittel zu sich genommen hat und dies zu einem positiven Testergebnis geführt hat. Der Sportler ist selbst dafür verantwortlich, was er zu sich nimmt. Ebenso ist die Annahme von „kein Verschulden" ausgeschlossen, wenn ein Athletenbetreuer dem Athleten, ohne dessen Kenntnis, eine verbotene Substanz verabreicht, da der Sportler selbst für die Auswahl und Anweisung seiner Betreuer die Verantwortung trägt. Die Athleten sind ebenso verantwortlich für das Verhalten der Personen aus ihrem engeren Umfeld, die Zugang zu Speisen und Getränken des Athleten haben. Eine mögliche Sabotage dieser Speisen und Getränke durch diese Personen lässt deshalb den Verschuldensvorwurf nicht entfallen.[779]

In den genannten Beispielen kann die Sanktion aber, abhängig von den Umständen des Einzelfalls, gemäß Art. 10.5 herabgesetzt werden, wenn dem Sportler der Nachweis gelingt, dass kein signifikantes Verschulden[780] seinerseits vorlag.

Im Ergebnis bleibt festzuhalten, dass trotz der Entlastungsmöglichkeiten der objektiv festgestellte Dopingverstoß bestehen bleibt, wodurch dem Athleten der

---

776 NADC 2015, Anhang 1, Stichwort ‚Kein Verschulden'.

777 Ebd.

778 *Haas/Boccucci*, Das neue Regime der Dopingsanktionen nach dem Welt-Anti-Doping-Code 2009, in: Causa Sport 2011, S. 5, 14.

779 Vgl. zu diesem Absatz den Kommentar zu Art. 10.4 NADC.

780 Wenn das Verschulden unter Berücksichtigung der Gesamtumstände im Verhältnis zu dem Verstoß gegen die Anti-Doping-Bestimmung nicht wesentlich und der Athlet nachweisen kann, wie die verbotene Substanz in seinen Körper gelange, vgl. NADC 2015, Anhang 1, Stichwort ‚Kein signifikantes Verschulden'.

Makel eines Dopingverstoßes anhaftet und seine Reputation nachhaltig Schaden davonträgt, selbst, wenn die Strafe auf null reduziert wurde.[781]

e. *Analyse der A-Probe*

Das zuständige und beauftrage Labor beginnt nach Erhalt der Proben mit der Untersuchung der A-Proben, um die in der Verbotsliste aufgeführten verbotenen Substanzen und verbotenen Methoden nachzuweisen. Dabei hat das Labor die Voraussetzungen des ISL[782] und die mit diesem zusammenhängenden technischen Unterlagen sowie die DIN-Normen ISO 17000 und ISO/IFC 17025[783] zu beachten. Die Nichteinhaltung dieser Vorgaben während der A-Proben-Analyse führt zu einer Unverwertbarkeit des Ergebnisses und kann vom Athleten gerügt werden.

aa. *Chain of Custody*

Schon beim Erhalt der Proben vom Transportdienstleister muss das Labor die Einhaltung der External Chain of Custody[784] prüfen und den Transportcontainer der Probe auf Unregelmäßigkeiten überprüfen und diese gegebenenfalls dokumentieren.[785] Solche Unregelmäßigkeiten sind – nicht abschließend – in Ziffer 5.2.2.3 ISL geregelt. Darunter fallen zum Beispiel die offensichtliche Manipulation der Probe, eine nicht oder falsch versiegelte Probe, das Fehlen des Dopingkontrollformulars, ein unzureichendes Volumen der Probe oder Transportschäden, die eine ordnungsgemäße Analyse unmöglich machen. Außerdem muss das Labor sicherstellen, dass die gelieferte Probe dem Dopingkontrollformular beziehungsweise der External Chain of Custody zweifelsfrei zuordenbar ist.[786]

Neben der External Chain of Custody ist das Labor zur Einhaltung und Dokumentation einer *Internal Chain of Custody* verpflichtet. Dort müssen die einzelnen Arbeitsschritte und Vorgänge vom Erhalt der Probe bis zum Abschluss

781 *Lehner*, in: Adolphsen/Nolte/Lehner/Gerlinger (Hrsg.), Sportrecht in der Praxis, S. 332 Rn. 1385.

782 Ziffer 5.0 ISL für Urinproben und Ziffer 6.0 ISL stellen detailliert den einzuhaltenden analytischen und technischen Prozess dar.

783 Allgemeine Anforderungen an die Kompetenz von Prüf- und Kalibrierlaboratorien.

784 S.o.S. 145.

785 Ziffer 5.2.1.2 ISL.

786 Ziffer 5.2.2.1 ISL.

der Untersuchung vermerkt werden.[787] Ziffer 5.2.6 ISL beschreibt detailliert die notwendige Dokumentation und Berichterstattung. Danach soll zum Beispiel nachvollziehbar sein, welcher Mitarbeiter des Labors den jeweiligen Schritt der Analyse durchgeführt hat. Aus der Gesamtheit der während einer Dopinganalyse erstellten Dokumente und dem Ergebnis der Analyse wird vom Labor in Einklang mit dem WADA *Technical Document on Laboratory Documentation Packages* dann das sogenannte *Laboratory Documentation Package* erstellt.[788] Dieses umfangreiche Paket soll der für das Ergebnismanagement zuständigen Organisation und dem betroffenen Athleten[789] auf Anfrage zur Verfügung gestellt werden.[790]

Grundsätzlich wird bei WADA-akkreditierten und von der WADA anerkannten Laboren widerlegbar vermutet, dass die Analyse entsprechend der Regelungen des ISL durchgeführt wurde und mit den Proben entsprechend verfahren wurde.[791] Diese Vermutung kann durch den Athleten widerlegt werden, indem er nachweist, dass eine Abweichung vom ISL vorliegt, die nach vernünftigem Ermessen des Disziplinarorgans kausal für das von der Norm abweichende Analyseergebnis[792] gewesen sein könnte.[793]

Der Nachweis einer Verletzung der Chain of Custody, gleich ob extern oder intern, kehrt die Beweislast um, wonach es dann der Anti-Doping-Organisation obliegt, gegenüber dem Disziplinarorgan nachzuweisen, dass der Verstoß das von der Norm abweichende Analyseergebnis nicht verursacht hat.[794] Gelingt dieser Nachweis nicht, sind die gewonnenen Beweise und Ergebnisse ungültig.

---

787 Ziffer 5.2.2.2 ISL; vgl. dazu auch das WADA Technical Document zur Chain of Custody – TD2009LCOC, abrufbar unter: https://www.wada-ama.org/en/resources/science-medicine/td2009-lcoc (zuletzt abgerufen am 18.05.2019).

788 Ziffer 3.2 ISL Stichwort ‚Laboratory Documentation Package'; vgl. dazu auch das dazugehörige WADA Technical Document - TD2009LDOC, abrufbar unter: https://www.wada-ama.org/en/resources/science-medicine/td2009-ldoc (zuletzt abgerufen am 18.05.2019).

789 Art. 7.2.2.2 (f) NADC.

790 Ziffer 5.2.6.13, 6.2.6.12 ISL.

791 Art. 3.2.2 Abs. 1 NADC.

792 Bericht des Labors, der in einer Probe das Vorhandensein eines verbotenen Stoffs, seiner Metaboliten oder Marker (einschließlich erhöhter Werte endogener Stoffe) bzw. Hinweise für die Anwendung einer verbotenen Methode feststellt, vgl. NADC 2015, Anhang 1, Stichwort ‚Von der Norm abweichendes Analyseergebnis'.

793 Art. 3.2.2 Abs. 1 NADC.

794 Art. 3.2.2 Abs. 2 NADC.

bb. Beteiligung des Athleten und Anonymität

Die Untersuchung der A-Probe verläuft anonymisiert, dem Labor werden bei Anlieferung der Proben und der dazugehörigen Unterlagen die Dokumente zur Identifizierung des Athleten nicht ausgehändigt.[795] Die Proben werden allein anhand der Code-Nummern auf den Flaschen verwaltet. Wird die Anonymität des Athleten aufgehoben, ist eine Einstellung des Analyseverfahrens zwingend und sofort geboten mit der Folge der Unverwertbarkeit der bis dorthin gegebenenfalls erzielten Analyseergebnisse.[796]

Auch sehen weder der NADC noch der ISL eine Beteiligung des Athleten bei der Analyse der A-Probe vor. Dem stehen angesichts der der Vielzahl von Dopingkontrollen auch keine Rechtsgründe entgegen, da es sich dabei um einen Routinevorgang handelt, der den Athleten erst bei festgestellten Auffälligkeiten betroffen macht.[797]

cc. Einholung einer Zweitmeinung

Vor der Feststellung eines positiven Ergebnisses bedarf es für bestimmte Substanzen und Analysemethoden der Einholung einer Zweitmeinung eines anderen WADA-akkreditierten Labors durch das analysierende Labor.[798] Dies ist zum Beispiel für das Testverfahren zum Nachweis von Erythropoetin (EPO) vorgesehen.[799] Teilweise wird gefordert, dies zum Standard aller Analysen zu erklären.[800]

f. Ergebnismanagement

Wird bei einer ordnungsgemäß durchgeführten Analyse ein von der Norm abweichendes (*Adverse Analytical Findings*) oder auffälliges/atypisches Analyseergebnis

795 Art. 7.2.3 SfDE.

796 *Lehner*, in: Adolphsen/Nolte/Lehner/Gerlinger (Hrsg.), Sportrecht in der Praxis, S. 372 Rn. 1537.

797 *Lehner*, in: Adolphsen/Nolte/Lehner/Gerlinger (Hrsg.), Sportrecht in der Praxis, S. 371 Rn. 1533 spricht in diesem Kontext von einem „Massengeschäft".

798 Ebd., S. 372 Rn. 1541.

799 Sog. Confirmation Procedure, vgl. Ziff. 2 und 5 WADA-Technical Document - TD2014EPO, abrufbar unter: https://www.wada-ama.org/en/resources/science-medicine/td2014-epo (zuletzt abgerufen am 18.05.2019).

800 *Lehner*, in: Adolphsen/Nolte/Lehner/Gerlinger (Hrsg.), Sportrecht in der Praxis, S. 373 Rn. 1542.

(*Atypical Findings*)[801] festgestellt, nimmt sich im Rahmen des Ergebnismanagements nach Art. 7 NADC die zuständige Organisation der Angelegenheit an. Ergebnismanagement ist gemäß Art. 7.1 NADC der Zeitraum ab Kenntnis der positiven A-Probe bis zur Durchführung eines Disziplinarverfahrens.

aa. Zuständigkeit

Mit Ausnahme der ersten Überprüfung gemäß Art. 7.2.1.1 NADC ist grundsätzlich der jeweilige nationale Fachverband zuständig für das Ergebnismanagement bei Trainingskontrollen und die veranstaltende Organisation bei Dopingkontrollen innerhalb des Wettkampfs.[802] Diese Zuständigkeit kann aber mittels schriftlicher Vereinbarung auf die NADA übertragen werden.[803]

Dies gilt im Falle eines internationalen Sportfachverbandes oder eines Veranstalters großer Sportwettkämpfe[804] auch, wenn die NADA das Labor anweist, zusätzliche Analysen auf Kosten der NADA durchzuführen.

Etwas anderes gilt, wenn die WADA auf eigene Initiative Dopingkontrollen durchgeführt hat. Dann bestimmt sie gemäß Art. 7.1.4 NADC die für die Durchführung des Ergebnismanagement- und Disziplinarverfahren zuständige Anti-Doping-Organisation.

Eine weitere Sonderregelung ist für das Olympische und Paralympische Komitee sowie anderer Veranstalter großer Sportwettkämpfe vorgesehen, wenn diese selbst die Dopingkontrolle durchgeführt haben oder selbst einen möglichen Verstoß gegen Anti-Doping-Bestimmungen entdeckt haben. Dann wird

---

801 Ein Bericht eines von der WADA akkreditierten Labors oder einer anderen von der WADA anerkannten Einrichtung, der weitere Untersuchungen gemäß dem internationalen Standard für Labore oder den entsprechenden technischen Dokumenten erfordert, bevor ein von der Norm abweichendes Analyseergebnis festgestellt wird, vgl. NADC 2015, Anhang 1, Stichwort ‚Atypisches Analyseergebnis'.

802 Art. 7.1.2 NADC.

803 Davon haben Stand Januar 2020 in Deutschland bisher 51 Verbände Gebrauch gemacht, vgl. dazu die Übersicht auf S. 31 des NADA Jahresberichts 2020, abrufbar unter: https://www.nada.de/fileadmin/user_upload/nada/Downloads/Jahresberichte/2018_NADA_Jahresbericht_DE_online.pdf (zuletzt abgerufen am 20.01.2020) und § 14.1 ADC des DLV.

804 Die kontinentalen Vereinigungen der Nationalen Olympischen Komitees und anderer internationaler Dachorganisationen, die als Veranstalter einer kontinentalen, regionalen oder anderen internationalen Wettkampfveranstaltung fungieren, vgl. NADC 2015, Anhang 1, Stichwort ‚Veranstalter großer Sportwettkämpfe'.

gemäß Art. 7.1.5 die Zuständigkeit für das Ergebnismanagement und Anhörungen an den zuständigen internationalen Sportfachverband übertragen, wenn die Konsequenzen über den Ausschluss aus der Veranstaltung, die Annullierung von Ergebnissen, den Verlust von Medaillen, Punkten oder Preisen oder die Rückerstattung von Kosten im Zusammenhang mit dem Verstoß hinausgehen.[805]

Bei Uneinigkeit über die Zuständigkeit für das Ergebnismanagement, entscheidet die WADA. Diese Entscheidung kann binnen sieben Tagen nach der Benachrichtigung darüber vor dem CAS angefochten werden.[806]

bb. Erste Überprüfung

Nach Erhalt eines von der Norm abweichenden Analyseergebnisses der A-Probe wird von der NADA beziehungsweise von der jeweiligen Organisation die Code-Nummer der Probe decodiert und somit die Anonymität des Sportlers erstmalig aufgehoben. Ist eine andere Organisation als die NADA zuständig, ist die NADA unverzüglich über die Identität des Athleten zu informieren.[807]

In einer ersten Überprüfung stellt die NADA gemäß Art. 7.2.1.1 NADC[808] anschließend fest, ob eine gültige TUE bewilligt wurde oder bewilligt wird. Ebenso wird festgestellt, ob eine offensichtliche Abweichung vom SfDE oder dem ISL vorliegt, auf der das von der Norm abweichende Analyseergebnis beruht. Im Sinne der Beschleunigung des Verfahrens soll dieser gesamte Vorgang spätestens sieben Werktage nach Erhalt des Analyseberichts abgeschlossen sein.[809]

cc. Information der Beteiligten und der Öffentlichkeit

Nach Abschluss der ersten Überprüfung durch die NADA hat diese der für das Ergebnismanagement zuständigen Organisation die Identität des Athleten und das Ergebnis mitzuteilen.[810] Korrespondierend dazu ist die für das Ergebnismanagement zuständige Organisation verpflichtet, der NADA die Identität des Athleten und das Ergebnis der ersten Überprüfung mitzuteilen.

---

805 Im NADC 2009 waren die Zuständigkeitsregeln der Art. 7.1.3, 7.1.4 und 7.1.5 NADC noch nicht enthalten und sind Ausfluss der selbstständigen nationalen Umsetzung des WADC.

806 Art. 7.1.6 NADC.

807 Art. 7.2.1.2 NADC.

808 Bzw. die zuständige Organisation gemäß Art. 7.2.1.2 NADC, wenn eine anderen Organisation als die NADA die Dopingkontrolle durchgeführt hat.

809 Art. 7.2.1.1, 7.2.1.2 NADC.

810 Art. 7.2.2.1 NADC.

Ergibt die erste Überprüfung, dass eine gültige TUE oder eine Abweichung vom SfDE oder dem ISL vorliegt, gilt die Kontrolle als negativ. In diesem Fall wird der Athlet, der internationale und nationale Sportfachverband sowie die WADA über das Ergebnis informiert.[811]

Liegt weder eine TUE noch eine Abweichung vom SfDE oder vom ISL vor, welche das von der Norm abweichende Analyseergebnis verursacht hat, wird dem Athleten gemäß Art. 7.2.2.2 NADC unverzüglich das Analyseergebnis und der damit verbundene Verstoß gegen Anti-Doping-Bestimmungen mitgeteilt. Ferner muss der Athlet noch auf sein Recht hingewiesen werden, die Analyse der B-Probe nach Art. 8 NADC zu verlangen. Außerdem muss die Mitteilung das Recht des Athleten enthalten, das Documentation Package anzufordern sowie innerhalb von sieben Tagen schriftlich gegenüber der für das Ergebnismanagement zuständigen Organisation Stellung zu nehmen.

Unmittelbar nach der Benachrichtigung des Athleten über das positive Ergebnis der A-Probe darf die für das Ergebnismanagement zuständige Organisation oder die NADA die Identität des Betroffenen gemäß Art. 14.3.1 WADC offenlegen und die Öffentlichkeit über den Vorgang informieren.[812] Davon weicht die nationale Umsetzung in Art. 14.3 NADC ab. Eine Veröffentlichung bei einem von der Norm abweichenden Analyseergebnis ist dort erst nach Durchführung des Disziplinarverfahrens vorgesehen.[813]

dd. Meldung staatlicher Ermittlungsbehörden

Noch vor der Mitteilung an den Athleten gemäß Art. 7.2.2 NADC ist die für das Ergebnismanagement zuständige Organisation befugt, den Namen des betroffenen Athleten, seinen gewöhnlichen Aufenthaltsort, die Substanz, die zu dem von der Norm abweichenden Analyseergebnis geführt hat sowie weitere relevante Informationen der zuständigen Staatsanwaltschaft oder dem Bundeskriminalamt zu melden.[814] Voraussetzung dafür ist, dass ein Verstoß gegen das Strafgesetzbuch, das Arzneimittel- oder das Betäubungsmittelgesetz aufgrund Vorliegens eines positiven Ergebnisses der A-Probe nicht auszuschließen ist.

---

811 Art. 7.2.2.1 NADC.

812 Vgl. zur Rechtmäßigkeit der Namensveröffentlichung vor Beendigung des Dopingnachweisverfahrens *Lambertz*, Problematische Namensveröffentlichungsregelung in Dopingfällen gemäß WADA-Code, in: Causa Sport 215, S. 369ff.

813 S.u.S. 162ff.

814 Art. 14.2 NADC.

Fraglich ist, inwieweit diese Regelung nach der Einführung des Anti-Doping-Gesetzes noch Anwendung finden wird. Sinn und Zweck dieser Regelung ist es, die staatlichen Ermittlungsbehörden auf mögliche Verstöße gegen allgemeine und dopingspezifische Tatbestände aufmerksam zu machen. Da der Wortlaut das AntiDopG noch nicht berücksichtigt, ist davon auszugehen, dass dies bei der nächsten Revision des NADC geändert wird. Aus dem Sinn und Zweck der Regelung ergibt sich nach hier vertretener Ansicht daher bereits jetzt eine Informationspflicht für die zuständige Organisation bei einem möglichen Verstoß gegen das AntiDopG.

g. Vorläufige Suspendierung

Zwingende[815] Konsequenz eines von der Norm abweichenden Analyseergebnisses in der A-Probe nach Durchführung der ersten Überprüfung ist die vorläufige Suspendierung des Athleten gemäß Art. 7.8 NADC durch das Disziplinarorgan. Dies bedeutet den vorübergehenden Ausschluss des Athleten von der Teilnahme an Wettkämpfen oder sportlichen Aktivitäten, bis eine endgültige Entscheidung nach einem gemäß Art. 12 NADC durchzuführenden Verfahren gefällt ist.[816]

Voraussetzung der vorläufigen Suspendierung ist, neben der Mitteilung nach Art. 7.2.2 NADC[817], die Möglichkeit des Athleten zu einer vorläufigen Anhörung vor Verhängung der Suspendierung oder unverzüglich danach.[818] Diese Anhörung erlaubt es dem Athleten, schriftlich oder mündlich vor der Durchführung eines Disziplinarverfahrens zu den Vorwürfen Stellung zu nehmen. Aufgrund der Vorläufigkeit werden nicht unbedingt alle Umstände des Falls geprüft. Mit Ausübung der vorläufigen Anhörung verwirkt der Athlet auch nicht das Recht auf eine Anhörung in der Hauptsache.[819]

Alternativ muss dem Athleten unmittelbar nach Verhängung der Suspendierung die Möglichkeit eines beschleunigten Verfahrens entsprechend der Verfahrensgrundsätze von Art. 12.2.2 NADC gegeben werden.[820] Dabei handelt es sich um ein vom Umfang der Prüfung vollständiges Verfahren, das lediglich schneller als üblich durchgeführt wird.[821]

---

815 Im Gegensatz zur optional zu verhängenden vorläufigen Suspendierung gemäß Art. 7.8.2 NADC.

816 NADC 2015, Anhang 1, Stichwort ‚Konsequenzen'.

817 S.o.S. 158.

818 Art. 7.8.1 (a) NADC.

819 NADC 2015, Anhang 1, Stichwort 'Vorläufige Anhörung'.

820 Art. 7.8.1 (b) NADC.

821 NADC 2015, Anhang 1, Stichwort 'Vorläufige Anhörung'.

Der Athlet hat die Möglichkeit, die zwingend zu verhängende vorläufige Suspendierung abzuwenden, wenn er gegenüber dem Disziplinarorgan überzeugend darlegen kann, dass der Verstoß wahrscheinlich auf ein Produkt zurückzuführen ist, das eine verbotene Substanz enthält, welche nicht auf dem Etikett ausgewiesen ist und auch eine Internetrecherche keine weiteren Informationen liefert.[822]

Ansonsten kann sich der Athlet nur durch eine negative B-Probe exkulpieren und eine unverzügliche Aufhebung der vorläufigen Suspendierung gemäß Art. 7.8.3 NADC erreichen. Alternativ kann er einen Rechtsbehelf gemäß Art. 13.2 NADC gegen die vorläufige Suspendierung einlegen[823].

h. *Eröffnung der B-Probe*

aa. *Recht auf Analyse der B-Probe*

Artikel 8 NADC ist eine Ausprägung der nationalen Umsetzung des WADC. Während der WADC keine explizite Norm zur B-Probe aufweist, sondern deren Existenz in Art. 7.3 voraussetzt, widmet sich Art. 8 NADC ausführlich den Voraussetzungen der Analyse der B-Probe.

Im WADC 2009 war das Recht der B-Probe im Falle eines von der Norm abweichenden Ergebnisses grundsätzlich allein dem Athleten vorbehalten. Nur im Fall eines atypischen Analyseergebnisses sah Art. 7.3.1 (a) WADC 2009 ausnahmsweise die Untersuchung der B-Probe auf Veranlassung der Anti-Doping-Organisation vor.[824]

Mittlerweile setzt der WADC 2015 in Art. 7.3 (d) voraus, dass auch die Anti-Doping-Organisation die Analyse der B-Probe verlangen kann. Dies bestätigt nun auf nationaler Ebene auch Art. 8.1.1 NADC.

Dabei handelt es sich um ein elementares Recht des Athleten und die erste Gelegenheit, um nach der Probeabgabe aktiv in das Dopingverfahren einzugreifen[825] und einen Gegenbeweis erbringen zu können. Die B-Probe ist von zentraler Bedeutung für den Nachweis eines Verstoßes gegen Anti-Doping-Bestimmungen, denn im Zweifel hat sie gegenüber der A-Probe das ausschlaggebende Gewicht.[826] Die B-Probe schafft zudem aus objektiver Sicht zusätzlich

---

822 vgl. NADC 2015, Anhang 1, Stichwort 'Kontaminiertes Produkt'.

823 S.u.S. 167ff.

824 Vgl. dazu kritisch *Lehner*, in: Adolphsen/Nolte/Lehner/Gerlinger (Hrsg.), Sportrecht in der Praxis, S. 374 Rn. 1550ff.

825 Ebd., S. 371 Rn. 1546.

826 Vgl. grundsätzlich zur Stellung der B-Probe, *Rössner*, Die Bedeutung der B-Probe für den Nachweis eines Dopingvergehens, in: SpuRt 2009, S. 53ff.

Vertrauen in das Dopingnachweisverfahren, wenn eine bestätigende B-Probe belegt, dass die A-Probe ordnungsgemäß analysiert wurde.[827]

Macht der Athlet von seinem Recht form- und fristgerecht innerhalb von sieben Werktagen nach der Mitteilung gemäß Art. 7.2.2 NADC Gebrauch, wird er über Ort, Datum und Uhrzeit der Analyse informiert.[828] Neben einem Vertreter der NADA, der für das Ergebnismanagement zuständigen Organisation und des (inter)nationalen Sportfachverbandes oder des DOSB, hat der Athlet das Recht auf Anwesenheit während der Analyse.[829]

Die Analyse wird gemäß Art. 8.3.1 NADC in demselben Labor unter Einhaltung derselben Standards und Verfahrensvorschriften durchgeführt, das auch die A-Probe analysiert hat.

bb. Verzicht des Athleten

Der Athlet kann ausdrücklich oder konkludent auf die Wahrnehmungen seines Rechts auf Analyse der B-Probe verzichten. Darunter fällt gemäß Art. 8.1.2 Abs. 3 NADC auch das Versäumnis, die Analyse der B-Probe überhaupt nicht oder nicht fristgerecht schriftlich zu verlangen.

Wird die B-Probe wegen des Verzichts nicht analysiert, dann wird der Verzicht nicht als konkludentes Geständnis eines Verstoßes gewertet, da es für eine solche Auslegung wohl schon am notwendigen Erklärungswillen fehlt. Konsequenz des Verzichts ist vielmehr die unwiderlegbare Vermutung, dass die Analyse der B-Probe das Analyseergebnis der A-Probe bestätigt hätte.[830]

Dementsprechend liegt es im Ermessen der für das Ergebnismanagement zuständigen Organisation, ob sie die Analyse der B-Probe verlangt. Eine Verpflichtung aufgrund des Verzichts des Athleten besteht hierzu gemäß Art. 8.1.2 Abs. 1 NADC nicht.

cc. Rechtsfolgen des Analyseergebnisses

Bestätigt die Analyse der B-Probe das Ergebnis der A-Probe, liegt ein ausreichender Nachweis eines Verstoßes gegen Anti-Doping-Bestimmungen gemäß

827 *Lambertz/Longrée,* WADA-Code 2015 – Abschaffung der B-Probe: Angriff auf Athletenrechte?, in: SpuRt 2012, S. 143, 144.

828 Art. 8.1.3, 8.1.4 NADC.

829 Art. 8.2 NADC.

830 Art. 2.1.2 und 8.1.2 Abs. 2 NADC.

Art. 2.1 vor.[831] Dann hat der Athlet die Kosten der Analyse der B-Probe zu tragen, wenn er sie selbst veranlasst hat[832].

Wird das Ergebnis der A-Probe nicht bestätigt, werden bereits verhängte Sanktionen und Konsequenzen, wie die vorläufige Suspendierung, aufgehoben und ein etwaiger Wettkampf darf, falls dies ohne Beeinträchtigung des Wettkampfs möglich ist, fortgesetzt werden. Ferner wird der Athlet gemäß Art. 8.6 NADC keinen weiteren Disziplinarmaßnahmen unterworfen. In diesem Fall hat der Athlet auch nicht die Kosten der Analyse zu tragen.[833]

i. Nachkontrolle

Art. 6.5 Abs. 1 NADC erlaubt es der für das Ergebnismanagement zuständigen Organisation beziehungsweise der NADA, bis zur Mitteilung der Analyseergebnisse für die A- und B-Probe (oder das Ergebnis der A-Probe, wenn die B-Probe wegen eines Verzichts des Athleten nicht analysiert wird) eine Probe weiter analysieren zu lassen. Die weitere Analyse von Proben muss ebenfalls den Anforderungen des ISL und dem SfDE entsprechen.

Die Festlegung dieses Zeitpunktes dient dazu, eine Ausuferung des Analyseprozesses zu vermeiden und die Gleichstellung der Parteien zu sichern. Die tatsächliche Wirkung dieser Regelung, insbesondere, ob dies auch dem Athleten die Möglichkeit eröffnet, zusätzliche Analyseanträge zu stellen, muss sich in den ersten Anwendungsfällen zeigen.[834]

j. Disziplinarverfahren des Verbandes

Stellt die für das Ergebnismanagement zuständige Organisation nach der Durchführung des Ergebnismanagements fest, dass ein Verstoß gegen Anti-Doping-Bestimmungen nicht auszuschließen ist, wird in der Regel ein Disziplinarverfahren bei dem dafür zuständigen Disziplinarorgan eingeleitet.

---

831 Art. 2.1.2 NADC.

832 Die Kostentragungspflicht gilt nicht, wenn die NADA oder die für das Ergebnismanagement zuständige Organisation die Analyse angeordnet hat, Art. 8.4 NADC.

833 Art. 8.4 NADC.

834 *Rigozzi/Viret/Wisnosky/Muresan/Kesseli,* Neuerungen im Welt Anti-Doping Code 2015, in: Causa Sport 2014, S. 299, 303.

aa. Abgekürztes Verfahren

Statt der Durchführungen eines Disziplinarverfahrens nach Art. 12 NADC kann bei einem Verstoß gegen Anti-Doping-Bestimmungen auch ein abgekürztes Verfahren nach Art. 7.11 NADC in Betracht gezogen werden.

Dieses Verfahren ist nicht explizit vom WADC vorgesehen. Art. 7.11 NADC entspricht aber dem Wortlaut der Kommentierung zu Art. 7 WADC, der den Unterzeichnern - unter Wahrung der essentiellen Vorgaben des Codes - grundsätzlich einen weiten Ermessensspielraum bei der nationalen Umsetzung der Vorschriften zum Ergebnismanagement gewährt.

Danach kann in Einzelfällen auf ein Disziplinarverfahren verzichtet werden, wenn der Athlet auf Vorschlag der zuständigen Anti-Doping-Organisation einer im WADC vorgeschriebenen Sanktion oder einer Sanktion, die die Organisation für angemessen erachtet (sofern flexible Sanktionen erlaubt sind) zustimmt. Die auf diesem Wege verhängten Sanktionen müssen umfassend begründet sein, insbesondere muss begründet werden, warum nicht die höchstmögliche Sanktion verhängt wurde.[835] In diesem Fall erfolgt gemäß Art. 14.1.3 NADC eine Benachrichtigung der zur Einlegung eines Rechtsbehelfs nach Art. 13.2.3 NADC befugten Parteien und die Information der Öffentlichkeit gemäß Art. 14.3.2 NADC.

bb. Zuständigkeit

Die Zuständigkeit des Disziplinarorgans zur Durchführung des Disziplinarverfahrens richtet sich nach der zwischen dem Athleten und der für das Ergebnismanagement zuständigen Organisation geschlossenen Schiedsvereinbarung[836]. Möglich ist die Zuständigkeit des DIS-Sportgerichts als Erstinstanz[837], des nach der Verfahrensordnung der Organisation zuständige Organ[838], oder eines anderen Schiedsgerichts, soweit die Schiedsvereinbarung dies vorsieht.[839]

---

835 Art. 14.1.2 NADC.

836 Zur Schiedsvereinbarung s.o.S. 99ff.

837 Dies gilt grundsätzlich für alle Verbände, die der NADA das Ergebnismanagement- und Sanktionsverfahren übertragen haben, z.B. DLV, Deutsche Eislauf Union (DEU), Deutscher Schwimm-Verband, vgl. http://www.nada.de/fileadmin/user_upload/nada/Recht/160101_UEbersicht_Ergebnismanagement2.pdf (zuletzt abgerufen am 18.05.2019).

838 Z.B. das DFB-Sportgericht, vgl. § 17 Abs. 1 Anti-Doping-Richtlinien 2015 des DFB, § 42 Satzung des DFB, abrufbar unter: http://www.dfb.de/fileadmin/_dfbdam/66978-02_Satzung.pdf (zuletzt abgerufen am 18.05.2019); zum Disziplinarausschuss des DLV, vgl. § 11.3 Satzung des DLV.

839 Art. 12.1.3 Abs. 1 NADC.

In der Literatur ist durchaus umstritten, ob es nach deutschem Recht überhaupt zulässig ist, dass sich ein Verband durch Delegierung seiner Sanktionsgewalt auf das DIS-Sportschiedsgericht seiner Exekutiv-Verantwortung, auch hinsichtlich der Haftung für fehlerhafte Entscheidungen, entledigt.[840] Dies ginge auch zu Lasten des Athleten, dem eine Überprüfungsinstanz genommen werde, wenn direkt vor dem DIS-Sportschiedsgericht in erster Instanz verhandelt werde statt vor einem Verbandsorgan.[841]

Alternativ zu den bereits genannten Möglichkeiten können behauptete Verstöße gegen Anti-Doping-Bestimmungen direkt vor dem CAS, ohne vorherige Durchführung eines Disziplinarverfahrens, verhandelt werden. Diesem Vorgehen müssen aber der betroffene Athlet, die NADA, die WADA und sonstige beteiligte Organisationen mit dem Recht einen Rechtsbehelf gegen eine erstinstanzliche Entscheidung vor dem CAS einzulegen, im Vorfeld zustimmen.[842]

cc. Verfahrensgrundsätze im Disziplinarverfahren

Unabhängig davon, ob das Disziplinarverfahren vor einem Verbandsgericht oder einem Schiedsgericht durchgeführt wird, sind die folgenden Grundsätze zwingend zu beachten.

Im Sinne einer zügigen Durchführung muss das Disziplinarverfahren binnen zwei Monaten nach Kenntniserlangung durch die für das Ergebnismanagement zuständige Organisation eingeleitet werden. Ansonsten ist die NADA gemäß Art. 12.1.2 Abs. 1 NADC befugt, das Verfahren selbst beim zuständigen Disziplinarorgan einzuleiten oder die Rechtmäßigkeit der Nichteinleitung vor dem DIS-Sportschiedsgericht überprüfen zu lassen.

Das Disziplinarverfahren an sich wird gemäß Art. 12.2.1 NADC nach der Verfahrensordnung des jeweils zuständigen Disziplinarorgans durchgeführt. Die verschiedenen Verfahrensordnungen haben aber insbesondere die Verfahrensgrundsätze von Art. 12.2.2 NADC zu beachten. Mit Art. 12.2.2 NADC wird Art. 8.1 WADC in nationales Sportrecht umgesetzt, der - entsprechend den Grundsätzen von Art. 6.1 EMRK - ein faires Anhörungsverfahren vor einem fairen und unparteiischen Anhörungsorgan verlangt. Dies umfasst das Recht des Athleten, über den behaupteten Verstoß rechtzeitig und angemessen informiert

---

840 *Summerer,* in: Fritzweiler/Pfister/Summerer (Hrsg.), Praxishandbuch Sportrecht, S. 211 Rn. 237, S. 239 Rn. 324 mit weiteren Nachweisen.

841 *Lehner,* in: Adolphsen/Nolte/Lehner/Gerlinger (Hrsg.), Sportrecht in der Praxis, S. 386 Rn. 1594.

842 Art. 12.1.3 Abs. 2 NADC.

zu werden und dazu, auch mittels anwaltlicher Vertretung, Stellung nehmen zu können. Entsprechend dem im Verfahren geltenden Beibringungsgrundsatz hat jede Partei das Recht, Beweismittel vorzubringen und Zeugen zu befragen.

Im Verfahren gilt der Grundsatz der mündlichen Verhandlung. Davon kann nur gemäß Art. 12.3 NADC abgesehen werden, wenn der Athlet dazu sein schriftliches Einverständnis gegeben hat, oder den vorgeworfenen Verstoß gegen Anti-Doping-Bestimmungen gestanden hat.

Erscheint der Athlet trotz ordnungsgemäßer Ladung und eines entsprechenden Hinweis auf die Folgen der Säumnis nicht zu einer mündlichen Verhandlung, oder unterlässt er eine schriftliche Äußerung zur Sache, kann die Entscheidung im schriftlichen Verfahren auf Grundlage der zum Zeitpunkt der mündlichen Verhandlung vorliegenden Tatsachen ergehen.[843]

dd. *Information der Öffentlichkeit*

Wird im Disziplinarverfahren die Entscheidung getroffen, dass ein Verstoß gegen Anti-Doping-Bestimmungen vorliegt, soll[844] die für das Ergebnismanagement zuständige Organisation die Entscheidung gemäß Art. 14.3.2 NADC binnen 20 Tagen nach Rechtskraft veröffentlichen.[845] Inhalte dieser Veröffentlichungen sind Angaben zur Sportart und Namen des Athleten sowie zur Verbotenen Substanz oder Methode und zu den daraus resultierenden Konsequenzen.

Darüber hinaus sind die Organisationen gemäß Art. 14.1.1 NADC berechtigt, sich gegenseitig über mögliche Verstöße gegen Anti-Doping-Bestimmungen und die Ergebnisse des Ergebnismanagements und des Disziplinarverfahrens zu informieren.

Wird dagegen nach einem Disziplinarverfahren oder Rechtsbehelfsverfahren festgestellt, dass kein Verstoß gegen Anti-Doping-Bestimmungen vorliegt, darf die Entscheidung nur mit ausdrücklicher Zustimmung des betroffenen Athleten veröffentlicht werden.[846]

---

843 Art. 12.4 NADC.

844 Im Fall eines minderjährigen Betroffenen ist dies nicht zwingend und liegt im Ermessen des Disziplinarorgans, Art. 14.3.5 NADC.

845 Vgl. dazu die Datenbank der NADA für Disziplinarverfahren NADAjus, abrufbar unter: http://www.nada.de/de/recht/ergebnismanagement-disziplinarverfahren/nadajus-datenbank/#.V72lZ3qvz-V (zuletzt abgerufen am 18.05.2019).

846 Art. 14.3.3 NADC.

5. Überprüfung durch staatliche Gerichte[847]

Grundsätzlich kann auch der einzelne Athlet als Staatsbürger sportgerichtliche Entscheidungen von staatlichen Gerichten überprüfen lassen. Insbesondere, wenn es sich um Sperren wegen Verstößen gegen Anti-Doping-Bestimmungen handelt, da diese mitunter den Charakter eines (vorübergehenden) Berufsverbots haben. Maßgeblich für die Anfechtbarkeit der Entscheidung des Disziplinarorgans vor ordentlichen Gerichten ist, ob das für das Disziplinarverfahren zuständige Organ ein Verbandsgericht[848] oder ein echtes Schiedsgericht war und ob sich der betroffene Athlet vollkommen der Schiedsgerichtsbarkeit unterworfen hat.

Vereinzelt sehen Verbandssatzungen oder deren inkorporierte Nebenordnungen die Anfechtbarkeit von Entscheidungen des zuständigen Verbandsgerichts vor ordentlichen Gerichten vor, wie zum Beispiel der Anti-Doping-Code (ADC) des DLV in § 24.3. Zu dieser speziellen Konstellation kommt es, wenn der Athlet sich nicht wirksam der Sportschiedsgerichtsbarkeit unterworfen hat. Dann verbleibt gemäß § 17 ADC die Disziplinarbefugnis beim DLV-Disziplinarausschuss. Dabei handelt es sich um eine Ausnahme von der Regel. Denn grundsätzlich obliegt die Durchführung des Disziplinarverfahrens gemäß § 16 ADC dem DIS-Sportschiedsgericht. Dieses entscheidet entsprechend der Verfahrensgrundsätze des Art. 12.2.2 NADC.[849] Den dabei geltenden Kriterien an die Besetzung des Disziplinarausschusses mit fairen und unparteilichen Personen[850] genügt der Verband mit dem Rückgriff auf Verbandsfunktionäre.[851]

Nichtsdestotrotz erfüllt der Disziplinarausschuss nicht die Anforderungen an ein echtes Schiedsgericht.[852] Weder sind die erforderliche Unparteilichkeit und Unabhängigkeit sowohl des Spruchkörpers als auch der Schiedsrichter gegeben.[853] Noch entscheidet der Disziplinarausschuss die Sache endgültig

---

847 Vgl. dazu *Bohn,* Regel und Recht, S. 40ff.

848 Die Bezeichnungen der sportrechtlichen Gremien unterscheiden sich von Verband zu Verband, vgl. dazu auch, *Summerer,* in: Fritzweiler/Pfister/Summerer (Hrsg.), Praxishandbuch Sportrecht, S. 250 Rn. 368.

849 S.u.S. 170.

850 Art. 12.2.2 (b) NADC.

851 *Haas/Gedeon,* Die Abgrenzung von Vereinsgerichten zu echten Schiedsgerichten, in: SpuRt 2000, S. 228, 231.

852 Zu den Voraussetzungen eines Schiedsgerichts s.o.S. 102ff.

853 *Scherrer/Muresan/Ludwig (Hrsg.),* Sportrecht, S. 235.

anstelle der staatlichen Gerichte.[854] Infolge dessen handelt es sich dabei um ein Verbandsgericht und nicht um ein Schiedsgericht. Somit steht der ordentliche Gerichtsweg zur Überprüfung der Entscheidung[855] offen.

Die Rechtsprechung hat den Umfang der Nachprüfung durch staatliche Gerichte bei Monopolverbänden sowie Vereinigungen mit einer überragenden Machtstellung im wirtschaftlichen oder sozialen Bereich, bei denen die Mitgliedschaft für den Einzelnen aus beruflichen, wirtschaftlichen oder sozialen Gründen von erheblicher Bedeutung ist, erweitert. Beschränkte sich der Umfang zunächst auf die Prüfung der Gesetzwidrigkeit, grobe Unbilligkeit oder Willkür, wurde die Prüfung erweitert auf eine vollumfängliche Nachprüfung der Rechtfertigung der Strafe.[856] Dabei muss aber stets die nach Art. 9 Abs. 1 GG geschützte Verbandsautonomie respektiert werden.

In der Praxis ist dieses Verfahren in Anti-Doping-Angelegenheiten von untergeordneter Bedeutung. Die Mehrzahl der Athleten unterfällt schon durch Mitgliedschaft in einem dem DLV untergeordneten Verband, durch eine Schiedsvereinbarung oder als Teilnehmer am Wettkampfbetrieb im Zuständigkeitsbereich des DLV dem persönlichen Anwendungsbereich des ADC gemäß § 3 und unterwirft sich somit dessen Regelungen.

6. *Rechtsmittel – Schiedsverfahren*

a. *Voraussetzungen*

Gegen Entscheidungen erster Instanz, die auf Grundlage des NADC durch das Disziplinarorgan ergehen, können gemäß der Bestimmungen der Artikel 13.2 bis 13.4 NADC Rechtsbehelfe eingelegt werden. Die Entscheidungen bleiben in diesen Fällen während des Rechtsbehelfsverfahrens gemäß Art. 13.1 NADC in Kraft.

---

854 *Haas/Gedeon,* Die Abgrenzung von Vereinsgerichten zu echten Schiedsgerichten, in: SpuRt 2000, S. 228, 231.

855 Grundsätzlich zur Überprüfbarkeit von Vereinsstrafen, BGH JZ 1984, 186ff.; vgl. auch *Vieweg,* Die gerichtliche Nachprüfung von Vereinsstrafen und –entscheidungen, in: JZ 1984, 167ff.; *ders,* Faszination Sportrecht, Stand 01.09.2015, abrufbar unter: http://www.irut.jura.uni-erlangen.de/Forschung/Veroeffentlichungen/OnlineVersionFaszinationSportrecht/FaszinationSportrecht.pdf (zuletzt abgerufen am 18.05.2019), S. 23ff.

856 BGHZ 102, 265, 276f. = BGH NJW 1988, 552, 554f.

aa. Ausschöpfung des internen Rechtswegs

Vor der Einlegung eines Rechtsbehelfs müssen gemäß Art. 13.1 NADC sämtliche, nach den Regeln der Anti-Doping-Organisation, verfügbaren Instanzen ausgeschöpft werden. Dabei muss die Anti-Doping-Organisation nicht zwingend ihre internen Instanzen bemühen, sondern kann auch die Zuständigkeit der zweiten Instanz auf das DIS-Sportschiedsgericht übertragen.[857] Neben seiner Zuständigkeit zur Durchführung des Disziplinarverfahrens[858] des einen Verbands, kann das DIS-Sportschiedsgericht die zuständige Rechtsmittelinstanz eines anderen Verbands sein. So entscheidet zum Beispiel des Rechtsausschuss I. Instanz des Deutschen Ringerbundes e.V. (DRB) im Rahmen des Disziplinarverfahrens gemäß § 17 f) der Rechtsordnung des DRB[859] über eine Streitigkeit, die einen Verstoß gegen Anti-Doping-Bestimmungen zum Gegenstand hat und eine Sperre des Athleten nach sich ziehen könnte. Trotz der Existenz eines Rechtsauschusses II. Instanz erklärt § 18 Abs. 2 der Rechtsordnung des DRB das DIS-Sportschiedsgericht zur zuständigen Rechtsmittelinstanz in diesen Fällen.

Die Notwendigkeit der Ausschöpfung der Rechtsmittel gilt nicht, wenn die Entscheidung des Disziplinarorgans einen Athleten eines internationalen Testpools oder eine internationale Wettkampfveranstaltung betrifft. Dagegen kann gemäß Art. 13.2.1 NADC ein Rechtsbehelf ausschließlich vor dem CAS eingelegt werden.

Außerdem kann die WADA gemäß Art. 13.1.2 NADC direkt einen Rechtsbehelf gegen die Entscheidung des Disziplinarorgans beim CAS einlegen, wenn keine der beteiligten Parteien einen (internen) Rechtsbehelf eingelegt hat.

bb. Gegenstand des Rechtsmittels

Gegenstand des Rechtsmittels sind grundsätzlich alle Entscheidungen erster Instanz, die auf Grundlage des NADC durch das Disziplinarorgan ergehen. Art. 13.2 NADC listet die anfechtbaren Entscheidungen abschließend auf. Für die Athleten von größter Bedeutung ist das Vorgehen gegen Entscheidungen über Verstöße gegen Anti-Doping-Bestimmungen und/oder deren Konsequenzen gemäß Art. 13.2 (a) NADC sowie gegen vorläufige Suspendierungen aufgrund vorläufiger Anhörungen, Art. 13.2 (f) NADC. Ferner können Entscheidungen zur

---

857 S.o.S. 156.

858 S.o.S. 156.

859 Abrufbar unter: http://www.ringen.de/wp-content/uploads/2016/06/Rechtsordnung-01062016.pdf (zuletzt abgerufen am 18.05.2019).

Anerkennung von Entscheidungen und Zuständigkeit anderer Anti-Doping-Organisationen gemäß Art. 18.5 NADC angefochten werden.[860]

cc. Rechtsmittelbefugnis

Die beiden Parteien der ersten Instanz sind gemäß Art. 13.2.3.1 (a), (b) und Art. 13.2.3.2 (a), (b) NADC jeweils berechtigt, in der nächsthöheren Instanz einen Rechtsbehelf einzulegen. Ebenso sind die NADA (beziehungsweise die nationale Anti-Doping-Organisation des Landes, in dem der Athlet seinen Wohnsitz hat, dessen Staatsbürger er ist oder in dem ihm eine Lizenz ausgestellt wurde) und die WADA berechtigt, einen Rechtsbehelf einzulegen. Darüber hinaus besitzt der jeweilige internationale Sportfachverband eine Rechtsmittelbefugnis sowie das IOC oder das Paralympische Komitee, wenn die Entscheidung Auswirkungen auf die Olympischen oder Paralympischen Spiele oder auf das Recht der Teilnahme daran hat.[861]

Die Befugnis der aufgezählten Parteien und Organisationen gilt sowohl für Entscheidungen mit internationalem Bezug (Athleten eines internationalen Testpools oder eine internationale Wettkampfveranstaltung), als auch für alle anderen Entscheidungen.[862]

Handelt es sich um eine Entscheidung, die Athleten eines internationalen Testpools oder internationale Wettkämpfe betreffen, können die oben Genannten ausschließlich gemäß Art. 13.2.1 NADC vor dem CAS einen Rechtsbehelf einlegen.

Zur Vorbereitung eines Rechtsbehelfs kann jede der berechtigten Organisationen innerhalb von 15 Tagen nach Erhalt der Entscheidung eine Kopie aller Unterlagen zu der Entscheidung anfordern.[863]

dd. Prüfungsumfang

Die Rechtsmittelinstanz prüft den Fall vollumfänglich unter Berücksichtigung aller relevanten Tatsachen.[864] In dieser rechtlichen und tatsächlichen Überprüfung ist die Rechtsmittelinstanz ausdrücklich[865] nicht auf die Feststellungen der

---

860 Art. 13.2 (k) NADC.

861 Art. 13.2.3.1 (c), (e) und Art. 13.2.3.2 (c), (e) NADC.

862 Vgl. Art. 13.2.3.1 und Art. 13.2.3.2 NADC.

863 Art. 14.1.3 NADC.

864 Art. 13.1.1 NADC.

865 Vgl. dazu Art. 13.1.1 WADC; einen allgemeinen Überblick liefert *Martens*, Die Organisation von Schiedsverfahren im Bereich des Sports aus der Sicht der Schiedsrichter, in: SchiedsVZ 2009, 99ff.

ersten Instanz beschränkt, sondern darf den Sachverhalt, soweit dies für die Entscheidungsfindung erforderlich ist, weiter aufklären.

b. DIS-Sportschiedsgericht[866]

Auf nationaler Ebene ist das DIS-Sportschiedsgericht die zuständige Rechtsmittelinstanz, soweit die Zuständigkeit nicht ausdrücklich dem CAS[867] zugewiesen wurde.

aa. Anwendbare Vorschriften

Gemäß § 1.3 DIS-SportSchO finden die im Folgenden für das Rechtsmittelschiedsverfahren dargestellten Bestimmungen - mit Ausnahme der §§ 45 bis 49 DIS-SportScho - auch auf Schiedsverfahren des DIS-Sportschiedsgerichts in erster Instanz Anwendung.

Für das Schiedsverfahren sind gemäß § 24 DIS-SportSchO die Vorschriften des 10. Buches der Zivilprozessordnung (§§ 1025 bis 1066 ZPO), die DIS-SportSchO sowie gegebenenfalls weitere Parteivereinbarungen maßgeblich.

In materieller Hinsicht trifft das Schiedsgericht seine Entscheidung anhand der von den Parteien in der Schiedsvereinbarung für anwendbar erklärten Rechtsvorschriften gemäß § 23.1 DIS-SportSchO.

bb. Einleitung des Verfahrens

Das Rechtsmittelschiedsverfahren beginnt mit dem fristgerechten Zugang der inhaltlich vollständigen Rechtsmittelschrift bei der DIS gemäß § 46 DIS-SportSchO. Innerhalb von 21 Tagen nach Zugang der Entscheidung hat der Rechtsmittelkläger das Rechtsmittel einzureichen und innerhalb weiterer 21 Tage nach Beginn des Verfahrens zu begründen.[868]

Der Rechtsmittelbeklagte hat innerhalb von 21 Tagen nach Zugang der Rechtsmittelbegründung seine Rechtsmittelerwiderung einzureichen.[869] Wird es versäumt innerhalb der Frist zu erwidern, kann das Rechtsmittelschiedsgericht das Verfahren gemäß §§ 45 i.V.m. 30.1 DIS-SportSchO fortsetzen, ohne die Säumnis als solche als Zugeständnis der Behauptungen des Klägers zu behandeln.

Die Parteien sind für weitere oder nachträgliche Angriffs- und Verteidigungsmittel präkludiert. Gemäß § 47.2 DIS-SportSchO ist nach Einreichung der

866 Zur Einrichtung des DIS-Sportschiedsgerichtes und dem Aufbau s.o.S.46.
867 Dazu s.u.S. 181.
868 §§ 46.1, 46.5 DIS-SportSchO.
869 § 47.1 DIS-SportSchO.

jeweiligen Schriften ein weiteres Vorbringen von Angriffs- und Verteidigungsmittel ausgeschlossen, es sei denn, dies wurde vereinbart oder vom Schiedsgericht zugelassen.

cc. Verfahrenskostenhilfe

Mit der Reform der DIS-SportSchO hat die DIS auf die Nichtanwendbarkeit der staatlichen Prozesskostenhilfe der §§ 114ff. ZPO in Schiedsverfahren und somit auch auf das Urteil des LG München I im Fall Pechstein[870] reagiert. Danach können Athleten gemäß § 51 Verfahrenskostenhilfe (VKH) beantragen, um die Durchführung von Schiedsverfahren und die Wahrnehmung ihrer Rechte zu erleichtern.

Die Ordnung über Verfahrenskostenhilfe in Anti-Doping-Streitigkeiten (VKH-Ordnung), als Bestandteil der DIS-SportSchO in Anhang 3, konkretisiert die Voraussetzungen für eine erfolgreiche Antragsstellung. Antragsberechtigt nach § 2 VKH-Ordnung sind natürliche Personen, die Partei in einem Schiedsverfahren nach der DIS-SportScho aufgrund von Anti-Doping-Bestimmungen sind und deren zu versteuerndes Einkommen nicht mehr als 50.000 Euro im Kalenderjahr beträgt.

Die Einführung dieser Möglichkeit ist grundsätzlich zu begrüßen, zumal somit eine schrittweise Angleichung zur staatliche Prozesskostenhilfe von statten geht. Jedoch sind die Regelungen aus Athletensicht nicht umfassend genug.[871] Während vor staatlichen Gerichten jegliche Kosten der Prozessführung übernommen werden[872], ist die Gewährung von VKH gemäß § 5 Abs. 2 (d) VKH-Ordnung auf maximal 3.000 Euro pro Schiedsverfahren gedeckelt. Dieser Betrag soll für alle Reise- und Übernachtungskosten der Zeugen des Antragsstellers und zusätzlich für die Kosten der vom Antragssteller beauftragten Sachverständigen genügen. Angesichts der anfallenden Kosten eines Sachverständigen, die meist weit über den zur Verfügung stehenden 3.000 Euro liegen, erscheint der zu gewährende Betrag „*realitätsfern*“[873].

---

870 S.o.S. 106ff.

871 Ebenso kritisch *Lehner/Cherkeh,* Neue DIS-SportSchO: Rechtsverteidigung bei Dopingstreitigkeiten bleibt erheblich defizitär – Höheres Haftungsrisiko für Sportverbände, in: SpuRt 2016, 110, 111.

872 Ebd.

873 *Lehner/Cherkeh,* Neue DIS-SportSchO: Rechtsverteidigung bei Dopingstreitigkeiten bleibt erheblich defizitär – Höheres Haftungsrisiko für Sportverbände, in: SpuRt 2016, 110, 111.

dd. Konstituierung des Schiedsgerichts

Die Konstituierung des Schiedsgerichts in Doping-Angelegenheiten unterscheidet sich von den allgemeinen Bestimmungen. Während § 2 DIS-SportSchO grundsätzlich von der Besetzung mit drei unparteilichen und unabhängigen Schiedsrichtern ausgeht, sieht die DIS-SportSchO in den Sonderbestimmungen für Anti-Doping-Bestimmungen vor, dass das Schiedsgericht in Dopingstreitigkeiten grundsätzlich aus einem Einzelschiedsrichter besteht[874], auf den sich die Parteien anhand der Vorschlagsliste der DIS einigen sollen. Gelingt dies nicht, wird der Schiedsrichter vom Sport-Benennungsausschuss der DIS benannt.[875]

Möglich ist aber auch eine Besetzung mit drei Schiedsrichtern, wenn sich die Parteien darauf einigen, oder eine Partei dies aufgrund eines Streitwerts von über 50.000 Euro beantragt.[876] Dann ernennt jede Partei gemäß § 12.1 DIS-SportSchO einen der Schiedsrichter, die sich anschließend auf einen Vorsitzenden anhand der Vorschlagsliste der DIS einigen sollen. Ansonsten wird der Vorsitzende wiederum durch den Sport-Benennungsausschuss bestimmt.[877]

Bemerkenswert sind die Voraussetzungen des § 53.1 DIS-SportSchO, die der Einzelrichter beziehungsweise der Vorsitzende erfüllen muss. Neben der Eigenschaft als Jurist sind zusätzlich Qualifikationen für die Leitung eines Schiedsgerichts zu erfüllen. Diese Anforderungen umfassen von der DIS festgelegte und veröffentlichte prozessuale (Schiedsgerichtsbarkeit) sowie materiell-rechtliche (Anti-Doping-Bestimmungen) Erfahrungen.[878]

ee. Sachverhaltsermittlung

Das Schiedsgericht hat gemäß § 27.1 DIS-SportSchO den zugrunde liegenden Sachverhalt zu ermitteln. Es ist nicht an die Beweisanträge der Parteien gebunden[879] und kann gegebenenfalls weitergehende Ermittlungen anstreben. Dabei liegt es im Ermessen des Gerichts, ob dies in einer mündlichen Verhandlung durch die Vernehmung von Zeugen und Sachverständigen oder in einem schriftlichen Verfahren auf Grundlage von Schriftstücken und sonstigen Unterlagen erfolgen soll.[880]

---

874 § 52.1 DIS-SportSchO.

875 § 53.3 DIS-SportSchO.

876 § 52.2 DIS-SportSchO.

877 § 53.4 DIS-SportSchO.

878 *Hofmann*, Mehr Transparenz und Effizienz in Sportschiedsverfahren – neue „Spielregeln“ beim Deutschen Sportschiedsgericht [Teil 2], in: SpuRt 2016, S. 103, 104.

879 § 27.1 S. 3 DIS-SportSchO.

880 § 28.1 DIS-SportSchO.

Die mündliche Verhandlung ist stets gemäß § 28.2 S. 1 DIS-SportSchO nichtöffentlich, es sein denn die Parteien haben ausdrücklich Abweichendes vereinbart. Zusätzlich muss das Schiedsgericht, seit der Reform der DIS-SportSchO, der Vereinbarung einer öffentlichen Sitzung zustimmen. Neu ist, dass die Verhandlung immer öffentlich abzuhalten ist, wenn eine natürlich Person (als Partei des Schiedsverfahrens) dies innerhalb von zehn Tagen ab Zugang der Mitteilung über den Termin für die mündliche Verhandlung beantragt hat.[881] Damit soll dem von Athletenseite artikuliertem Wunsch nach Öffentlichkeit und größerer Transparenz von DIS-Sportschiedsverfahren Rechnung getragen werden.[882]

ff. Beendigung des Verfahrens

Das Verfahren endet mit dem Schiedsspruch, der unter den Parteien die Wirkung eines rechtskräftigen gerichtlichen Urteils hat.[883] Darin kann das Schiedsgericht die angefochtene Entscheidung gemäß § 49.2 DIS-SportSchO ganz oder teilweise aufheben oder bestätigen. Die Möglichkeit der Aufhebung unter Zurückverweisung an die Vorinstanz[884] wurde mit der Reform der DIS-SportSchO abgeschafft, zumal davon in den bisherigen Verfahren ohnehin kein Gebrauch gemacht wurde[885].

Das Verfahren kann auch anderweitig gemäß § 39.2 oder § 39.3 DIS-SportSchO durch Beschluss beendet werden, wenn z.B. die Klage zurückgenommen oder die Beendigung des Verfahrens durch die Parteien vereinbart wurde.

Mit seinem Schiedsspruch trifft das Schiedsgericht zugleich eine Kostenentscheidung. Gemäß § 35.2 DIS-SportSchO hat grundsätzlich die unterlegene Partei die Kosten zu tragen. Die Kosten ergeben sich aus § 62 DIS-SportSchO und der Kostentabelle in Anhang 2 der DIS-SPortSchO.

Im Zuge der Reform der DIS-SportSchO wurden Maßnahmen ergriffen, die das Schiedsverfahren transparenter gestalten sollen.[886] Daher darf die DIS, nach Übersendung des Schiedsspruchs an die Parteien[887], jeden Schiedsspruch gemäß § 42 DIS-SportSchO in anonymisierter Form veröffentlichen, wenn die Parteien

---

881 § 28.2 S. 2 DIS-SportSchO.

882 *Hofmann,* Mehr Transparenz und Effizienz in Sportschiedsverfahren – neue „Spielregeln" beim Deutschen Sportschiedsgericht [Teil 1], in: SpuRt 2016, S. 52, 53.

883 § 38.1 DIS-SportSchO.

884 § 45.4 Abs. 2 DIS-SportSchO 2008.

885 *Hofmann,* Mehr Transparenz und Effizienz in Sportschiedsverfahren – neue „Spielregeln" beim Deutschen Sportschiedsgericht [Teil 1], in: SpuRt 2016, S. 52, 54.

886 Zur Öffentlichkeit mündlicher Verhandlungen siehe oben S.134.

887 § 36.2 DIS-SportSchO.

dies nicht übereinstimmend und schriftlich ausgeschlossen haben. Dies galt bisher ausdrücklich nur für Streitigkeiten, die einen Verstoß gegen Anti-Doping-Bestimmungen zum Gegenstand hatten.[888]

Ferner sind für die Veröffentlichung gemäß § 63 DIS-SportSchO die Besonderheiten der anwendbaren Anti-Doping-Bestimmungen bei Minderjährigen und der Feststellung, dass kein Verstoß gegen Anti-Doping-Bestimmungen vorliegt, zu beachten.[889]

gg. Wirkung des Rechtmittelschiedsspruchs

Gegen einen (Rechtsmittel)Schiedsspruch in Anti-Doping-Streitigkeiten ist der Internationale Sportschiedsgerichtshof in Lausanne das zuständige Berufungsgericht. Gemäß § 61 DIS-SportSchO kann entsprechend der Vorschriften des NADC, der anwendbaren Anti-Doping-Bestimmungen und der Art. R47ff. des Code of Sports-related Arbitration des CAS (CAS-Code) Rechtsmittel zum CAS eingelegt werden.

c. Court of Arbitation for Sports (CAS)

Für Streitigkeiten in Anti-Doping-Angelegenheiten sieht der NADC den Internationalen Sportschiedsgerichtshof als zentrale und höchste Rechtsprechungsinstanz vor. Jährlich werden mehr als 500 Fälle vor dem CAS behandelt, mit steigender Tendenz.[890] Der folgende Teil widmet sich dem Aufbau des CAS mitsamt seinen rechtlichen Grundlagen sowie dem prozessualen Verfahren.

aa. Grundlagen

Auf Initiative des IOC wurde 1984 der CAS mit Sitz in Lausanne ins Leben gerufen, um alle sportrechtlichen Streitigkeiten durch Schiedsgerichtsbarkeit oder Schlichtung zu lösen.[891] Grundlage der Arbeit des CAS ist der Code of Sports-related Arbitration (CAS-Code).

---

888 § 42.2 DIS-SportSchO 2008.

889 S.o.S.128. Art. 14.3.3 und Art. 14.3.5 NADC.

890 Vgl. CAS Statistics 1986 – 2016, abrufbar unter: www.tas-cas.org/fileadmin/user_upload/CAS_statistics_2016_.pdf.

891 Art. S1 CAS-Code.

aaa. Reform des CAS

Bis zu seiner Reform 1994[892] war der CAS unter der Trägerschaft und dem Einfluss des IOC. Die Reform war notwendig geworden, weil das Schweizer Bundesgericht in einem obiter dictum zwar grundsätzlich den CAS als echtes Schiedsgericht anerkannte, aber gleichzeitig auf Zweifel an der Unabhängigkeit der Schiedsrichter hingewiesen hat, wenn das IOC selbst Partei in einem Schiedsverfahrens sei.[893] Das IOC hatte zu diesem Zeitpunkt die Kompetenz zur Änderung des *CAS Statute* und durch seinen Präsidenten die Möglichkeit, Mitglieder des CAS zu ernennen.[894] Außerdem wurde der CAS fast ausschließlich aus Mitteln des IOC finanziert. In den darauffolgenden Monaten nahmen sich die Organe des CAS der Aufgabe an, die Schiedsgerichtsbarkeit von den Beteiligten des organisierten Sports unabhängig zu machen.[895]

bbb. Errichtung und Aufgaben des ICAS

Daraufhin wurde das *International Council of Arbitration for Sport* (ICAS) errichtet, mit den Aufgaben, die Unabhängigkeit des CAS und die Rechte der Parteien sicherzustellen sowie der Verwaltung und Finanzierung des CAS.[896] Dazu verabschiedet und ergänzt das ICAS den CAS-Code und ernennt die Schiedsrichter der Schiedsrichterlisten des CAS.[897] Das ICAS unterliegt der Führung eines fünfköpfigen Vorstandes (ICAS Board) unter Leitung des Präsidenten, der zugleich Präsident des CAS ist.[898]

Das ICAS selbst besteht aus 20 erfahrenen Juristen, die mindestens einmal im Jahr, oder, wenn es die Aktivitäten des CAS erfordern, auch öfter zusammentreten.[899] Die Mitglieder werden gemäß Art. S4 Abs. 1 CAS-Code für eine Periode von vier Jahren wie folgt ernannt:

---

892 Ausführlich zur Reform *Court of Arbitration for Sports (CAS),* Digest of CAS Awards 1986-1998, Edited by M. Reeb, Staempfli Verlag Bern 1998, S. XXVf; zum CAS vor der Reform, *Simma,* The Court of Arbitration for Sport, ín: FS Seidl-Hohenveldern, S. 573ff.

893 BGE 119 II 271, 279 (Gundel. /. FEI);

894 *Court of Arbitration for Sports (CAS),* Digest of CAS Awards 1986-1998, Edited by M. Reeb, Staempfli Verlag Bern 1998, S. XXVf.

895 *Mbaye,* in: *Court of Arbitration for Sports (CAS),* Digest of CAS Awards 1986-1998, Edited by M. Reeb, Staempfli Verlag Bern 1998, S. XI.

896 Art. S2 CAS-Code.

897 Art. S6 CAS-Code.

898 Art. S7 CAS-Code.

899 Art. S8.1 CAS-Code.

"a. four members are appointed by the International Sports Federations ("IFs"), viz. three by the Association of Summer Olympic IFs ("ASOIF") and one by the Association of Winter Olympic IFs ("AIOWF"), chosen from within or outside their membership;
b. four members are appointed by the Association of the National Olympic Committees ("ANOC"), chosen from within or outside its membership;
c. four members are appointed by the International Olympic Committee ("IOC"), chosen from within or outside its membership;
d. four members are appointed by the twelve members of ICAS listed above, after appropriate consultation with a view to safeguarding the interests of the athletes;
e. four members are appointed by the sixteen members of ICAS listed above, chosen from among personalities independent of the bodies designating the other members of the ICA".

Deutlich wird bei der Besetzung des ICAS das strukturelle Übergewicht der unmittelbar von Verbänden ernannten Mitglieder. Zwölf von 20 Mitgliedern werden unmittelbar von Verbänden ernannt, was für die notwendige einfache Mehrheit für Entscheidungen des ICAS gemäß Art. S8 Nr. 1 CAS-Code genügen würde.

Dieses strukturelle Übergewicht kann sich mittelbar auf die Zusammensetzung der Schiedsrichterliste gemäß Art. S6 Nr. 3 CAS-Code auswirken. Aus Athletensicht birgt dies die Gefahr, dass vorwiegend verbandsnahe Schiedsrichter in die Liste aufgenommen werden und somit die Neutralität des Schiedsgerichts im konkreten Fall beeinträchtigt sein könnte.[900] Selbst bei persönlicher Integrität der Schiedsrichter sei nach dem Urteil des OLG München eine Gefahr begründet, dass diese der Sichtweise der Verbände näher stünden als derjenigen der Athleten.[901]

bb. Aufbau des CAS

aaa. Ordinary und Appeals Arbitration Division

Der CAS besteht grundsätzlich aus zwei Kammern, denen jeweils ein Präsident vorsteht. Die Ordinary Arbitration Division entscheidet im gewöhnlichen Verfahren über Streitigkeiten mit wirtschaftlichen Hintergrund[902], die zum Beispiel aus einer Vereinbarung zwischen Verbänden und Sponsoren oder Rechteverwertern resultieren können[903]. Die Appeals Arbitration Division ist

---

900 S.o.S. 121 zur Kritik am Pechstein-Urteil des OLG München.

901 OLG München, Urteil vom 15. Januar 2015 – U 1110/14 Kart –, juris Rn. 103, zur Ernennung der Schiedsrichter nach dem CAS-Code 2004, die nach den gleichen Quoten wie die Ernennung der ICAS-Mitglieder vorzunehmen war.

902 Art. S20 a. CAS-Code.

903 *Pfister* in: Praxishandbuch Sportrecht, S. 682f., Rn. 169.

Rechtsmittelinstanz für Entscheidungen von Sportverbänden, soweit die Regelungen des Verbandes oder eine Schiedsvereinbarung dies vorsehen.[904]

Daneben umfasst die Organisation des CAS gemäß Art. S22 CAS-Code auch ein Court Office, bestehend aus dem Secretary General und einem oder mehrerer Counsel, zur Erfüllung der im CAS-Code zugewiesenen Aufgaben. Dies ist vornehmlich die Verwaltung der eingehenden und anhängigen Fälle und der dazugehörige Schriftverkehr, sowie gemäß Art. R31 CAS-Code die Mitteilungen des CAS an die Parteien.

Aufgrund der unterschiedlichen Verfahrensregelungen der Ordinary Arbitration Division (Art. R38 bis R46 CAS-Code) und der Appeals Arbitration Division (Art. R47 bis R59 CAS-Code) ist die Entscheidung des CAS Court Office gemäß Art. S20 Abs. 2 CAS-Code, welcher Division ein Fall zugewiesen wird, rein administrativer Natur und nicht anfechtbar.

bbb. Anti Doping Division

Zusätzlich zu den bereits beschriebenen Kammern hat der CAS jüngst die Anti-Doping-Division eingerichtet. Bislang entschied das IOC selbst über Doping-Vergehen während der Olympischen Spiele in erster Instanz. Im Rahmen der Olympic Agenda 2020[905] beschloss das IOC, die Verantwortung für Anti-Doping Verfahren auf den CAS als unabhängiges Gericht erster Instanz zu übertragen.

Im Hinblick auf die Olympischen Sommerspiele 2016 in Rio de Janeiro wurden im April 2016 die dafür maßgeblichen *CAS Arbitration Rules applicable to the CAS AntiDoping Division* (CAS ADD Rules)[906] durch den ICAS verabschiedet. Die CAS ADD Rules sind prozessualer Natur und basieren auf den Art. S6 Abs. 1, 8 und 10, Art. S8 und S23 des CAS-Codes.[907] Materielle Grundlage für die Entscheidung eines Doping-Vergehens sind die IOC Anti-Doping Rules (IOC ADR).

Die Kammer ist gemäß Art. 1 CAS ADD Rules exklusiv als Erstinstanz zuständig für die Durchführung des Dopingverfahrens und den Ausspruch von

---

904 Art. S20 b. CAS-Code.

905 Die Olympic Agenda 2020 ist eine Strategie für die Zukunft der Olympischen Bewegung. Eines der strategischen Ziele dieser Agenda ist die Stärkung des Prinzips der „good governance“ sowie der Moral. Die vollständige Agenda ist abrufbar unter: https://www.olympic.org/olympic-agenda-2020.

906 CAS ADD Rules abrufbar unter: http://www.tas-cas.org/en/arbitration/anti-doping-division.html (zuletzt abgerufen am 18.05.2019).

907 Art. 23 Abs. 2 CAS ADD Rules.

Entscheidungen über Verstöße gegen den WADC, die im Zusammenhang mit Olympischen Sommer- oder Winterspielen begangen werden.[908] Die Schiedsrichter werden auf einer *Special List of Arbitrators* des ICAS geführt[909] und werden vom Präsidenten der Division, der wiederum selbst durch den ICAS bestimmt wird[910], nach Eingang des behaupteten Doping-Verstoßes gemäß Art. 11 CAS ADD Rules für das jeweilige Panel ernannt. Für die Anti Doping Division gelten im Übrigen dieselben Verfahrensgrundsätze wie für die Verfahren vor den ständigen Kammern des CAS. Insofern wird auf die Ausführungen zur Appeals Arbitration Division verwiesen.

Die Sanktionsgewalt der Kammer beschränkt sich ausschließlich auf die Olympischen Spiele (z.B. Aberkennung von Medaillen, Ausschluss von den Olympischen Spielen, Disqualifikation für einen Wettbewerb).[911] Darüber hinaus gehende Sanktionen obliegen der Zuständigkeit des jeweiligen internationalen Sportfachverbandes. Im Laufe der Spiele von Rio de Janeiro hatte die Anti Doping Division über insgesamt acht Dopingvergehen zu entscheiden.[912]

ccc. Ad Hoc-Division

Erstmals bei den Olympischen Sommerspielen von Atlanta 1996 wurde neben den ständigen Kammern des CAS zusätzlich eine sogenannte *CAS Ad Hoc Division* (CAS AHD) gebildet.[913] Dieses nichtpermanente Tribunal unterliegt neben den Regelungen des CAS-Codes den ergänzenden Regelungen der sog. *Arbitration Rules for the Olympic Games.*

Die Zuständigkeit dieser Kammer beginnt zehn Tage vor der Eröffnungszeremonie der Spiele und umfasst sämtliche Streitigkeiten im Zusammenhang mit den Olympischen Spielen.[914] Dies bedeutet in der Regel ein Vorgehen gegen

---

908 Ausführlich dazu *Mavromati*, The Rules governing the CAS Anti-Doping and Ad Hoc Divisions at the Olympic Games - A commentary including the CAS jurisprudence from the Rio Olympics, abrufbar unter: https://ssrn.com/abstract=2816482 (zuletzt abgerufen am 18.05.2019).

909 Art. 3 CAS ADD Rules.

910 Art. 4 CAS ADD Rules.

911 Vgl. Art. 10.1, 10.2 IOC ADR.

912 Vgl. die Zusammenfassung des CAS zur Tätigkeit der Divisions während der Olympischen Spiele, abrufbar unter: http://www.tas-cas.org/fileadmin/user_upload/Report_on_the_activities_of_the_CAS_Divisions_at_the_2016_Rio_Olympic_Games__short_version__FINAL.pdf (zuletzt abgerufen am 18.05.2019).

913 Siehe dazu z.B. *McLaren*, Introducing the Court of Arbitration for Sport: The Ad Hoc Division at the Olympic Games, Marquette Sports Law Review, 2001, Vol. 12, pp. 515-542.

914 Vgl. Art. 1, 2 Arbitration Rules for the Olympic Games.

eine Entscheidung des IOC, eines NOK oder eines Internationalen Sportfachverbands. Während der Spiele von Rio de Janeiro hatte die CAS AHD Division über insgesamt 28 Fälle zu entscheiden, von denen 16 im Zusammenhang mit der Entscheidung des IOC Executive Board vom 24.Juli 2016 über die Teilnahmeberechtigung russischer Athleten standen.[915]

Durch die Einführung der CAS Anti Doping Division befasst sich die CAS AHD erst in zweiter Instanz mit Doping-Streitigkeiten. Entscheidungen der Anti Doping Division können gemäß Art. 23 CAS ADD Rules direkt bei der CAS AHD angefochten werden, oder, falls die CAS AHD wegen Beendigung der Olympischen Spiele nicht mehr aktiv sein sollte, vor der ständigen Appeals Arbitration Division in Lausanne.

Obwohl die Schiedsrichter der ad hoc Kammer stets vor Ort binnen 24 Stunden über die streitigen Fälle zu entscheiden haben[916], bleibt der Sitz des Schiedsgerichts Lausanne und somit Kapitel 12 des schweizerischen IPRG anwendbar.[917] Aufgrund der Eilbedürftigkeit dieser Verfahren werden die Schiedsrichter des jeweiligen Panels direkt vom Präsidenten der ad hoc Kammer gemäß Art. 11 Arbitration Rules for the Olympic Games von einer *Special List of Arbitrators* des ICAS[918] ausgewählt und ernannt. Die weiteren Vorschriften zur Auswahl und Qualifikation der Schiedsrichter und dem Verfahren vor dem Panel entsprechen den Regelungen des CAS-Codes für gewöhnliche Verfahren. Daher wird auf die folgenden Ausführungen verwiesen.

cc. Echtes Schiedsgericht

Dem CAS wird zuweilen vorgehalten, dass das Verfahren nicht entsprechend der Garantien des Art. 6 Abs. 1 EMRK ausgestaltet sei und insbesondere wegen der geschlossenen Schiedsrichterliste eine Unabhängigkeit des Spruchkörpers nicht gegeben sei.[919] Aus diesen Gründen wird dem CAS zum Teil die Eigenschaft als „*echtes*" Schiedsgericht abgesprochen.[920]

Dennoch wurde die Natur des CAS als „*echtes*" Schiedsgericht sowohl von schweizerischen als auch von deutschen Gerichten bestätigt.

---

915 Vgl. die Zusammenfassung des CAS zur Tätigkeit der Divisions während der Olympischen Spiele, abrufbar unter: http://www.tas-cas.org/fileadmin/user_upload/Report_on_the_activities_of_the_CAS_Divisions_at_the_2016_Rio_Olympic_Games__short_version__FINAL.pdf (zuletzt abgerufen am 18.05.2019).

916 Art. 18 Arbitration Rules for the Olympic Games.

917 Art. 7 Arbitration Rules for the Olympic Games; zum IPRG s.o.S 99.

918 Art. 3 Arbitration Rules for the Olympic Games.

919 LG München I, Urt. v. 26.02.2014, 37 O 28331/12, juris Rn. 112ff.

920 Zur Kritik am CAS s.o.S. 103ff.

Erstmals attestierte das Schweizer Bundesgericht in der Sache *Gundel./. International Equestrian Federation* (FEI)[921] dem CAS, dass er ein „*echtes*“ Schiedsgericht sei. Trotz bestehender Zweifel an der Unabhängigkeit des CAS wegen der besonderen Rolle des IOC, erkannte das Bundesgericht, dass der CAS kein Organ der FEI war, keinerlei Anweisungen von der FEI erhalten hatte und sich die personelle Eigenständigkeit gewahrt hatte.

Die deutsche ordentliche Gerichtsbarkeit äußerte sich zuletzt im Fall „*Pechstein*“ zur Rolle des CAS in der Sportschiedsgerichtsbarkeit. Während das OLG München[922] noch offen ließ, ob der CAS als „*echtes*“ Schiedsgericht zu qualifizieren ist, hat der BGH[923] in seinem Pechstein Urteil ausdrücklich dazu Stellung genommen. Der CAS sei demnach ein „*echtes*“ Schiedsgericht im Sinne der Zivilprozessordnung und nicht lediglich ein Verbandsgericht oder eine sonstige Schlichtungsstelle.[924] Die nötige Unabhängigkeit und Neutralität sei durch die Verfahrensordnung des CAS, trotz anerkannter Schwächen, gewährleistet.[925]

dd. Anwendbares Recht

Haben die Parteien vereinbart, dass für sportrechtliche Streitigkeiten der CAS angerufen werden soll, gelten für das Verfahren die Regeln der Art. R27ff des CAS-Codes.

Materiell-rechtlich entscheidet der CAS gemäß den geltenden Vorschriften, sowie subsidiär nach dem von den Parteien vereinbartem Recht. Wurde eine solche Vereinbarung nicht getroffen, gilt das Recht des Staates, in dem der Verband, dessen Entscheidung angefochten wird seinen Sitz hat, oder alternativ das Recht, welches das Panel für geeignet erachtet[926].[927]

---

921 BGE 119 II 271.

922 OLG München, Urteil vom 15. Januar 2015 – U 1110/14 Kart –, s.o.S. 116ff.

923 BGH, Urteil vom 07. Juni 2016, KZR 6/15, DE:BGH:2016:070616UKZR6.15.0 = BGH NJW 2016, 2266ff.; s.o.S. 124ff.

924 Ebd., Rn. 23.

925 S.o.S. 124ff.; im Ergebnis ebenso, *Görtz*, Anti-Doping-Maßnahmen im Hochleistungssport aus rechtlicher Sicht, S. 219; a.A. *Classen*, Rechtsschutz gegen Verbandsmaßnahmen im Profisport, S. 69ff.; *Orth*, Zur Zukunft der internationalen Schiedsgerichtsbarkeit im Sport – auch in Deutschland, in SpuRt 2015, S. 230, 232f.

926 In der Regel wendet der CAS in diesen Fällen schweizerisches Recht mitsamt dem Internationalen Privatrecht (IPR) der Schweiz an.

927 Art. R58 CAS-Code für das Berufungsverfahren.

ee. Verfahren

Im Folgenden soll ausschließlich auf das Verfahren vor der Appeals Arbitration Devision eingegangen werden. Neben den allgemeinen Regelungen gelten hierfür die speziellen Regelungen der Art. R47ff. CAS-Code.

aaa. Zuständigkeit

Der CAS ist gemäß Art. R47 CAS-Code zuständig für Rechtsmittel gegen Entscheidungen von Sportverbänden, soweit die Regelungen des Verbandes oder eine Schiedsvereinbarung dies vorsehen und der Verbandsrechtsweg ausgeschöpft wurde. Die Zuständigkeit gilt unabhängig davon, ob die Entscheidungen disziplinarischen oder wirtschaftlichen Charakter haben.[928]

Gegen Entscheidungen, die Athleten eines internationalen Testpools oder die Teilnahme an einer internationalen Wettkampfveranstaltung betreffen, können gemäß Art. 13.2.1 NADC ausschließlich vor dem CAS als letztzuständige Instanz Rechtsmittel eingelegt werden. Ferner ist der CAS zuständig für Rechtsbehelfe gegen Entscheidungen des DIS-Sportschiedsgerichtes[929] oder eines anderen zuständigen Schiedsgerichtes.[930]

Ob der CAS und das konkrete Panel tatsächlich für eine Sache zuständig sind, wird im Rahmen einer dreistufigen Prüfung festgestellt.[931] Zunächst prüft das CAS Court Office, ob zwischen dem behaupteten Anspruch und dem CAS eine Verbindung in Form einer Schiedsvereinbarung oder einer sonstigen Vereinbarung, die den CAS zur Streitbeilegung vorsieht, besteht. Die Tendenz geht dahin, Klagen zuzulassen, auch wenn bezüglich der notwendigen Verbindung zum CAS Zweifel bestehen.[932]

Die Prüfung der Zuständigkeit auf zweiter Stufe findet nur in den Fällen der Art. R37 und Art. R41[933] CAS-Code statt, wenn einstweilige Maßnahmen oder eine Streitgenossenschaft beziehungsweise ein Streitbeitritt beantragt werden. In diesen Fällen nimmt das Panel, oder - falls das Panel noch nicht gebildet wurde

928 *Mavromati/Reeb,* The Code of the Court of Arbitration for Sport, Art. R47, S. 381 Rn. 4.

929 Entscheidungen des DIS-Sportschiedsgerichts als Erst- oder Rechtsmittelinstanz, s.o.S. 79 und 170.

930 Art. 13.2.3.2 NADC.

931 *Mavromati/Reeb,* The Code of the Court of Arbitration for Sport, Art. R55, S. 489 Rn. 18ff.

932 Ebd.

933 Art. R41 CAS-Code findet ausschließlich auf das Schiedsverfahren erster Instanz Anwendung und findet hier der Vollständigkeit halber Erwähnung.

- der Präsident der Kammer eine prima facie Prüfung der Zuständigkeit vor. Nur bei offensichtlicher Unzuständigkeit wird das Schiedsverfahren beendet, beziehungsweise die dritte Partei nicht Teil des Verfahrens.[934]

Final und rechtlich bindend entscheidet schließlich das Panel gemäß Art. R55 Abs. 4 CAS-Code selbständig über dessen Zuständigkeit. Dies gilt unbeschadet davon, ob in der Sache bereits ein Verfahren vor einem staatlichen Gericht anhängig ist oder sich ein anderes Schiedsgericht dem gleichen Sachverhalt zwischen denselben Parteien angenommen hat.[935]

bbb. Verfahrenssprache

Traditionell sind Englisch und Französisch die Arbeitssprachen des CAS. Haben sich die Parteien nicht auf eine der beiden Sprachen festgelegt, entscheidet der Präsident des zuständigen Panels, oder - falls dieser noch nicht bestimmt wurde[936] - der Präsident der Kammer, welche die alleinige Verfahrenssprache sein soll.[937]

Alternativ können die Parteien gemäß Art. R29 Abs. 2 CAS-Code eine andere Sprache als Englisch oder Französisch wählen, sofern das Panel und das CAS Court Office damit einverstanden sind. Dies ist besonders empfehlenswert, wenn die Parteien demselben Sprachraum entstammen und bereits das Verfahren der Vorinstanz(en) in dieser Sprache durchgeführt wurde. Etwaige anfallende Kosten für die Übersetzung von Dokumenten oder für Dolmetscher müssen dann auf Verfügung des Panels zumindest anteilig oder komplett von den Parteien getragen werden.

ccc. Einleitung des Verfahrens

Das Verfahren beginnt mit Einreichung der Berufungsschrift beim CAS Court Office unter Angabe der anzufechtenden Entscheidung, der Parteien, der Anträge des Berufungsklägers sowie der Nennung eines Schiedsrichters von der CAS-Schiedsrichterliste, es sei denn, die Zuständigkeit eines Einzelrichters wird beantragt. Daneben muss der Rechtsmittelführer gemäß Art. R48 CAS-Code die Schiedsvereinbarung oder die Regelungen des Verbandes, die ein Rechtsmittel zum CAS vorsehen beifügen und einen Gerichtskostenvorschuss in Höhe von 1.000 CHF[938] leisten.

---

934 Vgl. Art. R37 Abs. 4, Art. R41.4 CAS-Code.

935 Vgl. dazu *Krähe,* Novellierung des CAS-Codes, in: SpuRt 2012, S. 17.

936 S.u.S. 184.

937 Art. R29 Abs. 1 CAS-Code.

938 Art. R64.1 CAS-Code.

Die Frist für das Rechtsmittel richtet sich gemäß Art. 13.2.3.3 NADC nach dem CAS-Code und beginnt mit dem Zeitpunkt der Zustellung der Entscheidung beim jeweiligen Rechtsbehelfsbefugten. Die Frist beträgt gemäß Art. R49 CAS-Code 21 Tage. Dem Berufungskläger kann ausnahmsweise eine weitere Frist gesetzt werden, wenn der fristgemäß eingereichte Antrag unvollständig ist.[939]

Wurde der Berufungsantrag nicht offensichtlich zu spät eingereicht, wird der Antrag mit einem Aktenzeichen versehen und das weitere Verfahren eingeleitet.[940] Ist dies nicht der Fall, soll der Präsident der Kammer auf die Einleitung des Verfahrens verzichten und den Antragsteller gemäß Art. R49 S. 2 CAS-Code darüber informieren. Generell sollen die Panels einen nicht fristgerecht eingereichten Antrag verwerfen, auch wenn der Berufungsbeklagte sich nicht darauf beruft und die Rechtsprechung des CAS von diesem Grundsatz bereits abgewichen ist.[941]

Ausnahmsweise ist nach dem Grundsatz von Treu und Glauben eine Wiedereinsetzung in das Verfahren möglich, wenn der Berufungskläger darlegen kann, dass er für die verspätete Einreichung der Berufungsschrift nicht verantwortlich ist und der Antrag auf Wiedereinsetzung unmittelbar nach dem Wegfall des Hinderungsgrundes gestellt wurde.[942]

Die WADA kann ungeachtet dessen einen Rechtsbehelf mit einer abweichenden Frist einlegen, je nachdem, welches Ereignis früher eintritt: 21 Tage nach Ablauf der Frist einer anderen rechtsbehelfsbefugten Partei oder 21 Tage nachdem die WADA die vollständige Akte zu der Entscheidung erhalten hat.[943]

ddd. Berufungsbegründung

Die Berufungsbegründung ist gemäß Art. R51 Abs. 1 CAS-Code zehn Tage nach Ablauf der Einlegungsfrist beim CAS Court Office einzureichen. Alternativ kann sie bereits mit der Berufungsschrift eingereicht werden. Darin sollen alle notwendigen Tatsachen und Rechtsgrundlagen sowie alle Beweismittel aufgeführt

---

939 Art. R48 CAS-Code.

940 *Mavromati/Reeb,* The Code of the Court of Arbitration for Sport, Art. R49, S. 427 Rn. 92.

941 Ebd., S. 430 Rn. 100.

942 In der Praxis erweisen sich diese Hürden als schwer überwindbar, vgl. *Mavromati/Reeb,* The Code of the Court of Arbitration for Sport, Art. R49, S. 433 Rn. 107.

943 Art. 13.2.3.3 NADC.

sein. Ebenso sollen Zeugen und Experten benannt werden und jeweils eine kurze Zusammenfassung der zu erwartenden Aussagen beigefügt werden.

eee. Konstituierung des Panels

Das Panel besteht gemäß Art. R50 CAS-Code grundsätzlich aus drei Schiedsrichtern, soweit sich die Parteien nicht auf einen Einzelschiedsrichter geeinigt haben oder der Präsident der Kammer mangels einer solchen Vereinbarung, unter Berücksichtigung der Umstände des Einzelfalls, entscheidet, die Sache einem Einzelschiedsrichter zu übergeben.

Für den Regelfall eines Panels mit drei Schiedsrichtern sollen der Berufungskläger und der Berufungsbeklagte gemäß Art. R48 und Art. R53 des CAS-Codes in ihren Schriftsätzen jeweils einen Schiedsrichter benennen, die dann vom Präsidenten der Kammer bestätigt werden. Dem Berufungskläger kann eine kurze Frist im Sinne von Art. R48 CAS-Code gesetzt werden, um einen Schiedsrichter zu nominieren, wenn dies nicht in der Berufungsschrift geschehen ist.[944] Kommt der Berufungsbeklagte dem nicht innerhalb von zehn Tagen seit Zugang der Berufungsschrift nach, benennt der Präsident der Kammer einen Schiedsrichter.

Anschließend wird das Panel mit Ernennung des dritten Schiedsrichters, der zugleich Präsidenten des Panels ist, durch den Präsidenten der Kammer final konstituiert. Den Schiedsrichtern werden dann gemäß Art. R54 Abs. 3 CAS-Code die Akten vom CAS Court Office zugesandt, sofern der Gerichtskostenvorschuss bereits geleistet wurde.

Gibt ein Schiedsrichter Grund zur Annahme, dass berechtigte Zweifel an seiner Unabhängigkeit und Unparteilichkeit bestehen, kann eine beteiligte Partei diesen Schiedsrichter gemäß Art. R34 CAS-Code ablehnen. Dafür soll die Partei dem ICAS Board schriftlich die Gründe für die Zweifel darlegen. Nach der Möglichkeit zur schriftlichen Stellungnahme durch den betroffenen Schiedsrichter, die weiteren Schiedsrichter und die zweite Partei entscheidet das ICAS Board über die Ablehnung und Ersetzung des Schiedsrichters nach Art. R35 CAS-Code.

fff. Berufungserwiderung

Der Berufungsbeklagte muss innerhalb von zwanzig Tagen nach Zugang der Berufungsbegründung auf diese erwidern.[945] Dabei handelt es sich nicht um eine starre Frist. Grundsätzlich können die Fristen des CAS-Codes, mit Ausnahme

---

944 S.o.S. 182ff.

945 Art. R55 Abs. 1 CAS-Code.

der Frist für die Berufungsfrist, gemäß Art. R32 Abs. 2 CAS-Code verlängert werden.

Die Frist beginnt nach Art. R32 CAS-Code mit dem auf den Tag des Zugangs darauffolgenden Tag. Wird die Erwiderung nicht oder erst verspätet eingereicht, kann das Panel gemäß Art. R55 Abs. 2 CAS-Code trotzdem mit dem Verfahren fortfahren und einen Schiedsspruch erlassen.

Inhaltlich soll die Replik gemäß Art. R55 CAS-Code die Argumente der Verteidigung enthalten mitsamt der Benennung der dazugehörigen Beweismittel in Form von Beweisstücken, Zeugen oder Experten.

ggg. Umfang der Überprüfung

Gemäß Art. 13.1.1 NADC umfasst der Prüfungsumfang alle relevanten Tatsachen des Falles und ist ausdrücklich nicht auf die Tatsachen oder den Prüfungsumfang des erstinstanzlichen Disziplinarorgans beziehungsweise der vorangegangen Instanz beschränkt.

Auch in rechtlicher Hinsicht ist der CAS nach Art. 13.1.3 NADC nicht an die Erwägungen der Vorinstanz(en) gebunden. Der CAS führt ein De-novo-Verfahren durch, weswegen die vorangegangen Verfahren weder Auswirkung auf Art und Umfang der Beweismittel noch Bedeutung für das Verfahren vor dem CAS haben.[946]

hhh. Entscheidung

Das Panel ist angehalten, im Sinne der Effizienz des Schiedsverfahrens und angesichts der Schnelllebigkeit des organisierten Sports, zügig zu einer Entscheidung zu gelangen. Art. R59 Abs. 5 CAS-Code bestimmt, dass den Parteien drei Monate nach Zugang der Akten beim Panel der Tenor des Schiedsspruchs bekannt gegeben werden soll. Auf Antrag des Präsidenten des Panels kann diese Frist vom Präsidenten der Kammer verlängert werden, sofern nachvollziehbare Gründe dies erfordern.

Inhaltlich kann das Panel gemäß Art. R57 Abs. 1 CAS-Code in seiner Entscheidung die vorangegangene Entscheidung aufheben und die Sache an die vorherige Instanz zurückverweisen. Alternativ kann es mit einer eigenen Entscheidung die vorangegangene Entscheidung ersetzen. Gerade in

946 Kommentar zu Art.13.1.3 NADC; gegen eine umfassende Befugnis für De-novo-Vefahren, *Engelbrecht,* Zur Überprüfungsbefugnis des TAS nach Art. 57 seiner Schiedsordnung, in: SpuRt 2009, 179ff.

Anti-Doping-Angelegenheiten ist dies von besonderer Relevanz, da der CAS, auf Antrag der WADA, eine verbandlich festgesetzte Strafe verschärfen kann.[947]

Die Entscheidung wird gemäß Art. R59 Abs. 1 CAS-Code mit der Mehrheit der Schiedsrichter getroffen um dann in Schriftform und unterschrieben an den CAS Secretary General weitergeleitet zu werden. Dieser überarbeitet das Urteil in formaler Hinsicht und leitet es, vorab ohne und später mit Begründung, an die Parteien weiter. In der Urteilsbegründung finden abweichende Meinungen der Schiedsrichter keine Beachtung und werden dem Urteil nach Art. R59 Abs. 2 CAS-Code auch nicht beigefügt.

Sofern die Parteien nichts anderes vereinbart haben, soll der Schiedsspruch, eine Zusammenfassung und/oder eine Pressemitteilung über die Ergebnisse des Verfahrens gemäß Art. R59 Abs. 6 CAS-Code durch den CAS veröffentlicht werden. In jedem Fall sollen die weiteren Einzelheiten des Falls geheim gehalten werden.

7. Überprüfung durch staatliche und überstaatliche Gerichte

Grundsätzlich sieht Art. 13.2.1 NADC vor, dass der CAS letztinstanzlich zuständig ist für Rechtsbehelfe gegen Entscheidungen, die Athleten eines internationalen Testpools oder internationale Wettkampfveranstaltungen betreffen. Diese Vorschrift stimmt mit Art. 190 Abs. 1 IPRG überein, wonach der Schiedsentscheid nach Eröffnung, d.h. Zustellung an die Parteien endgültig ist und in formelle und materielle Rechtskraft erwächst[948]. Dennoch bestehen Möglichkeiten, die Entscheidungen des CAS von einer weiteren Instanz überprüfen zu lassen.[949]

---

947 *Pfister* in: Praxishandbuch Sportrecht, S. 684, Rn. 172, mit weiteren Nachweisen; kritisch *Engelbrecht*, Zur Überprüfungsbefugnis des TAS nach Art. 57 seiner Schiedsordnung, in: SpuRt 2009, 179ff.; ebenso kritisch zur reformatio in peius, *Lehner*, in: Adolphsen/Nolte/Lehner/Gerlinger (Hrsg.), Sportrecht in der Praxis, S. 392 Rn. 1629.

948 Vgl. *Pfisterer*, in: Honsell/Vogt/Schnyder/Berti (Hrsg.), Basler Kommentar, Internationales Privatrecht, Art. 190 IPRG Rn. 7ff.

949 Teilweise wird für eine „Wiederaufnahme" des Verfahrens beim CAS plädiert, wenn im Nachhinein neue Tatsachen bekannt werden, die in einer Überprüfung durch staatliche Gerichte nicht mehr eingeführt werden könnten. Die neuen Tatsachen sollten dann in einer analogen Anwendung von Art. R57 CAS-Code nach dem vorherigen Einvernehmen der Parteien im Sinne des „Fairplay" berücksichtigt werden, vgl. *Lehner*, in: Adolphsen/Nolte/Lehner/Gerlinger (Hrsg.), Sportrecht in der Praxis, S. 394 Rn. 1634 mit weiteren Nachweisen.

a. Schweizer Bundesgericht als Überprüfungsinstanz

Hat eine der Parteien ihren Wohnsitz oder gewöhnlichen Aufenthalt nicht in der Schweiz, ist gemäß Art. 77 Abs. 1 lit. a des Bundesgerichtsgesetzes vom 17. Juni 2005 (BGG) in Verbindung mit den Art. 190 bis 192 IPRG gegen Entscheide von Schiedsgerichten das Rechtsmittel der Beschwerde zulässig.[950] Einzige Beschwerdeinstanz ist gemäß Art. 191 IPRG das schweizerische Bundesgericht dessen Verfahren sich nach Art. 77 BGG richtet.

aa. Verfahren

Zur Wahrung der Zulässigkeit muss der Sportler, vertreten durch einen vor schweizerischen Gerichtsbehörden zugelassenen Rechtsanwalt[951], die Beschwerde gemäß Art. 100 BGG innerhalb von 30 Tagen nach Eröffnung der vollständigen Ausfertigung der Entscheidung beim Bundesgericht einreichen. Das Bundesgericht prüft nicht von Amts wegen alle in Frage kommenden Rügen. Es beschränkt sich in seiner Prüfung gemäß Art. 77 Abs. 2 BGG allein auf die Rügen, die in der Beschwerdeschrift vorgebracht und begründet wurden.

Als Verfahrenssprache kommen Deutsch, Französisch, Italienisch und Rumantsch Grischun in Betracht. In der Regel findet aber gemäß Art. 54 Abs. 1 S. 1 Alt. 2 BGG die Sprache der angefochtenen Entscheidung Anwendung. Insofern kann auch unmittelbar und ohne zusätzliche Übersetzung der Unterlagen an ein auf Englisch geführtes Verfahren vor dem CAS angeknüpft werden.

Das Bundesgericht darf in seiner Entscheidung nicht über das Parteibegehren hinausgehen und verweist die Sache zu einer neuen Beurteilung an die Vorinstanz oder die Erstinstanz gemäß Art. 107 Abs. 2 BGG zurück. Die Möglichkeit, selbst in der Sache zu entscheiden steht dem Bundesgericht bei Beschwerden gegen Entscheide von Schiedsgerichten wegen Art. 77 Abs. 2 i.V.m. Art. 107 Abs. 2 BGG nicht zu.

Die nicht unerheblichen Gerichtskosten der Beschwerde betragen zwischen 200 und 100.000,00 Schweizer Franken[952] und werden in der Regel der unterliegenden Partei gemäß Art. 66 Abs. 1 S. 1 BGG auferlegt.

---

950 Haben beide Parteien ihren Wohnsitz oder gewöhnlichen Aufenthalt in der Schweiz, finden die Regelungen des 12. Kapitels des IPRG über die internationale Schiedsgerichtsbarkeit keine Anwendung. In diesem Fall untersteht das interne Schiedsrecht dem Konkordat über die Schiedsgerichtsbarkeit (KSG), vgl. ausführlich dazu *Lehner,* in: Adolphsen/Nolte/Lehner/Gerlinger (Hrsg.), Sportrecht in der Praxis, S. 394f. Rn. 1637. Im Folgenden wird davon ausgegangen, dass das 12. Kapitel des IPRG anwendbar ist.

951 Art. 40 BGG.

952 Art. 65 Abs. 3 lit. b BGG.

bb. Beschwerdegründe

Art. 190 Abs. 2 IPRG manifestiert eine Ausnahme von der - im NADC und zum Teil auch in Schiedsvereinbarungen vorgesehenen - Endgültigkeit schiedsgerichtlicher Entscheidungen. Demnach ist es bei Vorliegen einer der abschließend aufgezählten Gründe möglich, die Entscheidung eines Schiedsgerichtes anzufechten. Die Gründe im Einzelnen sind: a) die vorschriftswidrige Ernennung eines Einzelschiedsrichters bzw. die vorschriftswidrige Zusammensetzung des Schiedsgerichts; b) das Schiedsgericht hat sich zu Unrecht für zuständig oder unzuständig erklärt; c) das Schiedsgericht hat über Streitpunkte entschieden, die ihm nicht unterbreitet wurden oder hat Rechtsbegehren unbeurteilt gelassen; d) der Grundsatz der Gleichbehandlung der Parteien oder der Grundsatz des rechtlichen Gehörs wurde verletzt; e) der Entscheid ist mit dem ordre public unvereinbar.

Während die Gründe der lit. a bis d sich rein auf die ordnungsgemäße Durchführung des Verfahrens beschränken, bietet lediglich lit. e die Möglichkeit, die Entscheidung im Rahmen des ordre public auf ihre materiell-rechtliche Richtigkeit zu überprüfen.[953]

cc. Beschwerden in der Praxis

Generell wird nur in seltenen Fällen Beschwerde vor dem Bundesgericht erhoben und dies auch nur mit einer geringen Erfolgsquote.[954] So wurden im Jahr 2016 lediglich 34 Beschwerden bezüglich der internationalen Schiedsgerichtsbarkeit zum Schweizer Bundesgericht erhoben.[955]

In der Sache Cañas[956] hob das Bundesgericht erstmals einen Schiedsspruch des CAS auf und begründete dies mit einer Verletzung des rechtlichen Gehörs gemäß Art. 190 Abs. 2 lit. d IPRG. Der Profi-Tennisspieler Cañas hatte im Februar 2005 bei einem Turnier der Association of Tennis Professionals (ATP) irrtümlich eine verbotene Substanz eingenommen, nachdem ihm ein Turnierarzt

---

953 Zu den einzelnen Beschwerdegründen ausführlich *Netzle,* Die Beschwerde gegen Schiedssprüche des CAS, in: SpuRt 2011, 2, 4ff.

954 Zur Ablehnung der Beschwerde des Radrennfahrers Patrick Sinkewitz, *Hofmann,* Die letzte Instanz – Das Schweizerische Bundesgericht zum Doping-Fall Sinknewitz, in: SpuRt 2014, 182 – 185.

955 Geschäftsbericht des Schweizer Bundesgerichts 2016, S. 27, abrufbar unter: https://www.bger.ch/files/live/sites/bger/files/pdf/de/bger-bgergb16_d.pdf (zuletzt abgerufen am 18.05.2019).

956 BGE 133 III 235, Urteil vom 22.03.2007; SpuRt 2007, 113ff.

ein Grippemedikament verschrieben hatte, eine Hilfsperson dem Sportler aber irrtümlich ein falsches Medikament aushändigte. Das ATP-Tribunal sperrte Cañas für zwei Jahre, der CAS verkürzte die Sperre wegen geringem Verschulden auf 15 Monate. Das Bundesgericht hob schließlich den Schiedsspruch des CAS auf, weil das zuständige Panel auf gewisse subsidiär vorgetragene Argument von Cañas überhaupt nicht eingegangen ist. Dieser hatte, für den Fall, dass ihm der Beweis des Fehlens jeglichen Verschuldens nicht gelingen sollte, vorgetragen, dass die Sanktion der ATP nach anwendbarem Recht von Delaware unzulässig sei. Ein Athlet bleibt danach von einer Sanktion verschont, wenn das Medikament irrtümlich eingenommen wurde und die Substanz die Leistungsfähigkeit vermindert statt fördert.[957]

In jüngster Zeit war die Einrede der Unzuständigkeit gemäß Art. 190 Abs. 2 lit. b IPRG im Fall des Eishockeyspielers Florian Busch[958] und der Fall eines Marathonläufers gegen seinen nationalen Verband[959] erfolgreich. Gemäß Art. 186 Abs. 1 IPRG entscheidet das Schiedsgericht grundsätzlich selbst über seine Zuständigkeit, dies war in beiden Fällen jedoch nicht gegeben.

Im ersten Fall hatte sich Florian Busch einer Dopingkontrolle verweigert, woraufhin ein Schiedsgericht des DOSB feststellte, dass der Deutsche Eishockey Bund (DEB) den WADC noch nicht umgesetzt hatte und somit weiterhin die ursprünglichen Anti-Doping-Bestimmungen des DEB Anwendungen finden sollten. Diese sahen keine Weiterzugsmöglichkeit zum CAS vor. Trotzdem leitete die WADA ein Verfahren ein auf Grundlage eines von Busch unterzeichneten Anmeldeformulars zur Teilnahme an der Eishockey-WM, die eine Schiedsklausel zugunsten des CAS beinhaltete. Das Berufungsgericht hob den Schiedsspruch des CAS auf, weil es keinen Zusammenhang zwischen der Unterzeichnung des Anmeldeformulars vom 01.05.2008 und des Verhaltens von Florian Busch bezüglich der Dopingkontrolle am 06.03.2008 sah.[960]

Grundsätzlich können im Rahmen der Beschwerde auch die Grundsätze der EMRK sowie der Schweizerischen Bundesverfassung (BV) zur Konkretisierung der nach Art. 190 Abs. 2 IPRG abrufbaren Garantien zumindest indirekt herangezogen werden.[961] So berief sich Claudia Pechstein darauf, dass der CAS unter Missachtung von Art. 6 EMRK, Art. 30 Abs. 3 BV und Art. 14 Ziff. 1 UNO

957 BGE 133 III 235, Urteil vom 22.03.2007.

958 BGE Urteil vom 06.11. 2009 4A_358/2009; SpuRt 2010, 66ff.

959 BGE Urteil vom 03.05.2010 4A_456/2009.

960 BGE Urteil vom 06.11. 2009 4A_358/2009 E.3.2.3.

961 BG, Urteil vom 10.02.2010, 4A_612/2009 E.2.4.1.

Pakt II ihren Anspruch auf ein öffentliches Verfahren verletzt hätte. Das Berufungsgericht wies die Beschwerde letztlich ab, weil die vorgebrachten Normen auf die Verfahren der freiwilligen Schiedsgerichtsbarkeit nicht anwendbar seien.[962] Eine nähere Begründung Pechsteins, inwiefern der Gehörsanspruch aus Art. 190 Abs. 2 lit. d IPRG und dem ordre public aus Art. 190 Abs. 2 lit. e IPRG[963] eine öffentliche Verhandlung in internationalen Schiedsverfahren gebieten, wurde nicht vorgebracht.[964]

b. Revision gegen Schiedssprüche in internationalen Verfahren

Die Revision gegen Schiedssprüche in internationalen Verfahren ist zwar nicht gesetzlich vorgesehen, wird aber dennoch in ausgewählten Fällen vor dem Schweizer Bundesgericht zugelassen.

Während für reine Binnenverfahren die Art. 396ff. der Schweizer Zivilprozessordnung die Revision von Schiedssprüchen regeln, hat das Schweizer Bundesgericht für die internationalen Verfahren selbstständige Voraussetzungen für die Zulässigkeit und Begründetheit entwickelt. Danach steht den Parteien eines internationalen Schiedsverfahrens das außerordentliche Rechtsmittel der Revision zur Verfügung, für das die Zuständigkeit des Schweizerischen Bundesgerichts gegeben ist.[965] Dort finden sinngemäß die Artikel 121ff. BGG über die Revision Anwendung.

Heißt das Bundesgericht ein Revisionsgesuch gut, entscheidet es nicht selbst in der Sache, sondern weist diese an das Schiedsgericht, das entschieden hat, oder an ein neu zu bildendes Schiedsgericht zurück.[966]

Ein prominentes Beispiel eines (abgewiesenen) Revisionsgesuchs liefert der Fall Pechstein. Claudia Pechstein machte darin geltend, aufgrund einer neu entdeckten Diagnosemethode habe sich nachweisen lassen, dass sie an einer vererbten Blutanomalie leide.[967] Zu diesem Zweck hatte Pechstein (nach dem Schiedsspruch des CAS) verschiedene neue Gutachten anfertigen lassen und dem Gericht vorgelegt. Sie berief sich auf Art. 123 Abs. 2 lit. a BGG wonach die

962 Ebd., E.4.1.

963 Bislang war noch keine Beschwerde auf Grundlage eines Verstoßes gegen den ordre public erfolgreich.

964 *Akikol,* Die bundesgerichtliche Rechtsprechung zur Schiedsgerichtsbarkeit im Jahr 2010, in: Jusletter 8.August 2011, S. 10.

965 BGE 134 III 286 E.2.

966 BG, Urteil vom 28.09.2010, 4A_144/2010 E. 2 m.w.N.

967 BG, Urteil vom 28.09.2010, 4A_144/2010 E. 1.

Revision verlangt werden kann, wenn die ersuchende Partei nachträglich erhebliche Tatsachen erfährt oder entscheidende Beweismittel auffindet, die sie im früheren Verfahren nicht beibringen konnte - unter Ausschluss von Tatsachen und Beweismitteln, die erst nach dem Entscheid entstanden sind.

Das Bundesgericht folgte aber nicht der Argumentation Pechsteins sondern wies das Gesuch ab. Zum einen sei schon zweifelhaft, ob die erst nach dem Schiedsspruch des CAS gefertigten Gutachten als nachträgliches Beweismittel überhaupt von Art. 123 Abs. 2 lit. a BGG erfasst seien.[968] Außerdem habe Claudia Pechstein nicht hinreichend darlegen können, dass es ihr während des Schiedsverfahrens nicht möglich gewesen sei, von den neuartigen Diagnosemöglichkeiten Kenntnis zu erlangen und diese in das Verfahren miteinzubringen.[969] Es genüge nicht, lediglich vorzubringen, dass Pechstein erst zwei Tage nach dem CAS-Schiedsspruch vom 25. November 2009 von den seit Mai 2009 neu entdeckten Diagnosemöglichkeiten Kenntnis erlangt hätte.[970]

Schließlich zweifelte das Bundesgericht noch die Erheblichkeit der vorgebrachten Beweismittel an. Für die Annahme der Erheblichkeit setzt das Bundesgericht voraus, dass die neuen Tatsachen *„geeignet sein [müssen], die tatsächliche Grundlage des angefochtenen Urteils zu verändern, so dass sie bei zutreffender rechtlicher Würdigung zu einer anderen Entscheidung führen können“*.[971] Da aber schon der CAS in sein Schiedsurteil aufnahm, dass selbst die Diagnose einer vererbten Blutanomalie die festgestellten Schwankungen der Blutwerte nicht zu erklären vermöge, fehle es unter revisionsrechtlichen Gründen an der Erheblichkeit der vorgebrachten Beweismittel.[972]

c. Revision der Entscheidung des Bundesgerichts

Das siebte Kapitel des BGG sieht die Möglichkeit einer Revision der Entscheidung des Bundesgerichts vor, wenn Verfahrensvorschriften des BGG oder Rechte der EMRK verletzt wurden. Trifft der vorgebrachte Revisionsgrund zu, hebt das Bundesgericht den früheren Entscheid auf und entscheidet gemäß Art. 128 Abs. 1 BGG neu in der Sache.

---

968 Ebd., E. 2.3.

969 Ebd., E. 2.3.

970 Ebd., E. 2.3.

971 Ebd., E. 2.1.2.

972 Ebd., E. 2.4.

aa. Verletzung von Verfahrensvorschriften

Konkret nennt Art. 121 BGG als Verletzung von Verfahrensvorschriften a) eine fehlerhafte Besetzung des Gerichts oder Ausstandsgründe[973]; b) einer Partei wurde ohne gesetzliche Grundlage mehr oder etwas anderes zuerkannt, als beantragt wurde oder weniger als die Gegenpartei anerkannt hat; c) einzelne Anträge blieben unbeurteilt oder d) das Gericht hat aktenkundige Tatsachen aus Versehen nicht berücksichtigt.

Innerhalb von 30 Tagen nach Entdeckung des Ausstandgrundes beziehungsweise nach Eröffnung der vollständigen Ausfertigung des Entscheids ist das Revisionsgesuch beim Bundesgericht gemäß Art. 123 Abs. 1 lit. a, b BGG einzureichen.

bb. Verletzung der Europäischen Menschenrechtskonvention

Hat der Europäische Gerichtshof für Menschrechte in einem endgültigen Urteil die Verletzung der EMRK oder der Protokolle dazu festgestellt und ist eine Entschädigung nicht geeignet, die Folgen der Verletzung zu beseitigen und ist eine Revision notwendig, um die Verletzung zu beseitigen, kann gemäß Art. 122 BGG die Revision verlangt werden.

Das Revisionsgesuch ist in diesen Fällen innerhalb von 90 Tagen, nachdem das Urteil des EGMR nach Art. 44 EMRK endgültig geworden ist, gemäß Art. 124 Abs. 1 lit. c BGG einzureichen.

d. Unionsrechtliche Möglichkeiten

Auf unionsrechtlicher Ebene bestehen nur eingeschränkte Möglichkeiten zur Anfechtung eines Schiedsurteils des CAS. Zwar hatte insbesondere das sog. *Bosman-Urteil* des EuGH[974] immensen Einfluss auf die Sportwelt. Abgesehen von der ohnehin schon begrenzten Anrufbarkeit des EuGH durch einen einzelnen Bürger, kann mit den zur Verfügung stehenden Klagearten des AEUV weder ein Schiedsurteil des CAS noch ein Überprüfungsurteil des Schweizer Bundesgerichts angegriffen werden. Der EuGH ist seiner Natur nach keine Rechtsmittelinstanz.

---

973 „Ausstand“ bedeutet in diesem Kontext die mögliche Befangenheit eines Richters in der Sache, vgl. Art. 34ff. BGG.

974 EuGH Urteil v. 15.12.1995, RS 415/93 Slg. 1995 I 4921.

e. *Europäischer Gerichtshof für Menschenrechte (EGMR)*

Der Sportler kann aber, unter gewissen Umständen, das Schiedsurteil des CAS vor dem Europäischen Gerichtshof für Menschenrechte in Straßburg angreifen, wenn er eine Verletzung der Rechte der EMRK geltend machen kann. In Frage kommt dabei regelmäßig nur eine mögliche Verletzung des Rechts auf ein faires Verfahren aus Art. 6 EMRK.

So erhob Claudia Pechstein eine Beschwerde zum EGMR.[975] Pechstein machte darin geltend, dass weder das interne Verbandsverfahren noch das Verfahren vor dem CAS dem Öffentlichkeitsgrundsatz von Art. 6 Abs. 1 EMRK genügten. Außerdem ließen die Disziplinarkommission der ISU und der CAS die notwendige Unabhängigkeit und Überparteilichkeit vermissen.

Der EGMR hat die Beschwerde abgewiesen und auch den Antrag Pechsteins auf Verhandlung vor der Großen Kammer des EGMR zurückgewiesen.[976] Der EGMR stärkt in seiner Entscheidung die Rolle des CAS als unabhängiges und unparteiisches Schiedsgericht.

Zwar kommt der EGMR zum Schluss, dass die Anerkennung der Regeln der ISU und somit des CAS durch Claudia Pechstein als „Zwangs"-Schiedsgerichtsbarkeit anzusehen sei, da dies die einzige Wahlmöglichkeit zur Ausübung ihrer Disziplin auf dieser Ebene und zum Bestreiten ihres Lebensunterhaltes gewesen sei.[977] Folglich müsse das Schiedsverfahren vor dem CAS die Garantien des Art. 6 Abs. 1 EMRK gewährleisten.[978]

Nach Auffassung des EGMR genügt der CAS aber den tatbestandlichen Anforderungen des Art. 6 Abs. 1 EMRK an ein auf Gesetz beruhendes, unabhängiges und unparteiisches Gericht. Der EGMR folgte dabei der Entscheidung des Schweizerischen Bundesgerichts und sah keine Veranlassung für eine Abweichung.[979] Einzig ein Verstoß gegen die Öffentlichkeit der Verhandlung wurde moniert: hier entschied der EGMR, dass Claudia Pechstein ein öffentliches Verfahren vor dem CAS hätte gewährt werden müssen.[980] Als Entschädigung für den dadurch erlittenen immateriellen Schaden sprach der EGMR Claudia Pechstein einen Betrag von 8.000,00 Euro zu.

---

975 EGMR *Pechstein v. Switzerland (Nr. 67474/10).*

976 EGMR (3. Sektion), Urteil vom 02.10.2018 - 40575/10, 67474/10 = BeckRS 2018, 23523.

977 A.a.O., Rn. 115.

978 A.a.O., Rn. 123.

979 A.a.O., Rn. 150ff.

980 A.a.O., Rn. 182ff.

Teil II Dopingbekämpfung nach deutschem staatlichem Recht

A. Nationales Recht

I. Dopingstrafrecht im internationalen Vergleich

Bis zum Inkrafttreten des Gesetzes gegen Doping im Sport (Anti-Doping-Gesetz – AntiDopG)[981] am 18.12.2015 gab es in Deutschland kein eigenständiges dopingspezifisches Strafgesetz. Auf internationale Ebene hingegen wurden bereits frühzeitig vielfältige Bemühungen unternommen, um eine staatliche Strafbarkeit von Doping zu erreichen.[982] In Belgien und in Frankreich wurde Doping bereits im Jahr 1965 unter Strafe gestellt.[983] Auch Italien nahm eine Vorreiterrolle an, indem 1971 ein Anti-Doping-Gesetz forciert wurde, das neben dem Besitz und Konsum von potentiell gesundheitsgefährdenden Substanzen zum Zwecke der Leistungssteigerung auch deren Verabreichung unter Strafe stellte.[984] In jüngerer Vergangenheit trat am 01.07.2007 auch in Österreich ein eigenständiges Anti-Doping-Gesetz in Kraft[985] dessen Regelungen bis dato Bestandteil des Bundes-Sportförderungsgesetzes (BSFG) waren[986]. Außerdem verabschiedete das spanische Parlament 2006 das Anti-Doping-Gesetz LOPSLD.[987]

In Deutschland hingegen waren die Ermittlungsbehörden bei der strafrechtlichen Verfolgung von Doping auf die allgemeinen Tatbestände des Kernstrafrechtes und die Tatbestände des Arzneimittelgesetzes (AMG) und des Betäubungsmittelgesetzes (BtMG) als Nebenstrafrecht beschränkt gewesen.

---

981 Dazu siehe unten S. 228ff.

982 Vgl. Überblick zur Rechtslage in Italien, Großbritannien, Belgien, Schweden, Dänemark und USA von *Hauptmann/Rübenstahl,* MedR 2007, 271, 274ff.

983 Vgl. dazu *Krogmann,* Zur Dopinggesetzgebung im Ausland - Teil 1 in: SpuRt 1999, 19f; *ders.* Zur Dopinggesetzgebung im Ausland - Teil 2 in: SpuRt 1999, 61; *ders.* Zur Dopinggesetzgebung im Ausland - Teil 3 in: SpuRt 1999, 148f; *ders.* Zur Dopinggesetzgebung im Ausland - Teil 4 in: SpuRt 2000, 13f.

984 *Krogmann,* Zur Dopinggesetzgebung im Ausland - Teil 4, in: SpuRt 2000, 13; *Glocker,* S. 306.

985 Österreichisches BGBl. I Nr. 30/2007.

986 Österreichisches BGBl. I Nr. 64/2006.

987 Ausführlich und vergleichend, *Tauschwitz,* Die Dopingverfolgung in Deutschland und Spanien – Eine strafrechtliche und kriminologische Untersuchung.

II. Kernstrafrecht

1. Doping als Körperverletzung

Primärer Anknüpfungspunkt der Strafbarkeit einer Dopinghandlung stellt die (gefährliche) Körperverletzung nach §§ 223, 224 des Strafgesetzbuches (StGB) dar. Schon der Versuch einer Körperverletzung ist strafbar und kann, ebenso wie das vollendete Delikt, eine beteiligungsfähige Haupttat im Sinne von §§ 25ff. StGB sein.

a. Objektive Tatbestandsmäßigkeit

Unabhängig von der Art und Weise der Begehung[988] setzt die vollendete Körperverletzung zumindest voraus, dass eine andere Person körperlich misshandelt oder an der Gesundheit geschädigt wird.

aa. Körperliche Misshandlung

Als erstes Tatbestandsmerkmal von § 223 I Alt. 1 StGB im Kontext des Dopings ist die körperliche Misshandlung zu untersuchen, eine üble, unangemessene Behandlung, die zu einer nicht unerheblichen Beeinträchtigung des körperlichen Wohlempfindens oder der körperlichen Unversehrtheit führt.[989] Dabei ist zu differenzieren zwischen dem Einstich mit einer Injektionsnadel, den unmittelbaren Folgen der verabreichten Substanz sowie den Nebenwirkungen und den Spätfolgen von Doping.

Umstritten ist, ob der Stich mit einer Injektionsnadel und die damit verbundenen Schmerzen, schon eine körperliche Misshandlung darstellen, weil zumindest die körperliche Unversehrtheit dadurch beeinträchtigt wird. Während man eine üble, unangemessene Behandlung noch bejahen kann scheint aber die Erheblichkeit dieser Beeinträchtigung zumindest diskutabel.[990] Dabei ist zwar immer die konkrete Situation von einem objektiven Standpunkt aus zu beurteilen.[991] Wenn aber schon kleine Kratzer und minimale Blutungen daran gemessen unerheblich sind[992], dann sollte dies auch für den Einstich mit einer Injektionsnadel gelten. Die herrschende Meinung im Schrifttum widerspricht

---

988 Dazu siehe unten. S. 199ff.

989 BGHSt 14, 269, 271; *Eschelbach* in: BeckOK StGB § 223 Rn. 17.

990 So auch im Ergebnis *Reinhart,* in: Praxishandbuch Sportrecht, S. 811 Rn. 110, der den Kern der Sache dadurch als verfehlt sieht.

991 *Eschelbach* in: BeckOK StGB § 223 Rn. 22.

992 Ebd.

dem und bejaht daher eine körperliche Misshandlung selbst bei einer lege artis[993] durchgeführten Injektion.[994]

In dem Vorgang der Verabreichung des Dopingmittels dagegen kann keine körperliche Misshandlung gesehen werden, wenn damit die Steigerung der körperlichen Leistungsfähigkeit intendiert und auch erreicht wird. Es findet in diesem Moment gerade keine nachteilige Einwirkung auf die körperliche Integrität[995] des Sportlers statt, sondern vielmehr eine Steigerung des Wohlbefindens[996].

Anders ist dies selbstverständlich, wenn das Dopingmittel unmittelbar und tataktuell[997] zu körperlichen Folgen, wie zum Beispiel Muskelkrämpfen, Fieber, Erbrechen oder psychischen Störungen führt.[998]

bb. Gesundheitsschädigung

Die zweite Alternative von § 223 I StGB erfordert mit dem Merkmal der Gesundheitsschädigung das Hervorrufen oder Steigern eines pathologischen, also nachteilig vom Normalzustand abweichenden[999], Zustandes.[1000]

Diese Alternative begründet im Vergleich zur körperlichen Misshandlung leichter eine Körperverletzung, da nahezu alle Substanzen, die auf der Verbotsliste der WADA enthalten sind, zumindest zu zeitweisen Gesundheitsschädigungen führen.[1001] Zwar treten unmittelbar nur Veränderungen des körperlichen Normalzustandes ein, die der Sportler als positiv wahrnimmt, wie die Anregung des Stoffwechsels[1002] oder eine sonstige Steigerung der Leistungsfähigkeit. Jedoch kann auch schon zu diesem Zeitpunkt – in welchem faktisch nur eine Gefährdung besteht und noch kein pathologischer Zustand - eine vollendete Gesundheitsschädigung vorliegen.[1003] Damit die Körperverletzung nach § 223

---

993 Siehe dazu und zur Problematik des ärztlichen Heileingriffs unten S. 201ff.

994 *Fischer,* StGB, § 223 Rn. 9; *Horn,* in: SK-*Wolter,* § 223 StGB Rn. 7a, 36; *Joecks,* in: MüKo-StGB, § 223 Rn. 36; *Fiedler,* Das Doping minderjähriger Sportler, S. 46.

995 *Eschelbach* in: BeckOK StGB § 223 Rn. 21.

996 *Reinhart, in:* Praxishandbuch Sportrecht, S. 811 Rn. 110.

997 *Bottke,* FS Kohlmann, S. 85, 98.

998 *Rössner,* in: Adolphsen/Nolte/Lehner/Gerlinger (Hrsg.), Sportrecht in der Praxis, S. 414, Rn. 1700.

999 *Fischer,* StGB, § 223 Rn. 6.

1000 BHGSt 36, 1, 6; *Eschelbach* in: BeckOK StGB § 223 Rn. 24.

1001 *Link,* NJW 1987, 2545, 2549; *Kargl,* Begründungsprobleme des Dopingstrafrechts, in: NStZ 2007, 489, 490; *Wolf,* Zur Frage des Doping, S. 10, 71f.

1002 *Sternberg-Lieben,* ZIS, 583, 585.

1003 *Roxin,* Strafrecht und Doping, in: Festschrift für Erich Samson, S. 445, 446; Zum Streitstand siehe *Fischer*, StGB, § 223 Rn. 13f.

I StGB nicht in ein abstraktes Gefährdungsdelikt umgewandelt wird, bedarf es aber über die Möglichkeit einer späteren Gesundheitsschädigung hinaus weiterer Voraussetzungen.[1004]

Parallel zur Rechtsprechung des BGH und der Frage, ob bereits durch die Infektion mit dem HI-Virus und vor Ausbruch der Krankheit AIDS[1005] die Gesundheitsschädigung vollendet ist, können Dopingmaßnahmen behandelt werden, die später schädliche Wirkungen erwarten lassen.[1006] Begründet ein Dopingmittel einen Vorschaden[1007], das heißt, es wird dadurch eine erst in der Folge akut werdende Schadensentwicklung angelegt[1008], dann liegt darin schon eine Schädigung der Gesundheit. Dies gilt auch, wenn dieser Vorschaden zunächst nicht ausmachbar ist und sich erst langfristig zu einem Vollschaden ausbildet.[1009] Typische Nebenwirkungen und Spätfolgen von Dopingmitteln sind Herz-Kreislauf-Versagen, Schäden an inneren Organen bis hin zu hormonellen Dysfunktionen.[1010]

Dabei ist zwischen den verschiedenen Dopingmitteln zu differenzieren, denn nicht alle sind geeignet, einen Vorschaden hervorzurufen. Außerdem bezieht sich die Rechtsprechung des BGH dazu lediglich auf die zyklische Vergabe von Anabolika.[1011] Anerkannt ist, dass Erythropoetin (EPO), Anabolika und Wachstumshormone zu langfristigen Schädigungen führen.[1012] Dies gilt nicht, bzw. nur in Einzelfällen, für Dopingsubstanzen, die primär unmittelbare körperliche Folgen herbeiführen, wie Narkotika und Cannabinoide.[1013] Ebenso wenig wird durch die Anwendung von Blutdoping eine Spätfolge in Form von Herz- und Gefäßveränderungen oder chronischer Beschwerden „*vorprogrammiert*“[1014], sondern es werden direkt unmittelbare Risiken gesetzt.[1015]

1004 *Fiedler,* Das Doping minderjähriger Sportler, S. 49.

1005 BGHSt 36, 1ff.

1006 *Reinhart,* in: Praxishandbuch Sportrecht, S. 812 Rn. 111.

1007 *Bottke,* FS Kohlmann, S. 85, 99.

1008 *Reinhart,* in: Praxishandbuch Sportrecht, S. 812 Rn. 111.

1009 *Bottke,* FS Kohlmann, S. 85, 99.

1010 Zu den Nebenwirkungen der verschiedenen Dopingmittel vgl. ausführlich *Ahlers,* Doping und strafrechtliche Verantwortlichkeit, S. 33ff.; *Kargl,* JZ 2002, 389, 391.

1011 Vgl. BGH NJW 2000, 1506, 1506, mit der Entscheidung, dass die Verjährung aufgrund eines quasigesetzlichen Verfolgungshindernisses in Fällen staatlich zentral gelenkter Vergabe von Anabolika an uneingeweihte minderjährige Schwimmer geruht hat.

1012 *Fiedler,* Das Doping minderjähriger Sportler, S. 52.

1013 Ebd., S. 51.

1014 *Reinhart,* in: Praxishandbuch Sportrecht, S. 812 Rn. 111.

1015 *Fiedler,* Das Doping minderjähriger Sportler, S. 51f.

In der Praxis erweist sich der Nachweis, dass mit der Verabreichung von Dopingmitteln tatsächlich Spätfolgen gesetzt wurden bzw. eine langfristige Schädigung zu erwarten ist als sehr schwierig bis nahezu unmöglich.

Sind die dargestellten Spätfolgen bei der Anwendung von Dopingmitteln und –methoden nicht hinreichend wahrscheinlich, aber durchaus im Bereich des Möglichen, kommt zumindest eine versuchte Gesundheitsschädigung nach § 223 II StGB in Betracht.[1016]

cc. Zwischenfazit

Ob eine körperliche Misshandlung durch Doping bejaht werden kann ist nicht immer eindeutig. Zumindest kann in der Verabreichung von Doping eine Gesundheitsschädigung angenommen werden, wenn diese nachweisbar zu Spätfolgen geführt hat. Wird der objektive Tatbestand von § 223 I StGB bejaht, wird die Körperverletzung regelmäßig durch die Beibringung eines gesundheitsschädlichen Stoffes im Sinne der Qualifikation des § 224 I Nr. 1 Alt. 2 StGB begangen.

b. Freiwilliges Selbstdoping[1017]

aa. Strafbarkeit des Sportlers

Bei der Variante des Selbst- oder Eigendopings fügt sich der Sportler selbst und auf freiwilliger Basis die Dopingsubstanz zum Zwecke der Leistungssteigerung zu. In Betracht kommt hier der Konsum angereicherter Getränke, die Einnahme von Tabletten oder das eigenständige Setzen einer Spritze. Der Sportler weiß dabei auch in der Regel um die Auswirkungen und Risiken für seine Gesundheit.

Eine Strafbarkeit gemäß § 223 StGB scheidet aber trotzdem aus, weil der Tatbestand ausdrücklich auf die körperliche Misshandlung oder Gesundheitsschädigung einer anderen Person abstellt. Die gesundheitliche Selbstschädigung oder Selbstgefährdung bleibt als Ausdruck der allgemeinen grundrechtlich verbürgten Handlungsfreiheit[1018] nach deutschem Recht straflos.[1019]

1016 *Heger,* JA 2003, 76, 77.

1017 Dieser Begriff wird von der wohl h. M. verwendet, um die dargestellte Situation zu beschreiben; vgl. *Reinhart,* in: Praxishandbuch Sportrecht, S. 813 Rn. 113ff.; *Bottke,* FS Kohlmann, S. 85, 89; *Heger* in: SpuRt 2007, 153, 153; a. A. *Jahn* in ZIS 2006, 57, 58; *ders.* in: SpuRt 2015, S. 149, 150 der den Begriff des „eigenverantwortlichen Dopings" vorzieht.

1018 *Bruggmann/Grau,* Das schmutzige Herz des Sports: Doping und die Haftungsrisiken der Pharmaunternehmen, in: PharmR 2008, 101, 101 m.w.N.

1019 Anders ist dies bei der Strafbarkeit des Selbstdopings nach dem AntiDopG, s.u.S. 202f.

bb. Strafbarkeit eines Dritten

Meist werden die Sportler von Trainern, Betreuern oder Ärzten[1020] auf psychische Weise unterstützt, indem diese den Entschluss zum Selbstdoping hervorgerufen haben oder sonst auf eine Weise Hilfe geleistet haben. Oder der Tatbeitrag zum Selbstdoping besteht aus tatsächlichen Handlungen, wie dem Beschaffen der Dopingsubstanz oder der notwendigen Ausrüstung.

Dadurch käme grundsätzlich eine Strafbarkeit als Teilnehmer gemäß § 25ff. StGB in Betracht. Jedoch sind diese Beiträge strafrechtlich irrelevant, da sie mit der Willenssphäre des Betroffenen übereinstimmen und es schon mangels Strafbarkeit des Selbstdopings an einer beteiligungsfähigen Haupttat fehlt.[1021]

c. Unfreiwilliges Selbstdoping[1022]

Eine Strafbarkeit Dritter beim Selbstdoping durch den Athleten ist jedoch unter gewissen Umständen denkbar. Charakteristisch hierfür ist entweder die Anwendung von unmittelbarem Zwang oder ein Wissensdefizit des Athleten.

Die Einnahme von Dopingmitteln durch den Sportler unter Gewaltanwendung, Drohungen oder sonstigem psychisch wirkenden Zwang durch Trainer oder (ärztliche) Betreuer hatte System bei der Betreuung von Leistungsschwimmerinnen der DDR[1023] und erscheint auch heute noch denkbar.

Daneben sind Konstellationen denkbar, in denen der Sportler über die Tatsache, dass er ein möglicherweise gesundheitsschädliches Doping-Mittel zu sich nimmt getäuscht wird. Entweder wird dem Sportler dabei bewusst ein Doping-Mittel so untergeschoben, dass er dessen Einnahme zunächst nicht bemerkt, oder der Sportler wird über die schädigende Wirkung des Dopingmittels getäuscht.[1024] Insofern liegt auch keine eigenverantwortliche Selbstschädigung des Opfers vor, das die Zurechnung des tatbestandlichen Erfolges zum Verhalten des Fremdschädigers ausschließen könnte.[1025]

Der Dritte erfüllt hier den Tatbestand der Körperverletzung in mittelbarer Täterschaft gemäß § 25 I Alt. 2 StGB. In diesen Fällen liegt die Tatherrschaft in

---

1020 Vgl. zur Strafbarkeit von Ärzten *Parzeller,* Die strafrechtliche Verantwortung des Arztes beim Doping, in: Deutsche Zeitschrift für Sportmedizin 2001, S. 162ff.

1021 So auch *Kargl,* Begründungsprobleme des Dopingstrafrechts in: NStZ 2007, 489, 490.

1022 Vgl. *Reinhart,* in: Praxishandbuch Sportrecht, S. 813 Rn. 116ff., der diese Fallgruppe zusätzlich als „Heimliches Doping" und „Zwangsdoping" bezeichnet.

1023 *Reinhart,* in: Praxishandbuch Sportrecht, S. 813 Rn. 116.

1024 Ebd.

1025 *Mitsch,* NStZ 2000, 641, 642.

den Händen des Dritten, der über ein überlegenes Sachwissen verfügt und sich des Sportlers als Werkzeug bedient.[1026]

d. Fremddoping

Möglich erscheint zudem eine Strafbarkeit derer, die die Dopingmittel verabreichen.[1027] Es handelt sich beim Tätigwerden des Arztes oder Betreuers nicht um einen Fall der straflosen Mitwirkungen an einer freiverantwortlichen Selbstschädigung des Sportlers, da die Tatherrschaft in den Händen Arztes oder Betreuers liegt.[1028] Dabei erfüllt der Stich mit einer Injektionsnadel die Alternative der körperlichen Misshandlung.[1029] Gelingt in diesen Fällen darüber hinaus der Nachweis einer eingetretenen Nebenwirkung oder einer sonstigen nachteiligen Veränderung der körperlichen Funktionen,[1030] stellt dies zudem eine vollendete Gesundheitsschädigung nach § 223 I Alt. 2 StGB dar.[1031] In der Regel handelt es sich bei der Dopingsubstanz um ein Gift oder anderes gefährliches Mittel, so dass der Fremdschädiger zugleich die Qualifikation des § 224 I Nr. 1 StGB erfüllt.

Der Arzt oder Betreuer kennt in der Regel die Wirkungen und Risiken des Dopingmittels und handelt dahingehend auch vorsätzlich. Liegt kein vorsätzliches Handeln vor, kann zumindest eine fahrlässige Körperverletzung nach § 229 StGB bejaht werden.

aa. Ärztlicher Heileingriff

Wird das Dopingmittel von einem Arzt gespritzt oder verabreicht, stellt sich die Frage, ob es sich dabei um einen ärztlichen Heileingriff handelt, der die Tatbestandsmäßigkeit entfallen lassen könnte. Nach der herrschenden Ansicht der Literatur erfüllt ein medizinisch indizierter und de lege artis durchgeführter

1026 *Fischer,* StGB, § 25 Rn. 5f.

1027 Zur Abgrenzung von eigenverantwortlicher Selbstschädigung und (einverständlicher) Fremdschädigung vgl. *Linck,* NJW 1987, 2545, 2548ff.; *ders.,* MedR 1993, 55, 57; *Kargl,* JZ 2002, 389, 392ff.

1028 Vgl. *Sternberg-Lieben,* Einwilligungsschranken und Rechtsgutsvertauschung am Beispiel des Fremddopings im Sport, in: ZIS 2011, 583, 585f, der die Abgrenzung am Beispiel der Tablettenabgabe an einen hinreichend informierten und zur Risikoabschätzung fähigen Sportler vornimmt; dem folgend, *Reinhart,* in: Praxishandbuch Sportrecht, S. 813 Rn. 119 Fn. 349.

1029 S.o.S. 196f. *Sternberg-Lieben,* Einwilligungsschranken und Rechtsgutsvertauschung am Beispiel des Fremddopings im Sport, in: ZIS 2011, 583, 585.

1030 *Heger,* JA 2003, 76, 78.

1031 S.o.S. 197f.

Heileingriff nicht den Tatbestand einer Körperverletzung.[1032] Dagegen stellt nach Ansicht der Rechtsprechung jede in die körperliche Unversehrtheit eingreifende Maßnahme, selbst wenn sie von Ärzten durchgeführt wird, eine Körperverletzung dar.[1033] Ein solcher Eingriff bleibt aber straflos, weil er auf der Ebene der Rechtswidrigkeitsprüfung gerechtfertigt ist.

Der Streit zwischen Literatur und Rechtsprechung braucht jedoch im speziellen Fall „Doping" nicht entschieden werden, da schon kein Heileingriff vorliegt, der die Ansicht der Literatur stützen könnte. Dient der Eingriff lediglich der Leistungssteigerung des Athleten oder der Beschleunigung der Beseitigung leistungsbedingter körperlicher Störzustände, die auch durch natürliche Regeneration ausgeglichen werden könnten, liegt schon begrifflich kein Heileingriff vor.[1034]

bb. Einwilligung des Athleten[1035]

Für die Strafbarkeit der vorsätzlichen Körperverletzung ist relevant, ob dies möglicherweise mit Einwilligung des Geschädigten geschehen ist.[1036] Dann wäre das Handeln des Schädigers gerechtfertigt. Gemäß § 228 StGB handelt derjenige, der eine Körperverletzung mit Einwilligung der verletzten Person vornimmt nur dann rechtswidrig, wenn die Tat gegen die guten Sitten verstößt.

Die Einwilligung stellt eine bewusste vorherige Zustimmung zu dem tatbestandsmäßigen Verhalten einer Person, die sich nicht allein auf den Erfolg bezieht.[1037] Voraussetzung einer wirksamen Einwilligung in die Körperverletzung ist regelmäßig die Einwilligungsfähigkeit des Rechtsgutträgers[1038] und dass dessen Entscheidung frei von Willensmängeln ist. Ausdruck der Einwilligungsfähigkeit ist entsprechend der herrschenden Lehre von der Einsichtsfähigkeit, dass der Rechtsgutträger Wesen, Tragweite und Bedeutung des Eingriffs richtig erfassen und einschätzen kann.[1039] Zudem muss die Einwilligung zur ihrer

1032 Vgl. *Fischer*, StGB, § 223 Rn. 19, mit weiteren Nachweisen.

1033 Seit RG 25, 375; vgl. auch BGHSt 11, 111.

1034 *Ahlers*, Doping und strafrechtliche Verantwortlichkeit, S. 47.

1035 Dazu ausführlich *Glocker*, S. 232ff.

1036 *Reinhart*, in: Praxishandbuch Sportrecht, S. 814 Rn. 119ff. spricht für diese Fälle vom „einverständlichen Fremddoping".

1037 *Fischer*, StGB, § 228 Rn. 5.

1038 Zu den Besonderheiten der Einwilligungsfähigkeit Minderjähriger im Sport, vgl. *Diedrichsen*, in: FS Hirsch, S. 355ff; *Glocker*, S. 232ff.; *Fiedler*, Minderjährigendoping, in: Vieweg (Hrsg.), Impulse des Sportrechts, S. 257, 260ff.

1039 *Rössner*, in: Adolphsen/Nolte/Lehner/Gerlinger (Hrsg.), Sportrecht in der Praxis, S. 415, Rn. 1702.

Wirksamkeit frei von jeglichen Zwängen oder sonstigen Irrtümern des Rechtsgutträgers gegeben werden.[1040]

Grundsätzlich liegt also eine Einwilligung des Sportlers in die vorsätzliche Verwirklichung des Tatbestandes vor, wenn er sich von einem Arzt oder Betreuer in voller Kenntnis der (Neben)Wirkungen und Risiken des Dopingmittels das Mittel verabreichen lässt. Umstritten ist jedoch, ob im Falle des Dopings eine Sittenwidrigkeit im Sinne von § 228 StGB anzunehmen ist und eine Rechtfertigung der Körperverletzung deswegen ausgeschlossen ist.[1041]

Gute Sitten sind ungeschriebene Normen rechten Handelns, die im Lichte von Art. 2 I GG zu interpretieren sind[1042] und werden ganz allgemein definiert als das *„Anstandsgefühl aller billig und gerecht Denkenden"*[1043]. Verstößt die begangene Tat dagegen, ist die Einwilligung unwirksam.

In der Literatur werden diesbezüglich eine Vielzahl von sich zum Teil widersprechenden Ansichten vertreten.[1044] Neben einer generellen Ablehnung der Sittenwidrigkeit wegen verfassungsrechtlicher[1045] oder dogmatischer[1046] Bedenken, wird auf Grundlage von § 95 Abs. 1 Nr. 2a in Verbindung mit § 6a AMG ein allgemeines Dopingverbot angenommen, das die Sittenwidrigkeit von Doping begründen soll[1047]. Die Sittenwidrigkeit wird ferner von einer Ansicht angenommen, weil Doping keine gesellschaftliche Akzeptanz genieße und gemeinhin

---

1040 *Fischer,* StGB, § 228 Rn. 7.

1041 Weitgehend Einigkeit besteht darüber, dass eine rechtfertigende Einwilligung für Körperverletzungen im Sport, die aus grob fahrlässigem oder vorsätzlichem Verhalten resultieren, wegen Sittenwidrigkeit nicht anzunehmen ist. Anders ist dies bei Kampfsportarten, deren immanenter Teil die Körperverletzung ist; s. *Fischer,* StGB, § 228 Rn. 22 mit weiteren Nachweisen.

1042 *Bottke,* FS Kohlmann, S. 85, 102.

1043 BGHSt 4, 24, 32; zur strafrechtlichen und zivilrechtlichen Problematik der Sittenwidrigkeit *Turner,* Die Einwilligung des Sportlers zum Doping, in: NJW 1991, 2943.

1044 Vgl. dazu die Übersicht von *Reinhart,* in: Praxishandbuch Sportrecht, S. 815 Rn. 120 mit weiteren Nachweisen zu den vertretenen Ansichten.

1045 So wird ein Verstoß gegen Art. 103 II GG angenommen von z.B. *Sternberg-Lieben,* Einwilligungsschranken und Rechtsgutsvertauschung am Beispiel des Fremddopings im Sport, in: ZIS 2011, 583, 587 mit weiteren Nachweisen.

1046 *Niedermair,* Körperverletzung mit Einwilligung und die guten Sitten, S. 146f, 196, will die Problematik über die objektive Zurechnung lösen.

1047 *Heger,* Die Strafbarkeit von Doping nach dem Arzneimittelgesetz, in: SpuRt 2001, 94. Mit der Einführung des AntiDopG dürfte diese Ansicht sich nunmehr nicht mehr auf das AMG, sondern das AntiDopG als allgemeines Dopingverbot stützen.

abgelehnt würde.[1048] Fast fließend sind die Übergänge zu der Ansicht, die wegen des Verstoßes gegen allgemein akzeptierte Grundregeln des Sports und des Sportethos zur Sittenwidrigkeit gelangt.[1049] Diese beiden Ansichten stellen primär auf den mit der Körperverletzung verfolgten Zweck ab, nämlich die Leistungssteigerung unter Missachtung der allgemeinen gesellschaftlichen Haltung beziehungsweise unter Missachtung des Sportethos.[1050]

Demgegenüber steht eine stark vertretene Ansicht, die allein auf den Schutzweck der Körperverletzungsdelikte abstellt[1051] und die Sittenwidrigkeit entsprechend der Rechtsprechung nach der Schwere des Rechtsguteingriffs beurteilt[1052]. Führt das Doping zu einer schweren Beschädigung der Gesundheit - welche mitunter schwere Folgen im Sinne von § 226 StGB sein können oder sonstige gravierende Dauerschäden - ist die Sittenwidrigkeit zu bejahen.[1053] Dabei kommt es entscheidend auf eine Betrachtung des Einzelfalls an, denn nicht jedes Doping kann a priori als sittenwidrig angesehen werden.[1054]

Rössner lehnt diese Ansicht aus systematischen Gründen jedoch ab.[1055] Aufgrund der Stellung des § 228 StGB im Gesetz umfasse dieser auch die Qualifikationstatbestände der Körperverletzung und somit sei grundsätzlich auch eine Einwilligung in die schweren Folgen einer Gesundheitsbeschädigung möglich.

1048 Vgl. *Haas/Prokop,* Die Pflicht der Staatsanwaltschaft zur Einleitung von Ermittlungsverfahren gegen Doping-Ärzte, in: SpuRt 1997, S. 56, 58; *Mestwerdt,* Doping. Sittenwidrigkeit und staatliches Sanktionsbedürfnis, S. 123ff.; *Heger,* JA 2003, 76, 79 sieht darin sogar die herrschende Meinung.

1049 *Kühl,* in: Vieweg (Hrsg.), Doping. Realität und Recht, S. 83f. stellt zunächst fest, dass der Zweck des Dopings gegen den Sportethos verstoße und daher sittenwidrig sei. Dieser Maßstab sei aber nicht auf die „Sportgesellschaft" beschränkt, sondern auch allgemein in der Gesellschaft verwurzelt. Vgl. ferner *Linck,* NJW 1987, 2545, 2550f.; *Vieweg,* in: ders. (Hrsg.), Doping. Realität und Recht, S. 27ff.

1050 *Heger,* JA 2003, 76, 79

1051 Z.B. *Reinhart*, in: Praxishandbuch Sportrecht, S. 815 Rn. 120 mit weiteren Nachweisen, der darin wohl die herrschende Meinung sieht; *Otto,* Zur Strafbarkeit des Doping, in: SpuRt 1994, S. 10, 15; *Rain,* Die Einwilligung des Sportlers beim Doping, S. 181ff.; a. A. *Rössner,* in: Adolphsen/Nolte/Lehner/Gerlinger (Hrsg.), Sportrecht in der Praxis, S. 415, Rn. 1702.

1052 BGHSt 49, 34ff., 166ff; *Roxin,* Strafrecht und Doping, in: Festschrift für Erich Samson, S. 445, 447.

1053 *Reinhart*, in: Praxishandbuch Sportrecht, S. 815 Rn. 120 m.w.N.

1054 Ebd.

1055 *Rössner,* in: Adolphsen/Nolte/Lehner/Gerlinger (Hrsg.), Sportrecht in der Praxis, S. 415, Rn. 1702.

Zudem sei zu berücksichtigen, dass der eigenverantwortlich dopende Sportler straflos im Sinne von § 223 StGB sei, der Fremddoper sich aber trotz einer eigenverantwortlichen Einwilligung des Sportlers strafbar mache. Ein solch widersprüchliches Ergebnis sei nicht hinnehmbar und deswegen sei die Einwilligung des Athleten wirksam.[1056]

cc. Stellungnahme

Die verschiedenen Ansichten zur Sittenwidrigkeit von Fremddoping gelangen zu unterschiedlichen Ergebnissen bei der Frage der Strafbarkeit der Körperverletzung.

Der generelle Ausschluss der Einwilligung wegen Sittenwidrigkeit überzeugt nicht. Zum einen kann dies nicht über ein aus dem AMG resultierendes allgemeines Dopingverbot begründet werden, da dessen Schutzbereich Allgemeinrechtsgüter wie die Sicherheit des Arzneimittelverkehrs und die Volksgesundheit umfasst.[1057] Die Körperverletzungsdelikte hingegen schützen das Individualrechtsgut auf körperliche Unversehrtheit. Richtigerweise sieht *Schild* darin eine *„unzulässige Rechtsgutsvertauschung"*[1058], die der Begründung der Sittenwidrigkeit der Körperverletzung entgegensteht. Zum anderen ist für die Beurteilung der Sittenwidrigkeit nicht der Zweck der Tat entscheidend. Denn ginge es nur danach, läge schon durch die Injektion (als körperliche Misshandlung) eines vergleichbar harmlosen Dopingmittels eine sittenwidrige vorsätzliche Körperverletzung vor.[1059]

e. Fazit

Eine Strafbarkeit wegen Körperverletzung bleibt im Rahmen des Dopings eher theoretischer Natur. Die Strafbarkeit des Sportlers ist schon dem Wortlaut nach ausgeschlossen. Und die Feststellung der Strafbarkeit des Fremdschädigers hält eine Vielzahl von Hürden bereit. Neben den Problemen, die sich bereits bei der Feststellung und Beweisbarkeit des objektiven und subjektiven Tatbestandes auftun, tritt noch die Möglichkeit der Rechtfertigung.

Außerdem ist im Rahmen der einfachen Körperverletzung das Strafantragserfordernis nach § 230 StGB zu beachten. Nur wenn ein besonderes öffentliches

---

1056 Ebd.
1057 *Schild,* Sportstrafrecht, S. 153f.
1058 Ebd.
1059 Vgl. dazu ausführlich *Ahlers,* Doping und strafrechtliche Verantwortlichkeit, S. 169.

Interesse an der Strafverfolgung besteht, kann die Staatsanwaltschaft auch ohne vorherigen Antrag ermitteln.

2. Doping als Betrug

Mit seiner enormen wirtschaftlichen Bedeutung ist es denkbar, dass der Wettkampfsport zum Tatort von Vermögensdelikten werden könnte. Im Geschehen rund um den Sport sind vielfältige wirtschaftliche Interessen vertreten, die im Falle des Dopings verletzt werden könnten. Ganz konkret kommt dabei ein Betrug gemäß § 263 StGB in Betracht, weil durch das Doping eine Verzerrung des sportlichen Wettbewerbs herbeigeführt wird. Im Folgenden sollen die allgemeinen Voraussetzungen der Strafbarkeit wegen Betrugs und anschließend die Strafbarkeit in den einzelnen Konstellationen[1060] untersucht werden.

a. Tatbestandsvoraussetzungen[1061]

aa. Objektiver Tatbestand

Zur Verwirklichung des objektiven Tatbestandes müsste der unter Einfluss von Dopingmitteln stehende Sportler gemäß § 263 Abs. 1 StGB einen Dritten täuschen und so einen Irrtum hervorrufen, der den Dritten zu einer Vermögensverfügung veranlasst, welche letztlich zu einem Vermögensschaden führt.

Der Täter kann durch aktives Handeln oder Unterlassen täuschen, indem er falsche Tatsachen vorspiegelt oder wahre Tatsachen entstellt oder unterdrückt und somit auf die intellektuelle Vorstellungsbild des Opfers einwirkt[1062]. Ein gedopter Sportler täuscht durch sein (konkludentes) Verhalten regelmäßig über die Tatsache, dass er sich den Anti-Doping-Bestimmungen gemäß verhält.[1063] Das ruft bei dem betroffenen Personenkreis die unrichtige Vorstellung - den Irrtum - hervor, der Sportler halte die Vorschriften der Anti-Doping-Regeln ein und nimmt ungedopt an dem Wettkampf teil.[1064]

Die daraufhin vorgenommene Vermögensverfügung muss unmittelbar kausal zum hervorgerufenen Irrtum erfolgen. Dabei handelt es sich um jedes Handeln, Dulden oder Unterlassen des Getäuschten, das unmittelbar zu einer

---

1060 Ausführlich zu den einzelnen Fallkonstellationen, siehe *Cherkeh,* Betrug (§ 263 StGB), verübt durch Doping im Sport, S. 64ff.

1061 Vgl. zum Aufbau der Prüfung von § 263 StGB, *Rengier,* Strafrecht Besonderer Teil I, § 13, Rn. 1ff.

1062 *Rengier,* Strafrecht Besonderer Teil I, § 13, Rn. 9.

1063 *Cherkeh/Momsen,* NJW 2001, 1745, 1748.

1064 Ebd.; zu den einzelnen Konstellationen siehe unten S. 167ff.

Vermögensminderung führt.[1065] Diese Vermögensverfügung muss weiterhin unmittelbar kausal für den Eintritt eines Vermögensschadens eines Dritten sein.

bb. Subjektiver Tatbestand

Beim Betrug handelt es sich um ein Delikt mit einer sog. Überschießenden Innentendenz. D.h. auf subjektiver Seite müsste der Sportler vorsätzlich hinsichtlich der Erfüllung des objektiven Tatbestandes und in der Absicht einer rechtswidrigen Bereicherung gehandelt haben. Um eine rechtswidrige Bereicherungsabsicht bejahen zu können, muss das ungeschriebene Merkmal der „*Stoffgleichheit*" erfüllt sein. Danach muss die erstrebte Bereicherung aus dem zugefügten Schaden stammen, mit anderen Worten sich spiegelbildlich im geschädigten Vermögen niederschlagen.[1066]

Im Gegensatz zur Körperverletzung ist es für die Strafbarkeit des Sportlers irrelevant, ob ein Fall des Eigen- oder Fremddoping vorliegt. Entscheidend ist, dass der Sportler vorsätzlich hinsichtlich des Regelverstoßes gehandelt hat.

b. Betrug zum Nachteil des Veranstalters[1067]

Sportler können sich in zwei Varianten wegen Betrugs zum Nachteil des Veranstalters einer Wettkampfveranstaltung machen: bereits durch den Vertragsschluss mit dem Veranstalter oder durch die tatsächliche Teilnahme am Wettkampf.

Schon durch die vertraglich festgelegte Anerkennung der Anti-Doping-Regeln[1068] täuscht der Sportler den Veranstalter, wenn der Sportler zu diesem Zeitpunkt bereits Dopingmittel im Körper trägt und daher schon bei Abschluss des Vertrages die Startberechtigung zu versagen wäre.[1069]

Ferner täuscht der gedopte Sportler den Veranstalter durch die Teilnahme am Wettkampf konkludent darüber, dass er sich an die Anti-Doping-Regeln halten und ungedopt am Wettkampf teilnehmen wird. Mit der Startzusage und der Teilnahme verbunden ist die konkludente Erklärung, eine dopingfreie sportliche

1065 *Rengier*, Strafrecht Besonderer Teil I, § 13, Rn. 63.

1066 Ebd., Rn. 246.

1067 Die Ausführungen beziehen sich neben dem Veranstalter auch auf die sonstigen Vertragspartner des Sportlers, wie z.B. Verein, Box- oder Rennstall, vgl. *Jahn*, JuS 2012, 181, 182.

1068 Dazu siehe oben S. 59ff.

1069 *Cherkeh/Momsen*, NJW 2001, 1745, 1748; *Jahn*, JuS 2012, 181, 182.

Leistung erbringen zu wollen.[1070] Dieser Irrtum des Veranstalters ist auch nicht deshalb zu verneinen, weil der Veranstalter auf die Dopingfreiheit des Sportlers vertraut. Denn auch eine weit verbreitete Dopingpraxis (z.B. im Radsport) schließt einen Irrtum über die Dopingfreiheit des Sportlers nicht von vornherein aus.[1071]

In der erstgenannten Konstellation liegt schon ein beendeter Betrug im Sinne eines Eingehungsbetrugs[1072] vor, da schon mit Abschluss des Vertrages feststeht, dass der durch Täuschung erlangten Verpflichtung des Veranstalters zur Zahlung einer Antrittsprämie keine vertragsgemäße Leistung - nämlich die dopingfreien Teilnahme des Sportlers am Wettkampf - entgegensteht.[1073] Dadurch ist das Vermögen des Veranstalters schon konkret gefährdet, da der Veranstalter im Vertrauen auf eine vertragsgemäß erbrachte Leistung nach dem Wettkampf die Antrittsprämie auszahlen wird[1074]

Auch wenn der der Sportler erst bei der tatsächlichen Teilnahme am Wettkampf unter dem Einfluss von Dopingmitteln steht, verfügt der Veranstalter irrtumsbedingt über sein Vermögen, indem das vereinbarte Antrittsgeld bezahlt wird.[1075] Diese Zahlung führt mangels eines Äquivalentes im Rahmen einer Gesamtsaldierung[1076] des Vermögens des Veranstalters vor und nach der Verfügung zu einem Vermögensschaden gemäß § 263 I StGB.

1070 So auch OLG Stuttgart, *Beschluss* vom 29.09.2011 – 2 Ws 33/11, juris Rn. 20, in dem konkreten Fall ging es um die Zusicherung der Dopingfreiheit eines Radrennfahrers gegenüber den Verantwortlichen seines Rennstalls. Vgl. dazu auch *Kudlich,* Der dopende Sportler als Betrüger?, in: SpuRt 2012, 54ff. A.A. *Schild,* in: ders. (Hrsg.), Rechtliche Fragen des Dopings, S. 13, 28.

1071 OLG Stuttgart, *Beschluss* vom 29.09.2011 – 2 Ws 33/11, juris Rn. 20; *Cherkeh/Momsen,* NJW 2001, 1745ff.; *Fischer,* StGB, § 263 Rn. 56; *Kerner/Trüg,* JuS 2004, 140, 141; a.A. z.B. *Haug,* Doping, S. 197.

1072 Aus der Rechtsprechung vgl. z.B. BGHSt 15, 24, 26ff.; BGHSt 16, 220, 222; NStZ 08, 96, 98.

1073 *Fischer,* StGB, § 263 Rn. 176; *Cherkeh,* Betrug (§ 263 StGB), verübt durch Doping im Sport, S. 161.

1074 *Cherkeh/Momsen,* NJW 2001, 1745, 1748; *Glocker,* S. 158. A.A. *Kargl,* Begründungsprobleme des Dopingstrafrechts in: NStZ 2007, 489, 492, der stattdessen auf den Zeitpunkt der Auszahlung zurückgreift.

1075 *Cherkeh/Momsen,* NJW 2001, 1745, 1748; *Heger,* JA 2003, 76, 81.

1076 *Fischer,* StGB, § 263 Rn. 111.

Eine Ansicht verneint jedoch generell das Vorliegen eines Vermögensschadens beim Veranstalter.[1077] Begründet wird dies mit einer Gesamtbetrachtung der verschiedenen Verträge zwischen Veranstalter und Sportlern, Medien, Vermarkter etc.[1078] Denn der wirtschaftliche Vorteil aus der Veranstaltung gleiche im Rahmen einer Gesamtschau den Nachteil aus einem inkongruenten Vertrag wieder aus oder übersteige diesen sogar.[1079]

Diese Ansicht kann nicht überzeugen. Die erhaltenen Leistungen aus anderen Verträgen oder die eingenommenen Eintrittsgelder stehen in keinerlei Verbindung zu der gezahlten Antrittsprämie. Die eingenommenen Gelder können daher auch keine Kompensation für den Vermögenschaden darstellen, da sie nicht unmittelbar auf der Vermögensverfügung beruhen.[1080] Vielmehr werden die Prämien erst nach Einnahme etwaiger Eintritts- oder Sponsorengelder ausbezahlt.

Der Sportler kann sich also bereits durch einen Vertragsschluss mit dem Veranstalter wegen Betrug strafbar machen, sofern er zu diesem Zeitpunkt nicht in der Lage ist, die vertragsgemäße Leistung zu erbringen. Ferner liegt eine Strafbarkeit zum Nachteil des Veranstalters vor, wenn der Sportler gedopt an dem Wettkampf teilnimmt. Beides setzt jeweils ein vorsätzliches Handeln mit Bereicherungsabsicht[1081] voraus.

c. *Betrug zum Nachteil des Preisspenders*

Der Spender einer leistungsabhängigen Prämie im Rahmen eines Wettbewerbs kann ebenso Opfer eines Betrugs durch den Sportler sein. Für die Annahme einer Strafbarkeit des Sportlers ist es nicht bedeutend, ob der Veranstalter zugleich Spender des Preisgeldes ist, oder ob ein Dritter das Preisgeld stiftet.

Mit der Auslobung eines Preisgeldes verbunden ist stets die Auflage, die Platzierung, die eine Auszahlung der Prämie begründet, im Einklang mit den Regeln der Verbandssatzung und ohne Verstoß gegen die Anti-Doping-Regeln zu erreichen. Über diese Tatsache täuscht der gedopte Sportler den Preisspender.

1077 Z.B. *Linck*, NJW 1987, 2545, 2551; *ders.* MedR 1993, 61; *Reinhart*, in: Praxishandbuch Sportrecht, S. 822 Rn. 137; *Schild*, in: ders. (Hrsg.), Rechtliche Fragen des Dopings, S. 13, 30, der bereits eine Täuschungshandlung gegenüber dem Veranstalter ablehnt.

1078 *Reinhart*, in: Praxishandbuch Sportrecht, S. 823 Rn. 137.

1079 Ebd.

1080 So auch *Glocker*, S. 160; *Cherkeh*, Betrug (§ 263 StGB), verübt durch Doping im Sport, S. 193; *Kargl*, Begründungsprobleme des Dopingstrafrechts in: NStZ 2007, 489, 492.

1081 Dazu s.o.S. 207.

Ob auch für den Preisspender, wie beim Veranstalter[1082], eine konkrete Vermögensgefährdung vorliegen kann ist umstritten. Von der Rechtsnatur ist das Stiften von Preisgeld ein - den Regelungen der Auslobung gemäß §§ 657ff. BGB unterliegendes - bindendes Versprechen einer Belohnung für die Herbeiführung einer Handlung und insbesondere eines bestimmten Erfolgs.[1083] Dabei handelt es sich um eine einseitige, nicht empfangsbedürftige Willenserklärung, die mit der öffentlichen Bekanntgabe wirksam wird.[1084] Mit diesem Versprechen belastet der Preisspender grundsätzlich sein Vermögen mit einer Schuld, unabhängig davon, ob sein Verhalten zivilrechtlich als Auslobung gemäß § 657 BGB oder als Preisausschreiben nach § 661 BGB eingeordnet wird.[1085]

Durch die Erteilung einer Starterlaubnis für den Wettkampf (durch Abschluss des Vertrages mit dem Veranstalter) erlangt der Sportler die Möglichkeit, das ausgelobte Preisgeld zu erlangen.[1086] Aufgrund der Zulassung des gedopten Sportlers zum Wettkampf entfaltet die Auslobung eine bindende Wirkung für den Preisspender und stellt daher schon eine Vermögensverfügung dar.[1087] *Kerner/Trüg* bejahen in diesem Kontext eine konkrete Vermögensgefährdung, weil die Realisierungschancen des gedopten Sportlers deutlich erhöht seien und im Falle einer nachträglichen Disqualifikation das Rückzahlungsrisiko vom Preisspender getragen werden müsse.[1088]

Diese Ansicht ist aber abzulehnen, da die Auslobung des Preisgeldes und die damit verbundene Vermögensverfügung in der Regel vor der Anmeldung des Sportlers und vor dem eigentlichen Wettkampf von statten geht.[1089] Wegen dieser zeitlichen Diskrepanz fehlt es zum einen bereits an der Täuschungshandlung des Sportlers vor der Vermögensverfügung und zum anderen an der notwendigen Kausalität zwischen Irrtum und Verfügung.[1090]

Um den maßgeblichen Verfügungszeitpunkt bestimmen zu können, ist das Verhältnis zwischen einer Auslobung gemäß § 657 BGB und einem Preisausschreiben gemäß § 661 BGB näher zu untersuchen.

1082 S.o.S. 207ff.

1083 *Seiler,* in: MüKo-BGB, § 657 Rn. 3.

1084 Ebd., Rn. 4.

1085 *Kargl,* Begründungsprobleme des Dopingstrafrechts in: NStZ 2007, 489, 492.

1086 *Kerner/Trüg,* JuS 2004, 140, 142.

1087 Ebd.

1088 Ebd.

1089 *Kargl,* Begründungsprobleme des Dopingstrafrechts in: NStZ 2007, 489, 492f.

1090 Ebd.

Bei einem Preisausschreiben gemäß § 661 BGB handelt es sich um eine besondere Art der Auslobung. Die Grundsätze dieser Auslobung sollen grundsätzlich auch auf sportliche Leistungen anwendbar sein.[1091] Gemäß § 661 Abs. 2 BGB entsteht der Anspruch gegenüber dem Preisspender auf Auszahlung des Preisgeldes erst nach Entscheidung des Preisgerichts.[1092] Im Rahmen einer Sportveranstaltung setzt dies also das Erreichen einer von der Wettkampfleitung festgestellten Platzierung voraus.[1093] In der Literatur ist umstritten, ob die Anwendung des § 661 BGB und die Entscheidung des Preisgerichts auch dann geboten ist, wenn es sich um eine Sportart handelt, in der der Ermessenspielraum anhand rein objektivierbarer Kriterien (z.B. schnellste Zeit bei einem Rennen) auf null reduziert ist.[1094] Dort hätte die Entscheidung rein deklaratorischen Charakter. Anders ist dies bei Sportarten, die zusätzlich subjektivierte Elemente wie Stil- und Haltungsnoten in die Platzierung miteinfließen lassen.[1095] Hier wäre die Entscheidung der Preisrichter/Jury konstitutiv.

Wird dagegen von einer Auslobung nach § 657 BGB ausgegangen, entsteht der Anspruch auf Belohnung allein durch die Vornahme der gebotenen Handlung.[1096] Auf die Mitwirkung eines Preisgerichts und die Frage des deklaratorischen oder konstitutiven Charakters der Entscheidung kommt es hier gerade nicht an.

Eine Entscheidung dieses Streits ist jedoch nicht notwendig, da in beiden Fällen ein Vermögensschaden des Preisspenders vorliegt. Bei der Lösung über § 657 BGB wird der Preisspender über die Dopingfreiheit des zur erfolgreichen Athleten getäuscht. Aufgrund dieses Irrtums verfügt er durch die Auszahlung des Preisgeldes über sein Vermögen.

Präferiert man den Weg über § 661 BGB, dann ergibt sich die Situation eines Dreiecksbetrugs[1097]. Das Preisgericht erliegt dem Irrtum, dass der Sportler dopingfrei die

---

1091 H.M., vgl. BGH MDR 1966, 572, 573 (Galopprennen); Palandt/*Sprau*, BGB, 75. Auflage, § 657 Rn. 1, § 661 Rn. 1; a.A. *Cherkeh*, Betrug (§ 263 StGB), verübt durch Doping im Sport, S. 141ff; zustimmend *Glocker*, S. 148ff.

1092 *Seiler*, in: MüKo-BGB, § 661 Rn. 15.

1093 *Heger*, JA 2003, 76, 81; *Kerner/Trüg*, JuS 2004, 140, 141.

1094 Ablehnend, bzw. nur im Rahmen einer teleologischen Reduktion anzuwenden, *Kerner/Trüg*, JuS 2004, 140, 144; generell ablehnend für Sportveranstaltungen *Cherkeh*, Betrug (§ 263 StGB), verübt durch Doping im Sport, S. 141ff; zustimmend *Glocker*, S. 148ff.

1095 *Kerner/Trüg*, JuS 2004, 140, 141.

1096 *Seiler*, in: MüKo-BGB, § 657 Rn. 8.

1097 Siehe dazu *Fischer*, StGB, § 263 Rn. 79ff.

Platzierung erreicht hat und entscheidet dementsprechend nach § 661 Abs. 2 BGB. Diese anspruchsbegründende Entscheidung stellt eine Verfügung über das Vermögen des Preisspenders dar, der zur Erfüllung des Anspruchs verpflichtet ist. Im Sinne der Lagertheorie[1098] ist dem Preisspender diese Verfügung durch das Preisgericht auch zuzurechnen.

In beiden Varianten wirken die Vermögensverfügungen jeweils vermögensmindernd und stellen mithin einen Vermögensschaden dar. Zum einen erhält der Preisspender kein Äquivalent für sein Vermögensopfer. Zum anderen greifen hier die Grundsätze der Zweckverfehlung[1099]. Die Intention des Preisspenders ist die Belohnung und Auszeichnung des dopingfreien Siegers.[1100] Der mit dem Preisgeld verfolgte Zweck würde verfehlt, wenn die Summe an einen gedopten Sportler ausbezahlt wird.[1101]

Der Sportler macht sich daher, sofern auch der subjektive Tatbestand erfüllt ist, wegen Betrug zum Nachteil des Preisspenders strafbar.

d. Betrug zum Nachteil der Sponsoren[1102]

Wie die vertraglichen Vereinbarungen mit Veranstaltern enthalten auch die Vereinbarungen des Sportlers mit persönlichen Sponsoren[1103] die konkludente Erklärung, die versprochene sportliche Leistung nach den Grundsätzen der Fairness und

---

1098 Ebd., Rn. 81f., m.w.N.

1099 Siehe dazu *Perron,* in: Schönke/Schröder/ders. StGB § 263 Rn. 41, 100ff.

1100 *Rössner,* in: Digel/Dickhut, Doping im Sport, 2002, Doping aus kriminologischer Sicht - Brauchen wir ein Anti-Doping-Gesetz?, S. 118, 130; ders., in: Adolphsen/Nolte/Lehner/Gerlinger (Hrsg.), Sportrecht in der Praxis, S. 417, Rn. 1707 Fn. 69; *Cherkeh/Momsen,* NJW 2001, 1745, 1748; ausführlich *Cherkeh,* Betrug (§ 263 StGB), verübt durch Doping im Sport, S. 193ff.

1101 *Reinhart,* in: Praxishandbuch Sportrecht, S. 823 Rn. 137 lehnt die Anwendung der Zweckverfehlungslehre zumindest für den Fall ab, wenn das Preisgeld direkt vom Veranstalter stammt. Er zweifelt angesichts der wirtschaftlichen Bedeutung die dahinterstehende Intention an und ob die geschäftliche Beziehung mit dem Sportler von diesem Zweck entscheidend bestimmt wird; im Ergebnis auch *Heger,* JA 2003, 76, 81.

1102 Für eine differenzierte Betrachtung zwischen prämienauszahlenden Sponsoren, Ausrüstern und Eventsponsoren siehe *Grotz,* Zur Betrugsstrafbarkeit des gesponsorten und gedopten Sportlers, in: SpuRt 2005, 93ff.

1103 Vgl. ausführlich zum Sportsponsoring *Bruhn/Mehlinger,* Rechtliche Gestaltung des Sponsoring, Sport-, Kultur-, Sozial- Umwelt- und Programmsponsoring, S. 1-71; *Bruhn/Mussler,* Sponsoringfibel.

Chancengleichheit - also dopingfrei - zu erbringen.[1104] Auch hier ist eine Differenzierung in zeitlicher Hinsicht geboten: war der Sportler schon bei Abschluss des Sponsoring-Vertrages[1105] gedopt oder erst im Anschluss?

Ist der Sportler schon bei Vertragsschluss gedopt, täuscht der er entweder ausdrücklich - wenn eine Anti-Doping-Klausel im Vertrag vereinbart wird - oder konkludent über die Erbringung der versprochenen Leistung in dopingfreien Zustand. Schon durch den Vertragsschluss verfügt der Sponsor über sein Vermögen, da durch den irrtumsbedingten Vertragsschluss eine konkrete Gefährdung des Vermögens vorliegt.[1106] Der Sportler ist von vornherein nicht zur Erfüllung der vertraglich geschuldeten Leistung imstande. Somit ist grundsätzlich ein Vermögenschaden zu bejahen.[1107]

Ein Vermögensschaden des Sponsors liegt aber dann nicht vor, wenn dieser den Vertrag wegen arglistiger Täuschung nach § 123 Abs. 1 BGB anficht. Der Vertrag gilt gemäß § 142 Abs. 1 BGB bei erfolgreicher Anfechtung als von Anfang an - ex tunc - nichtig. Mangels äquivalenter Gegenleistung ist aber ein kausaler Vermögensschaden zumindest nach Auszahlung der vereinbarten Summe zu bejahen.[1108]

Schon begrifflich scheidet eine betrugsrelevante Täuschung bei Vertragsschluss aus, wenn der Sportler erst nach Abschluss des Vertrages gegen Anti-Doping-Bestimmungen verstößt. Zum Zeitpunkt des Vertragsschlusses war der Sportler nämlich noch in der Lage, die versprochene Leistung dopingfrei zu erbringen.

Ebenso stellt eine spätere stillschweigende Entgegennahme der Sponsoringleistung keine konkludente Täuschung dar[1109], sondern lediglich das Ausnutzen eines bereits bestehenden Irrtums[1110]. Denn aus dem besonderen Vertrauensverhältnis das dem Vertrag zugrunde liegt, obliegt dem Sportler eine Garantenstellung gegenüber dem Sponsor, aus der die Pflicht erwächst, den Sponsor auf die Einnahme der verbotenen Substanz(en) hinzuweisen.[1111] Der Sportler

---

1104 *Fischer*, StGB, § 263 Rn. 35a, mit weiteren Nachweisen.

1105 Dabei handelt es sich um eine, der Vertragsautonomie unterliegende, schuldrechtliche Vereinbarung, vgl. *Bruhn/Mehlinger*, Rechtliche Gestaltung des Sponsoring, S. 6.

1106 Vgl. dazu die Ausführungen zum Eingehungsbetrug ggü. dem Veranstalter, s.o.S.169.

1107 *Glocker*, S. 167.

1108 Ebd.

1109 Ausführlich *Cherkeh*, Betrug (§ 263 StGB), verübt durch Doping im Sport, S. 93ff.; *Glocker*, S. 181.

1110 BGH wistra 1987, 213.

1111 *Cherkeh*, Betrug (§ 263 StGB), verübt durch Doping im Sport, S. 101ff.

täuscht den Sponsor also durch das Unterlassen der ihm möglichen und auch zumutbaren Aufklärung der Situation und sorgt dadurch für ein Fortdauern des Irrtums.[1112] Dieses Unterlassen entspricht auch einem aktiven Tun gemäß § 13 Abs. 1 StGB.

Zumindest mit Erbringung der vermeintlich geschuldeten Gegenleistung verfügt der Sponsor letztlich über sein Vermögen. Dafür ist der durch das Unterlassen des Sportlers aufrechterhaltene Irrtum kausal. Die Kausalität im Sinne der conditio-sine-qua-non Formel (Äquivalenztheorie)[1113] wird bei Unterlassungsdelikten modifiziert hin zu einer hypothetischen Kausalität. Eine Zurechnung findet demnach statt, wenn die unterlassen Handlung dem Täter nicht hinzugerechnet werden kann, ohne dass der eingetretene Erfolg mit an Sicherheit grenzender Wahrscheinlichkeit entfiele.[1114] So liegt der Fall auch beim unterlassenen Hinweis des Sportlers an den Sponsor, dass er unerlaubte Substanzen zu sich genommen hat und somit seiner vertraglichen Leistungspflicht nicht nachkommen kann. Der Sponsor hätte mit an Sicherheit grenzender Wahrscheinlichkeit die geschuldete Gegenleistung nicht erbracht.[1115]

Bei Erfüllung der subjektiven Voraussetzungen ist somit eine Strafbarkeit des Sportlers wegen Betrug zulasten des Sponsors möglich.

e. *Betrug zum Nachteil der Konkurrenten*

Wegen der Teilnahme an einem Wettkampf unter Einfluss von Dopingsubstanzen - beziehungsweise der Vorbereitung auf diesen Wettkampf mit Hilfe von Doping - kommt eine Strafbarkeit des Sportlers wegen Betrug zum Nachteil seiner Konkurrenten in Betracht. Dabei müsste der gedopte Sportler so erfolgreich sein, dass er einen Anspruch auf Auszahlung einer Siegprämie erwirbt, der eigentlich einem Konkurrenten zustehen würde, wenn der gedopte Sportler im Vorfeld vom Wettkampf ausgeschlossen oder nachträglich disqualifiziert worden wäre.[1116] Dies steht freilich unter der Annahme, dass die Konkurrenten selbst unter Wahrung der Doping-Bestimmungen an dem Wettkampf teilgenommen und sich auch dopingfrei darauf vorbereitet haben.

1112 Ebd., S. 97ff.

1113 BGHSt 1, 332; 2, 24; 7, 114; 31, 98; 33, 322; 39, 197; *Fischer*, StGB, Vor § 13 Rn. 21, m.w.N.

1114 *Fischer*, StGB, Vor § 13 Rn. 39, m.w.N.

1115 So auch *Cherkeh*, Betrug (§ 263 StGB), verübt durch Doping im Sport, S. 187f.

1116 *Reinhart*, in: Praxishandbuch Sportrecht, S. 825 Rn. 143.

Auch in dieser Konstellation – wie in den oben bereits dargestellten Fallgruppen -müsste der gedopte Sportler den Irrtum erregt haben, dass er ohne die Zuhilfenahme von Dopingmitteln an dem Wettkampf teilgenommen hat. Diesem Irrtum müssten die Konkurrenten des gedopten Sportlers im Wettkampf unterliegen. Aber angesichts der, in manchen Sportarten weit verbreiteten, Dopingpraxis und der damit verbundenen Kenntnis innerhalb des Starterfelds mag ein solcher Irrtum der Konkurrenten nur schwer anzunehmen sein.[1117] Geht man trotzdem von einem Irrtum der Konkurrenten und der Anwendung von § 657 BGB (bindendes Versprechen) bezüglich des Preisgeldes aus, kann auch die notwendige Vermögensverfügung bejaht werden. Denn indem ein dazu berechtigter Konkurrent es unterlässt, das ihm eigentlich zustehende Preisgeld geltend zu machen, verfügt dieser Konkurrent über sein Vermögen.[1118] Durch diese konkrete Gefährdung seines rechtmäßigen Anspruchs mindert der Konkurrent auch sein Vermögen und erleidet mangels Kompensation einen Vermögensschaden.[1119]

Geht man indes von einer Anwendung des § 661 BGB (Preisausschreiben) aus, fehlt es an der Kausalität des Irrtums für die Vermögensverfügung. Das Unterlassen der Geltendmachung eines Anspruchs setzt voraus, dass dieser tatsächlich besteht. Nach den Regelungen über das Preisausschreiben entsteht ein solcher Anspruch aber erst nach Feststellung durch das Preisgericht.[1120] Diese Feststellung wäre im Falle einer Disqualifikation des gedopten Sportlers möglicherweise erst Wochen nach dem Wettkampf möglich.[1121]

In subjektiver Hinsicht müsste der Sportler mit der Absicht stoffgleicher Bereicherung gehandelt haben.[1122] D.h. die erstrebte Bereicherung muss aus dem zugefügten Schaden stammen, sich also spiegelbildlich im geschädigten Vermögen

---

1117 *Schild,* Sportstrafrecht, S. 166.

1118 Vgl. *Schild,* Sportstrafrecht, S. 166; *Cherkeh,* Betrug (§ 263 StGB), verübt durch Doping im Sport, S. 64ff.; *Glocker,* S. 147ff. a.A. *Reinhart,* in: Praxishandbuch Sportrecht, S. 825 Rn. 144, mit weiteren Nachweisen, der einen Betrug ablehnt mangels Kommunikationsbeziehung der Sportler untereinander bzw. der „lebensfremden" Annahme einer gegenseitigen konkludenten Erklärung der Sportler, dopingfrei zu starten.

1119 *Cherkeh,* Betrug (§ 263 StGB), verübt durch Doping im Sport, S. 189f.; *Rössner,* in: Adolphsen/Nolte/Lehner/Gerlinger (Hrsg.), Sportrecht in der Praxis, S. 417, Rn. 1708.

1120 § 661 Abs. 2 BGB.

1121 Vgl. *Heger,* JA 2003, 76, 81; *Momsen-Pflanz,* Die sportethische und strafrechtliche Bedeutung des Dopings, S. 232f.

1122 *Rengier,* Strafrecht Besonderer Teil I, § 13, Rn. 246.

niederschlagen.[1123] An der Stoffgleichheit fehlt es aber in dieser Konstellation. Die Bereicherungsabsicht des gedopten Sportlers bezieht sich gerade nicht auf einen etwaigen Anspruch des Konkurrenten auf den Preis, sondern allein auf den Preis selbst.[1124] Eine Strafbarkeit wegen Doping zum Nachteil der Mitkonkurrenten kommt somit nicht in Betracht.

f. Betrug zum Nachteil der Zuschauer

Weiter kommt eine Strafbarkeit wegen Betrug zum Nachteil der zahlenden Zuschauer des Wettkampfs in Betracht. Dies wird aber übereinstimmend - wenn auch mit unterschiedlicher Begründung - abgelehnt.

Wie beim Betrug zum Nachteil der Konkurrenten lehnt *Reinhart* auch hier eine Strafbarkeit ab, weil mangels einer notwendigen Kommunikationsbeziehung zwischen Sportler und Zuschauer schon keine Täuschung vorläge.[1125] Die anderen Ansichten nehmen zwar noch eine Täuschung an, verneinen aber entweder die Vermögensverfügung[1126], die Kausalität zwischen der Täuschung und der Verfügung[1127], den Vermögensschaden[1128] oder die Bereicherungsabsicht[1129].

Letztendlich herrscht Einigkeit darüber, dass ein Betrug zum Nachteil des Zuschauers nicht möglich ist. Der zahlende Zuschauer erlangt durch den Vertrag mit dem Veranstalter den Anspruch, dass die Veranstaltung entsprechend den Regeln des Verbandes - mitsamt Dopingkontrollen - durchgeführt wird. Diesem Anspruch wird der Veranstalter auch dann gerecht, wenn die Dopingkontrolle ergibt, dass ein

---

1123 S.o.S. 207.

1124 *Hefendehl*, in: MüKo-StGB, § 263 Rn. 791; *Otto*, Zur Strafbarkeit des Doping, in: SpuRt 1994, S. 10, 15; *Valerius*, in: FS Rissing-Van Saan, S. 717, 721; *Rössner*, in: Adolphsen/Nolte/Lehner/Gerlinger (Hrsg.), Sportrecht in der Praxis, S. 417, Rn. 1709, mit weiteren Nachweisen; a.A. *Schneider-Grohe;* Kriminologische und kriminalistische Untersuchung zum Doping, S. 148.

1125 *Reinhart*, in: Praxishandbuch Sportrecht, S. 825 Rn. 146.

1126 *Cherkeh*, Betrug (§ 263 StGB), verübt durch Doping im Sport, S. 179.

1127 *Schild*, Sportstrafrecht, S. 167, der als infrage kommende Verfügung das Unterlassen des Zuschauers sieht, einen Anspruch auf Minderung gegenüber dem Veranstalter geltend zu machen.

1128 *Schneider-Grohe;* Kriminologische und kriminalistische Untersuchung zum Doping, S. 148f.; *Schild*, Sportstrafrecht, S. 167f.; *Rössner*, in: Adolphsen/Nolte/Lehner/Gerlinger (Hrsg.), Sportrecht in der Praxis, S. 417, Rn. 1709;. *Linck*, NJW 1987, 2545, 2551.; *ders.*, MedR 1993, 55, 61; *Valerius*, in: FS Rissing-Van Saan, S. 717, 720; *Heger*, JA 2003, 76, 82; *Reinhart*, in: Praxishandbuch Sportrecht, S. 825 Rn. 146 mit weiteren Nachweisen.

1129 *Otto*, Zur Strafbarkeit des Doping, in: SpuRt 1994, S. 10, 15;

Sportler gedopt war.[1130] Stellt sich der Zuschauer vor, dass nur ungedopte Sportler beim Wettkampf antreten, handelt es sich um ein reines Affektionsinteresse, das keinen vermögensstrafrechtlichen Schutz genießt.[1131]

g. *Teilnahme*

Bei Vorliegen einer teilnahmefähigen Haupttat kommt theoretisch auch die Teilnahme eines Dritten gemäß §§ 26ff. StGB in Betracht. So besteht auch die Möglichkeit, dass sich z.B. ein Arzt, der dem Sportler die Dopingmittel verabreicht, auch wegen Beihilfe zum Betrug strafbar machen kann. Theoretisch denkbar ist auch die Anstiftung zum Betrug durch einen Dritten, wenn dieser den Tatentschluss beim Sportler hervorruft. Für eine Teilnahme müsste der Dritte vorsätzlich den Betrug des Sportlers fördern oder hervorrufen. Dieses subjektive Kriterium wird in der Regel fehlen[1132], beziehungsweise schwer nachzuweisen sein. Darüber hinaus müsste der Teilnehmer selbst mit Bereicherungsabsicht handeln. Wie schon der originäre Vorsatz zur Förderung der Haupttat wird auch dieses Merkmal nicht vorhanden, bzw. schwer nachweisbar sein.

h. *Fazit und praktische Relevanz*

In gewissen Konstellationen kommt, wie festgestellt, eine Strafbarkeit des dopenden Sportlers und seiner Helfer beziehungsweise Anstifter in Betracht. Die praktische Relevanz einer Strafbarkeit wegen Betrug zum Nachteil des Veranstalters, des Preisspenders und der Sponsoren ist jedoch sehr gering. Zum einen müssen die oben dargestellten dogmatischen Probleme bei der Erfüllung des objektiven Tatbestandes überwunden werden, wie z.B. konkludente Täuschungen oder das Vorliegen einer konkreten Vermögensgefährdung bei Abschluss des Vertrages. Die Bejahung der einzelnen Tatbestandsmerkmale ist also mit einer Vielzahl von zu überwindenden Problemen behaftet. Zum anderen stehen die Gerichte vor der Schwierigkeit, den Vorsatz und insbesondere die Bereicherungsabsicht nachzuweisen.

Die Schwierigkeit, einen gedopten Sportler des Betrugs zu überführen, belegt die Entscheidung des LG Stuttgart[1133]. In diesem Fall wurde dem gedopten

---

1130 *Rössner,* in: Adolphsen/Nolte/Lehner/Gerlinger (Hrsg.), Sportrecht in der Praxis, S. 417, Rn. 1709.

1131 *Valerius,* in: FS Rissing-Van Saan, S. 717, 720.

1132 *Bruggmann/Grau,* Das schmutzige Herz des Sports: Doping und die Haftungsrisiken der Pharmaunternehmen, in: PharmR 2008, 101, 105.

1133 LG Stuttgart, Urteil vom 29. Oktober 2013 – 16 KLs 211 Js 88929/08; LG Stuttgart, SpuRt 2014, 209ff.; Anmerkungen von *Kudlich,* in SpuRt 2014, 212ff.

Radsportprofi vorgeworfen, seinen Rennstall, in der Absicht, dass dieser weiterhin seine Abschlagszahlungen leisten werde, über die Tatsache getäuscht zu haben, dass er ein verbotenes Dopingmittel zu sich genommen hat.[1134] Ursprünglich wurde die Eröffnung des Hauptverfahrens mit der Begründung abgelehnt, dass fraglich sei, ob ein Irrtum und ein Vermögensschaden vorlägen und ob der Angeklagte mit Bereicherungsabsicht gehandelt habe.[1135] Das OLG Stuttgart hat auf Beschwerde der Staatsanwaltschaft gegen den Nicht-Eröffnungsbeschluss des Landgerichts hin einen hinreichenden Tatverdacht des Sportlers bejaht und die Eröffnung des Hauptverfahrens angeordnet.[1136] Dabei hat das OLG Stuttgart im Grunde die abstrakte Möglichkeit der Strafbarkeit eines Sportlers gegenüber seiner Vertragspartner bejaht.[1137] Die Tatsacheninstanz verneinte jedoch in dubio pro reo eine Täuschung durch den Angeklagten und einen dahingehenden Vorsatz, weil nicht auszuschließen sei, dass der Teamleiter Kenntnis von dem Doping gehabt habe.[1138]

Ähnlich gelagert war der Fall von Jan Ullrich, gegen den in den Jahren 2006 bis 2008 ein Ermittlungsverfahren lief, das schließlich nach Zahlung einer Geldauflage gemäß § 153a StPO vorläufig eingestellt wurde.[1139] Aufgrund der hinreichend bekannten Dopingpraktiken wäre hier auch fraglich gewesen, inwieweit Teamverantwortliche davon Kenntnis hatten und ob überhaupt ein Irrtum nachweisbar gewesen wäre.

Es bleibt festzuhalten, dass zwar theoretisch die Möglichkeit besteht, den Betrugsstraftatbestand auf dopende Sportler anzuwenden, dies aber im konkreten Fall Probleme bereiten kann. Das existierende Strafrecht bietet daher hinsichtlich des Vermögens Dritter keinen ausreichenden Schutz.

3. *Weitere Delikte*

Neben den dargestellten Tatbeständen kommen ferner noch die Untreue und die Urkundendelikte[1140] in Betracht.

1134 LG Stuttgart, Urteil vom 29. Oktober 2013 – 16 KLs 211 Js 88929/08, juris Rn. 4.

1135 OLG Stuttgart, *Beschluss* vom 29.09.2011 – 2 Ws 33/11, juris Rn. 20

1136 OLG Stuttgart, *Beschluss* vom 29.09.2011 – 2 Ws 33/11; OLG Stuttgart SpuRt 2012, 74ff.; Anmerkungen von *Kudlich,* in: SpuRt 2012, 54f.

1137 Zusammenfassend *Kudlich,* in: SpuRt 2012, 54f.

1138 LG Stuttgart, Urteil vom 29. Oktober 2013 – 16 KLs 211 Js 88929/08, juris Rn. 231.

1139 Näher dazu siehe *Rössner,* in: Adolphsen/Nolte/Lehner/Gerlinger (Hrsg.), Sportrecht in der Praxis, S. 419, Rn. 1712.

1140 Dazu ausführlich *Lüer,* Dopingstrafen im Sport und der Grundsatz „Ne bis in idem", S. 113ff.

Eine Strafbarkeit des gedopten Sportlers gemäß § 266 StGB liegt in keiner der beim Betrug behandelten Konstellationen vor.[1141] Dafür müsste der Sportler entweder nach § 266 Abs. 1 Alt. 1 StGB eine Befugnis zur Verfügung über fremdes Vermögen bzw. zur Verpflichtung eines anderen missbraucht und die Vermögensbetreuungspflicht[1142] verletzt haben. Oder der Sportler müsste die ihm kraft Gesetzes, behördlichen Auftrags, Rechtsgeschäfts oder eines Treueverhältnisses obliegende Vermögensbetreuungspflicht verletzt haben.[1143]

Die für beide Alternativen notwendige Vermögensbetreuungspflicht[1144] fehlt aber jeweils, weil sich die Rechtsverhältnisse mit den betroffenen Dritten jeweils auf Austauschverträge beschränken, die nur in seltenen Ausnahmefällen eine qualifizierte Treuepflicht (als vertragliche Hauptpflicht) des Sportlers zum Inhalt haben.[1145]

Das gesamte Dopingkontrollverfahren[1146] bietet ferner Anknüpfungspunkte für eine Strafbarkeit nach den Vorschriften über die Urkundendelikte gemäß §§ 267ff. StGB. Objekte einer strafbaren Manipulation können die Dopingproben selbst oder die wesentlichen Dopingformulare sein, sofern es sich dabei um Urkunden im strafrechtlichen Sinne handelt.[1147]

Zwingend notwendig ist dabei eine, über die eigentliche Anwendung von Doping hinausgehende, Handlung. Während eine Körperverletzung oder ein Betrug als Begleit- oder Verdeckungstat[1148] schon durch das Dopen an sich verwirklicht werden kann[1149], bedarf es für die Erfüllung eines Urkundendeliktes stets eines weiteren Handlungsaktes.[1150] Eine genauere Prüfung der infrage kommenden Konstellationen soll aber hier nicht Gegenstand der Untersuchung sein. Relevant sind im Rahmen dieser Arbeit allein die unmittelbar durch Doping erfüllten Delikte.

1141 *Reinhart*, in: Praxishandbuch Sportrecht, S. 827 Rn. 148.

1142 Ausführlich dazu *Perron,* in: Schönke/Schröder/ders. StGB § 266 Rn. 23ff.

1143 § 266 Abs. 1 Alt. 2 StGB.

1144 H.M., vgl. statt vieler *Perron,* in Schönke/Schröder/Perron StGB § 266 Rn. 11ff.

1145 *Reinhart*, in: Praxishandbuch Sportrecht, S. 827 Rn. 148.

1146 S.o.S. 129ff.

1147 *Lüer,* Dopingstrafen im Sport und der Grundsatz „Ne bis in idem", S. 113.

1148 *Reinhart*, in: Praxishandbuch Sportrecht, S. 827 Rn. 148 Fn. 415.

1149 Bzw. im Falle des Betrugs ist teilweise ein weiteres Handeln oder Unterlassen notwendig, s.o.S. 206ff.

1150 Gleiches gilt für die ebenso möglichen Delikte wie z.B. die Bedrohung (§ 241 StGB) oder Nötigung (§ 240 StGB).

4. Fortbestand neben dem AntiDopG

Mit der Einführung des AntiDopG als lex specialis treten zumindest die Körperverletzungsdelikte in Dopingangelegenheiten gegenüber den Normen des AntiDopG zurück. Sowohl die §§ 223ff. als auch die Normen des AntiDopG haben die gleiche Schutzrichtung und bezwecken u.a. den Schutz und die Unversehrtheit der Gesundheit eines Dritten.[1151]

Anders sieht dies bei einer möglichen Strafbarkeit wegen Betrug aus. Hier werden die allgemeinen Normen des StGB nicht durch speziellere Normen verdrängt und bleiben anwendbar. Zwar wurden mit der Einführung der §§ 265c (Sportwettbetrug) und 265d (Manipulation von berufssportlichen Wettbewerben) spezielle Straftatbestände im Zusammenhang mit sportlichen Wettbewerben geschaffen. Diese Normen erfassen aber korruptive Manipulationsabsprachen bei Sportwettbewerben und nicht das Doping.[1152]

III. Nebenstrafrecht

Bis zur Einführung des AntiDopG war eine Strafbarkeit wegen Doping vor allem im Nebenstrafrecht angelegt. Dabei fanden sich insbesondere im AMG und dem BtMG dopingspezifische Tatbestände.

1. Arzneimittelgesetz

a. Gesetzgebung

Mit der achten Novellierung des AMG wurde mit der Einführung des § 6a AMG a.F. erstmals ein dopingspezifischer Tatbestand geschaffen.[1153] Damit erfüllte die Bundesrepublik Deutschland ihre Verpflichtung aus dem Übereinkommen des Europarats von 1989[1154], innerhalb ihrer verfassungsrechtlichen Bestimmungen die notwendigen Maßnahmen zur Verringerung und schließlich der Ausmerzung des Dopings zu treffen.[1155] Mit dem Gesetz zur Verbesserung der

---

1151 Zu den einzelnen Schutzzwecken des AntiDopG s.u.S. 233ff.

1152 Siehe dazu ausführlich *Kubiciel,* Die Straftatbestände des Sportwettbetruges und der Manipulation berufssportlicher Wettbewerbe, in: ders./Hoven (Hrsg.), Korruption im Sport, 2018, S. 61-86.

1153 Achtes Gesetz zur Änderung des Arzneimittelgesetzes vom 07. September 1998, BGBl. 1998 I S. 2649ff.

1154 BGBl. 1994 II S. 334ff.; s.o.S. 58.

1155 Artikel 1 und 4 Abs. 1 des Übereinkommens; eine kurze Übersicht hinsichtlich der Ausgestaltung durch die Vertragsstaaten bietet *Koch,* Straf- und arzneimittelrechtliche

Bekämpfung des Dopings im Sport vom 24. Oktober 2007[1156] erfuhren die strafbewehrten Dopingverbote des AMG eine Novellierung, die unter anderem eine Besitzstrafbarkeit vorsah. Ferner gehörten zu diesem Maßnahmenpaket die Einführung einer Kennzeichnungspflicht für dopingrelevante Arzneimittel[1157], die Erweiterung der Telefonüberwachung bei schwerwiegenden Dopingdelikten[1158], sowie die Ratifizierung des UNESCO Übereinkommens gegen Doping und des Zusatzprotokolls zum Europäischen Übereinkommen gegen Doping[1159].[1160]

Diese Sonderstellung der Dopingverbote im AMG endete mit dem Inkrafttreten des Gesetzes zur Bekämpfung von Doping im Sport am 18. Dezember 2015.[1161] Neben dem AntiDopG enthält das Gesetz unter anderem in Artikel 2 Änderungen des AMG. Die Änderungen sehen die Aufhebung der dopingspezifischen Regelungen der §§ 6a und 95 AMG a.F. vor, die fortan im AntiDopG aufgehen.[1162]

b. Zweck und geschütztes Rechtsgut

Welches Rechtsgut durch das strafbewehrte Dopingverbot im AMG geschützt werden sollte und ob dies ein Verbot legitimiert ist seit jeher umstritten.[1163] Mit der Schaffung des § 6a AMG a.F. als abstraktes Gefährdungsdelikt bezweckte der historische Gesetzgeber laut Gesetzesbegründung neben dem Schutz der Arzneimittelsicherheit auch den Schutz der Gesundheit des Sportlers.[1164] Dies wird so auch von der wohl herrschenden Meinung der Literatur und auch der Rechtsprechung gestützt.[1165]

Problem des Dopings aus rechtsvergleichender Sicht, in: Röhricht/Vieweg (Hrsg.), Doping-Forum, S. 53ff.

1156 BGBl. 2007 I S. 2510ff.

1157 § 6a Abs. 2 S. 2 AMG a.F.

1158 § 100a Abs. 2 Nr. 3 StPO a.F., BGBl. 2007 I S. 3198f.

1159 S.o.S. 59ff.

1160 Kloesel/Cyran, AMG, 125. Lfg. 2013, § 6a Anm. 1.

1161 BGBl. 2015 I S. 2210ff.

1162 Ebd., S. 2216.

1163 Dieser Streit setzte sich auch bei der Schaffung des AntiDopG fort, dazu s.u.S. 233.

1164 BT-Drucks. 13/9996, S. 13.

1165 BGH v. 14.12.2011 – 5 StR 425/11, NStZ 2012, 218, 219 m. zust. Anm. *Krüger*, PharmR 2012, 158, 160ff.; *Heger*, Die Strafbarkeit von Doping nach dem Arzneimittelgesetz, in: SpuRt 2001, S. 92, 93; *Kloesel/Cyran*, AMG, 110. Lfg. 2008, § 6a Anm. 2; *Körner*, BtMG § 95 AMG Rn. 22.

Teile der Literatur vertreten dagegen, dass sowohl das Verbot des Inverkehrbringen, Verschreiben oder Anwenden von Arzneimitteln[1166], als auch das Besitzverbot nach § 6a Abs. 2a AMG a.F. im Hinblick auf den sich selbst dopenden Sportler keine rechtliche Legitimation hätten.[1167] Demnach sei ein solcher Paternalismus nicht mit der allgemeinen Handlungsfreiheit des Sportlers zu vereinbaren, da im Konsum des freiverantwortlich handelnden Sportlers eine Selbstgefährdung oder Selbstschädigung zu sehen sei, die weder kern- noch nebenstrafrechtlich relevant sei.[1168] Denkt man diesen Ansatz zu Ende, wäre auch eine Strafbarkeit wegen Inverkehrbringen, Verschreiben oder Anwenden von Dopingmitteln bei anderen[1169] nicht strafbar, da dies lediglich eine Beteiligung an einer eigenverantwortlichen Selbstgefährdung darstellen würde.[1170]

Die Normierung eines Besitzverbotes in § 6a Abs. 2a AMG a.F. zielte auf eine wirksame Eindämmung der Verbreitung von bekanntermaßen gefährlichen und häufig verwendeten Dopingmitteln im Spitzen- und im Breitensport.[1171] Dies dient sowohl dem Gesundheitsschutz als auch der Sicherheit des Arzneimittelverkehrs.[1172]

c. Tatbestand

aa. § 95 Abs. 1 Nr. 2a i.V.m. § 6a Abs. 1 AMG a.F.

Erstmals wurde mit § 6a Abs. 1 AMG a.F. ein gesetzliches Verbot geschaffen, Arzneimittel zu Dopingzwecken im Sport in den Verkehr zu bringen, zu verschreiben oder bei anderen anzuwenden, sofern das Doping bei Menschen erfolgt.[1173] Ein Verstoß dagegen begründete eine Freiheitsstrafe von bis zu drei Jahren oder eine Geldstrafe gemäß § 95 Abs. 1 Nr. 2a AMG a.F.

1166 § 6a Abs. 1 AMG a.F.

1167 *Freund,* in: MüKo-StGB, § 6a AMG Rn. 2.

1168 Ebd.; *Greco,* Zur Strafwürdigkeit des Selbstdopings im Leistungssport, in: GA 2010, 622, 624ff., der ebenfalls einen Legitimationsmangel erkennt und einzig eine Legitimation des Tatbestandes des Selbstdopings im wirtschaftlichen Wettbewerb sieht.

1169 § 6a Abs. 1 AMG a.F., s.u.S. 183.

1170 So auch *König,* Dopingbekämpfung mit strafrechtlichen Mitteln, in: JA 2007, 573, 574, Fn. 18.

1171 Bundesregierung Gesetzentwurf, BT-Drucks. 16/5526, S. 8f.

1172 Ebd., S. 9.

1173 § 6a Abs. 1 AMG in der Fassung vom 07. September 1998, vgl. BGBl. 1998 I S. 2649; vgl. zu den einzelnen Tathandlungen *Nickel,* in: Kügel/Müller/Hofmann, Arzneimittelgesetz, § 6a Rn. 12ff.; *Freund,* in: MüKo-StGB, § 6a AMG Rn. 28ff.

Normadressaten dieses Verbots waren dem Wortlaut nach aber nicht die Sportler, die das Dopingmittel selbst anwenden, sondern jeder Hersteller des Arzneimittels, sowie Ärzte, Trainer und sonstige Dritte, die das Mittel verschreiben oder bei anderen anwenden.[1174] Die Tatalternative des Verschreibens galt konsequenterweise nur für Ärzte, während die andern beiden Alternativen auf alle Personen zutrafen, die dem dopenden Sportler das Arzneimittel zugänglich machen.[1175]

Tatbestandlich intendierte § 6a Abs. 1 AMG a.F., schon im Vorfeld des eigentlichen Schutzes gegen unerwünschte Dopingfolgen, den Sport frei von Dopingmitteln zu halten, indem schon das Inverkehrbringen kriminalisiert wird.[1176] Inverkehrbringen bedeutet gemäß der Legaldefinition des § 4 Abs. 17 AMG das Vorrätighalten zum Verkauf oder zu sonstiger Abgabe, das Feilhalten, das Feilbieten und die Abgabe an andere.[1177]

Gemäß § 6a Abs. 2 AMG a.F. fand das Verbot aus Absatz 1 nur Anwendung auf Arzneimittel, die einen Wirkstoff enthalten, der im Anhang zum Übereinkommen des Europarats[1178] oder in einer aufgrund § 6a Abs. 3 AMG a.F. ergangenen Rechtsverordnung aufgeführt ist. Der Verweis auf diese enumerative Aufzählung begegnet auch verfassungsrechtlich in Hinblick auf das Bestimmtheitsgebot keinen Bedenken.[1179] Der Anhang wird einmal jährlich durch eine Expertenkommission des Europarates, die in der Regel den Empfehlungen der WADA folgt, aktualisiert und im Bundesgesetzblatt veröffentlicht[1180].[1181]

1174 Vgl. *Deutsch,* in: ders./Lippert, Kommentar zum AMG, § 6a Rn. 1.

1175 *Heger,* Die Strafbarkeit von Doping nach dem Arzneimittelgesetz, in: SpuRt 2001, S. 92, 93.

1176 *Rössner,* Doping-Sanktionen zwischen strafrechtlichen und sportrechtlichen Normen, in: Deutsches Olympisches Institut – Bundesinstitut für Sportwissenschaft (Hrsg.), Jahrbuch 2000, S. 105, 107; *ders.,* Rechtssoziologische Aspekte des Dopings, in: Digel (Hrsg.), Spitzensport, Chancen und Probleme, S. 43, 51.

1177 Eine Vollendung des Inverkehrbringens setzt voraus, dass die Arzneimittel im Falle einer Versendung zumindest in den Zugriffsbereich des Bestellers gelangen, vgl. BGH, Beschluss vom 18. September 2013, Az.: 2 StR 535/12 = NJW 2014, 326, 327.

1178 S.o.S. 58.

1179 Zur Blankettstrafnorm und dem Gesetzesvorbehalt hinsichtlich § 6a Abs. 1, 2 AMG a.F. BGH, Beschluss vom 18. September 2013, Az.: 2 StR 365/12 = NJW 2014, 325f.; siehe dazu Anmerkung von *Leipold/Beukelmann,* NJW-Spezial 2014, 24; verfassungsrechtliche Zweifel haben dagegen *Parzeller/Rüdiger,* ZRP 2007, 137, 139 und *Freund,* JZ 2014, 362, 362.

1180 Anhang zuletzt geändert durch Verbotsliste mit Stand Januar 2020, BGBl. 2019 II, S. 1069ff.

1181 *Nickel,* in: Kügel/Müller/Hofmann, Arzneimittelgesetz, § 6a Rn. 19.

Aufgrund der arzneimittelrechtlichen Zielrichtung des AMG unterfielen lediglich Arzneimittel dem Dopingverbot, nicht aber z.B. Lebensmittel im Sinne von § 2 Abs. 3 Nr. 1 AMG, die verbotene Substanzen enthalten.[1182]

bb. § 95 Abs. 1 Nr. 2b i.V.m. § 6a Abs. 2a AMG a.F.

Erst mit der Einführung des § 6a Abs. 2a AMG a.F.[1183] wurde auch der Besitz und später[1184] der Erwerb verbotener Arzneimittel und Wirkstoffe in nicht geringer Menge zu Dopingzwecken bei Menschen[1185] im Sport sanktioniert. Die Festlegung der Stoffe, deren Besitz unter Strafe gestellt wird erfolgte durch den Anhang zum AMG. Ein Verstoß dagegen begründete eine Freiheitsstrafe von bis zu drei Jahren oder eine Geldstrafe gemäß § 95 Abs. 1 Nr. 2b AMG a.F.

Im Vergleich zu § 6a Abs. 1 AMG a.F. wurde die Strafbarkeit sowohl auf Berufs- als auch Freizeitsportler erweitert. Adressat war jedermann, der eine nicht geringe Menge bestimmter Arzneimittel erwirbt oder besitzt und deswegen potentiell damit Handel treibt.[1186] Stets vorausgesetzt, dass auf subjektiver Seite des Täters der Wille bestand, die Mittel für Dopingzwecke im Sport zu erwerben oder zu besitzen. Tatsächlich umfasste die Norm nicht nur den Besitz zum Zwecke des Inverkehrbringens, sondern auch den Besitz zum Eigengebrauch, da auch der Wortlaut nicht auf das Doping bei anderen Menschen beschränkt war.[1187] Handelte es sich aber um eine geringe Menge des Eigenbedarfs, war dies nicht strafbar. Die möglicherweise aus der Anwendung resultierende gesundheitliche Selbstgefährdung der Sportler ist Ausfluss des Selbstbestimmungsrechts aus Art. 2. Abs. 1 GG.[1188]

Die nicht geringe Menge der verbotenen Stoffe bestimmte das Bundesministerium für Gesundheit (BMG) im Einvernehmen mit dem Bundesministerium des Inneren (BMI).[1189] Das BMG war gemäß § 6a Abs. 2a S. 3 und 4 AMG a.F.

1182 *Heger,* Die Strafbarkeit von Doping nach dem Arzneimittelgesetz, in: SpuRt 2001, S. 92, 92.

1183 BGBl. 2007 I S. 2510.

1184 Drittes Gesetz zur Änderung arzneimittelrechtlicher und anderer Vorschriften vom 07. August 2013, BGBl. 2013 I S. 3108.

1185 Wie § 6a Abs. 1 AMG a.F. fand § 6a Abs. 2a AMG a.F. keine Anwendung auf das Doping von Tieren. Dies ist allein nach § 3 Nr. 1b TierSchG verboten.

1186 Die Gesetzesbegründung spricht dabei von einem „Indiz für Handel", Bundesregierung Gesetzentwurf, BT-Drucks. 16/5526, S. 9.

1187 *Nickel,* in: Kügel/Müller/Hofmann, Arzneimittelgesetz, § 6a Rn. 49.

1188 Kloesel/Cyran, AMG, 116. Lfg. 2010, § 6a Anm. 46.

1189 § 6a Abs. 2a S. 2 AMG a.F., sog. Dopingmittel-Mengen-Verordnung.

zugleich befugt, mittels Rechtsverordnung weitere Stoffe in den Anhang des AMG aufzunehmen, die zu Dopingzwecken im Sport geeignet sind und deren Anwendung bei nicht therapeutischer Bestimmung gefährlich ist. Außerdem war es ermächtigt, die nicht geringe Menge der Stoffe zu bestimmen und gegebenenfalls Stoffe aus dem Anhang des AMG zu streichen, wenn diese nicht mehr für Dopingzwecke geeignet oder bei nicht therapeutischer Bestimmung ungefährlich sind.[1190]

cc. Regelbeispiel

Im Rahmen der Strafzumessung waren hinsichtlich der Verbote von § 6a Abs. 1 AMG a.F. die Regelbeispiele des § 95 Abs. 3 S. 2 Nr. 1 und 2 AMG a.F. zu berücksichtigen. Diese besonders schweren Fälle sahen eine Freiheitsstrafe von einem Jahr bis zu zehn Jahren vor. Ein besonders schwerer Fall lag in der Regel vor, wenn durch eine der beschriebenen Handlungen die Gesundheit einer großen Zahl von Menschen gefährdet, ein anderer in die Gefahr des Todes oder einer schweren Schädigung an Körper oder Gesundheit ausgesetzt wird, oder der Täter aus grobem Eigennutz für sich oder einen anderen Vermögensvorteile großen Ausmaßes erlangt.[1191] Ferner, wenn Arzneimittel zu Dopingzwecken im Sport an Minderjährige abgegeben wurden oder an diesen Personen angewendet wurden.[1192] Alternativ führte das gewerbsmäßige oder als Mitglied einer Bande Inverkehrbringen, Abgeben oder Anwenden von Arzneimitteln zu Dopingzwecken zur Erfüllung des Regelbeispiels gemäß § 95 Abs. 3 S. 2 Nr. 2b AMG a.F.

dd. Fahrlässigkeit

Neben der vorsätzlichen Begehung der Tat sah § 95 Abs. 4 AMG a.F. auch ein fahrlässiges Handeln vor. Die Fahrlässigkeit bezog sich aber nur auf die Eigenschaft als Arzneimittel, da auch § 95 Abs. 4 i.V.m. Abs. 1 Nr. 2a AMG a.F. an das Dopingverbot anknüpfte und dies zumindest einen bedingten Vorsatz bezüglich eines Einsatzes des Arzneimittels zur Leistungssteigerung im Sport voraussetzt.[1193] Dies war mit einer Freiheitsstrafe von bis zu einem Jahr oder einer Geldstrafe zu bestrafen.

1190 Vgl. zur letzten Änderung: Artikel 2 der Zweiten Verordnung zur Bestimmung von Dopingmitteln und zur Festlegung der nicht geringen Menge, BGBl. 2013 I S. 1687ff.

1191 § 95 Abs. 3 S. 2 Nr. 1 AMG.

1192 § 95 Abs. 3 S. 2 Nr. 2a AMG a.F.

1193 *Heger*, Die Strafbarkeit von Doping nach dem Arzneimittelgesetz, in: SpuRt 2001, S. 92, 93.

d. *Fazit und Stellungnahme*

Im Ergebnis bleibt festzuhalten, dass Eigendoping des Sportlers - sofern nicht § 6a Abs. 2a AMG a.F. einschlägig war – auch nicht nach arzneimittelrechtlichen Vorschriften strafbar war. Jedoch wurde erstmals eine Handhabe gegen die Akteure geschaffen, die den dopenden Sportlern Zugang zu Dopingmitteln verschafften. Dies sollte dazu beitragen, den Handel mit solchen Arzneimitteln zu beschränken und diesen Bereich sukzessive „auszutrocknen". Dafür boten die Vorschriften des AMG grundsätzlich einen umfassenden Katalog an Handlungsmöglichkeiten.

Rückblickend war aber der Ansatz, den Kampf gegen Doping im AMG zu verorten, nicht mit dem erhofften Erfolg verbunden. Die damit verfolgten Maßnahmen wirkten tendenziell ineffektiv[1194], weshalb das AMG im Anti-Doping-Kampf mitunter als *„zahnloser Tiger"*[1195] oder *„totes Recht"*[1196] bezeichnet wurde.

Dies liegt primär in der Natur von § 95 Abs. 1 Nr. 2a, 2b AMG a.F. als sog. Kontrolldelikt[1197], das von der Zusammenarbeit der Ermittlungsbehörden mit den Sportlern und Sportverbänden abhängig ist. Denn erst bei einem Anfangsverdacht gemäß §§ 160 Abs. 1, 152 Abs. 2 StPO ist ein Tätigwerden der Staatsanwaltschaft geboten und zulässig. Ohne vorherige Kontrollen durch die Sportverbände oder konkrete Hinweise auf Dopingvergehen sind die Strafverfolgungsbehörden auf die Erlangung zufälliger Erkenntnisse angewiesen, um ein Ermittlungsverfahren in Gang setzen zu können.[1198]

Ferner sehen die Normen den Sportler in der Rolle des Opfers, der von Dopinghändlern und sonstigen Dritten zu Lasten seiner Gesundheit ausgebeutet wird[1199]. Dieser Ansatz verkennt jedoch, dass der Sportler Nutznießer des

---

1194 *Parzeller/Prittwitz/Prittwitz,* Doping und Dopingbekämpfung in der Bundesrepublik Deutschland, Teil I, in: StoffR 2013, 67, 71.

1195 *Röwekamp,* Sportausschuss des Deutschen Bundestags, Protokoll 16/17 vom 27.09.2006, S. 24.

1196 *König,* Dopingbekämpfung mit strafrechtlichen Mitteln, in: JA 2007, 573, 574.

1197 *Rössner,* Doping-Sanktionen zwischen strafrechtlichen und sportrechtlichen Normen, in: Deutsches Olympisches Institut – Bundesinstitut für Sportwissenschaft (Hrsg.), Jahrbuch 2000, S. 105, 107.

1198 *Jahn,* Die Praxis der Sanktionierung von Dopingvergehen, in: Höfling/Horst (Hrsg.), Doping – warum nicht?, S. 69, 80; *Kudlich,* An den Grenzen des Strafrechts, in: JA 2007, 90, 92; a.A. *König,* Dopingbekämpfung mit strafrechtlichen Mitteln, in: JA 2007, 573, 576.

1199 *Greco,* Zur Strafwürdigkeit des Selbstdopings im Leistungssport, in: GA 2010, 622, 622.

Dopings ist und sich selbst nicht als Opfer sieht. Im Anti-Doping-Kampf ist aber das Mitwirken der (potentiellen) Opfer, essentiell, um die Hintermänner des Dopings strafrechtlich belangen zu können. Daran fehlt es aber regelmäßig. Vor allem dann, wenn die Dopingmittel z.B. durch Betreuer oder Ehegatten beschafft werden. Der Sportler als vermeintliches Opfer hat kein Interesse daran, seine Quellen offenzulegen und sich dadurch der Gefahr auszusetzen, selbst Gegenstand von Ermittlungen zu werden.[1200] Somit fiel es den Ermittlungsbehörden schwer, in bestehende Strukturen einzudringen und diese aufzulösen.

Infolgedessen besteht ein Vollzugsdefizit der Strafverfolgungspraxis im Bereich der Dopingdelinquenz.[1201] So wurden trotz der Einrichtung von Schwerpunkstaatsanwaltschaften[1202] nur eine vergleichsweise geringe Zahl von Ermittlungsverfahren durchgeführt, die häufig mangels hinreichenden Tatverdachts gemäß § 170 Abs. 2 StPO eingestellt wurden.[1203] Außerdem war nicht Doping im Bereich des Leistungssports primärer Gegenstand der Ermittlungen, sondern der illegale Arzneimittelhandel und der verbotene Besitz im Bereich des Kraftsports sowie Bodybuildings und des Breitensports.[1204]

Unterm Strich boten die Regelungen des AMG eine Fülle von Maßnahmen im Anti-Doping-Kampf, die aber aufgrund einer Vielzahl von Problemen nicht effektiv zur Bekämpfung beitragen konnten.

1200 *Bannenberg,* Das neue „Anti-Doping-Gesetz" hilft dem Sport nicht, in: SpuRt 2007, 155, 156, zweifelte bereits 2007 die Effektivität des Dopingverbotes im AMG an und rechnete eher mit einer Perfektionierung der Umgehungsstrategien der Hintermänner.

1201 *Jahn,* Die Praxis der Sanktionierung von Dopingvergehen, in: Höfling/Horst (Hrsg.), Doping – warum nicht?, S. 69, 89.

1202 Z.B. bei der Staatsanwaltschaft München I oder der Staatsanwaltschaft Zweibrücken.

1203 Im Jahr 2011 wurden z.B. 1592 Ermittlungsverfahren durchgeführt, es ergingen 236 Urteile/Strafbefehle und 620 Verfahren wurden wieder eingestellt, vgl. Bericht der Bundesregierung zur Evaluation des Gesetzes zur Verbesserung der Bekämpfung des Dopings im Sport (DBVG), September 2012, S. 19, abrufbar unter: http://www.bmi.bund.de/SharedDocs/Downloads/DE/Themen/Gesellschaft-Verfassung/Sport/bekaempfung_doping_sport.pdf;jsessionid=CF7F8FF933993774321C52BB2CED80B6.2_cid295?__blob=publicationFile (zuletzt abgerufen am 18.05.2019).

1204 Bericht der Bundesregierung zur Evaluation des Gesetzes zur Verbesserung der Bekämpfung des Dopings im Sport (DBVG), September 2012, S. 19f, 23, 27; *Parzeller/Prittwitz/Prittwitz,* Doping und Dopingbekämpfung in der Bundesrepublik Deutschland, Teil II, in: StoffR 2013, 109, 109.

2. Betäubungsmittelgesetz

Der Vollständigkeit halber wird noch auf die Strafvorschriften aus dem Betäubungsmittelgesetz hingewiesen. Dies ist insofern bedeutsam, da sich ein Sportler, der nicht gemäß §§ 95 Abs. 1 Nr. 2b, 6a Abs. 2a AMG a.F. strafbar war, weil er z.B. nur eine geringe Menge eines Dopingmittels besaß, durchaus wegen des Besitzes von Betäubungsmitteln gemäß § 29 Abs. 1 S. 1 Nr. 3 BtMG strafbar machen konnte. § 29 Abs. 1 S. 1 Nr. 3 BtMG ist ein Auffangtatbestand, der den Besitz von Betäubungsmitteln unabhängig von der aufgefundenen Menge unter Strafe stellt. Stets vorausgesetzt, das beim Sportler gefundene Dopingmittel ist als Betäubungsmittel in den Anlagen I bis III des BtMG aufgelistet.[1205] Die Liste der Betäubungsmittel ist nicht identisch mit der Liste der verbotenen Stoffe nach § 6a Abs. 2a AMG. Dennoch gibt es Überschneidungen. Sowohl als Dopingmittel nach dem AMG als auch als Betäubungsmittel nach dem BtMG gelten beispielsweise Cannabinoide und Amphetamine, die mitunter in Form von Marihuana und Kokain bereits bei einzelnen Sportlern nachgewiesen wurden.[1206]

Zu beachten ist aber § 29 Abs. 5 BtMG, wonach von einer Bestrafung abgesehen werden kann, wenn eine geringe Menge lediglich zum Eigengebrauch besessen wurde. Auch hierdurch wird der Anwendungsbereich weiter eingeschränkt.

Eine gänzliche Bekämpfung des Dopingproblems allein mit den Vorschriften des Betäubungsmittelgesetzes war aber wenig erfolgversprechend, weil eben nicht alle Dopingmittel unter den Anwendungsbereich des BtMG fallen, bzw. der Besitz geringer Mengen zum Eigengebrauch meist straffrei bleibt.

B. Das Gesetz gegen Doping im Sport (Anti-Doping-Gesetz, AntiDopG)

I. Entstehungsgeschichte

1. Vielzahl von Gesetzesinitiativen

Das Thema Doping war bereits in den 1960er Jahren sowie Anfang des Jahres 1974 in der Bundespolitik präsent, als die damalige Bundesregierung einen Beauftragten für Dopinganalytik am Bundesinstitut für Sportwissenschaft eingesetzt hatte. Bis das erste reine Anti-Doping-Gesetz der Bundesrepublik in Kraft treten konnte war es freilich Gegenstand zahlreicher politischer Debatten

---

1205 § 1 Abs. 1 BtMG.

1206 *Reinhart*, in: Praxishandbuch Sportrecht, S. 819 Rn. 128.

und wurde stets von erheblicher Kritik begleitet. So gingen dem AntiDopG eine Vielzahl von Gesetzesinitiativen aller politischen Lager voraus.

Erstmals griff die Bayerische Landesregierung die Forderung nach einem eigenständigen Anti-Doping Gesetz auf und legte mit einer Bundesratsinitiative im September 2006 einen Gesetzentwurf zur Bekämpfung des Dopings im Sport vor.[1207] Der Entwurf sah - neben einer Besitzstrafbarkeit - die Einführung des Tatbestandes „*Sportbetrug*[1208]“ vor und stellte das Streben nach Vermögensvorteilen unter dem Einfluss von Dopingmitteln unter Strafe.[1209] Darüber hinaus enthielt der Entwurf eine, in der Folge immer wieder von der Bayerischen Landesregierung aufgeworfene, Kronzeugenregelung.[1210] Der Entwurf fand jedoch keine Mehrheit im Bundesrat.

Am 31.01.2007 brachte die Bundestagsfraktion Bündnis 90/Die Grünen einen Antrag zur Bekämpfung des Doping im Sport in den Bundestag ein, der die Erweiterung der §§ 6a, 95 AMG um einen besonders schweren Fall bei gewerbs- und bandenmäßiger Begehung vorsah.[1211] Zusätzlich wurde im gleichen Jahr von der Fraktion erfolglos beantragt, den Gesetzentwurf der Bundesregierung zur Verbesserung der Bekämpfung des Dopings im Sport[1212] zu ändern[1213] und das Strafgesetzbuch um einen § 298a zu erweitern, der unter anderem die Verfälschung des wirtschaftlichen Wettbewerbs im Sport durch Gebrauch von Dopingmitteln und Dopingmethoden kriminalisiert.[1214] Letztendlich führte der Gesetzentwurf der Bundesregierung allein zu einer Novellierung des AMG.[1215]

Im Jahr 2009 legte abermals die Bayerische Landesregierung einen Entwurf eines „*Sportschutzgesetzes*“ zur Bekämpfung des Dopings und der Korruption

---

1207 Gesetzesantrag des Freistaates Bayern, BR-Drucks. 658/06.

1208 Vgl. dazu *Prittwitz,* Straftat Doping, in: Festschrift für Woff Schiller, S. 512, 529ff.

1209 Vgl. § 5 des Entwurfs.

1210 Vgl. § 6 des Entwurfs.

1211 Antrag der Fraktion Bündnis 90/Die Grünen, BT-Drucksache 16/4166.

1212 BT-Drucks. 16/5526.

1213 Änderungsantrag der Fraktion Bündnis 90/Die Grünen, BT-Drucksache 16/5938.

1214 Ähnliche Vorschläge zum Thema „Sportbetrug“ wurden bereits vorher in der Literatur geäußert, vgl. *Cherkeh/Momsen,* NJW 2001, 1745ff.; *Fischer,* Unlauterer Wettbewerb durch Doping im europäischen Profisport?, in: EuZW 2002, 297ff. und *Fritzweiler,* SpuRt 1998, 234f.

1215 Dazu s.o.S. 220f.

im Sport vor.[1216] Dieser Entwurf entsprach im Wesentlichen dem Entwurf aus dem Jahr 2006.

Die Idee eines eigenständigen Anti-Doping-Gesetzes wurde in der Folge aber wieder kurzfristig verworfen. Der Gesetzentwurf zur Bekämpfung des Dopings im Sport der Bayerischen Landesregierung von 2012 beinhaltete allein eine Verschärfung des AMG.[1217]

So sah auch der Entwurf der Baden-Württembergischen Landesregierung vom 10.04.2013 lediglich eine Novellierung des AMG vor.[1218] Gleichzeitig regte der Entwurf an, den in der öffentlichen Diskussion stehenden Begriff des *„Sportbetrugs"* durch auf die Bezeichnung *„Dopingbetrug"* zu beschränken und § 6a AMG dahingehend zu erweitern.

Die SPD-Fraktion im Bundestag[1219] brachte am 14.05.2013 einen Gesetzentwurf für ein eigenständiges Gesetz zur Bekämpfung des Dopings im Sport[1220] ein, das die Grundlage der Beratungen zur Schaffung des AntiDopG in seiner heutigen Form bilden sollte.

Ferner erneuerte die Bayerische Landesregierung ihren Standpunkt und stellte am 12.03.2014 einen Entwurf eines Gesetzes zum Schutze der Integrität des Sports vor, der inhaltlich auf dem Entwurf von 2009 beruhte.[1221]

2. *Antrag der Fraktion Die Linke und der Regierungsentwurf*

Am 07.08.2014 beantragte die Fraktion Die Linke, dass der Bundestag beschließen solle, die Bundesregierung zur Vorlage eines Gesetzentwurfs zur Bekämpfung des Dopings im Sport aufzufordern.[1222] Dieser Entwurf solle, neben der

1216 Der Referentenentwurf mit Stand vom 30.11.2009 ist abrufbar unter: https://www.justiz.bayern.de/media/pdf/gesetze/entwurf_sportschutzgesetz_30112009.pdf (zuletzt abgerufen am 18.05.2019).

1217 Der Referentenentwurf mit Stand vom 25.06.2012 ist abrufbar unter: https://www.justiz.bayern.de/media/pdf/gesetze/gesetzentwurf_arzneimittelgesetz.pdf (zuletzt abgerufen am 18.05.2019).

1218 Gesetzesantrag des Landes Baden-Württemberg, BR-Drucks. 266/13.

1219 Namentlich die Abgeordneten Dagmar Freitag, Martin Gerster, Christine Lambrecht, Sabine Bätzing-Lichtenthäler, Gabriele Fograscher, Petra Ernstberger, Iris Gleicke, Ute Kumpf, Caren Marks, Thomas Oppermann, Axel Schäfer (Bochum), Ute Vogt, Brigitte Zypries, Dr. Frank-Walter Steinmeier.

1220 BT-Drucks. 17/13468.

1221 Entwurf eines Gesetzes zum Schutze der Integrität des Sports, abrufbar unter: https://www.justiz.bayern.de/media/pdf/gesetze/sport.pdf (zuletzt abgerufen am 18.05.2019).

1222 BT-Drucks. 18/2308.

Forcierung von Präventionsmaßnahmen, die Strafbarkeit des Eigendopings von Sportlern begründen und die Strafvorschriften der §§ 6a, 95 Abs. 1 Nr. 2a, 2b, Abs. 3 AMG übernehmen.

Das Bundesministerium des Inneren, das Bundesministerium der Justiz und für Verbraucherschutz und das Bundesministerium für Gesundheit legten in der Folge am 12.11.2014 einen gemeinsamen Referentenentwurf für ein eigenständiges Anti-Doping-Gesetz vor, der weiter entwickelt und als Regierungsentwurf zur Disposition gestellt wurde.[1223]

Der Bundesrat nahm dazu am 08.05.2015 Stellung.[1224] Auf Anregung des Bundesrates wurde der ursprüngliche Entwurf unter anderem um einen minder schweren Fall des Qualifikationstatbestandes von § 4 Abs. 4 AntiDopG ergänzt.

Im Anschluss führte der federführende Sportausschuss am 17.06.2015 eine öffentliche Expertenanhörung zum Gesetzentwurf der Bundesregierung und zum Antrag der Fraktion Die Linke aus dem Jahr 2014 durch. Teilnehmer dieser Anhörung waren acht Einzelsachverständige sowie Vertreter des DOSB, der NADA sowie ein Vertreter vom Landesbeauftragten für Datenschutz und Informationsfreiheit in Nordrhein-Westfalen.[1225] Die bereits im Vorfeld schriftlich eingereichten Expertisen der Sachverständigen bildeten ein geteiltes Meinungsbild zu dem Entwurf ab. Lob und Zustimmung erfuhr der Entwurf von Seiten der NADA, die ihre Position gestärkt sah.[1226] Auch in rechtlicher Hinsicht sprachen sich *Dieter Maihold, Prof. Heger und Prof. Rössner* für eine Vereinbarkeit des Entwurfs mit dem Grundgesetz aus.

1223 Bundesregierung Gesetzentwurf, BT-Drucks. 18/4898.

1224 Vgl. Anlage 4 zum Gesetzentwurf der Bundesregierung, BT-Drucks. 18/4898.

1225 Die geladenen Sachverständigen waren Michael Vesper (DOSB), Andrea Gotzmann, Dr. Lars Mortsiefer (beide NADA), Ulrich Lepper (Landesbeauftragter für Datenschutz und Informationsfreiheit des Landes Nordrhein-Westfalen), Prof. Dr. Dieter Rössner (Institut für Kriminalwissenschaften der Philipps-Universität Marburg), Prof. Dr. Matthias Jahn (Institut für Kriminalwissenschaften und Rechtsphilosophie der Goethe-Universität Frankfurt am Main), Prof. Dr. Martin Heger (Lehrstuhl für Strafrecht, Strafprozessrecht, Europäisches Strafrecht und Neuere Rechtsgeschichte der Humboldt-Universität zu Berlin), Dieter Maihold (Richter am Bundesgerichtshof), Christoph Frank (Vorsitzender des Deutschen Richterbundes), Dr. Ali Norouzi (Strafrechtsausschuss des Deutschen Anwaltvereins), Christian Schreiber (Athletensprecher beim DOSB), Robert Harting (Athlet).

1226 Wortprotokoll der 32. Sitzung des Sportausschusses des Deutschen Bundestags vom 17.06.2015, Protokoll-Nr. 18/32, S. 22f.

Kritik äußerten dagegen die Vertreter des DOSB und der Athleten, die unter anderem eine „*Delegitimierung des Dopingkontrollsystems*"[1227] fürchteten. Außerdem seien laut *Christoph Frank* in dem Entwurf die zu schützenden Rechtsgüter nicht scharf genug definiert und der Entwurf wecke möglicherweise Erwartungen, die nicht erfüllt werden könnten.[1228]

Nach weiteren Debatten wurde die geänderte Fassung am 11. November 2015 mit den Stimmen der CDU/CSU und SPD Fraktion gegen die Stimmen der Bündnis 90/Die Grünen Fraktion und bei Enthaltung der Linksfraktion vom Sportausschuss gebilligt.

Der Bundestag hat schließlich am 13. November 2015 das von der Bundesregierung eingebrachte AntiDopG mit den Stimmen der Fraktionen von CDU/CSU sowie der SPD verabschiedet. Die Fraktion Bündnis 90/Die Grünen votierte gegen das Gesetz, die Linksfraktion enthielt sich der Abstimmung. Nach der Billigung durch den Bundesrat am 27. November 2015 trat das AntiDopG schließlich am 18. Dezember 2015 in Kraft.

3. *Kein gemeinsames Gesetz gegen Manipulation im Sport*

Gegenstand der Diskussion war dabei auch die Frage, ob das AntiDopG eigenständig ergehen sollte, oder zusammen mit der Strafbarkeit von Sportwettbetrug in einem Gesetz gegen Manipulation im Sport integriert werden sollte.

So wurden insbesondere aus der CDU/CSU-Fraktion Stimmen laut, die zugleich zur Verabschiedung des AntiDopG ein Gesetz gegen Spielmanipulation und Wettbetrug verabschieden wollten.[1229] Argumentiert wurde dabei mit den jeweils adressierten Schutzgütern: da der Koalitionsvertrag sowohl Doping als Spielmanipulation als Bedrohung der ethisch-moralischen Werte des Sports benenne, sei es geboten, diese beiden Bedrohungen gemeinsam in einem Gesetz zu bekämpfen.[1230]

Bereits die bayerischen Entwürfe von 2009 und 2014 eines „*Sportschutzgesetzes*"[1231] enthielten neben der Strafbarkeit von Doping auch den Straftatbestand

1227 *Vesper*, Protokoll-Nr. 18/32, S. 24.

1228 *Frank*, Protokoll-Nr. 18/32, S. 15f.

1229 *Reinsch*, Droht die Blockade des Anti-Doping-Gesetzes?, in: FAZ vom 11.03.2015, abrufbar unter: http://www.faz.net/aktuell/sport/sportpolitik/doping/anti-doping-gesetz-cdu-fordert-auch-wettbetrugs-gesetz-13475512.html (zuletzt abgerufen am 18.05.2019).

1230 Ebd.

1231 S.o.S. 229.

„Bestechlichkeit und Bestechung im Sport". Dieser Tatbestand sollte die unlautere Beeinflussung eines sportlichen Wettkampfs durch einen Teilnehmer, Trainer oder Schiedsrichter bestrafen, wenn der Täter für sein Handeln bzw. Unterlassen einen Vorteil für sich oder einen Dritten als Gegenleistung fordert, sich versprechen lässt oder annimmt.[1232]

Letztlich wurde dieser Gedanke aber wieder verworfen und in der Zwischenzeit die Straftatbestände *„Sportwettbetrug"* und der *„Manipulation von berufssportlichen Wettbewerben"* eingeführt.[1233]

II. Inhalt des AntiDopG

1. § 1 Zweck des Gesetzes

a. Inhalt

Für eine moderne strafrechtliche Gesetzgebung untypisch stellt das AntiDopG vorab in einer Vorschrift seinen originären Zweck dar. Dieser erschließt sich in anderen Gesetzen regelmäßig aus der Gesamtschau des Gesetzes und bedarf keiner eigenständigen Erläuterung.

Zweck des AntiDopG gemäß § 1 ist die Bekämpfung des Einsatzes von Dopingmitteln und Dopingmethoden im Sport. Dies soll zum einen die Gesundheit der Sportler schützen und zum anderen die Fairness und Chancengleichheit bei Sportwettbewerben zu sichern, um damit zur Erhaltung der Integrität des Sports beizutragen.

aa. Bekämpfung des Einsatzes von Dopingmitteln und Dopingmethoden

Das AntiDopG dient der Bekämpfung des Einsatzes von Dopingmitteln und Dopingmethoden im Sport. Was genau unter dieser *„Bekämpfung"* sowie dem *„Einsatz"* zu verstehen ist, lässt das Gesetz offen. Auch die Gesetzesbegründung liefert keine Konkretisierung bzw. Definition.

Der *„Einsatz von Dopingmitteln und Dopingmethoden"* soll generell beschreiben und bündeln, was im allgemeinen Sprachgebrauch – wie auch im Titel des Gesetzes – als *„Doping"* bezeichnet wird: ein bestimmtes, rechtlich zu missbilligendes Fehlverhalten.[1234] Dabei kommt es im Sinne des allgemeinen Sprachgebrauches für einen *„Einsatz"* darauf an, dass es sich um einen

---

1232 § 6 Referentenentwurf Sportschutzgesetz.

1233 S.o.S. 220.

1234 So auch *Nolte*, in: Lehner/Nolte/Putzke (Hrsg.), Anti-Doping-Gesetz, § 1, Rn. 28.

unmittelbaren Gebrauch eines Dopingmittels bzw. um das unmittelbare Anwenden einer Dopingmethode handelt.[1235]

bb. Dopingmittel und Dopingmethoden

Das AntiDopG geht inhaltlich über die Vorschriften der Vorgängernormen des AMG hinaus. Während das AMG allein auf die Bekämpfung von Dopingmitteln abzielte, stellt das AntiDopG bereits vorweg klar, dass auch der Einsatz von Dopingmethoden bekämpft werden soll. Begründet wird dies mit der Gefährlichkeit von Dopingmethoden für die Gesundheit der Sportler und die Integrität des Sports. Denn schon allein der Einsatz von Dopingmethoden, die nicht bereits über die Dopingmittel erfasst sind, kann die Ergebnisse von Sportwettbewerben verfälschen.[1236]

Inhaltlich nähert sich das AntiDopG somit den verbandsrechtlichen Dopingregeln des NADC an, der verbotene Methoden in der Verbotsliste aufführt und den Gebrauch dieser Methoden in Art. 2.2 NADC als Verstoß gegen Anti-Doping-Bestimmungen sanktioniert.

cc. Sport

Mit Blick auf den Wortlaut von § 1 AntiDopG ist bemerkenswert, dass die Dopingmittel und Dopingmethoden ganz allgemein *„im Sport"* bekämpft werden sollen. Was genau unter *„Sport"* in diesem Sinne fallen soll, wird nicht abschließend geklärt, eine Legaldefinition unterbleibt.

Der Gesetzeswortlaut differenziert auch nicht zwischen den verschiedenen Ebenen der Sportausübung, sondern strebt eine generelle Bekämpfung des Dopings an. Dies ist insofern bemerkenswert, weil der Gesetzgeber in anderen Normen des AntiDopG den Anwendungsbereich bewusst auf den *„organisierten Sport"*[1237] und auf *„Spitzensportler"*[1238] beschränkt. Im Umkehrschluss ergibt sich daraus, dass der Gesetzgeber den Geltungsbereich und Zweck des Gesetzes wissentlich weit gehalten hat und eine generelle Bekämpfung des Dopings im gesamten Sport, sei es Freizeit-, Breiten- oder Leistungssport, angestrebt wird.[1239]

Der BGH hat erstmals zum AntiDopG Stellung genommen und bestätigt, dass Sport im Sinne des AntiDopG *„nicht nur der Leistungssport, sondern auch*

1235 Ebd., Rn. 30.

1236 Bundesregierung Gesetzentwurf, BT-Drucks. 18/4898, S. 22f.

1237 § 3 AntiDopG.

1238 § 4 Abs. 7 AntiDopG.

1239 So auch *Nolte*, in: Lehner/Nolte/Putzke (Hrsg.), Anti-Doping-Gesetz, § 1, Rn. 26f.

der nicht mit Wettkampfteilnahmen verbundene Breiten- und Freizeitsport" ist.[1240] In dem entschiedenen Fall betreibt der Angeklagte Kraftsport, ohne jedoch an Wettkämpfen teilzunehmen. Im Rahmen einer Wohnungsdurchsuchung wurden beim Angeklagten verschiedene Dopingpräparate gefunden. Der Angeklagte wurde in der Folge wegen des unerlaubten Besitzes von Dopingmitteln in nicht geringer Menge gemäß § 4 Abs. 1 Nr. 3 i.V.m. § 2 Abs. 3 AntiDopG zu einer Freiheitsstrafe von einem Jahr verurteilt.

Wenig überraschend bedient sich der BGH in der Begründung der Argumentation, die bereits zu dem als Vorgängernorm zu betrachtenden § 6a AMG a.F. herangezogen wurde. Mit Blick auf die Strafbarkeit gemäß § 95 Abs. 1 Nr. 2a i.V.m. § 6a AMG a.F. hatte der BGH bereits entschieden, dass von dem Begriff des Sports auch „Bodybuilding" erfasst sei, ohne dass es darauf ankommt, ob die erstrebte Leistungssteigerung auf Aktivitäten im Wettkampf, im Training oder in der Freizeit gerichtet ist.[1241]

dd. Geschützte Rechtsgüter

Die Bekämpfung des Einsatzes von Dopingmitteln und Dopingmethoden soll neben dem - schon aus dem AMG bekannten - Gesundheitsschutz zusätzlich die Grundlagen der Integrität des Sports, die maßgeblich auf Fairness und Chancengleichheit beruhen, schützen. Der Gesundheitsschutz sei laut Gesetzesbegründung notwendig, weil Beobachtungen ergeben hätten, dass ehemalige Leistungssportler an erheblichen gesundheitlichen Spätfolgen litten, die durch typische Dopingmittel (zum Beispiel anabole Steroide) oder Dopingmethoden (zum Beispiel Blutdoping) hervorgerufen wurden.[1242] Das mit der Anwendung von Dopingmitteln und Dopingmethoden verbundene erhebliche Risiko der Gesundheitsschädigung rechtfertige daher die Strafvorschriften des AntiDopG.

Der Gesetzgeber greift ferner erstmals auf die ethisch-moralischen Werte des organisierten Sports zurück, die durch Doping erschüttert würden, indem die Integrität des organisierten Sports zum Schutzgut erhoben wird.[1243] Zwar war schon im Gesetzentwurf zur Verbesserung der Bekämpfung des Dopings im Sport vom 30.05.2007 die Rede von der Verpflichtung der Bundesregierung zu

---

1240 BGH, Beschluss v. 05.12.2017 – 4 StR 389/17 = NStZ 2018, 475; PharmR 2018, 475 mit Anm. Krüger.

1241 BGH Beschluss v. 05.08.2009 - 5 StR 248/09 = NStZ 2010, 170 sowie BGH Beschluss v. 14. 12. 2011 - 5 StR 425/11 = NStZ 2012, 218.

1242 *Nolte*, in: Lehner/Nolte/Putzke (Hrsg.), Anti-Doping-Gesetz, § 1, Rn. 26f.

1243 Ebd.

den *„ethisch-moralischen Werten des Sports"*, diese wurden aber letztlich nicht als Schutzgut benannt.[1244] Obwohl Sport kein Staatsziel ist[1245] und lediglich vereinzelt in Landesverfassungen geregelt ist, sei der Schutz der Integrität des Sports aus Sicht des Gesetzgebers nicht nur, wie bisher, Aufgabe der einzelnen Sportverbände sondern auch des Staates.[1246] Begründet wird dies mit der überragenden gesellschaftlichen Bedeutung des Sports und der damit einhergehenden wirtschaftlichen Bedeutung. Denn neben seiner gesellschaftlichen Bedeutung generiert der organisierte Sport für alle Beteiligten eine Vielzahl von Einnahmemöglichkeiten in Form von Gehältern, öffentlichen Fördermitteln, Start- und Preisgeldern sowie Sponsorengeldern.[1247] Doping schädigt nach Ansicht des Gesetzgebers sowohl die Glaubwürdigkeit und Vorbildfunktion des Sports, als auch die ehrlichen Sportler und all diejenigen, die im Glauben an faire Wettkämpfe Vermögenswerte aufwenden.[1248] Da sich die bisherigen Maßnahmen des Staates und der einzelnen Sportverbände in dieser Hinsicht nicht bewährt hätten, hält der Gesetzgeber die Schaffung dieses Gesetzeszwecks für geboten.[1249]

b. Diskussion zu den Schutzgütern

In der Literatur setzt sich der teilweise schon im AMG angelegte Streit fort, ob die genannten Rechtsgüter eine tragfähige Grundlage der Strafnormen des AntiDopG darstellen können.

aa. Gesundheitsschutz

In der juristischen Literatur wird der avisierte Gesundheitsschutz der sich freiwillig dopenden Sportler kritisiert.[1250] Ähnlich der Einwilligungsdogmatik im

---

1244 Bundesregierung Gesetzentwurf, BT-Drucks. 16/5526, S. 1.

1245 Obschon der DOSB in seinem Positionspapier 2006 gefordert hatte, Art. 20a GG um den Satz „Der Staat schützt und fördert die Kultur und den Sport" in einem zweiten Absatz zu ergänzen, vgl. Positionspapier, S. 2, abrufbar unter: https://www.dosb.de/fileadmin/fm-dosb/downloads/dosb/Staatsziel_Sport_31.10.pdf (zuletzt abgerufen am 18.05.2019).

1246 Bundesregierung Gesetzentwurf, BT-Drucks. 18/4898, S. 23.

1247 Ebd., S. 22.

1248 Ebd., S. 23.

1249 Ebd.

1250 *Zuck*, Wider die Kriminalisierung des Sports, NJW 2014, 276, 279; *Kreuzer*, Kriminalisierung des „Eigendoping" von Sportlern?, ZRP 2013, 181, 183; *Jahn*, in: SpuRt 2015, S. 149, 150f.; *Roxin*, Strafrecht und Doping, in: Festschrift für Erich Samson, S. 445, 449ff.; *Steiner*, Deutschland als Antidopingstaat, ZRP 2015, S. 51, 51; *Nolte*, in: Lehner/Nolte/Putzke, Anti-Doping-Gesetz, § 1 Rn.71ff.

Strafrecht[1251] würden eigenverantwortliche Selbstschädigungen nach allgemeinen Maßstäben keine Strafbarkeit begründen.[1252] Argumentiert wird mit dem sich aus Art. 2. Abs. GG ergebenden Recht auf Selbstschädigung der Sportler, das durch den Schutzzweck des § 1 AntiDopG zu einer Pflicht zum gesunden Lebensstil verkehrt würde.[1253] Die Verfügungsbefugnis über den eigenen Körper würde durch den *„paternalistisch-symbolischen Einsatz von Strafrecht"* aufgehoben.[1254] Dies knüpft an die schon im Rahmen des AMG vorgebrachte Argumentation an, dass andere selbstverantwortliche Schädigungen, wie zum Beispiel Alkohol- oder Tabakkonsum weiterhin schutzlos blieben. Die körperliche Integrität stellt ein disponibles Rechtsgut dar, welches auch der Selbstschädigung und Selbstgefährdung unterliegen darf, solange der dispositionsbefugte Inhaber sich seinem Tun und Handeln bewusst ist und dies aus autonomen Motiven geschieht.[1255]

Die vorgebrachte Kritik ist durchaus angebracht und argumentativ korrekt. Ihr ist aber entgegenzuhalten, dass die Begründung des AntiDopG zwischen den einzelnen Tatbeständen unterscheidet und der Gesundheitsschutz nicht in Bezug auf das Selbstdoping herangezogen wird, sondern nur das Verbot, Dopingmittel vom freien Markt fernzuhalten oder in nicht geringer Menge zu besitzen legitimieren soll.[1256] Eine solche Legitimation sei mit Hinblick auf die Rechtsprechung des BVerfG und des BGH durchaus möglich, wenn entweder ausnahmsweise der paternalistische Schutz der Gesundheit des Einzelnen gegen seine eigene Unvernunft[1257] doch zugelassen wird oder die Volksgesundheit als generelles Schutzgut über die Interessen des Einzelnen gestellt wird[1258].[1259] Aufgrund der Strukturen des Sports, die die Anwendung von leistungssteigernden und zugleich gesundheitsfördernden Mitteln und Methoden fördern und somit potentiell eine allgemeine Gesundheitsgefahr beinhalten[1260] ist es angebracht,

---

1251 Dazu s.o.S. 202.

1252 *Deutscher Anwaltsverein,* Stellungnahme Nr.: 5/2015 vom Februar 2015 zum Entwurf des AntiDopG, S. 7; *Norouzi,* Stellungnahme vom 17.06.2015 zum Entwurf des AntiDopG, Sportausschuss-Drucks. 18 (5) 116, S. 2;

1253 DOSB Stellungnahme vom 28. Januar 2015, S. 3.

1254 *Jahn,* in: SpuRt 2015, 149, 150.

1255 *Freund,* FS Rössner, 2015, 579, 590; zustimmend *Rössner,* in: Lehner/Nolte/Putzke, Anti-Doping-Gesetz, vor § 1, Rn. 26.

1256 Bundesregierung Gesetzentwurf, BT-Drucks. 18/4898, S. 23, 26.

1257 *BVerfG,* NJW 1999, 3399, 3401 zum Transplantationsgesetz.

1258 BGHSt 37, 179, 182 zum BtmG.

1259 *Rössner,* Stellungnahme vom 14.06.2015 zum Entwurf des AntiDopG, Sportausschuss-Drucks. 18 (5) 113, S. 9.

1260 *Rössner,* in: Lehner/Nolte/Putzke, Anti-Doping-Gesetz, vor § 1, Rn. 26.

die Ausnahmen von der straflosen Selbstschädigung zum Schutze der Volksgesundheit[1261] heranzuziehen.[1262]

Außerdem ist zu beachten, dass die streitgegenständliche Strafbarkeit des Selbstdopings gemäß § 4 Abs. 7 AntiDopG auf Spitzensportler bzw. Sportler, die mit der Sportausübung Einnahmen von erheblichen Ausmaß erzielen, beschränkt ist.[1263] Das Verbot des Selbstdoping legitimiert sich daher mit Blick auf die Chancengleichheit und den Grundsätzen des Fair Play. Denn neben den Vereinen, Sponsoren, Medien sowie Zuschauern werden insbesondere die dopingfreien Konkurrenten durch den gedopten Sportler getäuscht.[1264] Nur wenn die Prinzipien des Fair Play gewahrt werden und der Sport dopingfrei ist, hat der organisierte Sport eine Zukunft und kann Nachwuchssportler, Sponsoren und Medien für sich gewinnen und halten.[1265] Das Verbot des Selbstdopings legitimiert sich bereits aus diesen Gründen, ohne dass es eines Rückgriffs allein auf den Gesundheitsschutz bedürfte.

bb. Integrität des Sports

Neben dem Gesundheitsschutz wird, zum Teil scharf, der Zweck der Integrität des Sports kritisiert. Während unstreitig anerkannt wird, dass die ethisch-moralischen Werte des Sports durch Doping erschüttert werden, ist dennoch streitig, ob dies auch die Strafvorschriften des AntiDopG legitimieren kann.[1266] Wegen der fehlenden grundgesetzlichen Grundlage seien „*Fairness*“ und „*Chancengleichheit*“ bei Sportwettbewerben keine durch den Staat mit strafrechtlichen Mitteln durchsetzbaren Güter und würden zudem an Unbestimmtheit und Unbestimmbarkeit leiden.[1267] Teilweise wird vorgebracht, die „*Fairness im Sport*“ sei ein „*Hybridrechtsgut*“, das als Türöffner der strafrechtlichen Reglementierung des Sports

1261 A.A. *Ott,* S. 128ff., der die Volksgesundheit als Summe der Individualgesundheit betrachtet.

1262 A.A. *Nolte,* in: Lehner/Nolte/Putzke, Anti-Doping-Gesetz, § 1 Rn.73.

1263 Dazu s.u.S. 246ff.

1264 Bundesregierung Gesetzentwurf, BT-Drucks. 18/4898, S. 26.

1265 Ebd.

1266 *Kargl,* Begründungsprobleme des Dopingstrafrechts, in: NStZ 2007, 489, 495; *Jahn,* in: SpuRt 2015, 149, 151; *Zuck,* Wider die Kriminalisierung des Sports, NJW 2014, 276, 281, im Kontext des Tatbestandes des „Sportbetrugs“; *Timm,* Die Legitimation des strafbewehrten Dopingverbots, GA 2012, 732, 734 zum „Fair Play-Gedanken“ im Sport.

1267 *Jahn,* in: SpuRt 2015, 149, 153.

diene.[1268] Wenn schon die Fairness im Bereich des Dopings strafrechtlich geschützt werden soll, so müsse dies auch für Verstöße gegen das „*Financial Fair Play*" oder sonstige Beeinflussungen der Chancengleichheit gelten.[1269] Deshalb sei für die Gewährleistung der öffentlichen Erwartungen an die Integrität des Wettkampfs und der Leistungssportler der organisierte Sport alleinverantwortlich, weil es sich dabei um einen Wesensgehalt des Sports handle.[1270] Das Strafrecht als ultima ratio bedarf eines legitimen Schutzgutes sowie der Wahrung des Grundsatzes der Verhältnismäßigkeit.[1271] Würde man auf den Gedanken der Generalprävention als legitimen Zweck abstellen, so ersetzte dies nicht den Einsatz einer materiell-rechtlichen Regelung.[1272]

Der vorgebrachten Kritik steht die Leitentscheidung des Bundesverfassungsgerichts gegenüber, dass der Gesetzgeber grundsätzlich frei sei bei der Entscheidung, ob er ein, aus seiner Sicht, schutzwürdiges Rechtsgut mit den Mitteln des Strafrechts verteidigen möchte.[1273] Damit widerspricht das BVerfG in seiner *Inzest*-Entscheidung der vorgebrachten Rechtsguttheorie und stellt eigene Maßstäbe für die Befugnisse des Gesetzgebers auf. Die Grenzen dieser Befugnis lägen in der Verfassung selbst, wenn und soweit diese die Verfolgung eines bestimmten Zwecks von vornherein ausschließe.[1274] Dies bedeute aber nicht, dass der Gesetzgeber in seiner Befugnis durch vorgegebene Rechtsgüter eingeengt wird, die von Instanzen jenseits des Gesetzgebers aufgefunden und anerkannt werden.[1275] Dem Gesetzgeber stehe ein Beurteilungsspielraum zu bezüglich der Eignung und Erforderlichkeit des gewählten Mittels zur Erreichung der erstrebten Ziele sowie bei der in diesem Zusammenhang vorzunehmenden Einschätzung und Prognose der dem Einzelnen oder der Allgemeinheit drohenden Gefahren.[1276]

Darüber hinaus ist die Schutzwürdigkeit der Integrität des Sports aufgrund der ökonomischen und gesellschaftlichen Bedeutung des Sports gegeben.[1277] Der

---

1268 *Deutscher Anwaltsverein*, Stellungnahme Nr.: 5/2015 v. Februar 2015 zum Entwurf des AntiDopG, S. 8.

1269 Ebd.

1270 Ebd., S. 7; DOSB Stellungnahme vom 28. Januar 2015, S. 3.

1271 *BVerfGE* 120, 224, 239f.

1272 *Zuck*, Wider die Kriminalisierung des Sports, NJW 2014, 276, 281.

1273 *BVerfGE* 120, 224, 240.

1274 Ebd., S. 242.

1275 *Maas*, Wann darf der Staat strafen?, NStZ 2015, 305, 306.

1276 *BVerfGE* 120, 224, 240.

1277 Vgl. zur Diskussion der Schutzgüter der §§ 265c, 265d StGB, *Kubiciel*, Integrität des Sports –Konkretisierung eines Begriffs, in: KriPoZ 2018, 28, 30f.

organisierte Sport und insbesondere dessen Wettbewerbe üben eine integrative und verbindende Funktion aus, die auch von staatlicher Seite anerkannt wird und daher jährlich finanzielle Unterstützung im Millardenbereich erfährt.[1278] Angesichts der Tatsache, dass der Staat den organisierten Sport fördern soll, ist es nur legitim, dass der Staat den Sport auch vor Angriffen schützen soll.[1279]

c. Fazit

Ob Verurteilte tatsächlich in Zukunft Rechtsschutz bis hin zum Bundesverfassungsgericht suchen werden[1280] bleibt abzuwarten. Vor allen Dingen ist fraglich, ob der Antrag auch begründet wäre. Vieles spricht dagegen. Insbesondere wenn das BVerfG an seiner Linie aus der Inzest-Entscheidung festhält, wäre das AntiDopG bzw. einzelne Normen nicht per se für verfassungswidrig zu erklären. Dafür spricht ferner, dass im Nebenstrafrecht eine Vielzahl strafbewehrter Verbote nicht abgeschafft wurden bzw. nicht unangewendet bleiben, obwohl das zu schützenden Rechtsgut umstritten ist oder teilweise gar bestritten wird.[1281] So entstammt zum Beispiel auch das Verbot der Tierquälerei in § 17 TierSchG dem ethischen Tierschutz und der Einschätzungsprärogative des Gesetzgebers.[1282]

2. § 2 Unerlaubter Umgang mit Dopingmitteln, unerlaubte Anwendung von Dopingmethoden

§ 2 Abs. 1 AntiDopG übernimmt die Regelungen von § 6a Abs. 1 AMG und verbietet es, ein Dopingmittel zum Zwecke des Dopings beim Menschen im Sport herzustellen, mit ihm Handel zu treiben, es, ohne mit ihm Handel zu treiben, zu veräußern, abzugeben oder sonst in den Verkehr zu bringen oder zu verschreiben. Die Verbote des § 6a Abs. 1 AMG a.F. wurden um die Tatbegehungsweisen des Herstellen, dem Handeltreiben, dem Veräußern und der Abgabe von Dopingmitteln erweitert, die sich allesamt an den Formulierungen des § 29 Abs. 1 BtmG orientieren.[1283] Dementsprechend werden die einzelnen Tatbestandsmerkmale nach Maßgabe des AMG bzw. des BtmG definiert.[1284]

1278 Ebd. mit weiteren Nachweisen.

1279 Ebd.

1280 So DOSB Stellungnahme vom 28. Januar 2015, S. 3.

1281 *Heger,* Stellungnahme vom 14.06.2015 zum Entwurf des AntiDopG, Sportausschuss-Drucks. 18 (5) 111, S. 2.

1282 *Heger,* Die Europäisierung des deutschen Umweltstrafrechts, S. 219ff.

1283 Bundesregierung Gesetzentwurf, BT-Drucks. 18/4898, S. 23.

1284 Vgl. zu den einzelnen Definitionen *Striegel,* in: Lehner/Nolte/Putzke, Anti-Doping-Gesetz, § 2, Rn. 14ff.

Während die verbotenen Stoffe im AMG dem Anhang zum Europarats-Übereinkommen gegen Doping von 1989 entnommen wurden[1285], sind von dem Verbot nach § 2 Abs. 1 AntiDopG nur solche Dopingmittel umfasst, die ein in der Anlage I des UNESCO-Übereinkommens[1286] in der vom Bundesministerium des Innern im Bundesgesetzblatt II bekannt gemachten Fassung aufgeführter Stoff sind oder einen solchen enthalten. Mit dieser Verweisung bleibe es einer innerstaatlichen deutschen Entscheidung vorbehalten, inwieweit künftige Änderungen der Anlage I nach deutschem Recht strafrechtliche Relevanz haben.[1287] Tatsächlich handelt es sich bei der Anlage um eine Übernahme der mindestens jährlich aktualisierten WADA-Verbotsliste. Dieses Vorgehen entspricht – wie bereits in Bezug auf die Verweisung im AMG[1288] – dem Bestimmtheitsgrundsatz nach Art. 103 GG.[1289] Zwar zweifelt der BGH an, dass *„damit die Entscheidungsgrundlage über Änderungen der Anlage durch die Exekutive auf derselben Ebene angesiedelt ist, wie wenn eine Verordnungsermächtigung geschaffen worden wäre“*.[1290] Hinsichtlich der Verfassungskonformität der Norm hat der BGH aber keine Bedenken, da es jedenfalls ausgeschlossen sei, dass *„der Inhalt des Straftatbestands des § 4 AntiDopG i.V.m. § 2 AntiDopG ohne oder gegen den Willen der nationalen Institutionen verändert wird“*.[1291]

Die Norm intendiert allgemein den Schutz Dritter vor den Gefahren von Doping. Daher ist es gemäß § 2 Abs. 2 AntiDopG verboten, Dopingmittel oder Dopingmethoden, die in der Anlage I des UNESCO-Übereinkommens aufgeführt sind, zum Zwecke des Dopings bei einer anderen Person anzuwenden. Dies stellt bereits eine Erweiterung des Anwendungsbereichs im Vergleich zum AMG dar, weil nur ein Teil der in Anlage I des UNESCO-Übereinkommens aufgeführten Dopingmittel als Arzneimittel in Deutschland erhältlich sind.[1292] Außerdem wird das allgemeine Anwendungsverbot von § 6a Abs. 1 AMG a.F. übernommen

1285 S.o.S. 58.

1286 S.o.S. 60.

1287 Bundesregierung Gesetzentwurf, BT-Drucks. 18/4898, S. 24.

1288 S.o.S. 223f.

1289 Zur Blankettstrafnorm und dem Gesetzesvorbehalt hinsichtlich § 6a Abs. 1, 2 AMG a.F. BGH, Beschluss vom 18. September 2013, Az.: 2 StR 365/12 = NJW 2014, 325f.; siehe dazu Anmerkung von *Leipold/Beukelmann*, NJW-Spezial 2014, 24; verfassungsrechtliche Zweifel zu § 6a Abs. 1, 2 AMG a.F. haben dagegen *Parzeller/Rüdiger*, ZRP 2007, 137, 139 und *Freund*, JZ 2014, 362, 362.

1290 BGH Beschluss vom 7. August 2018 - 3 StR 345/17 Rn. 15.

1291 Ebd.

1292 *Striegel*, in: Lehner/Nolte/Putzke, Anti-Doping-Gesetz, § 2, Rn. 75.

und um das Verbot der Anwendung von Dopingmethoden erweitert. Dopingmethoden, insbesondere Gendoping, gefährden in gleicher Weise wie Dopingmittel die Gesundheit der Sportler.[1293] Mit der Aufnahme dieser Variante hat der Gesetzgeber diese bislang bestehende Strafbarkeitslücke geschlossen.

§ 2 Abs. 3 AntiDopG ist ebenso einer Regelung aus dem AMG nachgebildet und normiert - wie schon § 6a Abs. 2a AMG a.F. - das Verbot, Dopingmittel in nicht geringer Menge zum Zwecke des Dopings beim Menschen im Sport zu erwerben oder zu besitzen. Dies soll neben dem Schutz des einzelnen Sportlers auch die Gesundheit der Allgemeinheit schützen.[1294] Konsequenterweise stellt der Gesetzgeber nur den Erwerb bzw. Besitz einer nicht geringen Menge von Dopingmittel unter Strafe. Zum einen wäre die Strafbarkeit des Besitzes bzw. Erwerbs einer geringen Menge nicht mehr durch den Gesundheitsschutz der Allgemeinheit gerechtfertigt.[1295] Zum anderen würde dies wohl auch Art. 2 Abs. 1 GG widersprechen.[1296]

Um bereits auf der Vorstufe des Handels mit Dopingmitteln die Gesundheit der Sportler zu schützen, wurde in § 2 Abs. 3 AntiDopG zusätzlich die Tatbegehungsweise des Verbringens von Dopingmittel in nicht geringer Menge in oder durch die Bundesrepublik Deutschland aufgenommen.[1297] Somit ist es schon möglich, bereits bei der Einreise in die Bundesrepublik Dopingmittel an der Grenze sicherzustellen.[1298] Nicht unproblematisch ist der Nachweis der Zweckbestimmung in allen Tatbestandsalternativen von § 2 Abs. 3 AntiDopG. Denn nur wenn die entsprechende Handlung zum Zwecke des Dopings erfolgte, ist sie auch strafbar.

Das Verbot aus § 2 Abs. 3 AntiDopG gilt nur für solche Stoffe, die in der Anlage zum AntiDopG aufgeführt sind, oder einen solchen enthalten. Wie schon im AMG ist das Bundesministerium für Gesundheit - im Einklang mit dem Bestimmtheitsgrundsatz - ermächtigt, die nicht geringe Menge dieser Stoffe durch Rechtsverordnung zu bestimmen (§ 6 Abs. 1 Nr. 1 AntiDopG).[1299]

1293 S.o.S. 224.

1294 Bundesregierung Gesetzentwurf, BT-Drucks. 18/4898, S. 25.

1295 *Striegel,* in: Lehner/Nolte/Putzke, Anti-Doping-Gesetz, § 2, Rn. 82.

1296 Ebd.

1297 Bundesregierung Gesetzentwurf, BT-Drucks. 18/4898, S. 25.

1298 Ebd.

1299 Vgl. Dritte Verordnung zur Bestimmung von Dopingmitteln und zur Festlegung der nicht geringen Menge vom 08. Juli 2016, BGBl. 2016 I S. 1624.

3. § 3 Selbstdoping

Erstmals wird in § 3 Abs. 1 AntiDopG Selbstdoping unter Strafe gestellt, mit dem Ziel die Integrität des Sportes zu schützen. Doping verfälsche, nach Begründung des Gesetzgebers, die Ergebnisse der Wettkämpfe und erschüttere die Fairness und Chancengleichheit, insbesondere in wirtschaftlicher Hinsicht.[1300] Demnach ist es nach § 3 Abs. 1 AntiDopG verboten, ein Dopingmittel (Nr. 1) oder eine Dopingmethode (Nr. 2), welche jeweils in der Anlage I zum UNESCO-Übereinkommen aufgeführt sind, ohne medizinische Indikation anzuwenden oder anwenden zu lassen, mit der Absicht, sich in einem Wettbewerb des organisierten Sports einen Vorteil zu verschaffen.

Das Verbot der Anwendung eines Dopingmittels nach § 3 Abs.1 Nr. 1 AntiDopG wird aber durch den weiteren Wortlaut der Norm eingeschränkt. Es gilt nur, wenn es sich um ein Dopingmittel handelt, welches nach der Anlage I des UNESCO-Übereinkommens nicht nur in bestimmten Sportarten verboten ist.[1301] Solche nur teilweise verbotenen Dopingmittel sind Alkohol und Betablocker, die jeweils nur innerhalb von Wettkämpfen (Betablocker zum Teil auch außerhalb von Wettkämpfen) beispielsweise im Motorsport (FIA) und im Bogenschießen (WA) verboten sind.[1302] Solche Dopingmittel haben nach Ansicht des Gesetzgebers „*für die Breite des Sports keine nennenswerte Bedeutung*“ und sollen daher nicht unter die strafbewehrten Verbote fallen.[1303]

Außerdem greift das Verbot nicht, wenn das Dopingmittel außerhalb eines Wettbewerbs angewendet wurde und das Dopingmittel ein solcher Stoff ist bzw. einen solchen Stoff enthält, der nach der Anlage I des UNESCO-Übereinkommens explizit nur im Wettbewerb verboten ist.[1304]

Korrespondierend zum Absatz 1 - und um mögliche Strafbarkeitslücken zu vermeiden - ist es gemäß § 3 Abs. 2 AntiDopG verboten, unter Anwendung der obigen Dopingmittel oder Dopingmethoden ohne medizinische Indikation und in der Absicht, sich einen Wettbewerbsvorteil zu verschaffen, an einem Wettbewerb des organisierten Sports teilzunehmen.

Ferner normiert § 3 Abs. 4 AntiDopG für den Einzelnen ein Erwerb- und Besitzverbot für Dopingmittel im Sinne des Abs. 1 Nr. 1, um diese - zum Zwecke der Vorteilserlangung in einem Wettbewerb des organisierten Sports - bei sich

1300 Bundesregierung Gesetzentwurf, BT-Drucks. 18/4898, S. 26.

1301 § 3 Abs. 1 Nr. 1 S. 2 AntiDopG.

1302 Vgl. P1 und P2 in Anlage I zum UNESCO-Übereinkommen.

1303 Beschlussempfehlung und Bericht des Sportausschusses, BT-Drucks. 18/6677, S. 10.

1304 § 3 Abs.1 S. 2 AntiDopG.

ohne medizinische Indikation anzuwenden oder anwenden zu lassen. Die Verbote gelten jeweils nicht, wenn das Dopingmittel außerhalb eines Wettbewerbs des organisierten Sports angewendet wurde und es sich um einen solchen Stoff handelt, beziehungsweise ein solcher Stoff enthalten ist, der entsprechend der Anlage I nur im Wettbewerb verboten ist.[1305]

Die Aufnahme des Tatbestandsmerkmals „*ohne medizinische Indikation*" in den objektiven Tatbestand der einzelnen Absätze stellt eine Angleichung an die verbandsrechtlichen Anti-Doping-Regeln dar, die in Art. 4.4 NADC ein Verfahren zur Gewährung Medizinischer Ausnahmegenehmigungen (*Therapeutic Use Exceptions, TUE*) vorsehen. Ein Verstoß gegen die Anti-Doping-Bestimmungen des NADC sowie gegen § 3 Abs. 1 AntiDopG liegt dann nicht vor, wenn die Dopingmittel oder Dopingmethoden angewendet werden, um einen therapeutischen Erfolg herbeizuführen. In diesem Fall sei das Verhalten nicht sozialschädlich, selbst wenn als Nebenfolge eine Leistungssteigerung beim Sportler eintreten sollte.[1306]

In subjektiver Hinsicht handelt es sich – wie z.B. beim Betrug nach § 263 StGB – um ein Delikt mit überschießender Innentendenz. D.h. der Sportler muss neben der vorsätzlichen Verwirklichung der Tatbestände der Absätze 1, 2 und 4 zusätzlich in der Absicht handeln, sich in einem Wettbewerb des organisierten Sports einen Vorteil zu verschaffen. Ob zur Erfüllung dieser Absicht zielgerichtetes Wollen (dolus directus 1. Grade) notwendig ist, oder bereits sicheres Wissen (dolus directus 2. Grades) genügt, ist umstritten. Es stellt sich also die Frage, ob der Täter bewusst mit Blick auf die Erlangung eines Vorteiles im Wettbewerb Doping betreibt (dolus directus 1. Grades), oder ob es genügt, dass der Täter weiß, dass er sich durch das Doping einen Vorteil im Wettbewerb verschafft (dolus directus 2. Grades). Weder der Wortlaut der Norm, noch die Gesetzesbegründung verschafft hier Klarheit. Bereits in den Stellungnahmen zum Regierungsentwurf zum AntiDopG wurde diese Problematik artikuliert. *Jahn* ist der Ansicht, dass dolus directus 1. Grades notwendig sei und fordert in seiner Stellungnahme diesbezüglich eine Klarstellung durch den Gesetzgeber.[1307] Ebenso tendiert *Heger* für die Notwendigkeit eines zielgerichteten Wollens zur Erfüllung des subjektiven Tatbestandes.[1308] Überzeugender ist jedoch

---

1305 § 3 Abs. 4 S. 2 AntiDopG.

1306 Bundesregierung Gesetzentwurf, BT-Drucks. 18/4898, S. 27.

1307 *Jahn,* Stellungnahme vom 10.06.2015 zum Entwurf des AntiDopG, Sportausschuss-Drucks. 18 (5) 108, S. 16f.

1308 *Heger,* Stellungnahme vom 14.06.2015 zum Entwurf des AntiDopG, Sportausschuss-Drucks. 18 (5) 111, S. 6.

die Ansicht, sicheres Wissen in Form des dolus directus 2. Grades genügen zu lassen.[1309] Die im Tatbestand aufgeführte Absicht betrifft die Verletzung eines Rechtsgutes, nämlich den Grundsatz der Chancengleichheit und des Fair Play. Das Absichtsmerkmal ist in diesem Fall nicht nur „*typisierend, sondern unwerthaltig*".[1310] Deshalb reicht es für die Annahme des subjektiven Tatbestandes aus, wenn der Täter sicheres Wissen um die Vorteilsverschaffung hat.

Dem Wortlaut nach muss die Anwendung des Dopingmittels oder der Dopingmethode nicht zwingend in unmittelbarem zeitlichem Zusammenhang mit einem Wettbewerb geschehen. Es genügt, wenn das Doping in Ruhe- oder Trainingsphasen erfolgt, um eine leistungssteigernde Wirkung für einen anstehenden Wettbewerb zu erreichen.[1311] Der Wettbewerb des organisierten Sports wird in § 3 Abs. 3 Nr. 1 AntiDopG legal definiert als jede Sportveranstaltung, die von einer (inter)nationalen Sportorganisation oder in deren Auftrag oder mit deren Anerkennung organisiert wird. Kumulativ dazu setzt § 3 Abs. 3 Nr. 2 AntiDopG die Einhaltung der Regeln voraus, die von einer (inter)nationalen Sportorganisation mit verpflichtender Wirkung für ihre Mitgliedsorganisationen verabschiedet wurden. Somit sind rein private Wettbewerbe, die in den Freizeitbereich fallen und keine Verbindung zu Sportorganisationen aufweisen beziehungsweise von ihnen anerkannt sind, nicht vom Anwendungsbereich des § 3 AntiDopG umfasst.

4. *§ 4 Strafvorschriften*

§ 4 AntiDopG stellt die oben erläuterten Verstöße der §§ 2, 3 AntiDopG unter Strafe indem jeweils auf das Verbot Bezug genommen wird. Der Aufbau ist an die Strafvorschriften der §§ 95, 6a AMG a.F. angelehnt.

a. *Handlungen auf der Abgabeseite*

So werden gemäß § 4 Abs. 1 Nr. 1 AntiDOpG die Weitergabehandlungen (das Handeltreiben, Veräußern, Abgeben oder sonstige Inverkehrbringen) sowie das Herstellen oder Verschreiben von Dopingmitteln genauso wie das Anwenden von Dopingmitteln oder Dopingmethoden bei einer anderen Person mit Geldstrafe oder Freiheitsstrafe von bis zu drei Jahren bestraft[1312]. Ebenso sanktioniert wird der Erwerb, der Besitz oder das Verbringen von Dopingmitteln in die

1309 *Putzke*, in: Lehner/Nolte/ders., Anti-Doping-Gesetz, § 3, Rn. 16f.
1310 Ebd.
1311 Ebd.
1312 §§ 4 Abs. 1 Nr. 2; 2 Abs. 2 AntiDopG.

Bundesrepublik Deutschland in nicht geringer Menge.[1313] Dies entspricht in der Rechtsfolge dem bisherigen § 95 Abs. 1 Nr. 2a und 2b AMG. Die versuchte Verwirklichung der Tatbestände ist gemäß § 4 Abs. 3 AntiDopG strafbar.

Wie schon in § 95 Abs. 4 AMG sieht auch § 4 Abs. 6 AntiDopG für die fahrlässige Begehung der aufgezählten Verbote eine Freiheitsstrafe von bis zu einem Jahr oder Geldstrafe vor. Ein solcher Fall soll etwa dann vorliegen, wenn der Täter unter Außerachtlassung der gebotenen Sorgfalt nicht erkannt hat, dass es sich bei der Substanz um ein Dopingmittel im Sinne des AntiDopG handelt.[1314]

Dem Wesen dieser Strafvorschriften entsprechend kann, im Gegensatz zu den § 4 Abs. 1 Nr. 4, 5 und Abs. 2 AntiDopG[1315], jede natürliche Person Täter sein.

b. Selbstdoping

Das gleiche Strafmaß von bis zu drei Jahren Freiheitsstrafe oder Geldstrafe gilt für die Anwendung von Dopingmitteln oder Dopingmethoden durch sich selbst oder eine andere Person sowie für die Teilnahme an einem Wettbewerb des organisierten Sports unter Anwendung eines Dopingmittels.[1316] Der Versuch ist strafbar gemäß § 4 Abs. 3 AntiDopG.

Mit zwei Jahren Freiheitsstrafe oder Geldstrafe wird gemäß § 4 Abs. 2 AntiDopG der Erwerb oder Besitz von Dopingmitteln in nicht geringer Menge bestraft, wenn dies zur Anwendung an der eigenen Person erfolgte mit der Absicht, sich einen Vorteil in einem Wettbewerb des organisierten Sports zu verschaffen. Entgegen den ersten Entwürfen wurde für diesen Fall in der finalen Version des AntiDopG die Möglichkeit der tätigen Reue geschaffen. Demnach entfällt gemäß § 4 Abs. 8 AntiDopG die Bestrafung, wenn vor der Anwendung des Dopingmittels die tatsächliche Verfügungsgewalt darüber freiwillig aufgegeben wurde. Dem Täter soll damit die Möglichkeit gegeben werden, durch eine autonome Entscheidung sein Vorhaben aufzugeben und gänzlich straffrei zu bleiben. Ein Umkehrschluss aus § 4 Abs. 3 AntiDopG ergibt, dass ebenso wenig eine Strafbarkeit wegen Versuchs in Betracht kommen kann.

Der Anwendungsbereich dieser beiden Selbstdopingtatbestände ist aber gemäß § 4 Abs. 7 Nr. 1 AntiDopG auf sog. *Spitzensportler* beschränkt. Dabei handelt es sich der Legaldefinition nach um die Mitglieder eines Testpools[1317], die im Rahmen des Dopingkontrollsystems Trainingskontrollen unterliegen.

1313 §§ 4 Abs. 1 Nr. 3; 2 Abs. 3 AntiDopG.

1314 Bundesregierung Gesetzentwurf, BT-Drucks. 18/4898, S. 31.

1315 Siehe dazu unten unter *Selbstdoping*.

1316 §§ 4 Abs. 1 Nr. 4, 5; 3 Abs. 2, 3 AntiDopG.

1317 Zu den einzelnen Testpools s.o.S. 130.

Alternativ werden auch diejenigen Sportler erfasst, die zwar nicht Mitglied eines Testpools sind, aber durch die sportliche Betätigung unmittelbar oder mittelbar Einnahmen von erheblichem Umfang erzielen.[1318] So soll dem Umstand Rechnung getragen werden, dass auch außerhalb der Testpools erhebliche Einnahmen erzielt werden können, wie zum Beispiel im Bereich des organisierten Motorsports oder der 3. Fußball-Liga der Herren.[1319] Aufgrund der Einnahmemöglichkeiten bestehe auch in diesen Sportarten der Anreiz, die Leistungsfähigkeit mittels Doping zu steigern.[1320] Dabei soll von dem Begriff der Einnahmen das wiederholte Erlangen wirtschaftlicher Vorteile erfasst sein, nicht aber ausnahmsweise erzielte Prämien oder einmalige Zuwendungen.[1321] Von erheblichem Umfang sind Einnahmen dann, wenn sie deutlich über die bloße Kostenerstattung hinausgehen.[1322] Zwar handelt es sich bei *„Einnahmen von erheblichem Umfang“* um einen unbestimmten Rechtsbegriff, der der Auslegung zugänglich ist und der Definition bedarf. Dies ist aber jeweils mit dem Bestimmtheitsgrundsatz aus Art. 103 Abs. 2 GG vereinbar, da die Norm hinreichend konkret formuliert ist.

c. *Qualifikation*

Während die besonders verwerflichen und sozialschädlichen Verhaltensweisen in § 95 Abs. 3 S. 2 Nr. 1 und 2 AMG in Form eines Regelbeispiels bei der Strafzumessung Berücksichtigung fanden[1323], normiert § 4 Abs. 4 AntiDopG die inhaltlich gleichen Erschwerungsgründe als Qualifikationstatbestände. Die Regelungstechnik der Strafzumessung über Regelbeispiele sei nach Ansicht des Gesetzgebers veraltet und würde dem verwirklichten Unrecht nicht gerecht, deswegen sei die Lösung über Qualifikationstatbestände notwendig.[1324]

Konsequenz der Hochstufung der Regelbeispiele zu Verbrechenstatbeständen ist - bei Erfüllung der Qualifikationstatbestände - die Aufnahme in den Vortatenkatalog des Geldwäschetatbestandes des § 261 Abs. 1 S. 1 Nr. 1 StGB. Dadurch soll eine umfassendere Bekämpfung der organisierten Kriminalität,

---

1318 § 4 Abs. 7 Nr. 2 AntiDopG.
1319 Bundesregierung Gesetzentwurf, BT-Drucks. 18/4898, S. 32.
1320 Ebd.
1321 Ebd.
1322 Ebd.
1323 S.o.S. 225.
1324 Bundesregierung Gesetzentwurf, BT-Drucks. 18/4898, S. 30.

die vor allem bei der gewerbs- bzw. bandenmäßigen Begehungsweise vorliegt, gewährleistet werden.[1325]

Konkret werden die Abgabe- und Besitzhandlungen der § 4 Abs. 1 Nr. 1, 2 und 3 AntiDopG mit Freiheitsstrafe von einem bis zu zehn Jahren bestraft, wenn dadurch die Gesundheit einer großen Zahl von Menschen gefährdet, ein anderer in die Gefahr des Todes oder einer schweren Schädigung an Körper oder Gesundheit ausgesetzt wird, oder der Täter aus grobem Eigennutz für sich oder einen anderen Vermögensvorteile großen Ausmaßes erlangt.[1326] Die Fallgruppe der Abgabe von Dopingmittel an eine Person unter 18 Jahren oder deren Anwendung wurde, im Vergleich zum AMG, erweitert um die Alternativen Veräußern und Verschreiben von Dopingmitteln sowie Anwendung einer Dopingmethode an einer solchen Person.[1327] Alternativ erfüllt in den Fällen von § 4 Abs. 1 Nr. 1 und 2 AntiDopG das gewerbsmäßige Handeln oder das Handeln als Mitglied einer Bande, die sich zur fortgesetzten Begehung solcher Taten verbunden hat, den Qualifikationstatbestand des § 4 Abs. 4 Nr. 2b AntiDopG.

Die Strafzumessungsregel des § 4 Abs. 5 AntiDopG sieht für einen minder schweren Fall des Qualifikationstatbestandes von § 4 Abs. 4 AntiDopG eine Freiheitsstrafe von drei Monaten bis zu fünf Jahren vor. Die Einführung dieses Absatzes ist als Reaktion des Gesetzgebers auf die Kritik[1328] zum ursprünglichen Regierungsentwurf[1329] zu sehen, der noch keinen minder schweren Fall vorsah.

Entsprechend der Regelung des § 95 Abs. 3 S. 2 Nr. 2b AMG a.F. ist auch bei der gewerbs- und bandenmäßigen Begehung der Straftaten nach dem AntiDopG die Durchführung einer Telefonüberwachung möglich und geboten[1330]. Dafür wurde § 100a Abs. 2 Nr. 3 StPO geändert und die Straftaten nach § 4 Abs. 4 Nr. 2b AntiDopG als schwere Straftaten im Sinne von § 100a Abs. 1 StPO eingefügt.

5. *§ 5 Erweiterter Verfall und Einziehung*

Die Regelung zum Erweiterten Verfall und der Einziehung ist vergleichbar mit den bewährten Vorschriften anderer Straftatbestände zum gewerbsmäßigen

---

1325 Ebd.

1326 § 4 Abs. 4 Nr. 1 AntiDopG.

1327 § 4 Abs. 4 Nr. 2a AntiDopG.

1328 *Deutscher Richterbund,* Stellungnahme vom 27.02.2015 zum Entwurf des AntiDopG, Sportausschuss-Drucks. 18 (5) 109, C.V. § 4 lit. b.

1329 Bundesregierung Gesetzentwurf, BT-Drucks. 18/4898, S. 8.

1330 Bundesregierung Gesetzentwurf, BT-Drucks. 18/4898, S. 40.

oder bandenmäßigen Handeln.[1331] Vor der Einführung des AntiDopG wurden im Jahr 2013 insgesamt 153 solcher Maßnahmen im Bereich der Dopingbekämpfung angeordnet.[1332]

Hintergrund der Regelung über den Verfall und die Einziehung von Gegenständen ist die gesetzgeberische Zielrichtung, dass sich Straftaten nicht lohnen sollen.[1333]

Für diese Fälle sah § 5 Abs. 1 AntiDopG a.F., wie bisher § 98a AMG a.F., die Anwendung von § 73d StGB a.F. vor. Danach konnte das Gericht den Verfall von Gegenständen des Täters oder Teilnehmers anordnen, wenn die Umstände die Annahme rechtfertigen, dass diese Gegenstände für rechtswidrige Taten benutzt oder aus ihnen erlangt worden sind.[1334]

Dies stellte eine erhebliche Beweiserleichterung dar, um der organisierten Kriminalität durch effektive „*Gewinnabschöpfung*" die finanzielle Basis zu entziehen.[1335] Konkret sollte dadurch die Möglichkeit geschaffen werden, für etwaige Vermögensgegenstände, deren Herkunft nicht geklärt werden konnte, die aber höchstwahrscheinlich aus der Begehung von Straftaten (nicht zwangsläufig des AntiDopG) herrühren, den Verfall anordnen zu können.[1336]

Mit dem Gesetz zur Reform der strafrechtlichen Vermögensabschöpfung vom 13.04.2017, in Kraft getreten am 01.07.2017,[1337] wurde § 73d StPO geändert zu einer Norm zur Bestimmung des Wertes des Erlangten.[1338] Konsequenterweise wurde § 5 AntiDopG dahingehend geändert, dass der erweiterte Verfall in der Überschrift gestrichen, Absatz 1 aufgehoben und die Absatzbezeichnung (2) gestrichen wurde.[1339]

§ 5 S. 1 AntiDopG erweitert den Verfall auf die Einziehung von Gegenständen, auf die sich eine Straftat nach § 4 AntiDopG bezieht. Dies entspricht der Regelung des § 98 AMG a.F. und soll die Lücke zwischen Werkzeugen für die Tat oder Produkten der Tat - die bereits nach § 74 StGB eingezogen werden

---

1331 Zum Beispiel § 261 Abs. 7 StGB a.F.

1332 Vgl. § 4 Abs. 4 Nr. 2b AntiDopG.

1333 So auch *Putzke*, in: Lehner/Nolte/ders., Anti-Doping-Gesetz, § 5, Rn. 1.

1334 § 73d Abs. 1 StGB.

1335 *Joecks*, in: MüKo-StGB, § 73d Rn. 4.

1336 Ebd., Rn. 5.

1337 BGBl. 2017 I S. 872ff.

1338 Art. 1 Nr. 13 Gesetz zur Reform der strafrechtlichen Vermögensabschöpfung vom 13.04.2017.

1339 Art. 6 Abs. (6) Gesetz zur Reform der strafrechtlichen Vermögensabschöpfung vom 13.04.2017.

können - und den notwendigen Gegenständen der Tat selbst schließen.[1340] Solche der Einziehung unterliegenden Beziehungsgegenstände sind in aller Regel die Dopingmittel als notwendige Gegenstände.

Ferner sind gemäß § 5 S. 2 AntiDopG die erweiterten Regelungsmerkmale der Einziehung des § 74a StGB anzuwenden. Unter den dort genannten Voraussetzungen können insbesondere Dopingmittel eingezogen werden, auch wenn sie nicht einer an der Tat beteiligten Person gehören.[1341]

6. *§ 6 Verordnungsermächtigung*

Zur Bestimmung der nicht geringen Menge der in der Anlage zum AntiDopG aufgeführten Stoffe wird das BMG, wie schon in § 6a Abs. 2a S. 3 Nr. 2 AMG a.F., ermächtigt, im Einvernehmen mit dem BMI und nach Anhörung von Sachverständigen mit Zustimmung des Bundesrats eine Rechtsverordnung zu erlassen.[1342]

Ebenso wird dem BMG die Möglichkeit gegeben, per Rechtsverordnung auf Neuerungen zu reagieren und weitere Stoffe in die Anlage zum AntiDopG aufzunehmen, die zu Dopingzwecken im Sport geeignet sind und deren Anwendung bei nicht therapeutischer Bestimmung gefährlich ist, beziehungsweise solche Stoffe aus der Anlage zu streichen, die diese Voraussetzungen nicht mehr erfüllen.[1343]

In gleicher Weise ist das BMG ermächtigt, den Katalog der Dopingstoffe und Dopingmethoden des Anwendungsbereichs von § 2 Abs. 1 und 2 AntiDopG über die Anlage I zum UNESCO-Übereinkommen hinaus zu erweitern, soweit dies geboten ist, um eine (un)mittelbare Gefährdung der Gesundheit des Menschen durch Doping zu verhindern.[1344] Damit soll beispielsweise eine kurzfristige Reaktion möglich sein auf Stoffe und Dopingmethoden, die noch nicht in Anlage I des UNESCO-Übereinkommens aufgelistet sind.[1345]

Durch die Möglichkeit, mittels Rechtsverordnung reagieren zu können, kann das BMG die Anlage zum AntiDopG an neue Dopingmittel und Dopingmethoden anpassen und entsprechend aktualisieren. Zwar „hinkt" der Verordnungsgeber den jeweiligen Entwicklungen zeitlich hinterher, so dass in einer

1340 Bundesregierung Gesetzentwurf, BT-Drucks. 18/4898, S. 33.
1341 Ebd.
1342 § 6 Abs. 1 S. 1 Nr. 1 AntiDopG.
1343 § 6 Abs. 1 S. 1 Nr. 2, S. 2 AntiDopG.
1344 Dies entspricht der Ermächtigung des § 6a Abs. 3 AMG a.F.
1345 Bundesregierung Gesetzentwurf, BT-Drucks. 18/4898, S. 33.

Übergangsphase bis zum Erlass der entsprechenden Rechtsverordnung Doping unter Verwendung neuer, noch nicht erfasster, Substanzen strafrechtlich möglicherweise nicht sanktionierbar ist.[1346] Jedoch stellt dies angesichts des langwierigen Gesetzgebungsprozesses die einzig praktikable Möglichkeit dar, in einem angemessenen Zeitraum auf Neuerungen zu reagieren.

7. § 7 Hinweispflichten

§ 7 Abs.1 S. 1 AntiDopG übernimmt die Verpflichtung des AMG[1347], in der Packungsbeilage und in der Fachinformation von Arzneimitteln[1348], die in Anlage I des UNESCO-Übereinkommens aufgeführte Stoffe sind oder solche enthalten folgenden Warnhinweis anzugeben: *„Die Anwendung des Arzneimittels [Bezeichnung des Arzneimittels einsetzen] kann bei Dopingkontrollen zu positiven Ergebnissen führen."* Ebenso anzugeben sind mögliche Gesundheitsgefährdungen bei einem Fehlgebrauch des Arzneimittels zu Dopingzwecken im Sport.[1349]

Diese Hinweispflichten sollen, neben dem Gesundheitsschutz, auch im Rahmen der Strafverfolgung Bedeutung erlangen. Eine mögliche Exkulpation der Sportler wegen „*Nichtwissen*" um die strafrechtlichen Konsequenzen der Einnahme des Arzneimittels soll damit erschwert beziehungsweise gänzlich unmöglich gemacht werden.[1350] Gleichzeitig sollen Sportler, im Sinne des gemeinsamen Anti-Doping-Kampfs von Staat und Verbänden, von der unbeabsichtigten Einnahme verbotener Dopingmittel abgehalten werden.[1351]

Die Hinweispflicht für bereits zugelassene Arzneimittel, die einen neu in die Anlage I des UNESCO-Übereinkommens aufgenommenen Stoff enthalten, ist bis spätestens ein Jahr nach Bekanntmachung der geänderten Anlage I umzusetzen.[1352] Bis zu diesem Zeitpunkt darf das Arzneimittel auch ohne die Warnhinweise aus § 7 Abs. 1 AntiDopG in den Verkehr gebracht werden.

1346 *Freund,* in: MüKo StGB, § 6a AMG Rn. 68.

1347 Vgl. § 6a Abs. 2 S. 2 AMG a.F.

1348 Keine Arzneimittel i.S.v. § 7 Abs. 1 AntiDopG sind solche, die nach homöopathischen Zubereitungsverfahren hergestellt wurden, vgl. § 7 Abs. 1 S. 3 AntiDopG.

1349 § 7 Abs. 1 S. 2 AntiDopG.

1350 Bundesregierung Gesetzentwurf, BT-Drucks. 18/4898, S. 34.

1351 Ebd.

1352 § 7 Abs. 2 AntiDopG.

8. § 8 Informationsaustausch

§ 8 Abs. 1 AntiDopG ermächtigt Gerichte und Staatsanwaltschaften, von Amts wegen personenbezogene Daten aus Strafverfahren an die NADA zu übermitteln, soweit dies aus ihrer Sicht für disziplinarrechtliche Maßnahmen der NADA erforderlich ist und dem kein schutzwürdiges Interesse der von der Übermittlung betroffenen Person entgegensteht.

Damit soll der NADA die Möglichkeit gegeben werden, abseits des Akteneinsichtsrechts des § 475 StPO, Informationen zur Einleitung eines Disziplinarverfahrens im Rahmen des Dopingkontrollsystems zu erlangen.[1353] Teilweise wird kritisiert, dass von staatlicher Seite solch sensible Informationen an eine privatrechtliche Stiftung weitergegeben werden. Eine solche Kooperation sei aber angesichts der entscheidenden Rolle, die die NADA in der Bekämpfung des Dopings spiele erforderlich, zumal die Bundesrepublik völkervertraglich[1354] verpflichtet sei, die NADA in ihrer Arbeit finanziell und auf sonstige Weise zu unterstützen.[1355] Dies äußert sich unter anderem in der personellen Besetzung des neunköpfigen Aufsichtsrates der NADA mit mindestens drei von staatlicher Seite gestellten Mitgliedern.[1356]

Nur durch die Regelung des § 8 AntiDopG könne die NADA Informationen über solche Personen erlangen, die als Athletenbetreuer zwar grundsätzlich dem NADC unterliegen, selbst aber keine Dopingproben abgeben müssen.[1357]

Die Übermittlung der Daten steht aber stets unter der Prämisse der Erforderlichkeit für den konkreten Zweck einer disziplinarrechtlichen Maßnahme der NADA. Die Einschätzung, ob dies der Fall ist obliegt dabei dem Wortlaut von § 8 Abs. 1 AntiDopG nach der übermittelnden Behörde. Bejaht werden soll die Erforderlichkeit laut der Gesetzesbegründung, wenn nach sorgfältiger Einzelfallprüfung die betroffene Person dem NADC unterliege, ein Verstoß gegen die Anti-Doping-Bestimmungen nach Art. 2 NADC wahrscheinlich sei, dies die einzige Möglichkeit der Erkenntnisgewinnung für die NADA darstelle und kein anderes weniger in die Persönlichkeitsrechte des Betroffenen eingreifendes Mittel zur Verfügung stünde.[1358]

1353 Bundesregierung Gesetzentwurf, BT-Drucks. 18/4898, S. 34.

1354 S.o.S. 74ff.

1355 Bundesregierung Gesetzentwurf, BT-Drucks. 18/4898, S. 34.

1356 § 8 Abs. 1 Stiftungsverfassung der NADA.

1357 Bundesregierung Gesetzentwurf, BT-Drucks. 18/4898, S. 35.

1358 Ebd.

9. § 9 Umgang mit personenbezogenen Daten

Bislang musste für eine rechtmäßige Erhebung der Daten für Dopingkontrollen stets die Einwilligung des Betroffenen herangezogen werden.[1359] Mit § 9 AntiDopG wurde eine einfachgesetzliche Grundlage geschaffen, um auch ohne eine datenschutzrechtliche Einwilligung des Betroffenen personenbezogene Daten verarbeiten zu können.[1360] Auch dieser gesetzgeberische Schritt stärkt die Verknüpfung zwischen autonom gesetztem und staatlichem Anti-Doping-Recht. Denn diese Befugnis ist bereits in Art. 14.6 NADC angelegt und wird durch die gesetzliche Normierung gestärkt.

Konkret ist die NADA nun berechtigt, die in § 9 Nr. 1 bis 9 AntiDopG abschließend aufgezählten personenbezogenen Daten zu verarbeiten, soweit dies zur Durchführung ihres Dopingkontrollsystems erforderlich ist. Dies umfasst Name, Geschlecht, Geburtsdatum und Nationalität des Betroffenen, Sportart und Sportverband einschließlich der jeweiligen Einstufung in einen Leistungskader, Zugehörigkeit des Sportlers zu einem Trainingsstützpunkt und einer Trainingsgruppe, Namen der Athletenbetreuer, Regelverstöße nach dem Dopingkontrollsystem sowie Angaben zur Erreichbarkeit und zum Aufenthaltsort, sofern der Sportler zu dem von der NADA festgelegten Kreis gehört, der Trainingskontrollen unterzogen wird[1361].

Mit dieser Regelung soll wiederum die NADA in ihrer satzungsgemäßen Aufgabe[1362] zur Einrichtung und Umsetzung eines einheitlichen Dopingkontrollsystems unterstützt werden. Dafür sei die Erhebung, Verarbeitung und Nutzung personenbezogener Daten von erheblicher Bedeutung.[1363]

Ferner soll damit vereinzelt aufkommenden datenschutzrechtlichen Zweifeln an der Wirksamkeit der bislang notwendigen Einwilligungen begegnet werden.[1364] Denn auch mit der Schaffung von § 9 AntiDopG bleibe die NADA an die allgemein geltenden datenschutzrechtlichen Bestimmungen des BDSG,

---

1359 Bundesregierung Gesetzentwurf, BT-Drucks. 18/4898, S. 36.

1360 Zur Übermittlung von Athletendaten in Drittländer auf Grundlage des AntiDopG, *Kornbeck,* Anti-Doping: Übermittlung von Athletendaten in Drittländer, in: Causa Sport 2016, S. 118ff.

1361 Zu den verschiedenen Testpools s.o.S. 130.

1362 S.o.S. 75f.

1363 Bundesregierung Gesetzentwurf, BT-Drucks. 18/4898, S. 35.

1364 Bundesregierung Gesetzentwurf, BT-Drucks. 18/4898, S. 36.

der DSGVO und insbesondere an den Standard für Datenschutz (SFDS)[1365] gebunden.[1366]

10. § 10 Umgang mit Gesundheitsdaten

Aus denselben Erwägungen, die der NADA den Umgang mit personenbezogenen Daten nach § 9 AntiDopG ermöglichen[1367], soll die NADA auch zum Umgang mit Gesundheitsdaten berechtigt sein. Soweit dies zur Durchführung ihres Dopingkontrollsystems erforderlich ist, ist die NADA berechtigt, Blut- und Urinwerte sowie aus anderen Körperflüssigkeiten gewonnene Werte, die erforderlich sind, um die Anwendung verbotener Dopingmittel oder Dopingmethoden nachzuweisen, im Rahmen des Dopingkontrollsystems zu verarbeiten.[1368] Dies gilt auch für die erforderlichen Angaben zur Erteilung einer medizinischen Ausnahmegenehmigung für die erlaubte Anwendung verbotener Dopingmittel oder Dopingmethoden.[1369] § 10 Abs. 1 S. 2 AntiDopG stellt den Umgang mit den Gesundheitsdaten jeweils unter die Prämisse, dass die Analyse der Dopingproben von WADA-akkreditierten oder anerkannten Labors unter Wahrung der entsprechenden Standards[1370] durchzuführen ist.

Gesundheitsdaten sind besondere personenbezogene Daten i.S.v. § 46 Nr. 1 BDSG, deren Verarbeitung aufgrund der Sensibilität der Daten grundsätzlich nicht erlaubt[1371] und nur in gesetzlich geregelten Ausnahmefällen zulässig ist[1372]. Angesichts der Bedeutung eines effektiven Dopingkontrollsystems begründe dies laut der Gesetzesbegründung ein solches wichtiges öffentliches Interesse.[1373]

§ 10 Abs. 2 S. 1 AntiDopG berechtigt die NADA, Ergebnisse von Dopingproben und Disziplinarverfahren im Rahmen des Dopingkontrollverfahrens sowie erteilte TUE an eine andere nationale Anti-Doping-Organisation, einen

1365 Dabei handelt es sich um die nationale Umsetzung des *International Standard For The Protection Of Privacy And Personal Information* (ISPP) der WADA durch die NADA zum Schutz personenbezogener Daten, die im Zusammenhang mit Anti-Doping-Maßnahmen erhoben, verarbeitet oder genutzt werden.

1366 Bundesregierung Gesetzentwurf, BT-Drucks. 18/4898, S. 36.

1367 S.o.S. 253.

1368 § 10 Abs. 1 S. 1 Nr. 1 AntiDopG.

1369 § 10 Abs. 1 S. 1 Nr. 2 AntiDopG.

1370 S.o.S. 146.

1371 Art. 6 DSGVO.

1372 Bei ausdrücklicher Einwilligung in die Verarbeitung der besonderen personenbezogenen Daten, vgl. § 51 BDSG, Art. 5, 6 DSGVO.

1373 Bundesregierung Gesetzentwurf, BT-Drucks. 18/4898, S. 36.

internationalen Sportfachverband, einen internationalen Veranstalter von Wettkämpfen oder die WADA zu übermitteln. Dies gilt, soweit eine der genannten Organisationen für die Dopingbekämpfung nach dem Dopingkotrollsystem der NADA und der WADA zuständig ist und die Übermittlung der Daten zur Durchführung dieses Dopingkontrollsystems erforderlich ist. Inhaltlich ist diese Regelung eine gesetzliche Ausgestaltung von Art. 14 Abs. 1 NADC, der bereits privatrechtlich den Austausch von Informationen unter den verschiedenen Anti-Doping-Organisationen normiert.

Die in § 10 Abs. 2 S. 1 AntiDOpG vorgesehene Übermittlung von Daten ist datenschutzrechtlich eine Ausprägung der Verarbeitung von Daten und liegt gemäß Art. 4 Nr. DSGVO vor, wenn die Daten an Dritte weiter gegeben werden, oder der Dritte Einsicht in die Daten nimmt oder diese abruft. Im Fall von § 10 Abs. 2 S. 2 AntiDopG soll die Übermittlung durch Einsichtnahme der zuständigen Stelle in das automatisierte Datenverarbeitungssystem der WADA erfolgen.[1374]

Die Gesundheitsdaten, die die NADA zur Erteilung einer TUE für die erlaubte Anwendung verbotener Dopingmittel und Dopingmethoden erhält, dürfen gemäß § 10 Abs. 2 S. 2 AntiDopG ausschließlich auf gesonderten Antrag der WADA an diese durch Weitergabe übermittelt werden. Damit über die TUE keine Rückschlüsse über Ursache und Verlauf einer konkreten Krankheit gezogen werden, soll diese lediglich die erlaubte Anwendung von Dopingmitteln und Dopingmethoden enthalten und nicht im automatisierten Datenverarbeitungssystem der WADA gespeichert werden, sondern nur auf Antrag weitergegeben werden.[1375]

11. § 11 Schiedsgerichtsbarkeit

a. Inhalt

§ 11 AntiDopG sieht als Instrument der Beilegung von Rechtsstreitigkeiten den Abschluss von Schiedsvereinbarungen vor. Danach können Sportverbände und Sportler als Voraussetzung der Teilnahme von Sportlern an der organisierten Sportausübung Schiedsvereinbarungen über die Beilegung von Rechtsstreitigkeiten mit Bezug auf diese Teilnahme schließen, wenn die Schiedsvereinbarungen die Sportverbände und Sportler in die (inter)nationalen Sportorganisationen einbinden und die organisierte Sportausübung insgesamt ermöglichen, fördern

1374 Bundesregierung Gesetzentwurf, BT-Drucks. 18/4898, S. 37.
1375 Ebd.

oder sichern.[1376] Insbesondere, wenn mit den Schiedsvereinbarungen die Vorgaben des WADC umgesetzt werden sollen, ist dies der Fall nach § 11 S. 2 AntiDopG.

Mit § 11 AntiDopG anerkennt der Gesetzgeber die gewachsene Tradition der Streitbeilegung durch Schiedsgerichte im organisierten Sport und statuiert die Anwendbarkeit von Schiedsvereinbarungen. Wegen der größeren Sachnähe und der Akkumulation von sportrechtsspezifischem Spezialwissen sollen solche Streitigkeiten zwingend von Schiedsgerichten entschieden werden.[1377] Dies sei auch unter dem Aspekt der internationalen Einheitlichkeit der Entscheidungen geboten und notwendig, da sich das (Verfahrens)Recht eines Staates erheblich von dem eines anderen unterscheiden könne.[1378] Ferner könnten Schiedsgerichte schneller für Rechtssicherheit und Rechtsklarheit sorgen, weil sie in der Lage seien, Streitigkeiten zeitnah einer Entscheidung zuzuführen.[1379]

b. Zulässigkeit von Schiedsvereinbarungen

Die in § 11 AntiDopG grundsätzlich statuierte Anwendbarkeit von Schiedsvereinbarungen wirft die Frage der rechtlichen Zulässigkeit einer solchen Vereinbarung auf. Insbesondere, wenn man die Norm als Reaktion auf die Entscheidung des LG München I zur Klage der Eisschnellläuferin Claudia Pechstein[1380] versteht.

Die Begründung des Gesetzentwurfs ist hierin vermeintlich eindeutig und spricht § 11 AntiDopG die Funktion der *„Klarstellung der Zulässigkeit von Schiedsvereinbarungen in den Verträgen zwischen den Verbänden und den Sportlerinnen und Sportlern"*[1381] zu. Der Abschluss von Schiedsvereinbarungen würde, trotz der vorgebrachten Zweifel, in der Regel einer rechtlichen Prüfung am Maßstab des § 138 BGB standhalten.[1382] Problematisch ist, dass sich aus dem Gesetz selbst eine solche Klarstellung nicht - auch nicht durch Auslegung - ableiten lässt. Zudem wird die Zulässigkeit von Schiedsvereinbarungen dahingehend eingeschränkt, dass diese *„in der Regel"*[1383] nicht gegen die guten Sitten i.S.v.

1376 § 11 S. 1 AntiDopG.

1377 Bundesregierung Gesetzentwurf, BT-Drucks. 18/4898, S. 38.

1378 Ebd.

1379 Ebd.

1380 LG München I, Urt. v. 26.02.2014, 37 O 28331/12, s.o.S. 106ff.

1381 Bundesregierung Gesetzentwurf, BT-Drucks. 18/4898, S. 3, 39.

1382 Ebd.,S. 38f.

1383 Ebd., S. 39.

§ 138 BGB verstoßen würden. Eine nähere Auseinandersetzung mit der Zulässigkeit von Schiedsvereinbarungen findet jedoch nicht statt, insbesondere wird nicht auf die notwendige Freiwilligkeit des Verzichts auf die staatlichen Gerichte eingegangen, sondern die Zulässigkeit schlicht vorausgesetzt.[1384]

c. Kritik / Auslegung des Wortlauts

Ungewöhnlich ist die Verortung einer grundsätzlichen Zulässigkeit sportrechtlicher Schiedsvereinbarungen in einem Anti-Doping-Gesetz. Dem Wortlaut nach sind solche Vereinbarungen nicht allein auf Doping-Angelegenheiten beschränkt, sondern für alle Rechtstreitigkeiten mit Bezug zur Teilnahme an der organisierten Sportausübung möglich.

Von Athletenseite wurde daher gefordert, die Norm ersatzlos zu streichen, weil diese der Berufsfreiheit der Sportler diametral entgegenstehe.[1385] Nach Ansicht der Sportler widerspräche es zudem dem im Grundgesetz und Art. 6 EMRK verankerten Justizgewährungsanspruch, wenn den Sportlern durch § 11 AntiDopG ein Schiedszwang auferlegt würde.[1386] Auch von Seiten der Literatur wurde gefordert, dass das Gesetz insoweit bestimmt sein sollte, dass verfassungsrechtliche Anforderungen an Schiedsvereinbarungen gewährleistet werden.[1387] Insbesondere, weil die Norm mithin als Reaktion auf das Urteil des Landgericht München I im Fall Pechstein verstanden wird, um den *„national in Nöte geratenen Verbänden"* zu helfen.[1388] Die durch das LG München festgestellte Unwirksamkeit aufgezwungener Schiedsvereinbarungen hätte zukünftig das System der Schiedsgerichtsbarkeit und die Einbindung der Sportler darin infrage gestellt.[1389]

In diesem Zusammenhang wird weiter das Urteil des BGH im Fall Pechstein[1390] kritisiert. Darin weist der Kartellsenat darauf hin, dass auch bei einer faktisch aufgezwungenen Schiedsgerichtsbarkeit *„die Möglichkeit des Abschlusses einer Schiedsvereinbarung"* von § 11 AntiDopG vorgesehen sei.[1391] Die

1384 Vgl. hier ebenso kritisch *Heermann,* Einführung einer gesetzlich vorgeschriebenen Sportschiedsgerichtsbarkeit durch die Hintertür?, in: SpuRt 2015, 4, 6f.

1385 *Harting/Heidler/Brink/Lehner/Schneehagen*, Stellungnahme zum Referentenentwurf, Sportausschuss-Drs. 18 (5) 100, S. 6.

1386 Ebd.

1387 *Bleistein/Degenhart,* Sportschiedsgerichtsbarkeit und Verfassungsrecht, in: NJW 1353, 1357.

1388 *Lehner,* in: ders./Nolte/Putzke., Anti-Doping-Gesetz, § 11, Rn. 103.

1389 Ebd.

1390 BGH, Urteil vom 07. Juni 2016, KZR 6/15, DE:BGH:2016:070616UKZR6.15.0 = BGH NJW 2016, 2266ff.; s.o.S. 124ff.

1391 Ebd. Rn 63.

Gesetzesbegründung stelle klar, dass die von Seiten der Sportverbände vorgegeben Vereinbarungen nach Auffassung des Gesetzgebers nicht wegen unfreiwilliger Unterzeichnung unwirksam seien. *Heermann* kritisiert an dem Hinweis des Kartellsenates – zurecht – die Vernachlässigung der in der Gesetzesbegründung vorgesehenen Einschränkung.[1392] Wie oben bereits dargestellt, wird die Zulässigkeit der Schiedsvereinbarungen nur „in der Regel" vorliegen.[1393] Der Senat unterlässt es jedoch, sich genauer mit dieser Einschränkung auseinanderzusetzen und verweist pauschal auf die Möglichkeit des Abschlusses einer Schiedsvereinbarung.

Insgesamt bewirke § 11 AntiDopG nach Ansicht der Literatur weniger Rechtssicherheit, als vom Gesetzgeber erhofft, da sich erst aus dem Zusammenspiel von Gesetzeswortlaut und –begründung der wesentliche Zweck der Norm ergäbe.[1394]

12. § 12 Konzentration der Rechtsprechung, Verordnungsermächtigung

§ 12 S. 1 AntiDopG ermächtigt die Landesregierungen[1395] durch Rechtsverordnung die strafrechtlichen Verfahren nach § 4 AntiDopG ganz oder teilweise für die Bezirke mehrerer Amts- oder Landgerichte einem dieser Amts- oder Landgerichte zuzuweisen, sofern dies der sachlichen Förderung oder der schnelleren Erledigung der Verfahren dient.

Durch die Konzentration soll die Möglichkeit gegeben werden, wie bereits mit der Etablierung der Schwerpunkstaatsanwaltschaften in München und Freiburg geschehen, Spezialzuständigkeiten einzurichten und Fachkompetenzen zu bündeln.[1396] Dies sei insbesondere deshalb notwendig, weil die Behandlung der Strafverfahren nach § 4 AntiDopG erhebliches Spezialwissen voraussetze und die Anzahl der Verfahren begrenzt sein dürfte.[1397]

1392 *Heermann*, Die Sportschiedsgerichtsbarkeit nach dem Pechstein-Urteil des BGH, in: NJW 2016, 2224, 2226.

1393 S.o.S. 256.

1394 *Heermann*, Die Sportschiedsgerichtsbarkeit nach dem Pechstein-Urteil des BGH, in: NJW 2016, 2224, 2227.

1395 Bzw. die Landesjustizverwaltungen nachdem die Landesregierung durch Rechtsverordnung die Ermächtigung übertragen hat, vgl. § 12 S. 2 AntiDopG.

1396 Bundesregierung Gesetzentwurf, BT-Drucks. 18/4898, S. 39.

1397 Ebd.

III. Evaluierung

Inwieweit das AntiDopG als Erfolg im gemeinsamen Kampf gegen Doping gewertet werden kann, unterliegt einer umfangreichen Evaluierung. Eine solche Evaluierung der Auswirkungen des AntiDopG wird das BMI gemeinsam mit dem BMJV und dem BMG unter Einbeziehung eines wissenschaftlichen Sachverständigen innerhalb von fünf Jahren nach Inkrafttreten des AntiDopG vornehmen.[1398]

Eine vorläufige Evaluierung ist nur anhand der bislang zur Verfügung stehenden Statistiken, insbesondere die vom Bundeskriminalamt veröffentlichten Polizeilichen Kriminalstatistiken (PKS) 2016[1399], 2017[1400] und 2018[1401]möglich.

In der PKS 2016 für das Berichtsjahr vom 01.01. bis 31.12.2016 wurden unter dem Straftatenschlüssel mit dem Oberbegriff „Doping im Sport“ insgesamt 1109 Fälle erfasst. Diese unterteilen sich in 182 Fälle des *„Inverkehrbringen, Verschreiben, Anwendung bei Dritten von Arzneimitteln zu Dopingzwecken im Sport“*[1402] sowie 927 Fälle zum *„Besitz oder Erwerb von Arzneimitteln oder Wirkstoffen zu Dopingzwecken im Sport“*[1403]. Ein Vergleich mit den Zahlen des Vorjahres kann auf dieser Basis nicht gefasst werden, weil die Straftaten nach dem AntiDopG nicht gesondert ausgewiesen sind, sondern gemeinsam mit den Straftaten nach dem AMG dargestellt werden. Außerdem wurden die Erfassungskonventionen geändert, sodass ein Vergleich nicht möglich ist.[1404]

1398 Art. 8 des Gesetzes zur Bekämpfung von Doping im Sport vom 10. Dezember 2015.

1399 Die Falltabelle 01 des PKS 2016 ist abrufbar unter: https://www.bka.de/DE/AktuelleInformationen/StatistikenLagebilder/PolizeilicheKriminalstatistik/PKS2016/Standardtabellen/standardtabellenFaelle.html?nn=65720 (zuletzt abgerufen am 20.01.2020).

1400 Die Falltabelle 01 des PKS 2017 ist abrufbar unter: https://www.bka.de/DE/AktuelleInformationen/StatistikenLagebilder/PolizeilicheKriminalstatistik/PKS2016/Standardtabellen/standardtabellenFaelle.html?nn=65720 (zuletzt abgerufen am 20.01.2020).

1401 Die Falltabelle 01 des PKS 2018 ist abrufbar unter: https://www.bka.de/DE/AktuelleInformationen/StatistikenLagebilder/PolizeilicheKriminalstatistik/PKS2018/Standardtabellen/standardtabellenFaelle.html;jsessionid=64C50DAB3F90E43AFAAB17C11DBA1E41.live0611?nn=108686 (zuletzt abgerufen am 20.01.2020).

1402 Straftatenschlüssel 716411 in der Tabelle 01 der in der PKS 2016 erfassten Straftaten.

1403 Straftatenschlüssel 716412 in der Tabelle 01 der in der PKS 2016 erfassten Straftaten.

1404 BT-Drucks. 18/11143, S. 4, Antwort der Bundesregierung auf die kleine Anfrage der Abgeordneten Özcan Mutlu, Renate Künast, Monika Lazar, weiterer Abgeordneter und der Fraktion BÜNDNIS 90/DIE GRÜNEN.

In der PKS 2017 wurden 1115 Fälle mit einer Aufklärungsquote von 94,6 % erfasst, somit ein lediglich marginaler Anstieg zum Vorjahr.[1405] Die Straftaten untergliedern sich in „*Herstellen, Inverkehrbringen, Verschreiben, Anwendung bei Dritten, Handel treiben, veräußern, abgeben von Dopingmitteln*“ (154 Fälle)[1406], „*Erwerb, Besitz, Verbringung von Dopingmitteln*“ (921 Fälle)[1407] sowie „*Selbstdoping*“ (40 Fälle)[1408]. Bemerkenswert ist, dass erstmalig Fälle des *Selbstdopings* erfasst wurden.

Für das Jahr 2018 verzeichnet die PKS 2018 insgesamt 1376 Straftaten nach dem AntiDopG, davon 1095 für das *Herstellen, Inverkehrbringen, Verschreiben, Anwendung bei Dritten, Handel treiben, veräußern, abgeben von Dopingmitteln*, 231 für den *Erwerb, Besitz, Verbringung von Dopingmitteln* sowie 50 Fälle des *Selbsdopings.*[1409]

Auf die Gesamtfallzahlen bezogen ergab sich durch die Einführung des AntiDopG ein geringer Anstieg. Insofern kann lediglich von einem leicht spürbar positiven Effekt des AntiDopG auf die relativen Fallzahlen gesprochen werden. Ob mit dem AntiDopG der erhoffte Impuls zur Aufdeckung der Hintermänner des Dopings gegeben wurde, lässt sich der PKS nicht entnehmen. Angesichts der Strukturen des Sports und der Verschwiegenheit der Szene ist dies jedoch zu bezweifeln.

1405 Straftatenschlüssel 716500 in der Tabelle 01 der in der PKS 2017 erfassten Straftaten.

1406 Straftatenschlüssel 716510 in der Tabelle 01 der in der PKS 2017 erfassten Straftaten.

1407 Straftatenschlüssel 716520 in der Tabelle 01 der in der PKS 2017 erfassten Straftaten.

1408 Straftatenschlüssel 716530 in der Tabelle 01 der in der PKS 2017 erfassten Straftaten.

1409 Straftatenschlüssel 716500, 716510, 716520 und 716530 in der Tabelle 01 der in der PKS 2018 erfassten Straftaten.

Teil III: Konfliktfelder zwischen Sportrecht und Strafrecht

A. Nebeneinander des Verbands- und Strafverfahrens

Anhand der erfolgten Darstellung des Verbandsverfahrens in Dopingsachen sowie dem materiellen Strafrecht wurde bereits aufgezeigt, dass die beiden Regime eng miteinander verknüpft sind und in keinem Falle „gegeneinander arbeiten". Im Folgenden soll speziell auf die Parallelität und den wechselseitigen Austausch zwischen einem strafrechtlichen Verfahren auf Grundlage des AntiDopG und einem verbandsrechtlichen Verfahren auf Grundlage des NADC eingegangen werden. Die Darstellung des gesamten strafrechtlichen Verfahrens - mit all seinen Facetten - soll nicht Gegenstand dieser Arbeit sein. Dafür wird auf die einschlägige Literatur verwiesen. Im Folgenden sollen stattdessen die neuralgischen Punkte des Verbands- und Strafverfahrens nebeneinander dargestellt werden.

I. Einleitung des Verfahrens

1. Verdachtsunabhängige Dopingkontrolle

Wie oben bereits dargestellt, erfolgen bei oder außerhalb von Wettkämpfen angekündigte oder unangekündigte Dopingkontrollen durch die zuständige Anti-Doping-Organisation.[1410] Diese Kontrollen dienen der Förderung eines dopingfreien Sports sowie der Fairness des Wettbewerbs und finden ohne jeglichen Verdachtsmoment statt. Die Auswahl der Athleten wird dabei bewusst (z.B. aufgrund der Platzierung im Wettkampf) als auch zufällig (z.B. im Losverfahren) getroffen.

2. Erforderlichkeit eines Anfangsverdachtes nach §§ 152 Abs. 2, 160 Abs. 1 StPO

Die Einleitung eines strafrechtlichen Verfahrens durch die staatlichen Ermittlungsbehörden erfordert dagegen das Vorliegen eines Anfangsverdachtes nach §§ 152 Abs. 2, 160 Abs. 1 StPO.

1410 S.o.S. 139ff.

Dies wird regelmäßig nicht allein durch gute Leistungen eines Sportlers begründet werden können. Der Anfangsverdacht muss sich vielmehr auf Tatsachen stützen, die den Verdacht einer Straftat nahe legen. Die Strafverfolgungsbehörden müssen vor dem Tätigwerden durch Zeugen, Hinweise oder auch zufällig Kenntnisse für eine Strafbarkeit erlangt haben.[1411]

In der Regel wird dies durch Hinweise der Anti-Doping-Organisationen erfolgen, wie im ersten Fall, der zu Ermittlungen nach dem AntiDopG geführt hat. Der Deutsche Ringer Bund (DRB) stellte bei einer Dopingkontrolle das Vorliegen der verbotenen Substanz Meldonium im Körper zweier Ringer des ASV Nendingen fest.[1412] Der NADA wurde der Sachverhalt mitgeteilt und diese erstattete daraufhin Anzeige bei der zuständigen Schwerpunktstaatsanwaltschaft Freiburg.[1413] Im Zuge dieser Ermittlungen wurde das Ermittlungsverfahren auch auf weitere Mitglieder des Leistungskaders des ASV Nendingen ausgeweitet, deren Dopingkotrollen durch den DRB zwar negativ ausfielen, die aber nach ersten Erkenntnissen unter dem Verdacht der Verwendung einer verbotenen Methode standen.[1414]

3. *Abhängigkeit von positiven Testergebnissen*

Die ersten Jahre mit dem AntiDopG verdeutlichen die Notwendigkeit des Zusammenspiels von Sport und Staat. Denn der Anfangsverdacht für die bisherigen Ermittlungen nach dem AntiDopG wurde in diesem Zeitraum stets durch positive Testergebnisse der Athleten begründet und nicht - wie erhofft - durch Informanten der „Szene“ oder private Anzeigen.[1415] NADA-Vorstand Dr. Lars Mortsiefer spricht in diesem Zusammenhang von einem *„Kartell des Schweigens“* das noch nicht durchbrochen sei.[1416] Diese Erkenntnis ist zwar hart,

---

1411 *Dury*, Kann das Strafrecht die Dopingseuche ausrotten?, in: SpuRt 2005, S. 137, 139.

1412 Presseerklärung des DRB vom 23.02.2016, abrufbar unter: http://www.ringen.de/presseerklaerung-doping/ (zuletzt abgerufen am 18.05.2019).

1413 Pressemitteilung 05/2016 der NADA vom 24.02.2016, abrufbar unter: http://www.nada.de/fileadmin/user_upload/nada/Presse/5-PM_160224_NADA-Statement_zur_Ermittlung_der_StA_im_Ringen.pdf (zuletzt abgerufen am 18.05.2019).

1414 Presseerklärung des DRB vom 16.03.2016, abrufbar unter: http://www.ringen.de/presseerklaerung-2/ (zuletzt abgerufen am 18.05.2019).

1415 Deutschlandfunk, 05.11.2016, *Bouhs*, Der organisierte Sport als Parallelwelt, abrufbar unter: http://www.deutschlandfunk.de/anti-doping-gesetz-der-organisierte-sport-als-parallelwelt.1346.de.html?dram:article_id=370583 (zuletzt abgerufen am 18.05.2019).

1416 Ebd.

aber angesichts der gleichgerichteten Interessen der Personen im Umfeld eines gedopten Sportlers nicht überraschend.

Insofern belegt bereits dieser erste Schritt einer strafrechtlichen Verfolgung, dass das AntiDopG ohne Unterstützung des organisierten Sports ein zahnloser Tiger wäre. Hier existieren die Sanktionsregime nicht schlicht nebeneinander, sondern sind zwingend aufeinander angewiesen und als ein Miteinander anzusehen.

II. Herrin des Verfahrens

1. Verband bzw. NADA

Die verschiedenen Phasen des Dopingkontrollverfahrens[1417] liegen im Zuständigkeitsbereich der betreffenden Anti-Doping-Organisation. Diese ist zuständig für die Einleitung, Umsetzung sowie Durchführung des Dopingkontrollverfahrens. Je nachdem, ob die Zuständigkeit übertragen wurde, ist der Sportfachverband oder die NADA verantwortlich.

2. Staatsanwaltschaft

Im Sinne des Offizialprinzips hat die Staatsanwaltschaft als Herrin des Verfahrens den Sachverhalt gemäß § 160 Abs. 1 StPO zu erforschen, sobald sie von dem Verdacht einer Straftat Kenntnis erhält. Der Staatsanwaltschaft obliegt die Leitung des Ermittlungsverfahrens und die abschließende Entscheidung, Klage vor dem Strafgericht zu erheben.[1418] Gemäß § 160 Abs. 2 StPO haben die Ermittlungen in beide Richtungen zu erfolgen und sollen die be- als auch entlastenden Umstände hervorbringen. Darüber hinaus ist sie für die Vertretung der Anklage zuständig und die Vollstreckung der Strafe nach einem rechtskräftigen Urteil.

III. Maßnahmen zur Beweiserhebung

1. Dopingkontrollen und Ermittlungen nach Art. 5 NADC

Die zuständige Anti-Doping-Organisation kann Beweise lediglich im Rahmen der Vorgaben des Art. 5 NADC mittels Dopingkontrollen und Ermittlungen erheben. Dabei müssen die Dopingkontrollen und Ermittlungen im Einklang mit den Vorschriften des International Standards for Testing and Investigations

---

1417 Dazu s.o.S. 129ff.

1418 §§ 152 Abs. 1, 160 Abs. 1 StPO.

und/oder dem Standard für Dopingkontrollen und Ermittlungen durchgeführt werden.[1419]

2. *Eingriffs- und Zwangsmaßnahmen*

Im Rahmen ihrer Ermittlungen steht der Staatsanwaltschaft, sofern die jeweiligen Voraussetzungen der Maßnahmen erfüllt sind, die volle Bandbreite der Eingriffs- und Zwangsmaßnahmen der Strafprozessordnung zur Verfügung. Im Folgenden werden die in diesem Kontext relevanten Maßnahmen aufsteigend nach ihrer Stellung in der Strafprozessordnung analysiert.[1420]

a. Telekommunikationsüberwachung

Durch die Aufnahme von § 4 Abs. 4 Nr. 2 lit. b AntiDopG in den Katalog des § 100a Abs. 2 Nr. 3 StPO darf die Telekommunikation des Betroffenen ohne dessen Wissen überwacht und aufgezeichnet werden, wenn der Verdacht durch Tatsachen begründet ist, dass der Betroffene gewerbsmäßig oder als Mitglied einer Bande Dopingmittel herstellt oder absetzt oder Dopingmittel bei einer anderen Person anwendet. Dieser berechtigte Eingriff in das Post- und Fernmeldegeheimnis des Art. 10 GG erlaubt das Erfassen der Vorgänge des Versendens und Empfangens von Nachrichten mittels Telekommunikationsanlagen.[1421]

Telekommunikationsanlagen sind nach der Legaldefinition des § 3 Nr. 23 Telekommunikationsgesetz (TKG) technische Eirichtungen, die als Nachrichten identifizierbare elektromagnetische oder optische Signale senden, übertragen, vermitteln, empfangen steuern oder kontrollieren können. Darunter fällt insbesondere die Überwachung der Telefonie und des Mobilfunks.

Maßnahmen dieser Art sind grundsätzlich auf drei Monate zu beschränken und dürfen gemäß § 100b Abs. 1 StPO nur auf Antrag der Staatsanwaltschaft durch das Gericht angeordnet werden, es sei denn es besteht Gefahr im Verzug, dann kann dies ausnahmsweise durch die Staatsanwaltschaft angeordnet werden.

1419 Vgl. Art. 5.1 NADC.

1420 Vgl. die Thematisierung in ähnlicher Reihenfolge bei *Lutz,* Die Kriminalisierung des Sports – Anti-Doping-Maßnahmen des Strafrechts und der Sportverbände im Vergleich, in: HRRS 2016, S. 21, 24.

1421 Vgl. § 3 Nr. 22 Telekommunikationsgesetz; *Meyer-Goßner/Schmitt,* Strafprozessordnung, § 100a Rn. 6.

b. *Akustische Überwachung*

Über § 100f Abs. 1 StPO darf ohne Wissen des Betroffenen das außerhalb von Wohnungen nichtöffentlich gesprochene Wort mit technischen Mitteln abgehört und aufgezeichnet werden, wenn ein begründeter Verdacht einer Straftat nach § 100a Abs. 2 StPO in Verbindung mit § 4 Abs. 4 Nr. 2 lit. b AntiDopG vorliegt[1422]. Dieser sog. „*Kleine Lauschangriff*" stützt sich ebenso wie die Telekommunikationsüberwachung auf den durch Tatsachen begründeten Verdacht des gewerbsmäßigen Herstellens, Absetzens oder Anwendens von Dopingmitteln.

Eine darüber hinausgehende akustische Wohnraumüberwachung ist im Hinblick auf die Straftatbestände des AntiDopG nicht geboten. Der Verweis in § 100c Abs. 1 Nr. 1 StPO auf den Katalog des § 100b Abs. 2 StPO sieht eine solche Maßnahme, den sog. „*Großen Lauschangriff*", nicht für Straftaten aus dem AntiDopG vor.

c. *Durchsuchung bei Beschuldigten*

Als weitere, für den Einzelnen persönlich sehr einschneidende, Maßnahme steht den Ermittlungsbehörden die Möglichkeit zur Durchsuchung beim Beschuldigten zur Verfügung. Dies umfasst gemäß § 102 StPO neben der Durchsuchung der Person des Beschuldigten auch die Durchsuchung seiner Wohnung, wenn er der Begehung einer Straftat oder der Teilnahme daran verdächtigt wird. Nicht notwendig ist der Verdacht eines schweren Falls oder der Beschränkung dieser Maßnahme auf bestimmte katalogisierte Straftaten. Schon der Verdacht der Besitzstrafbarkeit nach § 2 Abs. 3 AntiDopG oder des Selbstdopings nach § 3 AntiDopG kann für die Durchführung der Maßnahme ausreichen.

Für den Sportler bedeutet dies, dass beispielsweise bereits das Vorliegen einer positiven Dopingprobe als Verdachtsmoment des Selbstdopings genügen kann, um die Durchsuchung des Sportlers beziehungsweise dessen höchstpersönlichen Lebensbereich zu rechtfertigen.[1423]

d. *Verdeckter Ermittler*

Theoretisch besteht auch die Möglichkeit nach den §§ 110a bis c StPO einen verdeckten Ermittler in die Strukturen des organisierten Dopings einzuschleusen. Neben der obligatorischen Zustimmung der Staatsanwaltschaft bzw. des

---

1422 Dazu siehe oben S. 247.

1423 *Lutz*, Die Kriminalisierung des Sports – Anti-Doping-Maßnahmen des Strafrechts und der Sportverbände im Vergleich, in: HRRS 2016, S. 21, 24.

Gerichts[1424] müssen die Tatbestandsvoraussetzungen des § 110a Abs.1 StPO gegeben sein. Dafür müssen ausreichend tatsächliche Anhaltspunkte vorliegen, dass eine Straftat von erheblicher Bedeutung gewerbsmäßig (Nr. 3) oder als Mitglied einer Bande (Nr. 4) begangen worden sei. Ein bloßer Verdacht genügt hier nicht.

Während eine gewerbs- oder bandenmäßige Begehung, beispielsweise der Herstellung von Dopingmitteln, noch relativ leicht bejaht werden könnte, stellt die „*erhebliche Bedeutung*" der Straftat eine höhere Hürde dar. Die Definition einer Straftat von erheblicher Bedeutung bereitet sowohl in der Praxis als auch in der Lehre Probleme.[1425] Weitgehend Konsens besteht dahingehend, dass Verbrechen von dem Begriff umfasst sein sollen und Vergehen dann, wenn die Strafrahmenobergrenze über zwei Jahren Freiheitsstrafe liegt.[1426] Aus dem AntiDopg fallen unter diese Definition die Vergehen nach § 4 Abs. 1 AntiDopG sowie die Verbrechen nach § 4 Abs. 4 AntiDopG.

e. *Weitere Ermittlungspersonen*

Eine weitere Möglichkeit um die Hintergründe des organisierten Dopings zu beleuchten ist der Einsatz von V-Männern oder sonstigen Informanten mit Zugang zu diesen Kreisen auf Grundlage der §§ 161, 163 StPO. Dafür genügt nach der Rechtsprechung des BVerfG, im Gegensatz zu den Anforderungen beim Verdeckten Ermittler, bereits das Vorliegen eines Anfangsverdachtes.[1427] In der Praxis wird es freilich schwer sein, eine solche Person in die Kreise des organisierten Dopings einzuschleusen bzw. eine Person, die bereits Zugang zu diesen Kreisen besitzt, für die Zwecke der Strafermittlungsbehörden zu gewinnen.

f. *Fazit*

Durch die Einführung des AntiDopG ergeben sich für die Ermittlungsbehörden keine Unterschiede in der Wahl der zur Verfügung stehenden Ermittlungs- und Zwangsmaßnahmen. Schon als der staatliche Anti-Doping-Kampf allein mit den Mitteln des BtmG, AMG und StGB geführt wurde, konnten die Ermittlungsbehörden auf die oben dargestellten Maßnahmen zur Erkenntnisgewinnung nutzen.

1424 § 110b Abs. 1 und 2 StPO.

1425 Vgl. zum Meinungsstand *Meyer-Goßner/Schmitt,* § 98a Rn.5.

1426 *Meyer-Goßner/Schmitt,* 2016, § 98a Rn. 5 mit weiteren Nachweisen.

1427 BVerfG 1 BvR 790/58, Beschluss vom 1. März 2000; *Jahn,* in: SpuRt 2005, 141, 144.

Einzig die Maßnahmenrichtung hat sich durch die Strafbarkeit des Selbstdopings geändert. Nun muss auch ein Sportler damit rechnen, dass er und seine Wohnung Gegenstand einer Durchsuchung sein können, wenn ein begründeter Verdacht des Selbstdopings besteht.

IV. Beweislastregeln

Im weiteren Verfahren unterscheiden sich das staatliche und das sportrechtliche Verfahren hinsichtlich der anwendbaren Beweislastregeln. Das sportrechtliche Verfahren ist geprägt von dem Grundsatz der strict liability – einem Anscheinsbeweis mit Aufteilung der Beweislast. Das staatliche Verfahren dagegen folgt grundsätzlich der Unschuldsvermutung zugunsten des Beschuldigten.

1. Grundsatz der Strict Liability - Beweislastverteilung

Ergibt die Analyse in einem WADA-akkreditierten Labor, dass ein positives Dopingergebnis zu Lasten des Sportlers vorliegt, folgt für das weitere Verfahren eine Beweislastumkehr nach dem Grundsatz der strict liabilty.[1428]

So obliegt es zunächst der Anti-Doping-Organisation zu beweisen, dass eine verbotene Dopingmethode oder eine verbotene Dopingsubstanz angewendet wurde. Dies geschieht durch einen direkten bzw. indirekten Beweis. Der Beweismaßstab hier ist die Überzeugung „*beyond a reasonabe doubt*". Um diesem Maßstab im Sinne eines Anscheinsbeweises gerecht zu werden, genügt das Vorliegen einer positiven A-Probe.

In einem nächsten Schritt kehrt sich die Beweislast um und der Beschuldigte kann diesen Anscheinsbeweis erschüttern, indem er nachweist, dass das Ergebnis der A-Probe auf einer Abweichung der ISL beruht. Hierfür genügt als Maßstab die „*balance of probability*".

Trägt der Beschuldigte diesen Einwand vor, ist erneut die Anti-Doping-Organisation verpflichtet, zur „*comfortable satisfaction*" zu beweisen, dass die Abweichung von den ISL nicht auf der Anti-Doping-Organisation beruht.

Der Grundsatz der strict liability hebelt also keinesfalls die allgemeinen Grundsätze der Beweislastverteilung aus. Aufgrund der eingeschränkten Ermittlungsmöglichkeiten der Anti-Doping-Organisationen dienen der Anscheinsbeweis und die Beweislastumkehr schlicht der Erleichterung bei der Aufdeckung von Doping.[1429] Wie aber bereits dargestellt, richtet sich der weitere Gang vor

---

1428 S.o.S. 147ff.

1429 Vgl. dazu *Haug/Martin*, Schutz des Sports vor Manipulation: Ist das geplante Anti-Doping-Gesetz wirksam?, in: Causa Sport 2014, S. 345, 349.

den Disziplinarkammern und Sport(schieds)gerichten nach den allgemeinen Vorschriften der Beweislastverteilung, so dass der betroffene Sportler im Ergebnis nicht benachteiligt wird.

2. *Zur vollen Überzeugung des Gerichts*

Im Strafprozess gilt die Maxime, dass der Beschuldigte solange unschuldig ist, bis ihm eine Schuld nachgewiesen worden konnte.[1430] Eine Beweislastumkehr wie im sportrechtlichen Verfahren ist nicht vorgesehen. Dies ist insbesondere deswegen nicht nötig, weil das Gleichgewicht zwischen den Beteiligten eines Strafverfahrens gegeben ist[1431], während im sportrechtlichen Verfahren doch eher ein strukturelles Übergewicht zugunsten der Sportverbände besteht.

Dem betroffenen Sportler gewährleistet dieses Gleichgewicht unter anderem ein Schweigerecht, das sich nicht zu seinen Lasten auswirken darf. Im Gegensatz dazu kann das zuständige Disziplinarorgan im sportinternen Verfahren gemäß Art. 3.2.5 NADC negative Rückschlüsse aus der Tatsache ziehen, dass der Betroffene sich weigert an einer Anhörung teilzunehmen und Fragen des Disziplinarorgans oder der Anti-Doping-Organisation zu beantworten.

Weiterhin gilt: eine Verurteilung im staatlichen Strafverfahren kann nur dann ausgesprochen werden, wenn das Gericht zweifelsfrei von der Schuld des Angeklagten überzeugt ist, ansonsten ist der Angeklagte zwingend freizusprechen.

Von Athletenseite wird befürchtet, dass die Überzeugungsbildung von Richtern und Staatsanwälten erheblich von der sportrechtlichen strict liability-Regelung beeinflusst werden könnte und somit keine sachgerechten Ergebnisse erzielt werden könnten.[1432] Für die in dieser Stellungnahme vorgeschlagene Klarstellung im Gesetzesentwurf, dass die strict liability-Regel im Strafverfahren unanwendbar sein sollten und eine Strafbarkeit nur *„bei Vorliegen einer Dopingabsicht und deren klaren Nachweis gegeben ist“*[1433], besteht aber kein Bedarf. Die Anwendung der Grundsätze der Unschuldsvermutung umfasst bereits die Nichtanwendbarkeit der strict liability-Regel.

1430 BVerfGE 19, 342 (347); 74, 358 (371).

1431 *Haug/Martin*, Schutz des Sports vor Manipulation: Ist das geplante Anti-Doping-Gesetz wirksam?, in: Causa Sport 2014, S. 345, 349.

1432 *Harting/Heidler/Brink/Lehner/Schneehagen*, Stellungnahme zum Referentenentwurf, Sportausschuss-Drs. 18 (5) 100, S. 3.

1433 Ebd.

B. Aus dem Nebeneinander resultierende Problemfelder

I. Verbot der Doppelbestrafung – ne bis in idem[1434]

1. Keine Anwendbarkeit von Art. 103 Abs. 3 GG

Der Grundsatz des *ne bis in indem* macht wegen Art. 103 Abs. 3 GG eine neuerliche Strafverfolgung gegen denselben Täter wegen derselben Tat unzulässig. Denn niemand darf gemäß Art. 103 Abs. 3 GG wegen derselben Tat mehrmals bestraft werden.

Aus diesem Grund könnte angenommen werden, dass dies auch gelten solle, wenn einem Sportler eine verbandsrechtliche Sanktion wegen eines Anti-Doping-Verstoßes und zugleich eine Verurteilung wegen eines Verstoßes gegen das AntiDopG drohen. *Reinhart*[1435] spricht sich ausdrücklich für eine Anwendung von Art. 103 Abs. 3 GG als Abwehrrecht des Bürgers gegen den Staat aus, wonach der staatliche Sanktionsanspruch zurücktrete soweit eine sportverbandliche Sanktion ausgesprochen worden ist. Dies solle auch für den umgekehrten Fall gelten, dass eine sportverbandliche Sanktion hinter eine im Vorfeld von staatlicher Seite ausgesprochene Sanktion trete. *Reinhart* begründet seine Ansicht mit der Art der im Sport vorherrschenden Delikte und will die Anwendung von Art. 103 Abs. 3 GG daher auch auf solche *„kleinere Delikte"* beschränken. Dies seien insbesondere Körperverletzungen, die nur in den seltensten Fällen zur Einleitung eines strafrechtlichen Verfahrens führten und daher eine gewisse Neigung der Staatsanwaltschaften und Gerichte erkennen ließe, solche Vorfälle der Verbandsgerichtsbarkeit zu überlassen.[1436]

Dem ist aber hinsichtlich einer Strafbarkeit nach dem AntiDopG nicht zu folgen.[1437] Auch wenn nicht abschließend geklärt ist, ob *Reinhart* diese, auf die Tatbestände des StGB bezogene, Ansicht auch in Bezug auf das AntiDopG vertritt, so ist sie trotzdem abzulehnen.

Bereits der Wortlaut von Art. 103 Abs. GG spricht von einem Verbot der mehrmaligen Bestrafung *„auf Grund der allgemeinen Strafgesetze"*. Das verbandliche

---

1434 Ausführlich dazu *Lüer*, Dopingstrafen im Sport und der Grundsatz „Ne bis in idem".

1435 *Reinhart*, Sportverbandsgerichtsbarkeit und Doppelbestrafungsverbot, in: SpuRt 2001, S.45, 48.

1436 Ebd., S.45ff., 48.

1437 h.M. vgl. *Lüer*, Dopingstrafen im Sport und der Grundsatz „Ne bis in idem", S. 148ff.; *Fahl*, Sportverbandsgerichtsbarkeit und Doppelbestrafungsverbot –Erwiderung auf Reinhart, SpuRt 2001, 45-, in: SpuRt 2001, 181f.; *Reschke*, -Erwiderung auf Reinhart, SpuRt 2001, 45-, in SpuRt 2001, 183ff.

Anti-Doping-Recht ist aber gerade kein allgemeines Strafgesetz, sondern ein auf der Verbandsautonomie fußendes Privatrecht, dem sich der Sportler freiwillig unterworfen hat. Daher trifft die Verbandsanktion den Sportler - anders als die Kriminalstrafe - nicht in seinem allgemeinen Status als Staatsbürger, sondern nur in seiner besonderen Rechtsstellung als Sportler.[1438] Eine Ausweitung des Schutzbereiches von Art. 103 Abs. 3 GG auf diesen Bereich kommt daher nicht in Betracht.[1439]

Weiterhin wird diese herrschende Meinung gestützt durch einen vergleichenden Blick auf Berufsgruppen mit eigenem Standesrecht, wie dem der Rechtsanwälte. Dort ist unzweifelhaft, dass ein Rechtsanwalt aufgrund einer strafrechtlich relevanten Verfehlung sowohl standesrechtliche Sanktionen nach der Bundesrechtsanwaltsordnung (BRAO) als auch eine Strafe nach den Strafgesetzen zu erwarten hat.

Eine mehrfache Sanktionierung desselben Lebenssachverhalts - in Form einer strafrechtlichen Verurteilung und einer sportverbandlichen Sanktion nach dem NADC - ist daher aus verfassungsrechtlicher Sicht unbedenklich.

2. *Berücksichtigung im Rahmen der Strafzumessung*

Denkbar wäre es aber, eine bereits ausgesprochene verbandsrechtliche Sanktion für dieselbe Tat im Rahmen der Strafzumessung nach § 46 Abs. 2 StGB zu berücksichtigen. Diesem Ansatz ist der BGH bereits in Bezug auf berufsrechtliche Sanktionen von Beamten gefolgt.[1440] Dafür spricht auch, dass die Regelungen des NADC und des AntiDopG mit der Integrität des Sports denselben Schutzzweck verfolgen.[1441]

Wie *Lehner*[1442] richtig erkennt, gehen mit einer Regelsperre von vier Jahren erhebliche finanzielle Verluste für den Sportler einher. Der Sportler verliert vorübergehend oder dauerhaft seine Einnahmequelle und wird möglicherweise mit Rückzahlungsansprüchen von Leistungsprämien konfrontiert. Die Forderung

1438 *Hauptmann/Rübenstahl,* Zur verfassungsrechtlichen Unbedenklichkeit einer Doping-Besitzstrafbarkeit de lege ferenda - insbesondere gemessen am "Cannabis-Urteil" des BVerfG, in: HRRS 2007, 143, 151f.

1439 Ebd., S. 152.

1440 Vgl. BGH 2 StR 527/87, Urteil vom 16. Dezember 1987 = BeckRS 9998, 164679.

1441 So auch *Lutz,* Die Kriminalisierung des Sports – Anti-Doping-Maßnahmen des Strafrechts und der Sportverbände im Vergleich, in: HRRS 2016, S. 21, 27.

1442 *Lehner,* Fehlende Verfassungskonformität des geplanten Anti-Doping-Gesetzes, in: Causa Sport 2015, 130, 132.

Lehners[1443] nach der Schaffung einer eigenen Strafzumessungsnorm im Anti-DopG geht indes zu weit. Das StGB bietet ausreichend Möglichkeit, die Folgen der Tat zu berücksichtigen. So kann der Richter sogar gemäß § 60 StGB von einer Strafe absehen, wenn die Folgen der Tat den Täter so schwer getroffen haben, dass die Verhängung einer Strafe offensichtlich verfehlt wäre.

Die mögliche zivilrechtliche Rückforderung unrechtmäßig erhaltener Sponsorengelder oder Siegesprämien führt außerdem nicht zu einer solchen Gesamtstrafhärte, die *„durchaus als Verstoß gegen Art. 103 Abs. 3 GG oder gegen Art. 50 der Europäischen Grundrechtecharta gewertet werden könnte“*[1444]. Diese - legitimen - Rückforderungen sind vielmehr im Rahmen der Verhältnismäßigkeit gemäß Art. 20 Abs. 3 GG, die Art. 103 Abs. 3 GG innewohnt, zu berücksichtigen.[1445] Daher kann und soll diesem Umstand durch den Einzelrichter im Rahmen der Strafzumessung Rechnung getragen werden.

Für den, wohl seltenen, Fall einer zeitlich früheren strafrechtlichen Verurteilung und einem nachfolgenden verbandlichen Verfahren scheint eine solche Berücksichtigung nicht zweckgemäß und ist deshalb abzulehnen. Angesichts des in der Verbandsautonomie angelegten Selbstbestimmungsrechts des organisierten Sports sollte ein zu großes staatliches Einwirken vermieden werden. Die sportmoralische Beurteilung von Doping würde umgangen, wenn Kriminalstrafen zwingend angerechnet werden müssten.[1446]

II. Divergierende Entscheidungen

Wie oben festgestellt, besteht keine Gefahr eines Verstoßes gegen das Doppelbestrafungsverbot. Trotzdem kann das Verhalten der Sportler von staatlicher Seite als auch durch die Verbände sanktioniert werden.

Die Parallelität der Sanktionsmöglichkeiten kann letztlich so weit gehen, dass in den unterschiedlichen Verfahren über ein und dasselbe Verhalten des Sportlers divergierende Entscheidungen ergehen. Im Extremfall können die unterschiedlichen Beweislastregeln – strict liability auf der einen und der Vorsatznachweis auf der anderen Seite[1447] – zu einer verbandsrechtlichen Sanktion und im Strafverfahren zu einem Freispruch führen. Während für eine Wettkampfsperre das

1443 Ebd.
1444 Ebd.
1445 *Lutz,* Die Kriminalisierung des Sports – Anti-Doping-Maßnahmen des Strafrechts und der Sportverbände im Vergleich, in: HRRS 2016, S. 21, 27.
1446 Ebd.
1447 S.o.S. 225ff.

Vorhandensein einer verbotenen Substanz in einer Probe genügt, bedarf eine Verurteilung des Sportlers nach § 3 Abs. 1 und 2 AntiDopG des Nachweises der Vorsatzes sowie der Absicht sich einen Vorteil im sportlichen Wettbewerb zu verschaffen.

Besonders in der öffentlichen Wahrnehmung könnte dies kontrovers betrachtet werden und zuweilen auf Unverständnis stoßen. Dies legt die Befürchtung nahe, dass dadurch das Ansehen der Sportgerichtsbarkeit gefährdet werden könnte.[1448]

Dabei ist diese Konstruktion dem deutschen Rechtssystem durchaus geläufig. Auch bei strafrechtlichen und zivilrechtlichen Prozessen ist ein unterschiedlicher Verfahrensausgang über denselben Lebenssachverhalt denkbar und zuweilen Rechtspraxis. Ein fahrlässiges Handeln beispielsweise, das zur Beschädigung einer fremden Sache führt, genügt vor dem Strafgericht nicht für eine Verurteilung wegen Sachbeschädigung, da dieses Delikt nur vorsätzlich verwirklicht werden kann. Gleichzeitig kann der Schädiger vor dem Zivilgericht auf Grundlage des Deliktrechts zur Zahlung von Schadensersatz wegen fahrlässiger und widerrechtlicher Verletzung des Eigentums eines Dritten verpflichtet werden.

Insofern folgt aus der Möglichkeit divergierender Entscheidungen in parallelen Verfahren keine Unvereinbarkeit des Neben- und Miteinander von staatlichen und sportrechtlichen Anti-Doping-Maßnahmen.

III. Faktischer Aussagezwang durch die verpflichtende Abgabe einer Dopingprobe

1. Strafprozessualer Grundsatz: nemo tenetur se ipsum accusare

Aus dem allgemeinen Persönlichkeitsrecht des Art. 2 Abs. 1 GG und der Menschenwürde aus Art. 1 Abs. 1 GG ergibt sich für das Strafprozesswesen der Grundsatz *nemo tenetur se ipsum accusare*. Danach ist niemand verpflichtet sich selbst anzuklagen oder zu belasten. Der *nemo tenetur*-Grundsatz reicht so weit, dass der Beschuldigte generell nicht aktiv an seiner Überführung mitzuwirken braucht.[1449] Dieser Grundsatz findet für den Beschuldigten Ausdruck in § 136 Abs. 1 S. 2 StPO, wonach es ihm frei stehe, sich zur Beschuldigung zu äußern oder nicht zur Sache auszusagen. Zeugen in einem Strafverfahren steht es aus denselben Gründen gemäß § 55 Abs. 1 StPO frei, die Auskunft zu solchen Fragen

---

1448 *Dury*, Kann das Strafrecht die Dopingseuche ausrotten?, in: SpuRt 2005, S. 137, 140.
1449 BVerfG 56, 37 = NJW 1981, 1431ff. m.w.N.

zu verweigern, die sie selbst in die Gefahr bringen wegen einer Straftat verfolgt zu werden.

Ein Verstoß gegen dieses Verbot führt grundsätzlich zu einem prozessualen Verwertungsverbot der durch den Zwang erlangten Erkenntnisse und Beweise.[1450]

2. *Mitwirkungspflicht des Sportlers*

Problematisch ist die Einhaltung des *nemo tenetur*-Grundsatzes im Zusammenspiel des Dopingkontrollsystems der Sportverbände mit der strafrechtlichen Verfolgung nach dem AntiDopG. Denn mit der Unterzeichnung einer Individualvereinbarung, einer Athletenvereinbarung oder eines Teilnahmevertrags[1451] unterwirft sich der Sportler den Anti-Dopingregeln seines jeweiligen Sportfachverbandes und dem dazugehörigen Prozedere der Dopingkontrolle. Dies verpflichtet den Sportler, bei der Dopingkontrolle aktiv mitzuwirken, da bei einer Weigerung ohne zwingenden Grund ein Verstoß gegen die Anti-Doping-Bestimmungen nach Art. 2.3 NADC anzunehmen ist. Ferner besteht im Nachgang einer positiven Dopingprobe aufgrund der Beweislastumkehr faktisch ein Aussagezwang des Sportlers, um sich angemessen verteidigen zu können. Ohne ein Aktivwerden des Sportlers genügt eine positive Dopingprobe zum Nachweis des Vorliegens eines Verstoßes gegen Anti-Doping-Bestimmungen.

Würden die durch die Mitwirkung des Sportlers erlangten Erkenntnisse in das strafrechtliche Verfahren eingebracht, hätte dies möglicherweise einen Verstoß gegen den *nemo tenetur*-Grundsatz und damit ein Beweisverwertungsverbot zur Folge. Diese Konstellation soll im Folgenden untersucht werden.

a. *Weigerungsrecht des Sportlers*

Bevor über die Verwertbarkeit der im Dopingkotrollverfahren erlangten Kenntnisse im Strafverfahren diskutiert wird, sollte zunächst einmal festgestellt werden, ob der Sportler unter Umständen die Abgabe einer Dopingprobe berechtigt verweigern kann. Eine drohende strafrechtliche Verfolgung könnte ggfs. eine solche Weigerung rechtfertigen.

Gemäß Art. 2.3 NADC stellt die Umgehung, die Weigerung oder das Unterlassen einer Probenahme ohne zwingenden Grund einen Verstoß gegen die Anti-Doping-Bestimmungen dar. Eine Umgehung und eine Weigerung der

---

1450 BGHSt 38, 302, 305f.

1451 S.o.S. 93ff.

Probenahme sind nach der Kommentierung zu Art. 2.3 NADC ausschließlich vorsätzlich möglich – das Unterlassen kann auch fahrlässig verwirklicht werden.

Aus dieser Tatsache könnte gefolgert werden, dass hinsichtlich des Unterlassens zwischen tatsächlichen und rechtlichen Gründen unterschieden werden muss.[1452] Dieser Argumentation folgend könnte also eine drohende Strafverfolgung einen zwingenden Grund im Sinne des Art. 2.3 NADC darstellen und der Sportler daher die Probenahme ohne weitere Konsequenzen unterlassen.

Eine solche Auslegung kann jedoch nicht gewünscht sein, weil sie das gesamte Dopingkontrollsystem ad absurdum führen würde. Stellte eine drohende Strafverfolgung einen rechtfertigenden Grund dar, die Probenahme zu unterlassen, würde dies allein diejenigen Sportler mit der höchsten kriminellen Energie bevorteilen. Denn durch das Unterlassen der Probenahme könnte ein wissentlich gedopter Sportler sowohl einer sportverbandlichen als auch unter Umständen einer strafrechtlichen Sanktion entgehen.

Gegen eine solche Auslegung spricht zudem die im NADC verankerte Kooperation zwischen dem zuständigen Sportverband, der NADA und der örtlich zuständigen Staatsanwaltschaft. Der Sportler ist also, selbst wenn ihm dadurch strafrechtliche Konsequenzen drohen, zur Mitwirkung bei der Dopingkontrolle verpflichtet.

b. Abgabe einer Blut- oder Urinprobe

Sowohl das Dopingkontrollverfahren als auch die Strafprozessordnung sehen jeweils die Abgabe einer Blutprobe des betroffenen Sportlers bzw. des Angeschuldigten vor. Im Folgenden sollen die Unterschiede dieser Handlung in dem jeweiligen Verfahren dargestellt und auf die Vereinbarkeit mit dem *nemo tenetur*-Grundsatz untersucht werden.

aa. Teil des Dopingkontrollverfahrens

Zum Zwecke des Dopingkontrollverfahrens wird den Sportlern biologisches Material in Form von Blut oder Urin entnommen.[1453] Verbandsrechtlich sind die Auswahl des Athleten und die Durchführung der Probenahme durch die Anti-Doping-Organisation unstreitig zulässig.

Dieser Teil des Dopingkontrollverfahrens fällt zudem nicht unter den Anwendungsbereich von § 81a StPO. Zwar sind die Maßnahmen des

1452 *Erkens,* Selbstbezichtigung des gedopten Athleten? § 3 AntiDopG, der nemo-tenetur-Grumdsatz und die Athletenvereinbarung, in: SpuRt 2016, S. 245, 249.

1453 S.o.S. 142ff.

Dopingkontrollverfahrens - rein äußerlich betrachtet - mit den strafprozessualen Maßnahmen identisch:[1454] das Blut wird mittels Hohlnadel durch eine dazu qualifizierte Person entnommen und der Urin vom Betroffenen unter Aufsicht in ein dafür vorgesehenes Gefäß abgegeben.

Trotzdem unterscheidet sich die Interpretation der Maßnahmen der beiden Regime. Denn im Unterschied zur Entnahme von Blutproben im Rahmen einer körperlichen Untersuchung nach § 81a Abs. 1 S. 2 StPO handelt es sich hierbei um eine aktive Mitwirkung des Athleten, für die ein strafprozessualer Anfangsverdacht nicht notwendig ist.[1455] Auf das Vorliegen der Voraussetzungen des § 81a StPO kommt es daher nicht an. Entscheidend sind allein die Voraussetzungen zur Durchführung des Dopingkontrollverfahrens durch die Anti-Doping-Organisation.

bb. Richtervorbehalt des § 81a StPO

Im Rahmen der staatlichen Ermittlungsarbeit unterfällt die Entnahme einer Blutprobe dagegen grundsätzlich dem Anwendungsbereich von § 81a Abs. 1 S. 2 StPO. Im Gegensatz zum verbandlichen Verfahren handelt es sich dabei um ein passives Erdulden der Maßnahme, nicht um eine aktive Mitwirkung.[1456] Nach Ansicht des BVerfG greifen Maßnahmen, wie die Entnahme von Blutproben und Untersuchungen des Beschuldigten, weniger in die personale Willensfreiheit des Betroffenen ein, als *„die Nötigung, durch eigene Äußerungen strafbare Handlungen offenbaren zu müssen“.*[1457]

Gemäß § 81a Abs. 2 StPO bedarf die Entnahme einer Blutprobe grundsätzlich der vorherigen Anordnung der Maßnahme durch einen Richter. Etwas anderes gilt nur, wenn die betroffene Person nach vorheriger Belehrung in die Maßnahme einwilligt[1458] oder der Untersuchungserfolg durch Verzögerung gefährdet würde – in diesem Fall steht die Anordnung auch der Staatsanwaltschaft und ihren Ermittlungspersonen nach § 152 Gerichtsverfassungsgesetz (GVG) zu[1459].

Der Zweck der Maßnahme wird von § 81a Abs. 1 S. 1 StPO klar umgrenzt: die Maßnahme darf nur zur Feststellung von Tatsachen angeordnet werden, die

---

1454 *Erkens*, Selbstbezichtigung des gedopten Athleten? § 3 AntiDopG, der nemo-tenetur-Grumdsatz und die Athletenvereinbarung, in: SpuRt 2016, S. 245, 246.

1455 Ebd.

1456 BVerfG 56, 37 = NJW 1981, 1431, 1431.

1457 Ebd.

1458 *Meyer-Goßner/Schmitt*, § 81a Rn. 3ff. m.w.N.

1459 § 81a Abs. 2 StPO.

für das Verfahren von Bedeutung sind. Wie jede strafprozessuale Ermittlungsmaßnahme, setzt daher auch die Entnahme einer Blutprobe das Vorliegen eines Anfangsverdachts gemäß § 152 Abs. 2 StPO voraus. Zudem darf die Maßnahme aufgrund des Richtervorbehalts des § 81a Abs. 2 StPO nicht angeordnet werden, wenn bisher noch gar keine Anhaltspunkte einer Strafbarkeit vorhanden sind bzw. darf nur angewendet werden, um solche Anhaltspunkte aufzuspüren.[1460]

Die so gewonnenen Proben dürfen gemäß § 81a Abs. 3 StPO ausschließlich für das der Entnahme zugrundeliegende Strafverfahren oder ein anderes anhängiges Strafverfahren verwendet werden. Sobald die Proben für diesen Zweck nicht mehr erforderlich sind, sind sie unverzüglich zu vernichten.

c. *Verwertung der Erkenntnisse der Dopingkontrolle im Rahmen eines Strafverfahrens*

Nachdem die unterschiedlichen rechtlichen Grundlagen von Blut- und Urinproben festgestellt wurden, stellt sich in einem nächsten Schritt die Frage, ob Erkenntnisse, die im Rahmen der mitwirkungspflichtigen Dopingkontrolle erlangt wurden auch in einem Strafverfahren verwertet werden dürfen, oder nicht.

aa. *„Gemeinschuldner-Beschluss" des BVerfG*

Das BVerfG hat sich bereits in dem sog. „Gemeinschuldner-Beschluss" damit befasst, ob die Wirkung des nemo tenetur-Grundsatzes auch über die strafprozessuale Sphäre hinaus wirkt.[1461]

Nach den Vorschriften der Konkursordnung (KO) waren Gemeinschuldner uneingeschränkt zur Aussage während des Konkursverfahrens verpflichtet. Zu diesem Zwecke durfte u.a. bei Weigerung zur Mitwirkung gegenüber den Gemeinschuldnern Beugehaft gem. §§ 70, 101 Abs. 2 KO angeordnet werden. Dies ist Ausfluss der exponierten Stellung des Gemeinschuldners im Konkursverfahren, denn nur mit dessen Mithilfe und Kooperation ist eine ordnungsgemäße Abwicklung möglich. Der Gemeinschuldner steht nach dem BVerfG in einem besonderen Pflichtenverhältnis und ist im Konkurs *„einer der wichtigsten Informationsträger"*.[1462] Insofern werden die Rechte und Interessen des Gemeinschuldners hinter die Interessen der Gläubiger gestellt.[1463]

1460 *Meyer-Goßner/Schmitt,* § 81a Rn. 2; *Erkens,* Selbstbezichtigung des gedopten Athleten? § 3 AntiDopG, der nemo-tenetur-Grumdsatz und die Athletenvereinbarung, in: SpuRt 2016, S. 245, 246f.

1461 BVerfG 56, 37 = NJW 1981, 1431ff.

1462 BVerfG 56, 37, 49 = NJW 1981, 1431, 1432.

1463 BVerfG 56, 37, 50 = NJW 1981, 1431, 1432 m.w.N.

Offenbart der Gemeinschuldner eine strafbare Handlung, darf diese Aussage nach Ansicht des BVerfG nicht gegen seinen Willen in einem Strafverfahren gegen ihn verwendet werden.[1464] Denn das *„Persönlichkeitsrecht des Gemeinschuldners würde […] unverhältnismäßig beeinträchtigt, wenn seine unter Zwang herbeigeführte Selbstbezichtigung gegen seinen Willen zweckentfremdet und der Verwertung für eine Strafverfolgung zugeführt würde“.*[1465] Das BVerfG führt aus, dass dem Gemeinschuldner in einem strafrechtlichen Verfahren selbstverständlich ein Schweigerecht zustehe, dieses Schweigerecht *„wäre illusorisch, wenn eine außerhalb des Strafverfahrens erzwungene Selbstbezichtigung gegen seinen Willen strafrechtlich gegen ihn verwertet werden dürfte“.*[1466]

bb. Entscheidung des OLG Celle

Auf Grundlage der Entscheidung des BVerfG ist in einem nächsten Schritt zu prüfen, ob die dort entwickelten Grundsätze auch auf andere Fälle und insbesondere auf das Verhältnis des sportverbandlichen und staatlichen Anti-Doping-Rechts Anwendung finden.

Das OLG Celle hat die Anwendbarkeit dieser Grundsätze in einem Fall verneint, in welchem ein Versicherter gegenüber seinem Haftpflichtversicherer auf Grundlage des zwischen den Parteien abgeschlossenen Versicherungsvertrages zur Abgabe wahrheitsgemäßer Angaben verpflichtet war.[1467] Gerade weil hier - im Gegensatz zum Gemeinschuldner-Beschluss – *„nur eine vertragliche Verpflichtung zur Mitwirkung“* bestehe, sei die Situation mit dem Gemeinschuldner nicht vergleichbar.[1468] Der Gemeinschuldner hingegen sei kraft Gesetzes strafbewehrt zur Aussage verpflichtet, während der Versicherungsnehmer bei einem Verstoß gegen die vertraglichen Pflichten lediglich nicht existenzbedrohende vermögensrechtliche Konsequenzen zu befürchten habe.[1469]

d. Stellungnahme

aa. Keine Übertragbarkeit der Entscheidung des OLG Celle

Geht man mit dem OLG Celle davon aus, dass die Grundsätze des Gemeinschuldner-Beschlusses des BVerfG nicht auf Fälle vertraglicher

1464 BVerfG 56, 37 = NJW 1981, 1431.
1465 BVerfG 56, 37, 50f = NJW 1981, 1431, 1432f.
1466 Ebd.
1467 OLG Celle, NJW 1985, 640
1468 Ebd.
1469 Ebd.

Mitwirkungspflichten anzuwenden sind, stellt sich die Frage, ob dies auch für die Mitwirkungspflichten von Athleten gelten kann. Sportler binden sich vertraglich an die Geltung der sportverbandlichen Regelungen und unterwerfen sich somit dem Sanktionsregime mit den dazugehörigen Mitwirkungspflichten.[1470] Durch diese Bindung an den NADC haben die Sportler als Objekt der Dopingkontrolle an der Dopingkontrolle aktiv mitzuwirken.

Somit wäre es mit Teilen der Literatur[1471] ein Leichtes zu argumentieren, dass die im Dopingverfahren gewonnenen Ergebnisse auch in einem Strafprozess verwendet werden dürften, weil die Sportler lediglich aufgrund einer vertraglichen Unterwerfung unter den NADC zur Mitwirkung verpflichtet sind. Diese Mitwirkungspflicht sind die Sportler überdies durch Unterzeichnung der Athletenvereinbarung freiwillig eingegangen.

Nach Ansicht des Verfassers können die Grundsätze der Entscheidung des OLG Celle nicht ohne weiteres auf die besondere Bindung der Sportler an die sportverbandlichen Regelwerke angewandt werden. Dies ergibt sich aus einer Gesamtbetrachtung des Verhältnisses von Sportlern, Sportverbänden und der NADA. Zwischen Sportlern und den Sportverbänden bestehen aufgrund der Athletenvereinbarung umfangeiche Pflichten für den Sportler. Die NADA ist durch die Befugnisse der §§ 8-10 des AntiDopG eng mit den Strafverfolgungsbehörden verknüpft und stets im Austausch. Als Regulativ dieses Übergewichts der Sportverbände und der Strafverfolgungsbehörden ist es daher aus Sicht des Verfassers notwendig, zumindest ein Strafverwertungsverbot für die im verbandlichen Verfahren erlangten Beweise anzunehmen.

Zwar ist zuzugeben, dass die Sportler – ebenso wie der Gemeinschuldner – freiwillig diese Bindung eingegangen sind, die umfassende Mitwirkungs- und Offenbarungspflichten beinhaltet. Jedoch erscheint der Aspekt der „Freiwilligkeit“ – wie bereits das Verfahren im Fall von Claudia Pechstein gezeigt hat – zumindest diskutabel. Während eine solche Freiwilligkeit beim Gemeinschuldner ohne weiteres angenommen werden kann, ist dies bei den Sportlern sehr fraglich. Hier ließe sich erneut mit der Monopolstellung der Sportverbände argumentieren, wonach die Unterzeichnung der Athletenvereinbarung für die Sportler alternativlos sei, um am organisierten Sportbetrieb teilnehmen zu können.[1472]

1470 Zur Bindung des Sportler s.o.S. 87ff.

1471 *Kolbe*, Strafprozessuale Aspekte der strafrechtlichen Dopingverfolgung, S. 106ff.

1472 S.o.S. 93ff.

Außerdem stellt sich die Frage, ob es auf die Freiwilligkeit überhaupt ankommt oder nicht. Unter der Prämisse, dass es auf die Freiwilligkeit ankäme, bemerkt *Erkens*, dass sich auch der Gemeinschuldner freiwillig in diese haftungsbegründende und mitwirkungsverpflichtende Situation begeben hat und dementsprechend das BVerfG – konsequent weiter gedacht – zum Nachteil des Gemeinschuldners hätte entscheiden müssen.[1473]

Hier lässt sich freilich als Gegenargument anführen, dass allein entscheidend sei, dass sich die Mitwirkungspflichten im Gemeinschuldner-Beschluss kraft Gesetz ergeben und im Falle der Sportler durch eine vertragliche Unterwerfung unter die verbandsrechtlichen Regelungen. Gegen diese Ansicht lässt sich aber anführen, dass auch rein vertragliche Vereinbarungen Pflichten für die jeweiligen Vertragspartner begründen, die notfalls gerichtlich durchgesetzt werden können.[1474]

bb. Besondere Situation im Sport

Auf den ersten Blick scheinen also kraft Gesetz und vertraglich eingegangene Verpflichtung dieselben, hoheitlich durchsetzbaren Rechtsfolgen herbeizuführen. Hier sind jedoch zwingend die Besonderheiten des Verhältnisses zwischen Sportler und Sportverband zu beachten. Durch die Unterwerfung unter das Regelwerk des Sportverbandes sieht sich der Sportler im Falle eines Dopingverstoßes mit erheblichen Sanktionen – vier Jahre Sperre bei einem Erstverstoß - konfrontiert. Diese Sanktionen gelten auch für den Fall, dass der Sportler seine Mitwirkung grundlos umgeht, verweigert oder unterlässt.[1475]

Und genau hierin liegt der Unterschied zu den gesetzlich begründeten Mitwirkungspflichten: eine Weigerung zur Mitwirkung führt in diesen Fällen lediglich zu finanziellen, aber nicht existenzbedrohenden, Einbußen[1476] in Form von Zwangsgeldern oder Ähnlichem. Eine vierjährige Wettkampfsperre kommt angesichts der begrenzten Zeit, in der sich die Sportler auf hohem – und somit auch lukrativem - Wettkampfniveau bewegen, einem Berufsverbot gleich.[1477]

1473 *Erkens*, Selbstbezichtigung des gedopten Athleten? § 3 AntiDopG, der nemo-tenetur-Grumdsatz und die Athletenvereinbarung, in: SpuRt 2016, S. 245, 248.

1474 Ebd.

1475 S.o.S. 134ff.

1476 *Erkens*, Selbstbezichtigung des gedopten Athleten? § 3 AntiDopG, der nemo-tenetur-Grumdsatz und die Athletenvereinbarung, in: SpuRt 2016, S. 245, 248.

1477 Ebd.

Ferner würde eine Verwendung der Dopingprobe als Beweismittel eines Strafverfahrens die spezifischen Eigenschaften des Verbandsrechts (strict liability) und des Strafrechts in „*rechtsstaatlich bedenklicher Weise*" kombinieren.[1478] *Erkens* sieht darin richtigerweise einen Zirkelschluss, wenn die durch das Verbandsverfahren zur Verfügung gestellte Dopingprobe als Ergebnis denjenigen Verdacht liefert, der erst die Entnahme einer Blut- oder Urinprobe nach § 81a StPO rechtfertigen würde.[1479]

Zwar sind die Verknüpfungen zwischen dem organisierten Sport bzw. der NADA und den Strafverfolgungsbehörden essentiell für den nachhaltigen Erfolg des AntiDopG. Nach Ansicht des Verfassers würde aber die Verwertung der Dopingproben im Strafverfahren zu einer unverhältnismäßigen Verschiebung des Beweisrisikos zulasten des Sportlers und zugunsten der Strafverfolgungsbehörden führen.

Die Strafverfolgungsbehörden können bereits vor Mitteilung des Ergebnisses der ersten Überprüfung an die für das Ergebnismanagement zuständige Organisation gem. Art. 14.2 NADC informiert werden und haben ausreichend Möglichkeit für eigene Ermittlungen. Es obliegt dem pflichtgemäßen Ermessen der NADA, den Sachverhalt sowie die weiteren relevanten Informationen an die zuständige Staatsanwaltschaft weiterzuleiten.

Um den speziellen Umständen im Verhältnis der Sportler und der Anti-Doping-Organisationen Rechnung zu tragen – nicht um Doping zu legitimieren oder zu belohnen – sollten aus den oben genannten Gründen die im verbandsrechtlichen Verfahren erlangten Beweise nicht auch in einem Strafverfahren verwendet werden dürfen.

e. Konsequenzen für die Praxis

aa. Strafrechtliches Beweisverwertungsverbot

Die oben dargestellte Konstellation führt in der Praxis zu einem schwer lösbaren Dilemma: geht man mit dem Verfasser davon aus, dass die drohende Strafverfolgung keinen Weigerungsgrund gem. Art. 2.3 NADC darstellt und dass die in der Dopingkontrolle erlangten Beweise nicht in einem Strafverfahren verwendet werden dürfen, würde dies die Effektivität des § 3 AntiDopG stark einschränken. Denn für eine wirksame Verfolgung des Selbstdopings ist die Staatsanwaltschaft zwingend auf die Ergebnisse der Dopingkontrolle angewiesen. Ansonsten bliebe

1478 Ebd.
1479 Ebd.

eine Strafbarkeit nach § 3 AntiDopG auf die Fälle beschränkt, in denen der Sportler zwischen den Wettkampfveranstaltungen ein Dopingmittel oder eine Dopingmethode anwendet, mit der Absicht, in einem bevorstehenden Wettkampf einen Vorteil zu erlangen. Aber gerade der Nachweis der hierfür notwendigen Absicht wird in der Regel sehr schwer fallen.

bb. Kein strafrechtliches Beweisverwertungsverbot

Angesichts der Anstrengungen und der ursprünglichen Zielrichtung des AntiDopG ist es aber sehr unwahrscheinlich, dass sich in der Praxis ein strafrechtliches Beweisverwertungsverbot für die bei der Dopingkontrolle erlangten Beweise etablieren wird. Denn sowohl NADA als auch Justiz scheinen wohl zur Verwertbarkeit der Beweise und darüber hinaus gegen ein Weigerungsrecht nach Art. 2.3 NADC zu tendieren.[1480] Auf diese Weise wird sowohl die Funktionsfähigkeit des Dopingkontrollsystems sichergestellt als auch der Strafverfolgung ein taugliches Beweismittel zur Seite gestellt. Es bleibt für die Zukunft spannend, ob sich die Sportler gegen den Verstoß gegen den nemo tenetur-Grundsatz wehren werden und wie die Gerichte auf dieses Vorbringen reagieren werden.

IV. Fehlende Kronzeugenregelung im AntiDopG

Aus den Reihen des organisierten Sports wurde vermehrt die Kritik laut, dass das AntiDopG - im Gegensatz zum StGB, dem BtmG und dem NADC - keine eigene sogenannte Kronzeugenregelung kennt.

Grundsätzlicher Sinn und Zweck einer Kronzeugenregelung ist es, dem Täter bzw. Beteiligten einer Straftat einen Anreiz zur Kooperation zu schaffen, um dadurch weitere Straftaten und kriminelle Strukturen aufdecken zu können.[1481]

1. Teil des NADC

Der NADC sieht in Art. 10.6.1 die Möglichkeit vor, dass eine Sanktion gegen einen überführten Sportler beziehungsweise Dritten herabgesetzt oder ausgesetzt werden kann, wenn derjenige substanzielle Hilfe bei der Aufdeckung

---

1480 *Erkens*, Selbstbezichtigung des gedopten Athleten? § 3 AntiDopG, der nemo-tenetur-Grumdsatz und die Athletenvereinbarung, in: SpuRt 2016, S. 245, 250.

1481 *Fischer*, StGB § 46b Rn. 3; zur Abgrenzung eines Kronzeugen zu einem *„Whistleblower"*, *Hauptmann/Klarmann*, Whistleblower und Kronzeugen: Bedeutung und Regelungsbedarf im Interesse einer effizienteren Aufdeckung von Dopingverstößen im Sport, in: SpuRt 2019, 190, 191.

oder dem Nachweis eines Anti-Doping-Verstoßes, einer Straftat oder eines Verstoßes gegen Berufsstandsregeln leistet. Dies ist nach der Kommentierung des Art. 10.6.1 NADC der einzige Umstand, der eine Aussetzung einer Strafe nach dem NADC erlaubt und aufgrund seiner Bedeutung für einen sauberen Sport legitim.

Der Tatbestand ist erfüllt, wenn die Hilfe zur Aufdeckung der Tat durch die zuständige Stelle führt, oder die die Ermittlungen in der Sache voranbringt. Auf einen Zusammenhang zum eigenen Vergehen kommt es – anders als bei der strafrechtlichen Kronzeugenregelung – nicht an.

Bemerkenswert ist dabei, dass die Hilfeleistung nicht exklusiv auf eine Anti-Doping-Organisation beschränkt ist, sondern auch gegenüber einer Strafverfolgungsbehörde oder einem Berufs-Disziplinargericht ausgeübt werden kann. Der Einzelne kann sich also dadurch eine Erleichterung verschaffen, indem er sein Wissen über andere und deren Verstöße gegen den NADC oder das AntiDopG der zuständigen Stelle preisgibt.

Die Kronzeugenregelung gilt grundsätzlich nur vor einer endgültigen Rechtsbehelfsentscheidung gemäß Artikel 13 NADC oder vor dem Ablauf einer Frist zur Einlegung eines Rechtsbehelfs. Nach diesem Zeitpunkt darf die zuständige Anti-Doping-Organisation gemäß Art. 10.6.1 NADC die Strafe nur noch mit Zustimmung der WADA, der NADA und des zuständigen Internationalen Sportfachverbandes aussetzen.

2. *Anwendbarkeit der strafrechtlichen Kronzeugenregelung*

Im Rahmen der Strafzumessung hat das Strafgericht die Möglichkeit, die Strafe gemäß § 49 Abs. 1 StGB zu mildern oder sogar davon abzusehen, wenn die Voraussetzungen der Kronzeugenregelung des § 46b StGB vorliegen und der Täter Hilfe leistet zur Aufklärung oder Verhinderung von schweren Straftaten. In den Genuss der Regelung kommen nach § 46b Abs. 1 StGB nur Täter und Beteiligte einer Straftat, die mit einer im Mindestmaß erhöhten Freiheitsstrafe oder mit lebenslanger Freiheitsstrafe bedroht ist. Das heißt, alle Straftaten, deren Mindestandrohung einen Monat Freiheitsstrafe oder Geldstrafe beträgt scheiden als Anlasstat aus, die Täter solcher Taten fallen nicht unter den Anwendungsbereich von § 46b StGB.[1482]

1482 *Fischer*, StGB § 46b Rn. 6; kritisch zur dadurch entstehenden Privilegierung der Beteiligten an mittlerer oder schwerer Kriminalität, *ders.*, StGB § 46b Rn. 6a.

Dies bedeutet auch für Täter nach § 4 Abs. 1 und 2 AntiDopG, dass diese nicht von der staatlichen Kronzeugenregelung profitieren können. Die Mindestandrohung für z.B. Selbstdoping oder den Erwerb von Dopingmitteln beträgt lediglich bis zu drei beziehungsweise zwei Jahre Freiheitsstrafe oder Geldstrafe. Als Anlasstaten aus dem AntiDopG kommen daher nur § 4 Abs. 4 und 5 infrage. Also Abgabehandlungen, Anwendung oder Erwerbshandlungen, die die Gesundheit einer großen Zahl von Menschen gefährden, oder andere in die Gefahr des Todes bringen oder aus grobem Eigennutz Vermögensvorteile großen Ausmaßes herbeiführen. Ebenso, wenn die Abgabehandlungen oder Anwendungen an Personen unter 18 Jahren vorgenommen werden oder dies gewerbsmäßig geschieht. Dies gilt auch für die minder schweren Fälle dieser Handlungen gemäß § 4 Abs.5 AntiDopG.

Erfasste Taten der Kronzeugenregelung sind gemäß § 46b Abs. 1 Nr. 1 StGB die des Katalogs von § 100a Abs. 2 StPO und somit die gewerbsmäßige oder als Mitglied einer Bande Dopingmittel Herstellung oder das Absetzen von Dopingmittel oder die Anwendung solcher Mittel bei einer anderen Person gemäß § 4 Abs. 4 Nr. 2b AntiDopG.

Die Angaben der infrage kommenden Kronzeugen müssen sich dann ebenfalls auf eine Tat des Katalogs von § 100a Abs. 2 StPO beziehen. Der Kronzeuge muss dabei sein Wissen gemäß § 46b Abs. 1 Nr. 1 und 2 StGB freiwillig offenbaren, um eine Tat, die mit seiner Tat in Zusammenhang steht aufzudecken oder zu verhindern.

3. *Stellungnahme*

Grundsätzlich sehen somit das Verbands- und das Strafrecht Kronzeugenregelungen vor, die zumindest eine Erleichterung der Bestrafung für bereits sanktionierte Sportler oder Dritte zur Folge haben können. Für den Kampf gegen Doping bedeutet dies, dass theoretisch die Aufdeckung der professionell und im großen Stil agierenden Hintermänner durch einen Kronzeugen möglich ist. Aber auch die „kleinen Fische" stehen, zumindest durch die Regelung des NADC, potentiell am Pranger von bereits überführten Dopern oder deren Helfer. Dafür werden die beiden Regelungsregime auch durch den Verweis in Art. 10.6 NADC miteinander verwoben.

Flankierend dazu bietet die NADA mittlerweile auf ihrer Homepage die Möglichkeit, über die Kommunikationsplattform „SPRICH'S AN" online anonym Hinweise zu möglichen Dopingverstößen zu geben, unabhängig von einem eigenen Verstoß. Die insgesamt 54 im Jahr 2018 über diese Plattform gegebenen Hinweise führten zu 20 Strafanzeigen, zehn informatorischen Mitteilungen an die zuständigen Staatsanwaltschaften und vier festgestellte Verstöße gegen Anti-Doping-Bestimmungen.[1483]

Doch auch diese Maßnahme und die bestehenden Kronzeugenregelungen verhalfen noch nicht zur Aufdeckung organisierter Dopingstrukturen. Dies ist auf eine Vielzahl von Gründen zurückzuführen.

Die Kronzeugenregelung im NADC ist nach richtiger Ansicht der Literatur für die Praxis „*untauglich*".[1484] Dies liegt bereits daran, dass die Norm eine bereits erfolgte Bestrafung des potentiellen Kronzeugen voraussetzt. Substanzielle Hilfe kann also nur von einer Person geleistet werden, die bereits selbst sanktioniert wurde und deren Identität – spätestens nach Abschluss des Disziplinarverfahrens – veröffentlicht wurde. Es darf angesichts der Verschwiegenheit der Dopingszene bezweifelt werden, dass ein solcher Hinweisgeber weitere Sportler oder sonstige Dritte aus seinem Umfeld der Anti-Doping-Organisation preisgibt. Zu hoch ist die Gefahr, dass Rückschlüsse auf den Hinweisgeber gezogen werden können und er bzw. seine Familie sich im schlimmsten Falle Repressalien ausgesetzt sieht. Dieser zwingend erforderliche Hinweisgeberschutz könne aber durch die privatrechtlich organisierten Anti-Doping-Organisationen nicht gewährleistet werden.[1485]

Aber auch die Kronzeugenregelung des StGB kann nur bedingt dazu beitragen, dass die Strukturen professionellen Dopings durch die Aussage eines Einzelnen aufgedeckt werden. Dies liegt insbesondere daran, dass die Kronzeugenregelung des § 49 StGB nur für Täter gemäß § 4 Abs. 4 und 5 AntiDopG anwendbar ist und dadurch Täter schwerer Straftaten privilegiert werden. Somit kann einem Sportler, der z.B. wegen Selbstdopings gemäß § 3 AntiDopG verfolgt wird, kein weiterer Anreiz gegeben werden, aus dem System „auszusteigen" und Hintermänner und Strukturen offen zu legen.[1486]

Aufgrund dieser – und weiterer - Schwächen der vorhandenen Kronzeugenregelungen wird die Forderung nach einer eigenständigen Kronzeugenregelung

1483 NADA Jahresbericht 2018, S. 10, abrufbar unter: https://www.nada.de/fileadmin/user_upload/nada/Downloads/Jahresberichte/2018_NADA_Jahresbericht_DE_online.pdf (zuletzt abgerufen am 20.01.2020).

1484 *Cherkeh*, Stärkung des Hinweisgeberschutzes durch Kronzeugenregelung im Anti-DopG, in: SpuRt 2019, 167, 168; dem folgend *Hauptmann/Klarmann*, a.a.O. S. 192f.

1485 *Cherkeh,* a.a.O.

1486 Populäres Beispiel einer „Aussteigerin" ist die ehemalige russische Leichtathletin Julia Stepanowa, die als Kronzeugin im Jahr 2014 mithalf, das staatlich gesteuerte russische Dopingsystem aufzudecken.

im AntiDopG lauter.[1487] Maßgeblich in diesem Zusammenhang ist nach einhelliger Meinung der Literatur, dass die Anonymität des Hinweisgebers gewahrt werde. Dies könne nur durch die Staatsanwaltschaft gewährleistet werden.[1488] Dabei wird insbesondere vorgeschlagen, die sportverbandlichen Regelungen so zu ändern, dass ein Kronzeuge bereits vor der eigenen Sanktionierung Hilfe leisten kann, z.B. könnte das Ergebnismanagementverfahren gegen einen Hinweisgeber ausgesetzt werden, um substantiellen Hinweisen nachzugehen und im Anschluss über das weitere Verfahren gegen den Hinweisgeber zu entscheiden.[1489] Dafür müsste außerdem die Möglichkeit geschaffen werden, die - für den Sportler im Vergleich zum AntiDopG wesentlichere – sportverbandliche Sanktion ganz aufzuheben bzw. das Verfahren gegen ihn einzustellen.[1490] Ferner könnte ein Ombudsmann als Vertrauensperson des Hinweisgebers eingeschalten werden.[1491]

Die Ansätze der Literatur sind richtig und zur begrüßen. Die bestehenden Kronzeugenregelungen können nicht zum erhofften Durchbruch im Anti-Doping-Kampf verhelfen. Insbesondere die strafrechtliche Kronzeugenregelung berücksichtigt nicht hinreichend die Besonderheiten des Sports und dessen Strukturen. Der Einzelne sollte durch die Aussicht auf verbands- und strafrechtliche Erleichterungen dazu motiviert werden, die „Hintermänner" des Dopings preiszugeben und mithelfen, die Strukturen der Dopingkriminalität aufzudecken. Der Erfolg einer speziellen Kronzeugenregelung zeigt sich regelmäßig im ähnlich gelagerten Betäubungsmittelrecht und der Regelung des § 31 BtMG. In diesem Bereich wirke die Kronzeugenregelung effizient und habe sich als nahezu unentbehrlich erwiesen.[1492] Insofern wäre die Ergänzung des AntiDopG um eine Kronzeugenregelung zu begrüßen.

V. Verjährung

Das strafrechtliche und das sportrechtliche Verfahren unterliegen jeweils unterschiedlichen Verjährungsfristen.

1487 Zuletzt *Cherkeh,* a.a.O. sowie darauf aufbauend mit weiteren Gestaltungsvorschlägen *Hauptmann/Klarmann*, a.a.O.

1488 *Cherkeh,* a.a.O., S. 168.

1489 *Hauptmann/Klarmann*, a.a.O., S.195f.

1490 *Cherkeh,* a.a.O., S. 168.

1491 *Hauptmann/Klarmann*, a.a.O., S.195f.

1492 *Maihold,* Strategien und Instrumente zivil- und verbandsrechtlicher Dopingverfahren in Deutschland, in: SpuRt 2013, S. 95ff., 99 m.w.N.

1. Strafrechtliche Verjährung

Das AntiDopG trifft keine Aussage über die anzuwenden Verjährungsfristen, deswegen finden die Vorschriften der Verfolgungsverjährung gemäß §§ 78ff. StGB Anwendung.[1493]

Konkret bedeutet dies für die Taten nach § 4 Abs. 4 AntiDopG mit einer Strafandrohung von bis zu zehn Jahren Freiheitstrafe eine Verjährung nach zehn Jahren gemäß § 78 Abs. 3 Nr. 3 StGB. Dies gilt auch für die minder schweren Fälle, die nur mit Freiheitsstrafe von bis zu fünf Jahren bedroht sind. Auf eine Milderung kommt es gemäß § 78 Abs. 4 StGB nicht an. Für die übrigen, mit bis zu drei Jahren Freiheitsstrafe bedrohten, Taten nach § 4 Abs. 1 und 2 AntiDopG gilt hingegen eine fünfjährige Verjährungsfrist nach § 78 Abs. 3 Nr. 4 StGB. Werden die Taten fahrlässig nach § 4 Abs. 6 AntiDopG begangen, beträgt die Verjährung drei Jahre gemäß § 78 Abs. 3 Nr. 5 StGB.

Die Verjährung beginnt, sofern sie nicht nach §78b StGB oder § 78c StGB ruht oder unterbrochen ist, sobald die Tat beendet ist.[1494] Hierbei muss aber zwischen konkreten und abstrakten Gefährdungsdelikten differenziert werden. Ein konkretes Gefährdungsdelikt – wie § 4 Abs. 4 Nr. 1 lit. a und b AntiDopG – gilt dann als beendet, wenn der Gefahrenzustand tatsächlich eintritt.[1495]

Abstrakte Gefährdungsdelikte können in zwei Erscheinungsformen auftreten: als Dauerdelikte oder als schlichte Tätigkeitsdelikte.[1496] Die Besitzstrafbarkeiten aus dem AntiDopG - § 4 Abs. 1 Nr. 3 Alt. 2 und § 4 Abs. 2 Alt. 2 – zählen zu den Dauerdelikten im strafrechtlichen Sinne.[1497] Dabei kommt es für die Annahme der Beendigung der Tat auf die Beseitigung des rechtswidrigen Zustandes an.[1498] Ein schlichtes Tätigkeitsdelikt - wie z.B. erwerben, weitergeben, anwenden, herstellen – ist dann beendet, wenn die Ausführungshandlung abgeschlossen wurde.[1499]

1493 *Fischer,* StGB § 78 Rn. 7.

1494 § 78a StGB; zur Abgrenzung zwischen Be- und Vollendung einer Tat vgl. *Fischer,* StGB § 78a Rn. 2 mit weiteren Nachweisen.

1495 *Saliger,* in: Kindhäuser/Neumann/Paeffgen (Hrsg.), Strafgesetzbuch, NomosKommentar, § 78a, Rn. 20 m.w.N.; *Putzke,* in: Lehner/Nolte/ders., Anti-Doping-Gesetz, § 4, Rn. 112.

1496 *Putzke,* in: Lehner/Nolte/ders., Anti-Doping-Gesetz, § 4, Rn. 112.

1497 Zum strafbaren Besitz als Dauerdelikt s. *Kotz/Rahlf,* in: NStZ-RR 2002, 129; *Putzke,* in: Lehner/Nolte/ders., Anti-Doping-Gesetz, § 4, Rn. 112.

1498 *Fischer,* StGB § 20 Rn. 6.

1499 BGHSt. 36, 255, 256f. = NJW 1990, 194, 196.

2. *Verjährung nach Art. 17 NADC*

Gemäß Art. 17 NADC können Verfahren wegen Verstößen gegen die Anti-Doping-Bestimmungen nur eingeleitet werden, wenn der betroffenen Person innerhalb von zehn Jahren[1500], beginnend ab dem Zeitpunkt des möglichen Verstoßes der Verstoß im Rahmen des Ergebnismanagements nach Art. 7 NADC mitgeteilt wurde oder eine solche Mitteilung ernsthaft versucht wurde.

3. *Konsequenz der unterschiedlichen Verjährung*

Auffällig ist, dass die sportrechtlich Verjährung pauschal zehn Jahre beträgt, während die strafrechtliche Verjährung nach der Schwere der Tat differenziert. Die unterschiedliche Verjährung könnte zu einem Auseinanderfallen der strafrechtlichen und verbandsrechtlichen Sanktionierung führen. Denkbar ist der Fall eines strafrechtlichen Verjährungseintritts nach fünf Jahren und eine erst später, im Rahmen des Verjährungszeitraumes, ausgesprochene Sanktionierung durch den Sportverband. Doch auch dieser, in der Praxis wohl seltene Fall, unterstreicht die Selbstständigkeit der sportverbandlichen Regelungen. Trotz des gemeinsamen Weges der staatlichen und sportverbandlichen Dopingbekämpfung ist dies Ausdruck der Autonomie und Unabhängigkeit des organisierten Sports.

1500 Im NADC 2009 waren dies noch acht Jahre.

Teil IV: Zusammenfassung und Ergebnis

Der organisierte Sport hat sich im Rahmen seiner Verbandsautonomie ein effektives und allgemein anerkanntes System der Dopingverfolgung und -bekämpfung aufgebaut. Dieses System – auf Grundlage des WADC - wird auch in Zukunft das zentrale Element des Anti-Doping-Kampfes darstellen.

Durch die Organisationsstruktur des Sports – von der lokalen bis hin zur internationalen Ebene – wird die einheitliche Umsetzung des WADC in den jeweiligen Verbandsregeln sichergestellt. Sowohl die Verbände als auch die einzelnen Sportler werden durch ein bewährtes System an die Anti-Dopingvorschriften gebunden.

Das eigentliche Problem ist aber die praktische Umsetzung der Anti-Doping-Regeln, insbesondere auf internationaler Ebene. Die schon vorhandenen Instrumente der Dopingbekämpfung werden nicht konsequent ausgeschöpft. Würden die Selbstreinigungskräfte des Sports tatsächlich durchgreifen, bestünde keinerlei Bedarf für die Einführung eines staatlichen Anti-Doping-Gesetzes. Die Realität ist aber, dass die vorhandenen Strukturen des Dopings nicht allein durch den organisierten Sport aufgedeckt werden konnten.

Aus diesem Grund ist die Einführung des AntiDopG in zweierlei Hinsicht richtig und konsequent. Der organisierte Sport ist alleine – d.h. ohne staatliche legislative Maßnahmen - nicht in der Lage, Doping effektiv zu bekämpfen. Die bisherigen staatlichen Bemühungen mittels AMG und BtMG waren z.T. zu unspezifisch und nicht auf die Besonderheiten des Sports zugeschnitten. Mit dem AntiDopG wurden diese beiden Punkte überwunden.

Dass sich das AntiDopG eng an den verbandsrechtlichen Regelungen und den Besonderheiten des Sports orientiert, manifestiert sich bereits im Wortlaut des AntiDopG. Insbesondere die Stärkung der Sportschiedsgerichtsbarkeit durch den Verweis in § 11 AntiDopG ist Ausdruck der Anerkennung des verbandsrechtlichen Strafregimes. Auch ansonsten sind das staatliche und des verbandsrechtliche Anti-Doping-Recht eng verzahnt.

Zum einen finden sich im AntiDopG eine Vielzahl von Verweisungen und Bezugnahmen auf die Regelungen des NADC und WADC. Zum anderen wird der NADA auch von staatlicher Seite eine überragende Rolle im Anti-Doping-Kampf zugestanden. Da sich die Strafbarkeit nach § 4 AntiDopG auch nach der Mitgliedschaft in einem Testpool richtet[1501], bestimmt die NADA durch die

1501 § 4 Abs. 7 Nr. 1 AntiDopG, s.o.s. 246f.

Einteilung der Sportler in die verschiedenen Testpools zumindest mittelbar den Täterkreis dieser Strafvorschrift. Darüber hinaus wird der NADA Zugang zu Informationen aus (laufenden) Strafverfahren verschafft und ihr eine gesetzliche Grundlage zur Verarbeitung von sensiblen Daten geschaffen.

Mit der Anerkennung der Sportschiedsgerichtsbarkeit hebt der Gesetzgeber noch einmal die Autonomie des organisierten Sports hervor. Grundsätzlich sollen also Streitigkeiten auf dem sportverbandlichen Rechtsweg einer Entscheidung zugeführt werden, ohne Einmischung des Staats.

Dieser Ansatz wird bestärkt durch die Rechtsprechung des BGH und des EGMR im Fall Pechstein und die Bestätigung des CAS als echtes Schiedsgericht. Trotzdem darf nicht verkannt werden, dass der CAS zu Recht in der Kritik steht und eine Reform seiner Strukturen notwendig ist.

Der Ansatz der Bundesregierung, dem organisierten Sport bei der Bekämpfung von Doping beistehen zu wollen ist lobenswert. Der gewählte Weg über ein eigenständiges Anti-Doping-Gesetz ist angesichts der eingeschränkten sonstigen gesetzlichen Möglichkeiten nur konsequent. Die Erfahrung hat gezeigt, dass die strafrechtliche Verfolgung von Doping-Verstößen mit den vorhandenen Mitteln nicht effektiv geführt werden kann.

Dass die Einführung des AntiDopG wirkt, bestätigen die jüngsten Ereignisse um den Erfurter Arzt Marks Schmidt sowie die Verurteilung des Boxers Felix Sturm. Im ersten Fall wird Mark Schmidt vorgeworfen, spätestens seit 2011 bei Spitzensportlern Eigenblutdoping durchgeführt und Wachstumshormone verabreicht zu haben. Als Gegenleistung soll er dafür insgesamt ca. EUR 250.000 in bar erhalten haben.[1502] Auf Grundlage des AntiDopG konnte das mutmaßliche Dopingnetzwerk von Mark Schmidt über Wochen observiert werden. Dies führte in einer international angelegten Aktion zu Durchsuchungen in Innsbruck und Thüringen sowie zur Festnahme u.a. zweier österreichischer Athleten und von Mark Schmidt.

Der Boxer Felix Sturm wurde u.a. wegen eines Verstoßes gegen § 3 AntiDopG (Selbstdoping) zu einer Freiheitsstrafe von drei Jahren und drei Monaten verurteilt.[1503] Damit wurde erstmals ein Straftäter im Zusammenhang mit dem

---

1502 Süddeutsche Zeitung vom 01.03.2019, *Aumüller/Kistner,* Es gibt Parallelen zum Fuentes-System, abrufbar unter https://www.sueddeutsche.de/sport/doping-seefeld-erfurt-fuentes-1.4351216 (zuletzt abgerufen am 08.05.2020).

1503 Frankfurter Allgemeine Zeitung vom 04.05.2020, *Job,* Ein Betrüger mit der Pose eines Gangsters, abrufbar unter https://www.faz.net/aktuell/sport/mehr-sport/boxer-felix-sturm-fuer-steuerhinterziehung-und-doping-verurteilt-16751348.html (zuletzt abgerufen am 08.05.2020).

AntiDopG zu einer Freiheitsstrafe verurteilt. Der Fall ist noch weiter bemerkenswert: zum einen hatte der Box-Weltverband WBA seine ursprünglich aufgrund des Dopingverstoßes ausgesprochene Strafe revidiert, weil Unregelmäßigkeiten im Testverfahren moniert wurden.[1504] Zum anderen hat sich Felix Sturm nach Ansicht des Landgerichts Köln durch die Teilnahme an einem Boxkampf in gedopten Zustand wegen Körperverletzung strafbar gemacht. Das Gericht ist der Ansicht, dass durch die Anwendung des Dopingmittels die Einwilligung des Gegners in eine Körperverletzung nicht mehr vorliege.[1505] Es bleibt spannend, wie das Berufungsgericht diesen – aus Sicht der NADA – *„Meilenstein für das Anti-Doping-Gesetz“* beurteilen wird.

Diese beiden prominenten Beispiele belegen eindrucksvoll, dass das AntiDopG und dessen Maßnahmenkatalog wirken.

Zwar besteht durch das AntiDopG die Gefahr, dass sich durch die Kumulierung von *strict liability*, *nemo tenetur*, sowie dem Fehlen einer speziellen Kronzeugenregelung das Ungleichgewicht zwischen Verband und Sportler noch weiter zu Lasten des Sportlers verschiebt.

Trotzdem bleibt festzuhalten, dass das AntiDopG entgegen vieler Befürchtungen wohl verfassungskonform ist und sich auch gut mit einem daneben existierenden sportrechtlichen Sanktionsregime arrangieren kann. Beide Verfahren (inter)agieren miteinander in einer bis dato nicht vorhandenen Art und Weise. Die bisherigen staatlichen Bemühungen, beispielsweise im AMG, sind in ihrer Intensität nicht vergleichbar mit der Verknüpfung der beiden Verfahren durch das AntiDopG. Die von staatlicher und Verbandsseite verfolgte gemeinsame Bekämpfung von Doping existiert nicht allein auf dem Papier, sondern ist auch höchst praktikabel.

Denn die oben dargestellten Themenbereiche erweisen sich nur auf den ersten Blick als problematisch. Sowohl aus der bestehenden Rechtslage als auch der gefestigten Rechtspraxis lässt sich die Verfassungskonformität der einzelnen Straftatbestände bestätigen. Selbst die Strafbarkeit des Selbstdopings hält diesen Maßstäben stand.

Das sportrechtliche und das staatliche Verfahren ergänzen sich in den bisherigen Schwachstellen und sind miteinander ein praktikables Werkzeug zur Bekämpfung des Dopings im Sport.

1504 A.a.O.

1505 Süddeutsche Zeitung vom 30.04.2020, Felix Sturm zu drei Jahren Haft verurteilt, abrufbar unter https://www.sueddeutsche.de/sport/boxen-felix-sturm-doping-1.4893676 (zuletzt abgerufen am 08.05.2020).

Literaturverzeichnis

Adolphsen, Jens: Grundfragen und Perspektiven der Sportschiedsgerichtsbarkeit, in: SchiedsVZ 2004, S. 169-175.

Adolphsen, Jens / Gerlinger, Michael / Lehner, Michael / Nolte, Martin: Sportrecht in der Praxis, 1.Auflage, Stuttgart 2011.

Adolphsen, Jens / Orth, Mark-E.: Müssen Sportler stets vor ein Schiedsgericht?, in: DRiZ 2016, S. 254-255.

Ahlers Rainer: Doping und strafrechtliche Verantwortlichkeit: Zum strafrechtlichen Schutz des Sportlers vor Körperschäden durch Doping, in: Kieler Schriften zum Strafrecht, 2. Auflage, Baden-Baden 1998.

Akikol, Diana: Die bundesgerichtliche Rechtsprechung zur Schiedsgerichtsbarkeit im Jahr 2010, in: Jusletter 8.August 2011, S. 1-35.

Bannenberg, Britta: Das neue „Anti-Doping-Gesetz" hilft dem Sport nicht, in: SpuRt 2007, S. 155-156.

Bamberger, Heinz Georg / Roth, Herbert / Hau, Wolfgang / Poseck, Roman (Hrsg.): Beck'scher Online-Kommentar zum Bürgerlichen Gesetzbuch, 43. Edition, Stand 15.06.2017, München 2017.

Berninger, Anja: Der nationale Anti-Doping Code, Dissertation, Zürich 2012.

dies.: Die WADA-Blutpass-Guidelines und deren nationale Umsetzung für den indirekten Dopingnachweis, in: SpuRt 2010, 228-230.

Bleistein, Romana / Degenhart, Christoph: Sportschiedsgerichtsbarkeit und Verfassungsrecht, Schiedsvereinbarungen und Anti-Doping-Gesetzgebung auf dem Prüfstand, in: NJW 2015, S. 1353-1357

Bohn, Clarissa: Regel und Recht - Wechselwirkung zwischen Verbandsrecht und staatlichem Recht und deren strukturelle Besonderheiten, in: Schriften zum Sportrecht, Band 12, Baden-Baden 2008.

Bottke, Wilfried: Doping als Straftat?, in: Festschrift für Günter Kohlmann zum 70. Geburtstag, Köln 2003, S.85-109.

Bouhs, Daniel: Anti-Doping-Gesetz. Der organisierte Sport als Parallelwelt, Deutschlandfunk, 05.11.2016, abrufbar unter: http://www.deutschlandfunk.de/anti-doping-gesetz-der-organisierte-sport-als-parallelwelt.1346.de.html?dram:article_id=370583

Bruggmann, Thomas / Grau, Kevin J.: Das schmutzige Herz des Sports: Doping und die Haftungsrisiken der Pharmaunternehmen, in Pharma Recht 2008, S.101-108.

Bruhn, Manfred / Mehlinger, Rudolf: Rechtliche Gestaltung des Sponsoring, Band II; Sport-, Kultur-, Sozial-, Umwelt- und Programmsponsoring, 2. Auflage. München 1999.

Bruhn, Manfred / Mussler, Dieter: Sponsoringfibel; Planung und Durchführung des Sponsoring für Sportvereine, 1. Auflage, Frankfurt am Main 1991.

Burmeister, Joachim: Sportverbandswesen und Verfassungsrecht, in: DÖV 1978, S. 1-9.

Cherkeh, Rainer T.: Betrug (§263 StGB), verübt durch Doping im Sport, in: Schriften zum Strafrecht und Strafprozessrecht, 1. Auflage, Frankfurt 2000.

ders.: Stärkung des Hinweisgeberschutzes durch Kronzeugenregelung im AntiDopG, in: SpuRt 2019, 167-168.

Cherkeh, Rainer T. / Momsen, Carsten: Doping als Wettbewerbsverzerrung? – Möglichkeiten der strafrechtlichen Erfassung des Dopings unter besonderer Berücksichtigung der Schädigung von Mitbewerbern, in: NJW 2001, S.1745-1752.

Classen, Christian: Rechtsschutz gegen Verbandsmaßnahmen im Profisport, in: Sportrecht in Forschung und Praxis, Band 16, Hamburg 2014.

Council of Europe: Doping of athletes, a European survey, Strasbourg 1963.

Court of Arbitration for Sports (CAS): Digest of CAS Awards 1986-1998, Edited by M. Reeb, Staempfli Verlag Bern 1998.

Deutsch, Erwin /Lippert, Hans Dieter (Hrsg.): Kommentar zum Arzneimittelgesetz (AMG), Heidelberg 2010.

Deutscher Richterbund: Stellungnahme des Deutschen Richterbundes vom 27.02.2015 zum Referentenentwurf eines Gesetzes zur Bekämpfung von Doping im Sport des Bundesministeriums der Justiz und für Verbraucherschutz, des Bundesministeriums des Inneren und des Bundesministeriums für Gesundheit, Sportausschuss-Drucks. 18 (5) 109.

Dickhuth, Hans-Hermann / Digel, Helmut: Doping im Sport, in: Sport in der heutigen Zeit, 2, 1. Auflage. Tübingen 2002.

Diedrichsen, Angela: Aspekte des Selbstbestimmungsrechts Minderjähriger bei medizinischer Behandlung, in: Festschrift für Günther Hirsch zum 65. Geburtstag, S.355-365.

Diem, Carl: Wesen und Lehre des Sports und der Leibeserziehung, 2. Auflage, Hildesheim 1960.

Dury, Walter: Kann das Strafrecht die Dopingseuche ausrotten?, in: SpuRt 2005, S. 137-141.

Duve, Christian /Rösch, Karl Ömer: Der Fall Pechstein: Kein Startschuss für eine Neugestaltung der Schiedsgerichtsbarkeit, in: SchiedsVZ 2014, S. 216-227.

Eichel, Benjamin: Der Sport im Recht der Europäischen Union, in: Schriftenreihe Europäisches Recht, Politik und Wirtschaft, 375, 1. Auflage, Baden-Baden 2013.

Engelbrecht, Georg: Zur Überprüfungsbefugnis des TAS nach Art. 57 seiner Schiedsordnung, in: SpuRt 2009, S. 179-183.

Erkens, Harald: Selbstbezichtigung des gedopten Athleten? § 3 AntiDopG, der nemo-tenetur-Grundsatz und die Athletenvereinbarung, in: SpuRt 2016, S. 245-250.

Fahl, Christian: Sportverbandsgerichtsbarkeit und Doppelbestrafungsverbot – Erwiderung auf Reinhart, SpuRt 2001, 45-, in: SpuRt 2001, S. 181-183.

Fechner, Frank / Arnhold, Johannes / Brodführer, Michael (Hrsg.): Sportrecht, 1. Auflage, Tübingen 2014.

Fiedler, Adrian: Das Doping minderjähriger Sportler: Eine straf- und verbandrechtliche Untersuchung, in: Beiträge zum Sportrecht, 41, 1. Auflage, Berlin 2014.

ders.: Minderjährigendoping. Strafrechtliche Verantwortlichkeiten und die Sanktionierung nach dem WADA-Code, in: Vieweg (Hrsg.), Impulse des Sportrechts, Berlin 2015, S. 257-272.

Fischer, Thomas: Kommentar zum Strafgesetzbuch, 63. Auflage, München 2016.

Fischer, Ulrich: Unlauterer Wettbewerb durch Doping im europäischen Profisport?, in: Europäische Zeitschrift für Wirtschaftsrecht 2002, S. 297-300.

Freund, Georg: Anmerkung zu BGH, Urt. v. 18.09.2013 – 2 StR 365/12 = JZ 2014, 360, JZ 362-364.

ders.: Verfassungswidrige Dopingstrafbarkeit nach § 95 Abs. 1 Nr. 2a AMG – Ein Beitrag zum Gesetzlichkeitsgrundsatz (Art. 103 Abs.2 GG), in: Bannenberg, Britta/Brettel, Hauke/Freund, Georg/Meier, Bernd-Dieter/Remschmidt, Helmut/Safferling, Christoph (Hrsg.), Über allem: Menschlichkeit, Festschrift für Dieter Rössner, S. 579-599.

ders.: Anmerkung zu BGH Urt. v. 18.9.2013 – 2 StR 365/12 (LG Bonn): Zur Blankettstrafnorm des § 95 Abs. 1 Nr. 2a i.V. mit § 6a Abs. 1 und Abs. 2 Satz 1 AMG (strafbewehrtes Dopingverbot), in: JZ 2014, S. 362-364.

Fritzweiler, Jochen: Ein § 299a StGB als neuer Straftatbestand für den sich dopenden Sportler?, in: Sport und Recht 1998, S.34-35

ders.(Hrsg.): Doping – Sanktionen, Beweise, Ansprüche, Bern 2000.

Fritzweiler, Jochen / Pfister, Bernhard / Summerer, Thomas: Praxishandbuch Sportrecht, 3. Auflage, München 2014.

Glocker, Moritz: Die strafrechtliche Bedeutung von Doping, de lege lata und de lege ferenda, in: Europäische Hochschulschriften, Reihe II, Rechtswissenschaft, 1. Auflage, Frankfurt am Main 2009.

Görtz, Reinhard: Anti-Doping-Maßnahmen im Hochleistungssport aus rechtlicher Sicht. Zur Ausgestaltung einer effektiven Compliance-Organisation in Deutschland, Remscheid 2012.

Greco, Luís: Zur Strafwürdigkeit des Selbstdopings im Leistungssport, in: GA 2010, S. 622-638.

Grotz, Stefan: Zur Betrugsstrafbarkeit des gesponsorten und gedopten Sportlers, in: SpuRt 2005, S.93-97.

Haas, Ulrich: Internationale Sportschiedsgerichtsbarkeit und EMRK, in: SchiedsVZ 2009, S. 73-84.

ders.: Zwangsschiedsgerichtsbarkeit im Sport und EMRK, in: ASA Bulletin 2014, S. 707-734.

Haas, Ulrich / Adolphsen, Jens: Verbandsmaßnahmen gegenüber Sportlern, in: NJW 1995, S. 2146-2148.

Haas, Ulrich / Boccucci, Daniele: Das neue Regime der Doping-Sanktionen nach Welt-Anti-Doping-Code 2009, in: Causa Sport 2011. S. 5-27.

Haas, Ulrich / Gedeon, Bertolt: Die Abgrenzung von Vereinsgerichten zu echten Schiedsgerichten, in: SpuRt 2000, S. 228-231.

Haas, Ulrich / Martens, Dirk-Reiner: Sportrecht – Eine Einführung in die Praxis, 1. Auflage, München 2012.

Haas, Ulrich / Prokop, Clemens: Aktuelle Entwicklungen im Bereich der Dopingbekämpfung, in: SpuRt 2000, S. 5–8.

dies.: Sind Staatsanwälte verpflichtet, gegen Doping Ärzte Ermittlungsverfahren einzuleiten?, in: SpuRt 1997, S.56-61.

Handschin, Lukas / Schütz, Tony M.: Bemerkungen zum Fall „Pechstein“, in: SpuRt 2014, S. 179-181.

Harting, Robert / Heidler, Betty / Brink, Stefan / Lehner, Michael / Schneehagen, Ronald: Stellungnahme zum Referentenentwurf für ein Gesetz zur Bekämpfung von Doping im Sport, Sportausschuss-Drucks. 18 (5) 100.

Haug, Tanja: Doping: Das Dilemma des Leistungssports, rechtliche Gesichtspunkte unter Berücksichtigung sportethischer Argumente, Dissertation, Universität Köln 2005.

Haug, Tanja / Martin, Anja: Schutz des Sports vor Manipulation: Ist das geplante Anti-Doping-Gesetz wirksam?, in: Causa Sport 2014, S. 345-355.

Hauptmann, Markus / Rübenstahl, Markus: Zur Doping-Besitzstrafbarkeit des Sportlers de lege lata und de lege ferenda, in: MedR 2007, S. 271-279.

dies.: Zur verfassungsrechtlichen Unbedenklichkeit einer Doping-Besitzstrafbarkeit de lege ferenda - insbesondere gemessen am "Cannabis-Urteil" des BVerfG, in: HRRS 2007, S. 143-153.

Hauptmann, Markus / Klarmann, Max: Whistleblower und Kronzeugen: Bedeutung und Regelungsbedarf im Interesse einer effizienteren Aufdeckung von Dopingverstößen im Sport, in: SpuRt 2019, S. 190-197.

Heermann, Peter W.: Die Geltung von Verbandssatzungen gegenüber mittelbaren Mitgliedern und Nichtmitgliedern, in: Neue Zeitschrift für Gesellschaftsrecht (NZG) 1999, S. 325-333.

ders.: Typische Fallstricke bei Verhängung von Sanktionen von Sportverbänden, in: Bernreuther, Jörn/Freitag, Robert/Leible, Stefan/Sippel, Harald/Wanitzek, Ulrike (Hrsg.), Festschrift für Ulrich Spellenberg zum siebzigsten Geburtstag, München 2010, S. 11-26.

ders.: Bindung an die Satzung übergeordneter Verbände durch dynamische Verweisungsklauseln, in: Zeitschrift für das gesamte Handels- und Wirtschaftsrecht (ZHR) 2010, S. 250-293.

ders.: Freiwilligkeit von Schiedsvereinbarungen in der Sportgerichtsbarkeit, in: SchiedsVZ 2014, S. 66-79.

ders.: Einführung einer gesetzlichen Sportschiedsgerichtsbarkit durch die Hintertür?, in: SpuRt 2015, S. 4-10.

ders.: Zukunft der Sportschiedsgerichtsbarkeit sowie entsprechender Schiedsvereinbarungen im Lichte des Pechstein-Verfahrens sowie des § 11 RegE-AntiDopG, in: SchiedsVZ 2015, S. 78-89.

ders.: Die Sportschiedsgerichtsbarkeit nach dem Pechstein-Urteil des BGH, NJW 2016, S. 2224-2227.

Heger, Martin: Zur Strafbarkeit von Doping im Sport, in JA 2003, S. 76-83.

ders.: Zum Rechtsgut einer Strafnorm gegen Selbst-Doping, in: SpuRt 2007, S.153-155.

ders.: Die Strafbarkeit von Doping nach dem Arzneimittelgesetz, in: SpuRt 2001, S.92-95.

ders.: Stellungnahme vom 14.06.2015 zum Entwurf des AntiDopG, Sportausschuss-Drucks. 18 (5) 111.

Heger: Die Europäisierung des deutschen Umweltstrafrechts, Tübingen 2009.

Henssler, Martin: Münchener Kommentar zum Bürgerlichen Gesetzbuch, Band 5: Schuldrecht besonderer Teil III, 7. Auflage, München 2017.

Hess, Burkhard: Hochleistungssportler zwischen internationaler Verbandsmacht und nationaler Gerichtsbarkeit, in: Zeitschrift für Zivilprozess (ZZP)-International 1996, S. 371-392.

Hilpert, Horst: Die Geschichte des Sportrechts, 1. Auflage, Stuttgart 2012.

Hofmann, Karsten: Die letzte Instanz – Das Schweizerische Bundesgericht zum Doping-Fall Sinknewitz, in: SpuRt 2014, S. 182-185.

ders.: Mehr Transparenz und Effizienz in Sportschiedsverfahren – neue „Spielregeln" beim Deutschen Sportschiedsgericht [Teil 1], in: SpuRt 2016, S. 52-54.

ders.: Mehr Transparenz und Effizienz in Sportschiedsverfahren – neue „Spielregeln" beim Deutschen Sportschiedsgericht [Teil 2], in: SpuRt 2016, S. 103-110.

ders.: DIS-Sportschiedsgerichtsordnung ab 1.4.2016 mit Verfahrenskostenhilfe und weiteren Neuerungen für effektivere Sportschiedsverfahren, in: SchiedsVZ 2016, S. 90-110.

Hollmann, Wildor: Zum Doping aus sportmedizinischer Sicht, in: Vieweg (Hrsg.), Doping – Realität und Recht, Berlin 1998, S. 37-51.

Holzhäuser, Felix / Bagger, Tim / Schenk, Maximilian: Ist E-Sport „echter" Sport ?, in: SpuRt 2016, S. 94-98.

Holzke, Frank: Der Begriff des Sports im deutschen und europäischen Recht, Dissertation, Universität Köln 2011.

Honsell, Heinrich / Vogt, Nedim Peter / Schnyder, Anton K. / Berti, Stephen V. (Hrsg.),: Basler Kommentar, Internationales Privatrecht, 3. Auflage, Basel 2013.

Jahn, Matthias: Doping zwischen Selbstgefährdung, Sittenwidrigkeit und staatlicher Schutzpflicht. Materiell-strafrechtliche Fragen an einen Straftatbestand zur Bekämpfung des eigenverantwortlichen Dopings, in: ZIS 2006, S.57-62.

ders.: Doping zwischen Selbstgefährdung, Sittenwidrigkeit und staatlicher Schutzpflicht. Materiell-strafrechtliche Fragen an einen Straftatbestand zur Bekämpfung des eigenverantwortlichen Dopings, in: ZIS 2006, S. 57-62.

ders.: Noch mehr Risiken als Nebenwirkungen – der Anti-Doping-Gesetzentwurf der Bundesregierung aus Sicht des Strafverfassungsrechts, in: SpuRt 2015, S. 149-153.

ders.: Die Praxis der Sanktionierung von Dopingvergehen zwischen Strafrecht, Arzneimittelrecht und Wettbewerbsrecht. Zu den rechtsnormativen Steuerungsmöglichkeiten de lege lata et ferenda, in: Höfling/Horst (Hrsg.), Doping – warum nicht?, Tübingen 2010, S. 69-89.

ders.: Strafrecht BT: Doping als Sportbetrug; Erste obergerichtliche Entscheidung zum Betrug durch einen dopenden Berufssportler, in: JuS 2012, S.181-183.

ders.: Schriftliche Stellungnahme vom 10.06.2015 im Rahmen der öffentlichen Anhörung des Sportausschusses des Deutschen Bundestages zu dem Entwurf eines Gesetzes zur Bekämpfung von Doping im Sport – AntiDopG (*BT-Ds.* 18/4898 vom 13. Mai 2015) Sportausschuss-Drucks. 18 (5) 108.

Jakob, Anne: Eine Behörde gegen Manipulation im Sport, in: SpuRt 2017, S. 59-60.

Jakob, Anne / Berninger, Anja: Die wichtigsten Änderungen des WADA-Codes, in: SpuRt 2008, S. 61-62.

Joecks, Wolfgang: Münchener Kommentar zum Strafgesetzbuch, Band 4, 2. Auflage, München 2012.

Kargl, Walter: Begründungsprobleme des Dopingstrafrechts, in: NStZ 2007, S. 489-496.

ders.: Probleme der Strafbegründung bei Einwilligung des Geschädigten am Beispiel des Dopings, in: JZ 2002, S.389-399.

Kerner, Hans-Jürgen / Trüg, Gerson: Referendarexamensklausur Strafrecht: Betrugsstrafrechtliche Relevanz des Dopings, in: JuS 2004, S.140-145.

Ketteler, Gerd: Sport als Rechtsbegriff, in: SpuRt 1997, S.73-76.

Klein, Franz: Kommentar zur Abgabenordnung: AO, 13. Auflage, München 2016.

Kloesel, Arno / Cyran, Walter: Arzneimittelrecht Kommentar, Loseblattwerk mit 132. Aktualisierung, München 2017.

Koch, Hans-Georg: Straf- und arzneimittelrechtliche Problem des Dopings aus rechtsvergleichender Sicht, in: Röhricht/Vieweg (Hrsg.), Doping-Forum, Stuttgart München 2000, S. 53-63.

Kolbe, Jan-Frederik: Strafprozessuale Aspekte der strafrechtlichen Dopingverfolgung, 1. Auflage, Berlin 2012.

König. Peter: Dopingbekämpfung mit strafrechtlichen Mitteln (Erwiderung auf *Kudlich* JA 2007, 90), in: JA 2007, S. 573-576.

Korff, Niklas: Meldepflichten des WADA-Codes und Persönlichkeitsrechte, in: SpuRt 2009, S.94-97.

Kornbeck, Jacob: Die EU und die Revision des World-Anti-Doping-Codes: Vom zweiten zum vierten EU Beitrag, in *Vieweg* (Hrsg.), Impulse des Sportrechts. Berlin 2015, S. 231-254.

ders.: Anti-Doping: Übermittlung von Athletendaten in Drittländer, in: Causa Sport 2016, S. 118-124.

Kotz, Peter / Rahlf, Joachim: Betäubungsmittelrechtliche Entscheidungen des BVerfG sowie der Ober- und Instanzgerichte - 1. 7. 2000 bis 30. 6. 2001, in: NStZ-RR 2002, S. 129-135.

Kotzenberg, Jochen: Die Bindung des Sportlers an private Dopingregeln und private Schiedsgerichte, in: Schriften zum Sportrecht, Band 8, 1. Auflage, Baden Baden 2007.

Krähe, Christian: Novellierung des CAS-Codes, in: SpuRt 2012, S. 17.

Kreuzer; Arthur: Kriminalisierung des „Eigendoping" von Sportlern? Desillusionierung und Umdenken in der Sportpolitik statt Ausweitung des Strafrechts, in: ZRP 2013, S. 181-184.

Krogmann Mario: Zur Dopinggesetzgebung im Ausland – Teil 1, in: SpuRt 1999, S.19-20.

ders.: Zur Dopinggesetzgebung im Ausland – Teil 2, in: SpuRt 1999, S.61.

ders.: Zur Dopinggesetzgebung im Ausland - Teil 3, in: SpuRt 1999, S.148-149.

ders.: Zur Dopinggesetzgebung im Ausland - Teil 4, in: SpuRt 2000, S.13-14.

Krüger, Matthias: Anmerkungen zu BGH v. 14.12.2011 – 5 StR 425/11 (§ 6a AMG bei Doping im Freizeitsport), in: PharmR 2012, S. 158-162.

Krüger, Wolfgang / Rauscher, Thomas (Hrsg.): Münchener Kommentar zur Zivilprozessordnung, Band 3, 5. Auflage, München 2016.

Kudlich, Hans: Der dopende Sportler als Betrüger? Vermögensstrafrechtliche Konsequenzen des Dopings – zur Leitentscheidung des OLG Stuttgart, in: SpuRt 2012, S. 54-55.

ders.: Anmerkung zum Urteil des LG Stuttgart vom 29.10.2013 (16 Kls 211 Js 88929/08) – Zur Beurteilung von Doping im Strafrecht, in: SpuRt 2014, S.212-214.

ders.: An den Grenzen des Strafrechts. Rationale und verfassungsorientierte Strafgesetzgebung, dargestellt am Beispiel des strafrechtlichen Schutzes gegen Doping, in: JA 2007, S. 90-95.

Kubiciel, Michael: Die Straftatbestände des Sportwettbetruges und der Manipulation berufssportlicher Wett-bewerbe, in: ders./Hoven (Hrsg.), Korruption im Sport, 1. Auflage, Baden-Baden 2018, S. 61-86.

ders.: Integrität des Sports –Konkretisierung eines Begriffs, in: KriPoZ 2018, S. 28 - 31

Kügel, Wilfried / Müller, Rolf-Georg / Hofmann, Hans-Peter (Hrsg.): Arzneimittelgesetz: AMG, Kommentar, 2. Auflage, München 2016.

Kühl, Kristian: Zur strafrechtlichen Relevanz sportethischer Beurteilung des Dopings, in: Vieweg (Hrsg.), Doping. Realität und Recht, Berlin 1998, S. 77-89.

Lambertz, Paul: Die Nominierung im Sport, in: Sportrecht in Forschung und Praxis, Band 10, 1. Auflage, Hamburg 2012.

ders.: Pech für Pechstein, jM (juris, die Monatszeitschrift) 2016, S. 316-318.

ders.: Problematische Namensveröffentlichungsregelung in Dopingfällen gemäß WADA-Code, in: Causa Sport 215, S. 369-373.

Lambertz, Paul / Longrée, Sebastian: WADA-Code 2015 – Abschaffung der B-Probe: Angriff auf Athletenrechte?, in: SpuRt 2012, S. 143-146.

Lehner, Michael: Fehlende Verfassungskonformität des geplanten Anti-Doping-Gesetzes, in: Causa Sport 2015, S. 130-135.

Lehner, Michael / Nolte, Martin / Putzke, Holm (Hrsg.): Anti-Doping-Gesetz, Handkommentar, 1. Auflage, Baden-Baden 2017.

Lehner, Michael, / Cherkeh, Rainer: Neue DIS-SportSchO: Rechtsverteidigung bei Dopingstreitigkeiten bleibt erheblich defizitär – Höheres Haftungsrisiko für Sportverbände, in: SpuRt 2016, S. 110-111.

Leipold, Klaus / Beukelmann, Stephan: Anmerkung zu BGH, Beschluss vom 18. September 2013, Az.: 2 StR 365/12 = NJW 2014, 325f., NJW-Spezial 2014, S. 24.

Linck, Joachim: Doping und staatliches Recht, in: NJW 1987, S. 2545-2551.

ders.: Doping aus juristischer Sicht, in: Medizinrecht 1993, S. 55-62.

Lüer, Christoph: Dopingstrafen im Sport und der Grundsatz „Ne bis in idem"; Unter besonderer Berücksichtigung des WADA-Code und des NADA-Code, in: Schriften zum Sportrecht, Band 3, 1. Auflage, Baden-Baden 2006.

Lüschen, Günther / Lüschen, Leila Sfeir: Die Struktur des Dopings im Sport, seine rechtliche und soziale Kontrolle – Eine vergleichende Untersuchung über Frankreich und die USA, in: Vieweg (Hrsg.), Doping – Realität und Recht, Berlin 1998, S. 249-279.

Lutz, Judith: Die Kriminalisierung des Sports – Anti-Doping-Maßnahmen des Strafrechts und der Sportverbände im Vergleich, in: HRRS 2016, S. 21-28.

Maas, Heiko: Wann darf der Staat strafen?, NStZ 2015, S. 305-309

Maihold, Dieter: Strategien und Instrumente zivil- und verbandsrechtlicher Dopingverfahren in Deutschland, in: SpuRt 2013, S. 95-99.

Martens, Dirk-Reiner: Die Organisation des Schiedsverfahrens im Bereich des Sports aus der Sicht der Schiedsrichter, in: SchiedsVZ 2009. S. 99-102.

Mavromati, Despina: The Rules governing the CAS Anti-Doping and Ad Hoc Divisions at the Olympic Games - A commentary including the CAS j urisprudence from the Rio Olympics, abrufbar unter: https://ssrn.com/abstract=2816482 (zuletzt abgerufen am 18.05.2019).

Mavromati, Despina / Reeb, Matthieu: The Code of the Court of Arbitration for Sport. Commentary, Cases and Materials, Alphen aan den Rijn 2015.

Mazza, Francesca: Die 2016 DIS-Sportschiedsgerichtsordnung, in: SchiedsVZ 2016, S. 90.

McLaren, Richard: Introducing the Court of Arbitration for Sport: The Ad Hoc Division at the Olympic Games, Marquette Sports Law Review, 2001, Vol. 12, pp. 515-542.

Meier, Patrick: FIFA-Sanktion: Unterverband ist doch nicht nur Vollstreckungsorgan (Urteil des Oberlandesgerichts Bremen vom 30. Dezember 2014), in: Causa Sport 2015, S.49-68.

Mestwerdt, Thomas: Doping, Sittenwidrigkeit und staatliches Sanktionsbedürfnis, 1. Auflage, Hamburg 1996.

Meyer-Goßner, Lutz / Schmitt, Bertram (Hrsg.): Strafprozessordnung, 60. Auflage, München 2016.

Mitsch, Wolfgang: Anmerkungen zum Beschluss des BGH vom 09. Februar 2000 – 5 StR 451/99, in: NStZ 2000, S. 641-643.

Momsen-Pflanz, Gundula: Die sportethische und strafrechtliche Bedeutung des Dopings: Störung des wirtschaftlichen Wettbewerbs und Vermögensrelevanz, in: Schriften zum Strafrecht und Strafprozessrecht, 1. Auflage, Frankfurt am Main 2005.

Monheim, Dirk: Sportlerrechte und Sportgerichte im Lichte des Rechtsstaatsprinzips – auf dem Weg zu einem Bundessportgericht, München 2007.

ders.: Die Vereinbarkeit von Schiedsabreden und Schiedsgerichten im Sport mit dem Rechtsstaatsprinzip, in: Vieweg (Hrsg.), Facetten des Sportrechts, Berlin 2009, S. 93, 100.

ders.: Das Ende des Schiedszwangs im Sport – Der Fall Pechstein, in: SpuRt 2014, S. 90-94.

Mortsiefer, Lars: Datenschutz im Anti-Doping-Kampf: Grundlagen und Spannungsfelder, 1. Auflage, Remscheid 2010.

Mortsiefer, Lars / Hofmann, Karsten: Verfahrenskostenhilfe in Anti-Doping-Streitigkeiten nach der neuen DIS-Sportschiedsgerichtsordnung, in: Causa Sport 2016, S. 125-130.

Muresan, Remus / Korff, Niklas: Sportschiedsgerichtsbarkeit: Wie weiter nach dem „Pechstein-Urteil", in: Causa Sport 2014, S. 199-211.

Musiol, Stephanie: Verschärfung der Meldepflichten im Dopingkontrollverfahren, in: SpuRt 2009, S.90-93.

Netzle, Stephan: Das internationale Sportschiedsgericht in Lausanne. Zusammensetzung, Zuständigkeit und Verfahren, in: *Röhricht, Volker (Hrsg.)*, Sportgerichtsbarkeit, Stuttgart München Hannover Berlin Weimar Dresden 1997, S. 9-18.

ders.: Die Beschwerde gegen Schiedssprüche des CAS, in: SpuRt 2011, S. 2-7.

Neuendorf, Sabrina: Datenschutzrechtliche Konflikte im Anti-Doping-System. Am Beispiel des Anti-Doping Administration and Management Systems ADAMS.1., in: Schriften zum Sportrecht, Band 35, 1. Auflage, Baden-Baden 2015.

Nickel, Rüdiger / Rous, Theo: Das Anti-Doping-Handbuch, 1. Grundlagen, 1. Auflage, Aachen 2007.

Niedermair, Harald: Körperverletzung mit Einwilligung und die guten Sitten: Zum Funktionsverlust einer Generalklausel, 1. Auflage, München 1999.

Niedermeier, Tilman: Schieds- und Schiedsverfahrensvereinbarungen in strukturellen Ungleichgewichtslagen,. Ein deutsch-U.S-amerikanischer Rechtsvergleich mit Schlaglichtern auf weitere Rechtsordnungen, in: Veröffentlichungen zum Verfahrensrecht, Band 97, Tübingen 2013.

ders.: Schiedsvereinbarungen im Bereich des organisierten Sports, in: SchiedsVZ 2014, S. 280-287.

Nolte, Martin: Staatliche Verantwortung im Bereich Sport: Ein Beitrag zur normativen Abgrenzung von Staat und Gesellschaft, Habilitationsschrift, Universität Kiel 2004.

Norouzi, Ali B.: Schriftliche Stellungnahme vom 17.06.2015 für die öffentliche Anhörung des Sportausschusses des Deutschen Bundestages zum Entwurf eines Gesetzes zur Bekämpfung von Doping im Sport - AntiDopG, Sportausschuss-Drucks. 18 (5) 116.

Orth, Jan F.: Zur Zukunft der internationalen Schiedsgerichtsbarkeit im Sport – auch in Deutschland, in SpuRt 2015, S. 230-234.

Orth, Jan F. / Pommerening, Patrick: Zulässigkeit und Wirksamkeit dynamischer Verweisungen im Sportrecht (1. Teil), in: SpuRt 2010, S. 222-224.

dies.: Zulässigkeit und Wirksamkeit dynamischer Verweisungen im Sportrecht (2. Teil), in: SpuRt 2011, S. 10-12.

Orth, Jan F. / Stopper, Martin: Entscheidungsvollzug in der Verbandspyramide und Ausbildungsentschädigung. Zugleich Besprechung von Hanseatischen Oberlandesgericht in Bremen, Urteil v. 30.12.2014, Az. 2 U 67/14, in: SpuRt 2015, S. 51-56.

Ott, Steffen: Strafwürdigkeit und Strafbedürftigkeit des Selbstdopings im Leistungssport, in: Schriften zum Sportrecht, Band.32, 1. Auflage, Baden-Baden 2013.

Otto, Harro: Zur Strafbarkeit des Doping – Sportler als Täter und Opfer, in: SpuRt 1994, S.10-16.

Palandt, Otto: Kommentar zum Bürgerlichen Gesetzbuch, 75. Auflage, München 2016.

Parzeller, Markus: Die strafrechtliche Verantwortung des Arztes beim Doping, in: Deutsche Zeitschrift für Sportmedizin 2001, S. 162-167.

Ders. / Prittwitz, Sabina / Prittwitz, Cornelius: Doping und Dopingbekämpfung in der Bundesrepublik Deutschland, Teil I, in: StoffR 2013, S. 67-76.

dies.: Doping und Dopingbekämpfung in der Bundesrepublik Deutschland, Teil II, in: StoffR 2013, S. 109-119.

Parzeller, Markus /Rüdiger, Christiane: Blutdoping: unbestimmte Regelungen im Arzneimittelgesetz, in: ZRP 2007, 137-140.

Pfeiffer, Thomas: Rechtsgeschäftliche Entscheidungsfreiheit beim Abschluss von Schiedsvereinbarungen, Bemerkungen zum Pechstein-Urteil des Landgerichts München I vom 26. Februar 2014, in: SchiedsVZ 2014, S. 161-165.

Pfister, Bernhard: Rechtsverhältnisse zwischen den Teilnehmern sportlicher Wettbewerbe, in: SpuRt 2002, S.45-49.

ders.: Autonomie des Sports, sport-typisches Verhalten und staatliches Recht, in: Pfister, Bernhard/Will, Michael (Hrsg.), Festschrift für Werner Lorenz zum siebzigsten Geburtstag, Tübingen 1991, S. 171-192.

ders.: Anmerkung zu BGH Urt. v. 28.11.1994, Az.: II ZR 11/94 (Reitsportentscheidung), in: JZ 1995, S. 464-467.

Prittwitz, Cornelius: Straftat Doping, in: Lüderssen, Klaus/Volk, Klaus/Wahle, Eberhard (Hrsg.), Baden-Baden 2014, S. 512-537.

Prohl, Robert / Röthig, Peter (Hrsg.): Sportwissenschaftliches Lexikon (Beiträge zur Lehre und Forschung im Sport), 7. Auflage, Schorndorf 2003.

Prokop, Clemens: Die Grenzen der Dopingverbote, 1. Auflage, Baden-Baden 2000.

ders.: Vorschläge zur Reform der Doping-Regelungen der IAAF, in: SpuRt 2000, S. 235-237.

Prütting, Hanns: Das Pechstein-Urteil des BGH und die Krise der Sport-Schiedsgerichtsbarkeit, in: SpuRt 2016, S. 143, 148.

Rain, Joachim: Die Einwilligung des Sportlers beim Doping, in: Europäische Hochschulschriften, Reihe II, 1. Auflage, Frankfurt 1998.

Reimann, Christoph: Lizenz- und Athletenvereinbarungen zwischen Sportverband und Sportler, in: Europäische Hochschulschriften, Reihe II, Rechtswissenschaft, 1. Auflage, Bern 2002.

Reinhart, Michael: Sportverbandsgerichtsbarkeit und Doppelbestrafungsverbot, in: SpuRt 2001, S.45-48.

Reinsch, Michael: Droht die Blockade des Anti-Doping-Gesetzes?, in: Frankfurter Allgemeine Zeitung vom 11.03.2015, abrufbar unter: http://www.faz.net/aktuell/sport/sportpolitik/doping/anti-doping-gesetz-cdu-fordert-auch-wettbetrugs-gesetz-13475512.html (zuletzt abgerufen am 18.05.2019).

Rengier, Rudolf: Strafrecht besonderer Teil I, 18. Auflage, München 2016.

Reschke, Eike: Erwiderung auf Reinhart, SpuRt 2001, 45-, in SpuRt 2001, S. 183-184.

Rigozzi, Antonio / Viret, Marjolaine / Wisnosky, Emily / Muresan, Remus / Kesseli, Roman: Neuerungen im Welt Anti-Doping Code 2015, in: Causa Sport 2014, S. 299-311.

Rössner, Dieter: Die Bedeutung der B-Probe für den Nachweis eines Dopingvergehens, in: SpuRt 2009, S. 53-56.

ders.: Doping aus kriminologischer Sicht - Brauchen wir ein Anti-Doping-Gesetz?, in: Digel/Dickhut, Doping im Sport, 2002, S. 118-139.

ders.: Doping-Sanktionen zwischen strafrechtlichen und sportrechtlichen Normen, in: Deutsches Olympisches Institut – Bundesinstitut für Sportwissenschaft (Hrsg.), Jahrbuch 2000, S. 105-121.

ders.: Rechtssoziologische Aspekte des Dopings, in: Digel (Hrsg.), Spitzensport, Chancen und Probleme, S. 43-64.

ders.: Schriftliche Stellungnahme vom 14.06.2015 zum Entwurf eines Gesetzes zur Bekämpfung von Doping im Sport. Öffentliche Anhörung am 17.06.2015 vor dem Sportausschuss, Sportausschuss-Drucks. 18 (5) 113.

Röwekamp, Thomas: Bundesministerium des Inneren, Sportausschuss des Deutschen Bundestags, Öffentliche Anhörung von Sachverständigen zum Thema Doping, Wortprotokoll 16/17 vom 27.09.2006, S. 24.

Roxin, Claus: Strafrecht und Doping, in: *W. Joecks/H. Ostendorf/T. Rönnau/T. Rotsch/R. Schmitz (Hrsg.),* Recht – Wirtschaft – Strafe. Festschrift für Erich Samson zum 70. Geburtstag, Heidelberg 2010, S. 445-454.

Scherrer, Urs: Sportrecht – Fälle aus der Praxis, 2. Auflage, Wetzikon 1985.

ders.: Fristen für die Anfechtung von Verbandsentscheidungen: Der CAS macht es sich (zu) einfach, in: Causa Sport 2013, S. 17-21.

ders.: Amateure und Profis im Sport(recht), in: Causa Sport 2009, S. 95-99.

Scherrer, Urs / Muresan, Remus / Ludwig, Kai: „Pechstein" ist kein „Bosman der Sportschiedsgerichtsbarkeit", in: SchiedsVZ 2015, S. 161-165.

dies.: Sportrecht: Eine Begriffserklärung, 3. Auflage, Zürich 2014.

Schild, Wolfgang: Sportstrafrecht, in: Juristische Weiterbildung, Bd.10, 1.Auflage, Berlin 2002.

ders.: Rechtliche Fragen des Dopings, 1.Auflage, Heidelberg 1986.

Schlosser, Peter: Kompetenzfragen der Schiedsgerichtsbarkeit, in: SchiedsVZ 2015, S. 257-263.

Schmidt, Judith Amelie: Internationale Dopingbekämpfung: Grundlagen und nationalstaatliche Umsetzung, in: Schriftenreihe Causa Sport, Band. 1, 1. Auflage, München 2009.

dies.: Internationale Grundlagen der Dopingbekämpfung und ihre Umsetzung ins deutsche Recht, in *Vieweg (Hrsg.),* Facetten des Sportrechts, Berlin 2009, S. 207-215.

Schneider- Grohe, Christa Brigitte: Doping: eine kriminologische und kriminalistische Untersuchung zur Problematik der künstlichen Leistungssteigerung im Sport und zur rechtlichen Handhabung dieser Fälle, in: Kriminalwissenschaftliche Abhandlungen, Band. 12, Lübeck 1979.

Schönke Adolf / Schröder Horst (Hrsg.): Strafgesetzbuch: StGB, Kommentar, 29. Auflage, München 2014.

Simma, Bruno: The Court of Arbitration for Sport, ín: K.-H. Böckstiegel/H.-E. Folz/J.M. Mössner/K. Zemanek (Hrsg.), Völkerrecht. Recht der Internationalen Organisationen. Weltwirtschaftsrecht. Festschrift für Ignaz Seidl-Hohenveldern, 1988, S. 573-585.

Stancke, Fabian: Pechstein und der aktuelle Stand des Sportkartellrechts, in: SpuRt 2015, S. 46-51.

Steiner, Udo: Das Verhältnis von Schiedsgerichtsbarkeit und staatlicher Gerichtsbarkeit, in: SpuRt 2014, S. 2-5.

ders.: Deutschland als Antidopingstaat, in: ZRP 2015, S. 51-53.

Steinle, Franz: Rechtliche Problemstellungen um die Athletenvereinbarung aus der Verbandspraxis, in: ders. (Hrsg.), Rechtliche Problemstellungen um Athletenvereinbarungen, Herbsttagung 2011 der Deutschen Vereinigung für Sportrecht e.V., 1. Auflage, Stuttgart 2013.

Sternberg-Lieben, Detlev: Einwilligungsschranken und Rechtsgutsvertauschung am Beispiel des Fremddopings im Sport, in: ZIS 2011, S. 583-601.

Summerer, Thomas: Internationales Sportrecht vor dem staatlichen Richter in der Bundesrepublik Deutschland, Schweiz, USA und England. München 1990.

Tauschwitz, Moritz: Die Dopingverfolgung in Deutschland und Spanien – Eine strafrechtliche und kriminologische Untersuchung. Kriminologischer Forschungsbericht. Berlin 2015.

Teitler, Mirjam: Rechtsnatur und Anwendung des WADA-Codes, in: Causa Sport 2007, S. 395-411.

Tiedemann, Claus: „Sport" Vorschlag einer Definition, abrufbar unter: http://www.sportwissenschaft.uni-hamburg.de/tiedemann/documents/sportdefinition.html (zuletzt abgerufen am 18.05.2019).

Timm, Frauke: Die Legitimation des strafbewehrten Dopingverbots, in: Goltdammer's Archiv für Strafrecht (GA) 2012, S. 732-743.

Turner, George: Die Einwilligung des Sportlers zum Doping, Zur strafrechtlichen und zivilrechtlichen Problematik der Sittenwidrigkeit, in: NJW 1991, S. 2943-2945.

Tyrolt, Jochen: Sportschiedsgerichtsbarkeit und zwingendes staatliches Recht unter besonderer Berücksichtigung des europäischen Kartellrechts und des US-amerikanischen RICO Act in: Schriften zum Sportrecht, Band 6, Baden-Baden 2007.

Valerius, Brian: Zur Strafbarkeit des Dopings de lege lata und de lege ferenda, in: Bernsmann, Klaus/Fischer, Thomas (Hrsg.), Festschrift für Ruth Rissing-van Saan zum 65. Geburtstag, Berlin 2011, S. 717-730.

Vedder, Christoph: The International Olympic Committee: An Advanced Non-Governmental Organization and the International Law, in: Delbrück/Hofmann/Zimmermann (Hrsg.), German Yearbook of International Law, Vol. 27 (1984), S. 233-258.

Vieweg, Klaus: Normsetzung- und -anwendung deutscher und internationaler Verbände: eine rechtstatsächliche und rechtliche Untersuchung unter besonderer Berücksichtigung der Sportverbände, Habilitationsschrift, Humboldt Universität Berlin 1990.

ders.: Doping und Verbandsrecht, in: NJW 1992, S.1511-1516.

ders.: Faszination Sportrecht, Stand 01.09.2015, abrufbar unter: http://www.irut.jura.uni-erlangen.de/Forschung/Veroeffentlichungen/OnlineVersionFaszinationSportrecht/FaszinationSportrecht.pdf (zuletzt abgerufen am 18.05.2019).

ders.: Die gerichtliche Nachprüfung von Vereinsstrafen und –entscheidungen, in: JZ 1984, S. 167-173.

ders. (Hrsg.): Doping: Realität und Recht, internationales Symposium am 4. und 5.7.1997 in Erlangen, 1. Auflage, Berlin-Steglitz 1998.

Vorwerk, Volker / Wolf, Christian (Hrsg.): Beck'scher Online-Kommentar zur Zivilprozessordnung, 26. Edition, Stand: 15.09.2017, München 2017.

Von Heintschel-Heinegg, Bernd (Hrsg.): Beck'scher Online-Kommentar zum Strafgesetzbuch, 34. Edition, Stand 01.05.2017, München 2017.

Von Westphalen, Friedrich: Die Sportschiedsgerichtsbarkeit vor den Schranken der Klausel-Richtlinie 93/13/EWG – der Fall Pechstein, in: SpuRt 2015, S. 186-192.

Von Wittich, Hennig: Entwicklungsstufen von Governance als Reaktion auf Doping im deutschen Leistungssport nach der Wiedervereinigung, in: Politica; Schriftenreihe zur politischen Wissenschaft, Band 1, 1. Auflage, Hamburg 2014.

Wagner, Jürgen: Anmerkung zu BGH Urt. V. 20.09.2016 – II ZR 25/15 (SV Wilhelmshaven), in: NJW 2017, S. 407.

Weistart, John / Lowell,Cym: The Law of Sports, 2. Auflage, Charlottesville 1985.

Wewer, Göttrik: Nachbetrachtung – Die NADA gestern, heute und morgen, in: *Nationale Anti Doping Agentur Deutschland* (Hrsg.), Gründung Wirkung und Perspektiven der NADA, Aachen 2010, S.53-99.

Wilkmann, Johannes: Die Überführung des Sportlers im Dopingverfahren – Direkter und indirekter Nachweis im Lichte der Unschuldsvermutung, Münster 2014.

Wolf, Wolfgang: Zur Frage des Dopings. Die Problematik einer medikamentösen Leistungssteigerung im Sport, Graz 1974.

Wolter, Jürgen (Hrsg.): Systematischer Kommentar zum Strafgesetzbuch, Band IV, 9.Auflage, Köln 2016 (SK-*Wolter*).

Zuck, Rüdiger: Wider die Kriminalisierung des Sports, in: NJW 2014, S. 276-281.

Augsburger Studien zum Internationalen Recht

Herausgegeben von Volker Behr, Luis Greco und Christoph Vedder

Band 1 Ramon Sieveking: Schiedsgutachtenverträge nach deutschem und New Yorker Recht. Eine rechtsvergleichende Untersuchung der Sach- und Interessengerechtigkeit der Ausgestaltung des deutschen Schiedsgutachtenrechts. 2007.

Band 2 Susanne Kobor: Bargaining in the Criminal Justice Systems of the United States and Germany. A Matter of Justice and Administrative Efficiency Within Legal, Cultural Context. 2008.

Band 3 Jérôme Pause: Der französische Conseil d'État als höchstes Verwaltungsgericht und oberste Verwaltungsbehörde. Seine Entwicklung und heutige Stellung. 2008.

Band 4 Henriette Heine: Die Rechtsstellung des Beschuldigten im Rahmen der Europäisierung des Strafverfahrens. 2009.

Band 5 Susanne Kratzer: Die vorweggenommene Erbfolge in Deutschland und Italien unter besonderer Berücksichtigung des Familienvertrages (*patto di famiglia*). 2009.

Band 6 Octavian Gabriel Pascu: Strafrechtliche Fundamentalprinzipien im Gemeinschaftsrecht. Unter besonderer Berücksichtigung des Kartellordnungswidrigkeitenrechts. 2010.

Band 7 Henning Rosenau / Sangyun Kim (Hrsg.): Straftheorie und Strafgerechtigkeit. Deutsch-Japanischer Strafrechtsdialog. 2010.

Band 8 Gerhard Molt: Das Recht der nicht-schifffahrtlichen Wassernutzung am Mekong im Lichte des allgemeinen internationalen Wasserrechts. 2011.

Band 9 Michael Kraus: Rechtsstaatliche Terrorismusbekämpfung durch Straf- und Strafprozessrecht. 2012.

Band 10 Arnd Koch / Matthias Rossi (Hrsg.): Kodifikation in Europa. 2012.

Band 11 Vanessa Desoutter: La responsabilité civile de la société mère vis-à-vis de sa filiale. Comparaison entre l'Aktiengesetz allemande et le droit français des groupes. 2012.

Band 12 Klaus Schwichtenberg: Die Kooperationsverpflichtung der Mitgliedstaaten der Europäischen Union bei Abschluss und Anwendung gemischter Verträge. 2014.

Band 13 Henning Rosenau /Oliver Schön (Hrsg.): Japanisches Recht im Vergleich. Erstes Symposium zum japanischen Recht für Nachwuchswissenschaftler an der Universität Augsburg. Deutsch-Japanischer Strafrechtsdialog ドイツー日本 刑法に関する対話. 2014.

Band 14 Szabolcs Petrus: Europäisches Strafrecht. Gegenwärtige Rechtslage und künftige Perspektiven. 2015.

Band 15 Frank Schemmel: Haftungsfall Burn-Out. Ein Beitrag zur Klärung haftungsrechtlicher Probleme im Rahmen von arbeitsbedingtem Stress und Überbelastung. Insbesondere unter Berücksichtigung der japanischen Rechtslage zu den Phänomenen Karôshi und Karôjisatsu. 2016.

Band 16 Erhan Temel (Hrsg.): Türkei und Deutschland in Europa. 2016.

Band 17 Donald Riznik: Die Immunität „ratione personae" des Souveräns. 2016.

Band 18 Désirée Hofmann: Die Umsetzung universeller Menschenrechtsverträge in Deutschland. 2017.

Band 19 Christian Gemmer: Die Energieaußenhandelspolitik der Europäischen Union. 2017.

Band 20 Andreas Stegmann: Unternehmenssanktionen durch die Weltbank. 2017.

Band 21 Paul Fischer: Die Rolle des Ein-Platz-Prinzips in der Autonomie der Sportfachverbände. 2018.

Band 22 Felix Burkhart: Der Sport im Recht der EU vor und nach dem Vertrag von Lissabon. 2018.

Band 23 Armin Dietrich: Die Grundrechte der Europäischen Menschenrechtskonvention in der Rechtsprechung des Europäischen Gerichtshofs in Luxemburg. 2019.

Band 24 Alexander Uhl: Sportverbandliches und staatliches Anti-Doping-Recht Wechselwirkung und Konflikte. 2022.

www.peterlang.com

www.ingramcontent.com/pod-product-compliance
Ingram Content Group UK Ltd.
Pitfield, Milton Keynes, MK11 3LW, UK
UKHW021837290926
8980IPUK00004B/517

9 783631 850473